Dieter Staas

Das Vieweg-Buch zu FoxPro für Windows

Dieter Staas

Das Vieweg-Buch zu FoxPro für Windows

Alle Rechte vorbehalten
© Springer Fachmedien Wiesbaden 1993
Ursprünglich erschienen bei Friedr. Vieweg & Sohn Verlagsgesellschaft mbH, Braunschweig/Wiesbaden 1993
Softcover reprint of the hardcover 1st edition 1993
Der Verlag Vieweg ist ein Unternehmen der Verlagsgruppe Bertelsmann International.

Gedruckt auf säurefreiem Papier

ISBN 978-3-528-05315-4   ISBN 978-3-663-06850-1 (eBook)
DOI 10.1007/978-3-663-06850-1

Inhaltsverzeichnis

1 Einführung

1.1 Zu FoxPro für Windows

FoxPro hat sich in den letzten Jahren zu einem ernsthaften Konkurrenten im xBase-Markt entwickelt. Die hohe Geschwindigkeit, das stabile Laufzeitverhalten und nicht zuletzt der erweiterte Sprachumfang haben viele dBase-Anwender veranlaßt, zu FoxPro zu wechseln. Mit der Übernahme von Fox durch Microsoft sind auch alle Vorbehalte hinfällig geworden, die der Überlebensfähigkeit des Produkts galten. Microsoft hat mit FoxPro 2.0 das im xBase-Bereich zu seiner Zeit wohl fortschrittlichste Datenbanksystem erworben. FoxPro für Windows 2.5 ist eine konsequente Portierung der DOS-Version 2.0 mit einigen Erweiterungen.

1.2 Datenbankentwicklungssysteme

FoxPro agiert in einem Markt, der mit zunehmender Verbreitung der EDV immer umsatzträchtiger wird. Die Anforderungen vieler Betriebe lassen sich mit Standard-Software alleine nicht befriedigen. Speziallösungen auf Basis unterschiedlicher Entwicklungssysteme sind erforderlich, um dieser Nachfrage gerecht zu werden. Daß neben Standard-Werkzeugen wie C-, PASCAL- und COBOL-Compilern auch der xBASE-Markt entstehen konnte, hat seine Gründe: Datenbankgestützte Entwicklungssysteme sind, was den Programmieraufwand für kommerzielle Anwendungen betrifft, nahezu allen Standardsprachen wie „C" oder Pascal überlegen. Kommen, wie bei FoxPro, noch starke Befehle für die Programmierung der Benutzeroberfläche und ein ausgezeichnetes Laufzeitverhalten hinzu, so ist der erheblich höhere Aufwand, etwa für die Realisierung einer Fakturierung, durch die Programmierung in einer Standardsprache nicht mehr zu vertreten.

Das Thema dieses Buches ist die Realisierung datenbankgestützter Anwendungen mit FoxPro für Windows. Der Anspruch geht aber weiter: Auch die Grundlagen der Programmierung von mehrplatzfähigen Datenbankanwendungen sollen vermittelt werden. Dieses Buch will Entwicklern das notwendige theoretische und praktische Wissen vermitteln, das für die Erstellung komplexer

Datenbank-Applikationen und für die sachliche Beratung von Kunden erforderlich ist. Dazu zählen Kenntnisse über den widerspruchsfreien Aufbau von Datenbanken, die Erklärung von Struktur und Arbeitsweise der Indexdateien und die Probleme der Netzwerkprogrammierung.

1.3   Zu diesem Buch

Das vorliegende Buch soll allen Fox-Usern, besonders aber den Entwicklern helfen, die Möglichkeiten von FoxPro für Windows voll zu nutzen. Es werden deshalb überwiegend die für die Erstellung von Anwendungen wesentlichen Sprachelemente und Werkzeuge behandelt. Wer also von diesem Buch profitieren will, sollte zumindest Grundkenntnisse in einer beliebigen Standardsprache, besser noch in einer xBase-Sprache mitbringen und vielleicht auch schon mal etwas von einem Netzwerk gehört haben. Umsteiger aus dem dBase IV-Lager sind ebenso willkommen wie eingeschworene Clipper-Fans.

Was erwartet nun den Leser?

Eine grobe Unterteilung des Textes läßt fünf Abschnitte erkennen: Der erste Teil zeigt, was FoxPro ist, was es kann und eventuell was nicht. Installation, Konfiguration und eine funktionale Beschreibung der Benutzeroberfläche bilden den zweiten Abschnitt.

Theoretisches und Praktisches für den Programmierer

Der dritte Teil beschäftigt sich mit den notwendigen theoretischen Grundlagen der Datenbankentwicklung. Leser, die sich unter einem relationalen Datenbanksystem wenig oder nichts vorstellen können, sollten diesen Teil nicht übergehen. Eine saubere Anwendung ist ohne Grundkenntnisse der strukturierten Programmierung oder auch des Normalisierungsprozesses nicht zu erstellen. Die entsprechenden Kapitel sind einfach gehalten und verlangen kein hohes theoretisches Verständnis. Im folgenden Abschnitt geht es dann zur Sache: Die einzelnen Kapitel behandeln nahezu alle wesentlichen Punkte der Datenbankentwicklung mit FoxPro. Der Leser kann hier, je nach Interesse, frei zwischen den Kapiteln wählen. Wer jedoch ohne größere Vorkenntnisse den Einstieg in FoxPro versucht, ist gut beraten, die Reihenfolge der Kapitel einzuhalten. Ganz ohne didaktischen Hintersinn ist diese Reihenfolge nicht entstanden.

Der letzte Abschnitt könnte unter dem vielsagenden Begriff „Sonstiges" firmieren. Hier finden sich die Beschreibung der auf Diskette beiliegenden kleinen Funktionsbibliothek, Hinweise zu den Beispielen auf der Diskette sowie der unvermeidliche Anhang mit Tabellen und Befehlsübersicht.

Programmbeispiele

Wie nicht anders zu erwarten, sind natürlich Programmbeispiele in den Text eingebunden. Soweit die Listings einen Namen tragen, finden Sie diese auch als Dateien auf der beiliegenden Diskette. In der Regel sind alle längeren Listings auf diese Art verfügbar. Bei kürzeren Beispielen haben wir uns das Kopieren erspart. Wollen Sie die Funktion solcher Code-Sequenzen nachvollziehen, müssen Sie sich leider auch die Mühe machen, diese abzutippen.

Als komplette Beispielanwendung finden Sie auf der Diskette auch einen „Business-Manager". Dieses Programmbeispiel sorgt auch für eine lockere Verbindung der verschiedenen Themen des Buches. Einzelne Teile des Quellcodes dienen ebenfalls als Beispiel und finden sich daher auch im Text. Der komplette Quellcode ist jedoch nur auf der Diskette enthalten.

Eine kleine Funktionsbibliothek

Ebenfalls auf der Diskette und teilweise auch im Buch sind ca. 15 kleinere und größere Funktionen enthalten, die als Muster für die Programmierung von wiederverwendbaren Modulen herhalten sollen. Auch unsere Beispielanwendung macht regen Gebrauch von dieser „Mini-Bibliothek".

1.4   Typografische Hinweise

In diesem Buch werden alle FoxPro-Befehle groß und alle Feld- und Variablennamen sowie die Namen der Prozeduren und Programme klein geschrieben. Namen von Variablen, Feldern und Menüoptionen erscheinen im Text kursiv. Gelegentlich sind spezielle Begriffe in Anführungszeichen gesetzt.

2 Eigenschaften und Leistungsmerkmale

2.1 Eigenschaften /Leistung /Anforderungen

FoxPro für Windows ist ein relationales Datenbanksystem, das (theoretisch) bis zu 10^9 Datensätze pro Datentabelle verarbeiten kann. Wenn dieser Wert auf DOS-Rechnern vorläufig auch noch Utopie bleibt, so deutet er doch die Leistungsfähigkeit an, die Datenbanksysteme wie FoxPro inzwischen erreicht haben. Ein kleines Rechenbeispiel: Eine Million Datensätze mit einer Datensatzlänge von jeweils 1000 Bytes würden eine Dateigröße von einem Gigabyte ergeben. Von den notwendigen Hilfsdateien (Indexdateien etc.) haben wir noch gar nicht gesprochen. Festplatten, die derart große Dateien beherbergen können, sind im PC-Markt noch wenig verbreitet.

Sinnvolle Anwendungen mit einigen hunderttausend Datensätzen sind aber bei entsprechender Festplattenkapazität durchaus denkbar. Mit diesen Einschränkungen im Hinterkopf sollten auch die folgenden Leistungsmerkmale betrachtet werden.

maximale Datensatzlänge (Zeichen)	65500
maximale Anzahl von Feldern pro Datensatz	255
maximale Anzahl Zeichen pro Feld	254
maximale Anzahl gleichzeit geöffneter Datentabellen	225
Indexdateien pro Datenbank	unbegrenzt
maximale Anzahl von Zeichen pro Indexausdruck (IDX)	100
maximale Anzahl von Zeichen pro Indexausdruck (CDX)	254
maximale Länge relationaler Ausdrücke	unbegrenzt

Tabelle 2.1: Leistungsmerkmale

Die DOS-Grenze

Die maximale Anzahl der gleichzeitig geöffneten Dateien (Programm-, Daten-, Indexdateien etc.) wird jedoch durch die DOS-Grenze von 99 Dateien bestimmt.

Da FoxPro 2.5 über die Möglichkeit verfügt, sogenannte integrierte Indexdateien (CDX) zu verwenden, da zudem eine Prozedurdatei mehr als 1000 Prozeduren enthalten darf, reduziert sich die Zahl der notwendig offenen Dateien, so daß die DOS-Grenze eigentlich keine Einschränkung mehr bedeuten sollte.

Die Kapazität für speicherresidente Datenstrukturen (Variablen) ist seit FoxPro 2.0 eigentlich unverändert geblieben. Die bisherigen Grenzen dürften aber von den wenigsten Anwendungen ausgeschöpft werden:

maximale Anzahl von Variablen	65.000
maximale Anzahl von Arrays	65.000
maximale Anzahl von Elementen pro Array	65.000

Tabelle 2.2: Variablen und Array-Elemente

Eine wichtige Kennzahl für den Entwickler komplexer Anwendungen ist die maximale Zahl der Prozeduren und Funktionen pro Programmdatei. FoxPro dürfte, wie die folgende Tabelle zeigt, nahezu alle Forderungen des Programmierers erfüllen:

Anzahl der Prozeduren pro Datei	unbegrenzt
maximale Größe einer einzelnen Prozedur/Funktion	64 kB
maximale Verschachtelungstiefe bei Prozeduraufrufen	32
maximale Zahl der Ebenen für verschachtelte READs	5
maximale Verschachtelungstiefe bei Kontrollstrukturen (IF...ENDIF, DO WHILE etc.)	64

Tabelle 2.3: Grenzen für den Entwickler

Die Anzahl der gleichzeitig geöffneten Fenster ist nur durch den Speicher begrenzt.

Natürlich sind immer die Speichergrenzen zu beachten. Da aber Windows Programmteile auf die Festplatte auslagern kann, sind tatsächlich außerordentlich umfangreiche Applikationen möglich.

Für den Programmierer zählt sicher auch die maximale Länge einer Befehlszeile. Pro Befehlszeile können jetzt 8000 Zeichen eingegeben werden. Dieser Wert ist für den Entwickler von erheblicher Bedeutung. Er besagt, daß eine einzige Befehlszeile praktisch den ganzen Bildschirm füllen kann. Die FoxPro-Befehle mit ihren vielen Klauseln und Parametern sind damit auch wirklich einsetzbar.

2.2 Kompatibilität

FoxPro ist ein dBase-kompatibles Datenbanksystem. Was aber heißt das? Kompatibilität zu dBase wird von vielen Datenbanksystemen behauptet, auch wenn eine direkte Übertragung bereits erstellter Anwendungen nicht möglich ist. Eine identische Datenstruktur alleine bedeutet noch keine Kompatibilität. Auch die Übereinstimmung einer größeren Teilmenge des jeweiligen Befehlsumfangs kann nicht als hinreichendes Kriterium angesehen werden. Volle Kompatibilität muß deshalb auf vier Ebenen bestehen:

- der Datenebene (Datentabellen)
- der Ebene der Hilfsdateien (Indexdateien, Formatdateien etc.)
- der Ebene der Befehlssprache
- der Benutzeroberfläche

Datentabellen

FoxPro für Windows unterstützt auf der Datenebene das von dBase III+ her bekannte DBF-Format. Damit können Datenbankdateien aus dBase III/IV direkt übernommen werden. Eine Konvertierung ist nicht erforderlich. Allerdings kann FoxPro wesentlich größere Satzlängen verarbeiten (max. 65500 Zeichen). Eine mit FoxPro erzeugte Datentabelle kann daher nicht mehr von anderen xBase-Dialekten bearbeitet werden.

Memofeld-Dateien

Kritisch ist auch das Memofeld-Format. FoxPro verwendet ein eigenes Format (.FPT), das erheblich vom dBase III/IV-Format abweicht. FoxPro kann allerdings noch dBase-Memo-Dateien ohne Konvertierung lesen. Da mit FoxPro für Windows auch noch der Feldtyp GENERAL eingeführt wurde, für den es in anderen xBase-Dialekten keine Entsprechung gibt, kann bestenfalls noch von einer Kompatibilität als Einbahnstraße gesprochen werden.

Hilfsdateien (Index-, Format- und Reportdateien)

Schon FoxBase+ verwendete eigene Indexdateien. FoxPro unterstützt weder das dBase III Index-Format noch den zusammengesetzten Index (.MDX) von dBase IV, sondern erzeugt eigene, schnellere Indexformate (.IDX, .CDX). Die Anzahl der gleichzeitig offenen Indexdateien pro Tabelle ist nicht mehr begrenzt. Eine maximale Zahl von Indizes für eine Datenbank existiert daher auch nicht mehr.

Zu den Hilfsdateien zählen auch Format- (Masken) Label- und Reportdateien. Auch hier ist Foxpro eigene Wege gegangen, so daß dieser Bereich nicht mehr kompatibel ist.

Befehlssprache

Auf der Ebene der Befehlssprache werden nahezu alle dBase-Befehle unterstützt. In der Regel heißt das, daß Ihre unter dBase III/IV erstellten Anwendungen ohne Änderungen auch unter FoxPro ablauffähig sind.

Allerdings ist FoxPro für Windows eben eine grafische Anwendung, die spezielle Windows-Eigenschaften, beispielsweise proportionale und skalierbare Fonts, nutzt. Anwendungen, die für DOS geschrieben wurden, werden daher mit einem Standardfont abgearbeitet, der wenig vom „Windows Look and Feel" übrig läßt. Das gilt auch für Anwendungen, die mit FoxPro 2.0 erstellt wurden; ohne Überarbeitung sind solche Programme eigentlich nicht wirklich unter der Windows-Version einsetzbar.

Solange Sie unter FoxPro nur die normalen dBase-Befehle und Funktionen nutzen, ist auch der umgekehrte Weg möglich. Nutzen Sie jedoch die außerordentlichen Möglichkeiten, die der erweiterte Sprachumfang von FoxPro bietet, und kaum ein auf Effizienz achtender Programmierer dürfte darauf verzichten wollen, dann sind Ihre Programme natürlich nicht mehr unter dBase ablauffähig.

Möglichen Abweichungen bei der Kompatibilität zu dBase IV und zum früheren FoxBase+ kann durch Setzen der Schalter:

```
SET COMPATIBLE FOXPLUS
SET COMPATIBLE DB4
```

begegnet werden. Einige Befehle, die unter FoxPro ein anderes Verhalten zeigen als unter dBase IV und FoxBASE+, können so zu einem angepaßten Verhalten gezwungen werden. Die Kompatibilität dürfte beim Sprachumfang noch weitgehend gelten.

Benutzeroberfläche

Die Benutzeroberfläche weicht vollständig von dBase III und dBase IV ab.

Unter der Drohung einer Copyright-Klage von Ashton Tate verzichtete Fox schon bei der DOS-Version auf die Nachbildung des Kontroll-Centers von dBase IV und programmierte eine eigenständige Oberfläche.

Abb. 2.1: Die Benutzeroberfläche

Die Windows-Version orientiert sich stark an der DOS-Version 2.0 von FoxPro. Von Kompatibilität kann hier nicht mehr gesprochen werden. Da das vorliegende Buch speziell der Anwendungsprogrammierung gewidmet ist, wird die Benutzeroberfläche in diesem Buch auch nur kurz vorgestellt.

Alle diese Einschränkungen besagen, daß FoxPro für Windows dBase-Datenbestände und Programme relativ problemlos übernehmen kann. Ein gemischter Betrieb, der Zugriff von dBase- und FoxPro-Anwendungen auf den gleichen Datenbestand, ist jedoch ebensowenig möglich wie ein freier Wechsel zwischen beiden Welten.

Kompatibilität zu FoxPro 2.0

Kompatibilitätsprobleme sind auch beim Umstieg von FoxPro 2.0 auf die Windows-Version 2.5 zu erwarten. Daten und als Quellcode vorliegende Programme sollten ohne Änderungen übernommen werden können. Aber ohne Überarbeitung machen Programme einen recht traurigen Eindruck. FoxPro für Windows benutzt in diesem Fall einen Standard-Font, der den DOS-Zeichensatz emuliert. Das Ergebnis dürfte auch ästhetisch weniger empfindlichen Naturen gegen den Strich gehen.

FoxPro für Windows verwendet zudem ein erweitertes DBF-Format, so daß eine Bearbeitung neu angelegter Datentabellen mit früheren Fox-Versionen nicht mehr möglich sein dürfte.

Compilierte Programme der Version 2.0 (FXP-, APP- und EXE-Dateien) können in der Windows-Version nicht abgearbeitet werden. FoxPro für Windows benötigt den Quellcode, um Programme neu compilieren und starten zu können. Ist der Quellcode (PRG, MPR und SPR) nicht verfügbar, können diese Programme auch nicht ausgeführt werden.

Dateien aus FoxPro 2.0 konvertieren

Auch Screen-, Report-, Menü- und Projektdateien können nicht direkt weiterbearbeitet, sondern müssen zunächst in das neue Format konvertiert werden. FoxPro für Windows erledigt diese Arbeit automatisch, wenn eine entsprechende Datei im jeweiligen Generator aufgerufen wird.

Wollen Sie weiterhin auch mit FoxPro 2.0 arbeiten, sollten Sie vor der Konvertierung Sicherheitskopien dieser Dateien anlegen. Eine Sicherheitsabfrage verhindert das versehentliche Konvertieren. Sobald Sie versuchen, eine entsprechende Datei in der Windows-Version zu öffnen, präsentiert FoxPro Ihnen einen Konvertierungsdialog.

Einmal konvertiert, sind diese Dateien nicht mehr in das Format von FoxPro 2.0 zu übertragen.

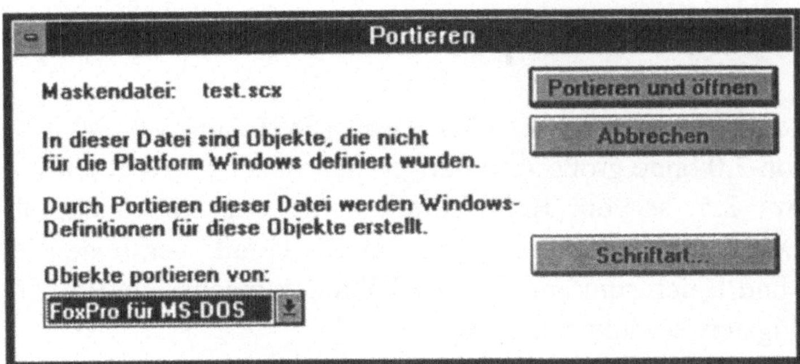

Abb. 2.2: Der Konvertierungsdialog

Auch für frühere Fox-Versionen gilt daher, daß Kompatibilität in der Regel nur als Einbahnstraße zur jeweils höheren Version zu haben ist.

2.3   Was nicht geht

Der FoxPro-Sprachumfang sollte eigentlich für alle Aufgaben im Datenbank-sektor mehr als ausreichend sein. Zwei Punkte sind es jedoch, die auch FoxPro 2.5 noch vermissen läßt:

TRANSACTION PROCESSING und ein

DATA DICTIONARY.

dBase IV verfügt zumindest über Transaction Processing, ein für ordentliche Datenbanksysteme eigentlich notwendiges Werkzeug. FoxPro verläßt sich hier noch ganz auf die Sorgfalt des Programmierers. Wie sich die entsprechende Funktionalität auch in FoxPro erreichen läßt, kann im Kapitel über die Netzwerkprogrammierung nachgelesen werden.

Beim Data Dictionary sind dBase- wie FoxPro-Programmierer weiterhin auf so unzuverlässige Hilfsmittel wie ihr Gedächtnis und korrespondierende Ausdrucke ihrer Tabellenstruktur verwiesen. FoxDoc, das Dokumentations-Tool von FoxPro, sollte unbedingt zu diesem Zweck eingesetzt werden, auch wenn damit nur eine nachträgliche Übersicht zu gewinnen ist. Eine Besprechung dieses einfachen aber sehr hilfreichen Werkzeugs findet sich im Kapitel über die Entwicklungsumgebung.

2.4   Neue Konzepte und Befehle

Oberflächlich betrachtet, hat sich Microsoft (Fox) zunächst damit begnügt, die DOS-Version 2.0 ohne große Änderungen auf Windows zu übertragen. FoxPro für Windows 2.5 ist vom Befehlsumfang her nur eine leicht überarbeitete Version. Damit ist jedoch kein negatives Urteil verbunden. Schon der Funktions- und Befehlsumfang der DOS-Version machte FoxPro 2.0 zum wohl leistungsfähigsten Produkt seiner Art.

FoxPro und OOP

Wer das Angebotene wirklich nutzen will, wird seinen Programmierstil anpassen müssen. Zwar ist FoxPro kein vollständig objektorientiertes Programmiersystem, den Anspruch, neue Konzepte zu realisieren, die den bisherigen prozeduralen Weg verlassen, konnte Fox aber schon mit der Version 2.0 einlösen.

Die folgenden Abschnitte sollen dem Programmierer helfen, das Potential abzuschätzen, das FoxPro für die Entwicklung von Datenbankanwendungen unter Windows erschließt. Einige der Konzepte sind so überzeugend, daß ihnen ein eigenes Kapitel gewidmet ist. Dazu gehören ganz besonders das BROWSE-Kommando, die Indexverwaltung und die Realisierung von Steuerelementen mittels GET/READ-Anweisungen.

Steuerelemente (Controls) mit GET und READ

Für Programmierer, die eine Funktion oder ein Sprachelement danach beurteilen, wie flexibel, wie funktional und wie schnell dieses zu codieren ist, dürfte das GET/READ-Konzept von FoxPro ganz oben auf der Liste stehen. Alle Windows-Controls, also Push-Buttons, Radio Buttons etc., werden über GET/READ-Konstruktionen realisiert. Dateneingabe und Maskensteuerung werden so zu einer funktionalen Einheit.

Zu den bereits vorhanden Steuerelementen ist in der Windows-Version der sogenannte „Spinner" hinzugekommen. Damit lassen sich Eingaben numerischer Werte mit einem definierten Wertebereich durch Anklicken mit der Maus rauf- und runterzählen.

FoxPro hat damit die Einsatzbereiche für GETs und READs erheblich ausgeweitet. In vielen Fällen können andere Kontrollelemente, Menüs beispielsweise oder eigene Funktionen, vollständig durch GETs ersetzt werden. Steuerelemente können zudem Bitmap-Grafiken enthalten.

Alles, was jetzt mit GET/READ-Anweisungen möglich ist, zeigt Ihnen ein eigenes Kapitel.

Fonts

Eine der interessantesten Neuerungen in Foxpro für Windows ist die Einbindung der Windows-Fonts in Masken und Reports. FoxPro verwendet dafür zwei Klauseln:

FONT   -   bestimmt Schriftart und Punktgröße

STYLE   -   bestimmt die Ausprägung der Schrift (fett, kursiv etc.)

Diese Klauseln können von den Befehlen SAY, GET, EDIT und DEFINE WINDOW verwendet werden.

RGB-Farben

Die schon recht vielseitige, aber auch komplexe Farbgestaltung in FoxPro 2.0 ist durch die Anpassung an Windows noch umfangreicher geworden. Hinter der unscheinbaren neuen Klausel RGB verbirgt sich das Farbmodell von Windows, das ebenfalls in FoxPro für Windows integriert wurde. Ein eigenes Kapitel wird sich daher mit der Farbgestaltung beschäftigen.

Grafiken in Kontrollelementen und Fenstern

FoxPro kann Bitmap-Grafiken (.BMP) auf vier verschiedene Arten verwenden:

1. Als Hintergrund für Fenster (Tapete)

2. Als Icon für auf Icon-Größe reduzierte Fenster

3. Für die Ausgabe mit SAY

4. Für Steuerelemente (Push Buttons etc.)

FoxPro für Windows kann also nicht nur Grafiken speichern und ausgeben (SAY), sondern auch Steuerungselemente mit selbstgemalten Bildern versehen.

DDE und OLE

Der einfache Datenaustausch mit anderen Applikationen ist eine der Zielvorstellungen, die mit Windows verbunden werden. Die meisten Anwender werden sich mit der Zwischenablage begnügen. Grundsätzlich sollten fortschrittliche Windows-Anwendungen, aber auch Techniken wie

DDE (Dynamic Data Exchange) und

OLE (Object Linking and Embedding)

beherrschen. FoxPro gehört zu diesen Applikationen. Was unter diesen Techniken zu verstehen ist und wie sie angewendet werden, zeigt das Kapitel „Datenaustausch mit Clipboard, DDE und OLE".

Druckersteuerung

Alle bekannten Datenbankprogramme krankten bisher an einer außerordentlich bescheidenen Druckausgabe. In der Regel wurden lediglich die auszugebenden Zeichen über das BIOS an den Druckerport weitergereicht. Selbst die „Druckertreiber" von FoxPro 2.0 nutzten die Fähigkeiten moderner Drucker in keiner Weise aus. FoxPro für Windows beendet dieses dunkle Kapitel der Branche; alle Windows-Fonts stehen Ihnen zur Verfügung. Skalierbare, proportionale Fonts machen den Umweg über eine Textverarbeitung oder gar über spezielle Programme zur Formulargestaltung überflüssig. Auch Grafiken können nun direkt integriert werden. Wir wollen den Reportgenerator nicht unbedingt ein DTP-Programm nennen, aber die Ausgabe von Reports mit einem ordentlichen Layout sollte nun kein Problem mehr sein.

Allerdings dürfte die Druckausgabe eine wesentliche Quelle der Inkompatibilität zwischen den verschiedenen Fox-Versionen für DOS, Windows und UNIX sein. Wer also die Möglichkeiten skalierbarer Fonts und der Grafikeinbindung nutzen will, sollte wissen, daß die DOS- und UNIX-Versionen von Fox seine Reports nicht korrekt wiedergeben werden.

Neue Befehle

Dieser Abschnitt stellt kleine, aber nicht unwichtige neue Sprachelemente und Klauseln zu bereits vorhandenen Befehlen und Funktionen vor.

Die Auflistung ist sicher nicht ganz vollständig. Der Plicht, den Einstieg übersichtlich und nachvollziehbar zu gestalten, kommen wir nach, indem wir weniger wichtige Dinge einfach weglassen.

```
CREATE CURSOR
```

erzeugt eine temporäre Datentabelle, die von FoxPro beim Schließen automatisch gelöscht wird.

```
USE <Dateiname> IN 0
```

wählt den nächsten freien Arbeitsbereich und öffnet die angegebene Datentabelle in diesem Bereich. Die Verwaltung der Arbeitsbereiche durch den Programmierer wird damit fast vollständig überflüssig. Sie müssen nicht mehr wissen, welcher Arbeitsbereich gerade angewählt und ob dieser noch frei ist. Bei 225 Arbeitsbereichen sollte eigentlich immer einer verfügbar sein. Im Kapitel „Vor dem ersten Programm", findet sich auch ein Abschnitt über den Umgang mit Arbeitsbereichen.

```
MODIFY WINDOW
```

ändert nachträglich die Attribute eines bereits definierten Fensters.

Neue Funktionen

Die nachfolgend aufgelisteten Funktionen beziehen sich weitgehend auf das Font-Handling. Mehr dazu finden Sie in den Kapiteln über Fonts und Fenster.

```
AFONT()
GETDIR()
GETFONT()
TXTWIDTH()
SYSMETRIC()
```

Neue Systemvariablen

FoxPro brachte mit der Version 1.x auch den Zugriff auf Systemvariablen. So ist es beispielsweise möglich, beim Drucken den linken Rand durch den Befehl SET MARGIN TO <AusdN> oder durch Zuweisung an die Systemvariable _PLOFFSET zu setzen. Die Windows-Version definiert weitere Variablen, die in diesem Fall besonders den Programmierer interessieren dürften, der Fox-Anwendungen für unterschiedliche Rechnersysteme erstellen will.

Neu hinzugekommen sind:

```
_DOS
_MAC
_WINDOWS
_UNIX
```

Über diese Variablen identifiziert eine Anwendung die jeweilige Plattform, auf der sie gerade eingesetzt wird. So lassen sich bestimmte Programmteile für die verschiedenen Rechnersysteme differenzieren.

Preprozessor-Direktiven

C-Programmierer kennen die Möglichkeit, Konstanten zu definieren und bestimmte Teile des Quellcodes nur bedingt übersetzen zu lassen. FoxPro für Windows kennt nun ebenfalls einige dieser sogenannten Preprozessor-Direktiven. Die folgenden Direktiven werden von FoxPro unterstützt:

```
#DEFINE ... #UNDEF
#IF... #ENDIF
```

Eine Anmerkung

FoxPro hat bei der Zahl der Funktionen und Befehle nicht gespart. Da auch noch alle Funktionen von dBase III/IV und FoxBase+ unterstützt werden, ist das ganze System, zumindest was die Sprachelemente betrifft, außerordentlich umfangreich und damit auch unübersichtlich geworden. Selbst der regelmäßige Fox-Programmierer wird nicht mehr immer alle Befehle und Funktionen parat haben. Wer sich nicht regelmäßig des Sprachumfangs versichert, also diesen regelrecht lernt, wird nach kurzer Zeit nur noch eine bestimmte Untermenge nutzen. Glücklicherweise verfügt FoxPro über ein umfangreiches Hilfesystem, das Befehle und Funktionen mit oft ausführlichen Syntaxbeispielen beschreibt. Es stellt sich dennoch die Frage, ob die inzwischen erreichte Funktionsvielfalt wirklich noch sinnvoll ist. Microsoft sollte, trotz Kompatibilitäts-Bedenken, eine Bereinigung des Sprachumfangs in Erwägung ziehen.

2.5 Systemanforderungen

FoxPro für Windows ist ein leistungsfähiges Datenbanksystem. Wenn FoxPro diese Leistung aber auch zeigen soll, wird es etwas teurer. Eventuell müssen Sie Ihre Hardware - wiedermal - aufrüsten. Die Mindestanforderungen sind laut Microsoft:

- 80386SX Prozessor
- MB Arbeitsspeicher ohne virtuellen Speicher, sonst 4 MB
- ca. 20 MB freien Speicher auf der Festplatte

Diese Werte sollten nur als Minimalanforderungen gesehen werden. Ein 486er mit 8 MB Arbeitspeicher dürfte der Wirklichkeit näher kommen. Eine Maus ist obligatorisch. Sie benötigen außerdem:

- DOS ab Version 3.x
- Windows ab Version 3.0

3 Installieren / Konfigurieren / Starten

3.1 Die Installation

FoxPro für Windows wird nur noch als Multiuser-Version angeboten. Die Installation kann aber auch auf einem Einzelplatzrechner erfolgen. Wir beschreiben daher zunächst die Installation als Einzelplatzversion.

Sicherheitskopien verwenden

FoxPro ist nicht kopiergeschützt. Sie müssen jedoch eine kurze Installationsprozedur durchlaufen, bei der eine Seriennummer, Ihr Name und, soweit vorhanden, Ihr Firmenname in das Programm „eingebrannt" werden. Für die Installation sollten Sie jedoch keine Originaldisketten benutzen, sondern zuvor Sicherheitskopien erstellen. Dazu verwenden Sie den DOS-Befehl DISKCOPY, um physikalische Kopien der Originaldisketten zu erhalten. Ist Laufwerk A: das Installationslaufwerk, lautet der vollständige Befehl:

```
DISKCOPY A: A: ↵
```

Installieren

Für die Installation soll als Festplattenlaufwerk C: angenommen werden. Fox kann aber auch auf jedem anderen Festplattenlaufwerk eingerichtet werden. Eine Disketteninstallation ist hingegen nicht möglich. Die FoxPro Systemdiskette 1 muß sich im Laufwerk A: oder B: befinden.

Windows erforderlich

Die Installation kann nur aus Windows heraus erfolgen. Starten Sie also Windows und wählen Sie im Dateimenü des Programm-Managers die Option *Ausführen*. Als Befehlszeile sollten Sie die folgende Zeile eingeben:

```
A:\SETUP
```

Mit der RETURN-Taste starten Sie die Installation. Das Installationsprogramm schlägt Ihnen Laufwerk und Verzeichnis für die Installation vor. Den

Vorschlag können Sie akzeptieren oder durch andere Werte ersetzen. Wählen Sie ein nicht existierendes Verzeichnis, wird dieses von FoxPro erstellt.

Firma und Name eingeben

Zunächst werden einige Dateien auf die Festplatte kopiert, dann folgt die Abfrage von Name und Firma. Fehleingaben sind nicht tragisch, da der Installationsvorgang beliebig oft wiederholt werden kann. Nach der korrekten Eingabe werden die weiteren Disketten angefordert und ihr Inhalt auf die Festplatte kopiert.

Drei Installationstypen

Die Installation der Grundversion ist damit abgeschlossen. Das Installationsprogramm fragt nun, ob auch Hilfedateien, Zusatzprogramme und Beispiele installiert werden sollen. Sie können zwischen drei Typen wählen:

1. Vollständige Installation

2. Benutzerdefinierte Installation

3. Minimale Installation

Haben Sie mehr als genug Platz auf Ihrer Festplatte, können Sie ruhig die erste Option wählen. Etwa 17 MB dürften dafür erforderlich sein. In der Regel werden Sie zu den Anwendern gehören, die nie genug Speicher frei haben. In diesem Fall wählen Sie besser die zweite Option. Hier können Sie selbst bestimmen, was auf Ihre Festplatte kopiert werden soll. Insbesondere auf das leistungfähige Dokumentationsprogramm FoxDoc und eine der zwar umfangreichen, aber auch sehr sinnvollen Hilfedateien sollten Sie nicht verzichten.

Zwei Hilfedateien zur Auswahl

FoxPro läßt Ihnen die Wahl zwischen zwei Hilfedateien. Die erste Hilfedatei ist als FoxPro-Datentabelle verfügbar. Wer noch mit der DOS-Version 2.0 gearbeitet hat, wird die Möglichkeit, Beispiele aus der Hilfedatei in eigene Anwendungen kopieren zu können, sicher zu schätzen gelernt haben. Die zweite Hilfedatei kommt in Form der unter Windows-Anwendern bekannten Windows-Hilfe.

Beide Dateien können auf der Festplatte installiert werden, aber nur eine kann jeweils aktiv sein, also mit F1 aufgerufen werden. Mit den Befehlen

```
SET HELP TO foxhelp.hlp
SET HELP TO foxhelp.dbf
```

schalten Sie zwischen beiden Versionen um. Da die Hilfedateien redundant sind und jeweils mehrere Megabyte beanspruchen, ist zu überlegen, ob nicht eventuell eine davon ausreicht. Wir würden in diesem Fall die Windows-Hilfedatei empfehlen.

Beispielanwendungen installieren

Die Beispielanwendungen sind oft sehr „amerikanisch" und dürften daher nicht immer hilfreich sein. Wer nicht mit FoxPro programmieren will, kann ohnehin auf die Programmbeispiele verzichten und damit ein Menge wertvollen Plattenspeicher einsparen.

DOS- oder Windows-kompatibel

Alte FoxPro-Anwender können noch entscheiden, ob Sie Ihre gewohnten Hotkeys aus der DOS-Version beibehalten wollen. Wer FoxPro erstmals einsetzt, sollte bei der Windows-Kompatibilität bleiben. Die hier vorgenommene Einstellung kann aber nachträglich leicht geändert werden. FoxPro stellt dafür den neuen Befehl SET KEYCOMP bereit:

```
SET KEYCOMP TO DOS          && DOS-Kompatibilität
SET KEYCOMP TO WINDOWS      && Windows-Kompatibilität
```

Weitere Installationen sind nicht erforderlich. Sie sollten Windows nun verlassen und den Rechner neu booten.

Nach erfolgreicher Installation finden Sie eine neue Programmgruppe mit dem FxoPro-Icon in Ihrem Windows-Programm-Manager.

FILES-Eintrag in der CONFIG.SYS

Datenbanken benötigen häufig einen höheren Eintrag für die Zahl der maximal zu öffnenden Dateien. Dieser Wert kann in der CONFIG.SYS mit dem Befehl FILES bestimmt werden. Für FoxPro schlägt Microsoft einen Wert von 40 vor. Das Setup-Programm trägt den vorgeschlagenen Wert auf Wunsch automatisch ein.

3.2   Die Installation im Netzwerk

Die Installation im Netzwerk erfolgt in zwei Schritten. Zunächst muß FoxPro vollständig auf dem Server installiert werden. Anschließend erfolgt die Einrichtung der einzelnen Arbeitsstationen, die wir hier Workstationinstallation nennen wollen.

Die Serverinstallation

Die Serverinstallation unterscheidet sich nicht wesentlich von der Installation auf einem Einzelplatzrechner. Natürlich wählen Sie ein Verzeichnis des Serverlaufwerks, für das alle vorgesehenen Teilnehmer auch Zugriffsrechte haben müssen.

Die Workstationinstallation

Voraussetzung für die Installation auf einer Arbeitsstation (Workstation) ist die erfolgreiche Installation auf dem Server. Die Workstationinstallation besteht daher auch wesentlich nur aus Anpassungen für den jeweiligen Benutzer und der Einrichtung einer neuen Programmgruppe mit dem FoxPro-Icon. Die eigentlichen FoxPro-Programmdateien bleiben auf dem Server. Die wenigen Dateien, die jeweils jeder Netzwerkteilnehmer benötigt, werden in dessen Home-Verzeichnis auf dem Serverlaufwerk oder in ein Verzeichnis der lokalen Festplatte kopiert.

Verzeichnis für temporäre Dateien anlegen

Zusätzlich sollte ein Verzeichnis, beispielsweise \TEMP, auf der lokalen Festplatte erzeugt werden, das die von FoxPro für den jeweiligen Anwender erzeugten temporären Dateien aufnimmt. Alternativ kann natürlich auch das HOME-Verzeichnis des jeweiligen Anwenders auf dem Serverlaufwerk diesem Zwecke dienen.

Alle von FoxPro erzeugten temporären Dateien sind aber auf der lokalen Festplatte schon deshalb besser aufgehoben, weil dadurch in der Regel die Verarbeitungsgeschwindigkeit gesteigert werden kann.

Da nie ganz auszuschließen ist, daß ein Rechner abstürzt oder der Anwender diesen abschaltet, ohne zuvor die Anwendung zu verlassen, kann in der aufrufenden Batch-Datei auch gleich ein Löschkommando für die temporären

Dateien eingebaut werden. Das nächsten Kapitel zeigt, wie FoxPro veranlaßt werden kann, ein anderes Verzeichnis für temporäre Dateien zu akzeptieren.

3.3 FoxPro konfigurieren

Die Konfiguration von FoxPro stützt sich auf vier Dateien und die direkt in FoxPro verfügbaren SET-Befehle:

1. CONFIG.SYS

2. AUTOEXEC.BAT

3. CONFIG.FPW

4. FOXUSER.DBF (und FOXUSER.FPT)

5. SET-Optionen und Systemvariablen in FoxPro (interaktiv oder in Programmen).

Die Einstellungen für FoxPro können an die spezielle Hardware-Konfiguration und die Präferenzen des jeweiligen Anwenders angepaßt werden. FoxPro benutzt sowohl Informationen aus der DOS-Konfigurationsdatei CONFIG.SYS wie auch aus der FoxPro-eigenen Datei CONFIG.FPW. Die CONFIG.SYS befindet sich immer im Wurzelverzeichnis des Boot-Laufwerks (in der Regel C:) und kann mit jedem ASCII-Editor erzeugt und bearbeitet werden.

Die CONFIG.SYS

Die für FoxPro wesentlichen Befehle in der CONFIG.SYS sind:

```
BUFFERS = <n>
FILES   = <n>
```

BUFFERS kann die Arbeitsgeschwindigkeit bei häufigen Zugriffen auf die Festplatte wesentlich beeinflussen. Allerdings wird BUFFERS durch einen Festplatten-Cache, beispielsweise SMARTDRIVE, teilweise überflüssig gemacht.

FILES bestimmt, wieviele Dateien unter DOS insgesamt geöffnet werden können. Da Datenbankanwendungen regelmäßig sehr viele Dateien (Programm-, Datenbank-, Index-, Reportdateien etc.) öffnen, muß hier ein Wert vorgegeben werden. Microsoft schlägt einen Wert von mindestens 40 vor. Wenn Ihnen der Speicher nicht zu knapp wird, sollten Sie aber besser einen Wert von 60 eintragen.

Ein Beispiel für die CONFIG.SYS könnte wie folgt aussehen:

```
<Befehl, Treiber etc.>
BUFFERS = 20
FILES   = 60
<weitere Befehle>
```

AUTOEXEC.BAT

Um Manipulationsversuche durch den „normalen" Benutzer weitgehend auszuschließen, können Sie die CONFIG.FPW in irgendeinem Verzeichnis verstecken. Mit der DOS-Befehlszeile

```
SET FOXPROWCFG=<Pfadname>\<Datei>
```

in der Datei AUTOEXEC.BAT setzen Sie eine entsprechende Umgebungsvariable, die FoxPro mitteilt, wo es seine Konfigurationsdatei finden kann. Auch den Namen der Datei können Sie in diesem Fall selbst bestimmen. Zu empfehlen ist ein solches Vorgehen aber nur, wenn spezielle Gründe dafür sprechen.

Die Datei CONFIG.FPW

Die zentrale Konfigurationsdatei für FoxPro ist die CONFIG.FPW. In dieser Datei können umfangreiche Starteinstellungen für FoxPro definiert werden.

FoxPro sucht beim Start zunächst nach einer CONFIG.FPW im aktuellen Arbeitsverzeichnis und, wenn dort keine entsprechende Datei gefunden wurde, im FoxPro-Verzeichnis. Findet sich auch dort keine gleichnamige Datei, schaut Fox auch noch im DOS-Pfad nach.

Ist diese Datei nicht zu finden, startet FoxPro mit einer Grundkonfiguration. Die Optionen STATUS, TALK und SAFETY stehen auf ON, und das deutsche Datum ist noch nicht verfügbar. FoxPro generiert jedoch bei der Installation selbständig eine CONFIG.FPW mit minimalen Einstellungen. Eine Konfigurationsdatei sollte deshalb grundsätzlich angelegt bzw. erweitert werden. Da es sich um eine einfache Textdatei handelt, kann dies mit jedem einfachen Editor, z.B. dem FoxPro-Editor, geschehen. Erfolgen die Änderungen aus FoxPro heraus, werden diese aber erst beim nächsten Start von FoxPro wirksam. Der Vorteil der leichten Editierbarkeit ist aber gleichzeitig auch ein Nachteil. Jeder Endanwender kann mit minimalen Kenntnissen die Datei CONFIG.FPW verändern und damit wesentliche Systemeinstellungen überschreiben. Ein Entwickler sollte sich dieser Problematik bewußt sein und nicht notwendige

Einträge in der CONFIG.FPW unterlassen. FoxPro unterstützt eine solche Haltung durch die Möglichkeit, den größten Teil der Voreinstellungen auch direkt im Programm vorzunehmen. In der CONFIG.FPW können daher zwei Arten von Kommandos unterschieden werden:

1. Einstellungen, die nur in der CONFIG.FPW erscheinen können.

2. Einstellungen, die auch im Programm oder interaktiv in der FoxPro-Umgebung erreichbar sind.

Bei der zweiten Form handelt es sich durchgängig um sogenannte SET-Kommandos. Es ist klar, daß die Einstellungen der ersten Form, soweit sie notwendig sind, auch in der CONFIG.FPW stehen müssen. Wenn wir aber die Wahl haben, wesentliche Voreinstellungen für den Endanwender nicht erreichbar im Programm unterzubringen, so sollte diese Option auch genutzt werden.

Voreinstellungen in der CONFIG.FPW

Die folgenden Befehle und Systemvariablen können ausschließlich durch Eintrag in die CONFIG.FPW ausgeführt bzw. verändert werden.

```
COMMAND = <Befehl>
```

führt beim Start von FoxPro einen beliebigen Fox-Befehl aus. Sie können mit diesem Befehl auch ein eigenes Programm starten.

```
EDITWORK      <Verz>      && Voreinstellung: Startverzeichnis
```

Mit EDITWORK bestimmen Sie das Verzeichnis, in dem die (temporären) Arbeitsdateien des Editors abgelegt werden.

```
INDEX         <Erweiterung>        IDX
LABEL         <Erweiterung>        LBX
REPORT        <Erweiterung>        FRX
```

Die Dateierweiterungen für Index- und Labeldateien können mit diesen Befehlen geändert werden. Die Vielfalt der Dateierweiterungen in FoxPro ist aber schon verwirrend genug. Es ist daher dringend zu empfehlen, auf Eigenschöpfungen zu verzichten.

Die Speicheranforderung von FoxPro begrenzen

FoxPro ist ein außerordentlich speicherintensives Programm. Werden seinem
Speicherhunger keine Grenzen gesetzt, belegt FoxPro ca. 90 Prozent des beim
Start verfügbaren Speichers. Um auch noch anderen Programmen eine Chance
zu geben, kann mit der Anweisung

```
MEMLIMIT = <% des verfügbaren Speichers>[,<Mindestspeicher>]
           [,<maximaler Speicher>]
```

für etwas mehr Verteilungsgerechtigkeit gesorgt werden. Die optimalen Werte
sind natürlich von Ihrer Rechnerkonfiguration abhängig. Je weniger Speicher
Sie bewilligen, um so gemütlicher geht FoxPro zur Sache.

Die Zahl der verfügbaren Speichervariablen bestimmen

Die Anzahl der verfügbaren Speichervariablen ist standardmäßig auf 256
begrenzt. Mit

```
MVCOUNT = <AusdN>
```

können Sie diesen Wert jedoch ändern. Der Standardwert kann in großen
Applikationen mit vielen PUBLIC-Variablen durchaus überschritten werden. In
der Regel dürften 65.000 Variablen, der Maximalwert der Windows-Version,
jedoch nicht erforderlich sein.

Laufwerk und Verzeichnis für temporäre Dateien bestimmen

```
PROGWORK      <Verz>              Startverzeichnis
```

PROGWORK bestimmt, auf welchem Laufwerk FoxPro die Progamm-Cache-
Datei anlegt. Fox kann in der Regel nicht alle Programme und Programmteile
im Arbeitsspeicher halten und verwendet daher eine spezielle Datei, um
schneller auf angeforderte Programmteile zugreifen zu können. Auch für diesen
Zweck erweist sich ein virtuelles Laufwerk als die beste Lösung. PROGWORK
und SORTWORK sollten unbedingt in die CONFIG.FPW aufgenommen
werden.

Sollte ein virtuelles Laufwerk nicht zur Verfügung stehen, ist die zweitbeste
Lösung eine lokale Festplatte, nicht aber das Serverlaufwerk eines Netzwerks.

```
RESOURCE <Pfadname>              FOXUSER (im Startverzeichnis)
RESOURCE ON|OFF
```

RESOURCE bezieht sich auf eine weitere, für viele Einstellungen zuständige Konfigurationsdatei, die Datei FOXUSER.DBF. Ihre Funktion wird weiter unten ausführlicher beschrieben. Mit RESOURCE können Namen und Pfad dieser Datei geändert werden. Das ist besonders für den Einsatz in Multiuser-Umgebungen wichtig, da so für jeden Benutzer eine eigene RESOURCE-Datei bereitgestellt werden kann.

```
SORTWORK <Verz>                 Voreinstellung: Startverzeichnis
```

Das SORTWORK-Verzeichnis nimmt die temporären Dateien auf, mit denen FoxPro beim Sortieren und Indizieren arbeitet. Leider verbietet schon allein die mögliche Größe dieser Dateien die Benutzung eines virtuellen Laufwerks. Es sollte daher eine lokale Festplatte verwendet werden. Bedenken Sie aber, daß diese temporären Dateien die doppelte Größe der „normalen" Dateien erreichen können.

```
TMPFILES     <Laufw:>           Startverzeichnis
```

TMPFILES bestimmt ein generelles Verzeichnis für die Speicherung von temporären Dateien. TMPFILES kann daher die Optionen EDITWORK, PROGWORK und SORTWORK ersetzen, allerdings unter Verlust an Flexibilität. Wollen Sie aber alle temporären Arbeitsdateien, also Dateien, die FoxPro selbständig anlegt und nach Gebrauch auch wieder löscht, in einem Verzeichnis halten, dann sind Sie mit dieser Option gut bedient. Unter Umständen hilft es Ihnen auch bei einem Problem, das leider immer auftritt, wenn FoxPro nicht regulär verlassen wird, also durch Absturz oder Abschalten des Rechners endet. Über diese Mißhandlung zu Recht verärgert, hinterläßt FoxPro seinen Müll auf der Festplatte. Wenn Sie diese Praxis fortsetzen, erkennen Sie bald, daß auch temporäre Dateien eben Dateien sind und Festplatten bevölkern und schließlich verstopfen können. Das regelmäßige Löschen dieser Dateien (Endung .TMP) von Hand oder per Batch-Datei gestaltet sich einfacher, wenn Sie nur in einem Verzeichnis danach suchen müssen.

Die bisher genannten Optionen sind ausschließlich über die Datei CONFIG.FPW wählbar. Soweit es sich um Einstellungen handelt, die für Entwickler und Anwender wichtig sein können, ist es unvermeidlich, diese in die CONFIG.FPW aufzunehmen.

Die SET-Befehle

Weitere Voreinstellungen, die besonders für das Laufzeitverhalten eines
fertigen Programms wesentlich sein können, sind alternativ auch aus einem
Programm heraus über SET-Befehle erreichbar. Entwickler, die ihr eigenes
System konfigurieren wollen, können durchaus die CONFIG.FPW zu diesem
Zweck nutzen. Sollen aber fertige Anwendungen weitergegeben werden, gilt
der folgende dringende Hinweis:

Hinweis: Optionen, mit denen das System konfiguriert werden kann, gehören nicht in die
leicht zu manipulierende Datei CONFIG.FPW. Da diese Befehle teilweise
erheblich in den Programmablauf eingreifen, können Änderungen in der leicht
zugänglichen Textdatei die Funktionsfähigkeit des ganzen Systems beeinträch-
tigen. Die entsprechenden SET-Befehle sollten daher in das Anwenderprogramm aufgenommen werden. Sobald das Anwenderprogramm compiliert ist,
kann es kaum noch gezielt manipuliert werden.

Die SET-Optionen haben je nach Einsatz in der CONFIG.FPW oder in einem
Programm eine abweichende Syntax. Den Unterschied zur interaktiven Eingabe
zeigt das folgende Beispiel:

in der Datei CONFIG.FPW:

```
DATE      = GERMAN
ALTERNATE = ON
```

Interaktiv oder in einem Programm:

```
SET DATE TO GERMAN
SET ALTERNATE ON
```

Die folgenden Einstellungen können in der CONFIG.FPW, durch direkte
Kommandoeingabe in FoxPro oder auch durch Aufruf in einem Programm
vorgenommen werden. Bei der Darstellung wurden nicht alle von FoxPro
angebotenen Optionen berücksichtigt. Die komplette Übersicht der SET-
Befehle finden Sie in der Befehls- und Funktionsübersicht im Anhang.

```
AUTOSAVE      OFF|ON           && Voreinstellung: OFF
```

AUTOSAVE sorgt für das sofortige Zurückschreiben von Datenpuffern auf die
Platte. Bei kritischen Daten ist die Anwendung daher dringend zu empfehlen

(AUTOSAVE = ON oder im Programm: SET AUTOSAVE ON), auch, wenn die Performance etwas nachgibt.

```
BELL          ON|OFF           && Voreinstellung:  ON

BELL          Häufigkeit --        512
              <19 bis 10,000>
              Dauer --         2
              <2 bis 19>
```

Dieser Befehl ist hilfreich, wenn es gilt, die Benutzer Ihrer Anwendung wach zu halten. Mit BELL lassen sich auch kleine, auf PCs aber etwas atonal klingende Melodien erzeugen.

```
BLOCKSIZE     <AusdrN>             64
```

BLOCKSIZE bstimmt die Blockgröße, die für das Anlegen von Memo-Feldern verwendet wird. Die Blockgröße errechnet sich aus <AusdN> * 512, der Sektorgröße einer unter MS-DOS formatierten Festplatte. Allerdings nur bis zu einem maximalen Wert von 32. Höhere Werte werden direkt als Blockgröße in Bytes interpretiert. Der Standardwert ist 64 und gibt damit direkt die Blockgröße in Bytes an. Durch entsprechende Werte kann der für Memo-Dateien benötigte Plattenspeicher reduziert werden. Eventuell ist aber mit Nachteilen bei der Performance zu rechnen.

```
CENTURY       ON|OFF           && Voreinstellung: OFF
```

Mit CENTURY bestimmen Sie, ob die Jahresziffer des Datums zwei- (OFF) oder vierstellig (ON) angezeigt werden soll.

```
CURRENCY      <Zeichen>        && Voreinstellung: "$"
CURRENCY      <Position>       && Voreinstellung: LEFT
```

CURRENCY bestimmt das in PICTURE- und FUNCTION-Klauseln verwendete Währungssymbol und dessen Position vor oder hinter dem zugehörigen Wert.

```
DATE          <Format>         && Voreinstellung: AMERICAN
```

Der Standardbefehl SET DATE GERMAN (in der CONFIG.FPW: DATE = GERMAN) sollte unbedingt in das Programm aufgenommen werden. Es kann aber nicht schaden, wenn er bereits in der CONFIG.FPW erscheint.

```
DEBUG          ON|OFF                  && Voreinstellung: ON
```

DEBUG ermöglicht es, das TRACE- und das DEBUG-Fenster zur Laufzeit eines Programms zu aktivieren. Ist SYSMENU auf „ON" gesetzt, können diese Fenster durch das Systemmenü aktiviert werden. Da es nicht Sache des Anwenders sein kann, Ihr Programm Schritt für Schritt zu „tracen", sollte der Befehl SET DEBUG OFF in das fertige Programm eingebaut werden. Für die Entwicklungsumgebung ist es natürlich sinnvoll, auf beide Fenster zugreifen zu können. Die Grundeinstellung ist „ON" und damit für die Programmierung genau richtig.

```
DECIMALS       <0 bis 18>              2
```

SET DECIMALS TO (oder in der CONGFIG.FPW: DECIMALS =) gibt die Mindestanzahl der anzuzeigenden Dezimalstellen an.

```
DEFAULT        <Laufw/Verz>
```

DEFAULT kann jetzt nicht nur ein Laufwerk, sondern auch ein Verzeichnis zum Standard-Verzeichnis erklären. Da ein fehlerhafter Verweis auf ein Unterverzeichnis die Programmausführung schlicht unmöglich macht, darf dieser Eintrag nicht in der CONFIG.FPW eines Endanwenders erscheinen, sondern muß im fertigen Programm stehen.

```
DELETED        OFF|ON                  OFF
```

Sicher wissen Sie, daß FoxPro mit dem Befehl DELETE nicht wirklich löscht, sondern einen Datensatz nur zum Löschen markiert. Um den Benutzer nicht zu verwirren, sollten als gelöscht markierte Sätze aber nicht mehr angezeigt werden. Dazu dient der Befehl DELETED = OFF (oder im Programm: SET DELETED OFF).

```
ESCAPE         ON|OFF                  && Voreinstellung: ON
```

SET ESCAPE OFF schaltet die Option, die Programmausführung an beliebiger Stelle mit der Taste ⎅ unterbrechen zu können, ab. Die Funktionalität von ESCAPE als Abbruchoption in GET/READ-Anweisungen und Menüs ist davon nicht betroffen.

```
EXCLUSIVE    ON|OFF          && Voreinstellung: ON
```

EXCLUSIVE bestimmt, ob mit USE <Datei> zu öffnende Datenbankdateien exklusiv oder als gemeinsame Dateien in einer Multiuser-Umgebung geöffnet werden. Der Benutzer, der eine Datei mit EXCLUSIVE = ON öffnet, verhindert jeden Zugriff anderer Benutzer auf die gleiche Datei. Natürlich gehört auch dieser Befehl nicht in die CONFIG.FPW, sondern sollte, wo erforderlich, mit dem Kommando

```
SET EXCLUSIVE ON    && oder OFF
```

in das jeweilige Anwenderprogramm eingebunden werden.

```
HELP          ON|OFF          && Voreinstellung: ON
HELP          <Dateiname>     && Voreinstellung: FOXHELP
```

Das Hilfesystem von FoxPro kann auch für eigene Anwendungen verwendet werden. Da es wenig Sinn macht, einem Anwender die Sprachelemente von FoxPro vermitteln zu wollen, kann eine eigene Hilfedatei mit SET HELP TO <Hilfedatei> aktiviert werden. Die Struktur dieser .DBF-Datei muß der FoxPro-Hilfedatei entsprechen. Mit SET HELP ON/OFF kann das Hilfesystem ein- und ausgeschaltet werden.

```
HOURS        12/24             && Voreinstellung: 12
```

Das Format der Zeitanzeige für TIME() oder SET CLOCK ON kann mit SET HOURS TO 12 (oder 24) auf 12- oder 24-stündige Darstellung gesetzt werden.

```
MARGIN       <0 bis 254>       && Voreinstellung: 0
```

SET MARGIN bestimmt den linken Rand für die Druckausgabe. Der mit SET MARGIN gesetzte Rand wird in der Systemvariablen *_PLOFFSET* gespeichert, kann also auch durch direkte Zuweisung an diese Variable gesetzt werden.

```
MARK         <Zeichen>         && Voreinstellung: "/"
```

SET MARK TO <Zeichen> bestimmt das Trennungszeichen, das für die Elemente der Datumsanzeige verwendet wird. Standardeinstellung für das amerikanische Datum ist „/", für das deutsche Datum der Punkt.

```
MEMOWIDTH      <8 bis 256>            && Voreinstellung: 50
```

SET MEMOWIDTH TO bestimmt die Breite der Anzeige von Memofeldinhalten. Die Einstellung wirkt auf die Ausgabebefehle ?, ??, LIST und DISPLAY. Auch die Rückgabewerte der Funktionen ATCLINE(), ATLINE(), MEMLINE( ) und MLINE() werden von SET MEMOWIDTH beeinflußt.

```
NEAR           OFF|ON                 && Voreinstellung: OFF
```

Ist SET NEAR ON gesetzt, wird der Datensatzzeiger nach erfolgloser Suche mit SEEK oder FIND auf den Datensatz positioniert, der dem Suchbegriff am nächsten kommt. Andernfalls (SET NEAR OFF) wird der Datensatzzeiger auf das Dateiende positioniert. Die Funktion FOUND() gibt bei erfolgloser Suche immer .F. zurück, auch, wenn SET NEAR ON dafür sorgt, daß der Datensatzzeiger nicht auf das Ende der Datei positioniert wird.

```
NOTIFY         OFF|ON                 && Voreinstellung: ON
```

SET NOTIFY OFF sorgt dafür, daß bestimmte Systemmeldungen, beispielsweise die Meldung, einen Datensatz sperren zu wollen, nicht angezeigt werden. Bei Netzwerkanwendungen, die eigene Sperrfunktionen benutzen, sollte diese Option immer verwendet werden.

```
OPTIMIZE       OFF|ON                 && Voreinstellung: ON
```

Die neue Technologie für den schnellen Zugriff auf Datenbanken, von Microsoft Rushmoor genannt, kann mit diesem Befehl abgeschaltet werden. Der Sinn ist leider nicht ganz einsichtig. Wer verzichtet schon freiwillig auf eine höhere Verarbeitungsgeschwindigkeit.

```
PATH           <Pfad>
```

Mit PATH kann eine Pfadliste angegeben werden, die von FoxPro nach zu öffnenden Dateien abgesucht wird.

```
RESOURCE        ON|OFF                  && Voreinstellung: ON
RESOURCE        <Dateiname>             && Voreinstellung: FOXUSER
```

Die Ressourcendatei (FOXUSER.DBF) kann mit RESSOUCE <Dateiname> bestimmt und ihre Aktualisierung mit RESSOURCE ON|OFF gesteuert werden. Dies kann in einer Multiuser-Umgebung sehr wichtig sein, damit jeder Benutzer seine eigene Umgebung setzen kann.

```
SAFETY          ON|OFF                  && Voreinstellung: ON
```

SAFETY bestimmt, ob vor dem Überschreiben von Dateien (Datenbankdateien, Indexdateien, Textdateien etc.) eine Sicherheitsabfrage erfolgen soll.

```
STATUS          OFF|ON                  && Voreinstellung: OFF
```

SET STATUS ON schaltet die Anzeige der Statusmeldungen ein. dBase III- und FoxBase-Anwender werden sich noch an den Balken im unteren Bildschirmbereich erinnern, der Informationen zur aktuellen Datenbank, die Datensatznummer u.a. enthielt. Wer aus nostalgischen Gründen nicht darauf verzichten will, kann diese Option im interaktiven Modus nutzen. Ansonsten ist davon abzuraten, da lediglich die Ausgabe verlangsamt wird.

```
TALK            ON|OFF                  && Voreinstellung: ON
```

SET TALK OFF verhindert die Ausgabe von Befehlsablaufdaten auf den Bildschirm oder in ein Fenster. In einem Programm muß SET TALK OFF gesetzt werden, da sonst die Bildschirmmaske zerstört wird. Auch für die interaktive Arbeit mit FoxPro ist „ON" nicht zu empfehlen, da die Übersicht trotz der teilweise nützlichen Informationen leidet. Allerdings erlaubt FoxPro mit SET TALK WINDOW [<Fenstername>] auch die Ausgabe in ein Fenster, womit eine unübersichtliche Bildschirmdarstellung vermieden werden kann.

```
UNIQUE          OFF|ON                  && Voreinstellung: OFF
```

Ist SET UNIQUE ON gesetzt, werden doppelte Indexeinträge nicht berücksichtigt.

Eine erste CONFIG.FPW

Die erste Voraussetzung für eine „deutsche" Datenbank ist sicher das korrekte
Datum im Format TT.MM.JJ. Standardmäßig ist das amerikanische Datumsformat (MM.TT.JJ) eingestellt. Die wichtigste Befehlszeile lautet deshalb:

```
DATE      = GERMAN
```

Sie können den Datumsbefehl in Ihr Programm einbauen. In einem Fox-Programm erfolgt die Einstellung des deutschen Datums mit dem Befehl

```
SET DATE GERMAN.
```

Diese minimale Konfiguration erlaubt Ihnen schon, die Möglichkeiten von
FoxPro weitgehend auszunutzen. Weitere Optionen für Ihre persönliche Konfiguration finden Sie im folgenden Überblick.

```
DATE           = GERMAN
BELL           = ON
DEBUG          = ON
STATUS         = OFF
TALK           = ON
MVCOUNT        = 500
CLOCK          = STATUS
```

Was also sollte in der CONFIG.FPW stehen?

Zunächst ist zu unterscheiden, ob eine CONFIG.FPW für den Entwickler oder
den Endanwender erstellt werden soll. Die Konfigurationsdatei des Programm-
mieres kann eigentlich alle Befehle und Voreinstellungen enthalten, die dieser
für seine Umgebung benötigt. Die Konfigurationsdatei für den Anwender sollte
hingegen denkbar gering ausfallen und nur die Optionen enthalten, für die keine
SET-Befehle verfügbar sind.

Der Autor benutzt eine ausgesprochen bescheidene Konfigurationsdatei. Sind
keine besonderen Anpassungen bezüglich Speicher oder Zahl der Variablen
erforderlich, sollten die folgenden Zeilen ausreichen:

```
DATE       = GERMAN
CENTURY    = ON
EDITWORK   = E:\FOX\TEMP
PROGWORK   = E:\FOX\TEMP
SORTWORK   = E:\FOX\TEMP
CLOCK      = STATUS
DEFAULT    = C:\WORK
```

Daß hier besonders für die temporären Dateien ein eigenes Verzeichnis bestimmt wurde, hat seinen Grund: FoxPro legt sehr viele dieser Dateien an. Bei einem Absturz oder auch beim Abschalten des Rechners bleiben diese Dateien zurück und müssen von Hand gelöscht werden. Befinden sich alle temporären Dateien in einem eigenen Verzeichnis, genügt der DOS-Befehl DEL *.tmp, um diesen Job zu erledigen.

Eine eigene CONFIG.FPW für jeden Benutzer

Bei der Konfiguration ist für jeden Benutzer eine eigene CONFIG.FPW einzurichten. Die CONFIG.FPW darf in diesem Fall nicht im Fox-Verzeichnis auf dem Serverlaufwerk erstellt werden, sondern muß sich auf der lokalen Festplatte oder im Home-Verzeichnis des jeweiligen Benutzers befinden.

Der Zugriff auf die lokale CONFIG.FPW kann entweder beim Aufruf des Programms durch Parameterübergabe erfolgen oder durch Setzen einer Umgebungsvariablen in der AUTOEXEC.BAT:

```
SET FOXPROWCFG=<Pfadname>\<Datei>
```

Da FoxPro auch noch eine Ressource-Datei (FOXUSER.DBF/FPT) verwendet, muß auch diese separat für jeden Benutzer verfügbar sein. In der privaten CONFIG.FPW kann daher mit dem Befehl

```
RESOURCE <Pfad>
```

eine individuelle Ressource-Datei eingebunden werden. Die Dateien FOXUSER.DBF und FOXUSER.FPT müssen nicht erstellt oder kopiert werden, da FoxPro diese selber generiert, wenn beim ersten Start keine entsprechenden Dateien gefunden werden. Auch eine Minimal-CONFIG.FPW wird von FoxPro selbst erstellt.

Zu empfehlen ist also, daß im Home-Verzeichnis des Benutzers oder im Wurzelverzeichnis seiner lokalen Festplatte ein Unterverzeichnis \FOXPROW angelegt wird, das die benutzereigenen Dateien CONFIG.FPW und FOXUSER.DBF enthält.

3.4   Die Datei FOXUSER.DBF

FoxPro verwendet für die Sicherung von Umgebungsinformationen wie Farben, Tabellengröße, Fenstergröße usw. die Datei FOXUSER.DBF (plus zugehöriger Memo-Datei FOXUSER.FPT).

Diese Datei wird automatisch beim Start von FoxPro geladen und ausgewertet.

Mit der SET-Option

```
SET RESSOURCE ON|OFF     && Standardeinstellung: ON
```

werden Ihre während einer Sitzung vorgenommenen Änderungen beim Verlassen von FoxPro automatisch gesichert. Das Befehlsfenster, BROWSE-Tabellen usw. erscheinen beim nächsten Start automatisch mit diesen Änderungen. Da auch in einer Multiuser-Umgebung zunächst immer nur eine FUXUSER-Datei existiert, bestimmt immer der letzte Benutzer, wie die Umgebung beim nächsten Start aussieht.

Wurde für jeden Benutzer eine CONFIG.FPW eingerichtet, kann durch Angabe eines eigenen Dateinamens für jeden Benutzer auch eine eigene FOXUSER-Datei eingerichtet werden.

Der entsprechende Befehl in der CONFIG.FPW lautet dann:

```
RESSOURCE = <Datei>.
```

Natürlich kann die Zuweisung auch als SET-Befehl interaktiv oder in einem Programm mit dem Befehl

```
SET RESSOURCE TO <Datei>
```

erfolgen.

3.5   Starten und Beenden

Sie starten FoxPro durch Mausdoppelklick auf das FoxPro-Icon der FoxPro-Programmgruppe. Durch Anwählen des FoxPro-Icons mit der Maus oder den Cursor-Tasten und Betätigen der Taste ⏎ kommen Sie ebenfalls ans Ziel. FoxPro wird durch den Befehl

```
QUIT
```

und ⏎ im FoxPro-Befehlsfenster beendet. Sie können auch die Menüoption *Beenden* im Dateimenü wählen. FoxPro schließt automatisch alle noch offenen Dateien.

FoxPro immer regulär verlassen

Sie sollten FoxPro immer nach einer der oben genannten Methoden verlassen. Keinesfalls dürfen Sie den Rechner einfach abschalten, solange Sie sich noch in FoxPro oder in einer Foxpro-Anwendung befinden. Offene Datentabellen und Indexdateien können dadurch beschädigt werden.

4 Die Benutzeroberfläche

4.1 Zu diesem Kapitel

Dieses Kapitel beschreibt in knapper Form den Umgang mit der Benutzeroberfläche von FoxPro. Da hierzu auch Teilprogramme gehören, die direkt in eigene Anwendungen eingebunden werden können oder die selber Programmteile (Quellcode) erstellen, wie der Report- und der Abfragegenerator (RQBE), ist dieses Kapitel nicht nur für den Anwender, sondern gerade auch für den Programmierer von Interesse. Zudem kann nahezu die gesamte FoxPro-Oberfläche als Baukasten betrachtet werden, dessen Teile sich in eigene Entwicklungen integrieren lassen.

Die speziellen Hilfsprogramme und Funktionen für den Programmierer (Screen-Generator, Menü-Generator, Projekt-Manager etc.) werden im Kapitel „Die Entwicklungsumgebung" besprochen.

Dieses Kapitel - und der Rest des Buches - setzen voraus, daß Sie mit der Bedienung der grafischen Benutzeroberfläche Windows 3.x vertraut sind und auch die Maus im Griff haben. Sollte das nicht der Fall sein, müssen wir Sie für einen Grundkurs auf Ihre Windows-Dokumentation verweisen.

4.2 Die Bedienung

FoxPro für Windows ist in der Bedienung überaus flexibel. Die meisten Funktionen lassen sich über alternative Bedienelemente oder Kombinationen davon aufrufen. Dazu zählen:

- Maus
- Tastenkürzel (Hotkeys)
- Menüs und Dialogboxen
- Befehle und Funktionen (Befehlsfenster)

Die vollständige Bedienung mit der Maus ist für eine Windows-Anwendung selbstverständlich und soll daher an dieser Stelle nicht weiter interessieren. Das Öffnen, Verschieben, Vergrößern und Verkleinern von Fenstern dürfte

Windows-Anwendern ebensowenig Probleme bereiten wie die Auswahl einer Option aus einem Pulldown-Menü. Wir werden daher nur die jeweils erforderlichen Menüoptionen und Arbeitsschritte bei den praktischen Beispielen dieses Kapitels erläutern.

Tastenkürzel (Hotkeys)

Die Tastenkombinationen der Version FoxPro 2.0 sind nicht identisch mit den diversen Hotkeys, die überlicherweise von Windows-Anwendungen benutzt werden. Um kompatibel zur DOS-Version zu bleiben und dennoch den Anforderungen der Windows-Gemeinde zu genügen, kann mit den Befehlen

```
SET KEYCOMP TO DOS
SET KEYCOMP TO WINDOWS
```

zwischen beiden Welten gewechselt werden. Der wesentliche Unterschied besteht in der Funktion der [Alt]-Taste. Windows verwendet für viele Hotkeys eine Kombination mit der [Alt]-Taste, während FoxPro 2.0 nur die jeweilige Taste benötigt.

Belegung der Funktionstasten

Funktionstasten und Tastenkombinationen können mit FoxPro-Befehlen belegt werden. Standardmäßig sind die Funktionstasten mit folgenden Befehlen vorbelegt:

[F1] - Hilfefunktion

[F2] - Aufruf der Dialogbox *Umgebung*

[F3] - LIST

[F4] - DIR (Anzeige der Datentabellen des aktuellen Verzeichnisses)

[F5] - DISPLAY STRUCTURE

[F6] - DISPLAY STATUS

[F7] - DISPLAY MEMORY

[F8] - DISPLAY

[F9] - APPEND

[F10] - Menü aktivieren

Diese Belegung kann per Befehl oder mit Hilfe des Makro-Editors beliebig geändert werden. In Programmen sollte die Vorbelegung der Funktionstasten geändert oder abgeschaltet werden, da sonst ungewollte Programmreaktionen erfolgen können. Im Abschnitt über den Makro-Dialog finden Sie weitere Hinweise zu diesem Thema.

Memofeld- und Programmeditor verwenden folgende Tastenkombinationen:

[Strg]+[C]   - Kopieren eines Textblocks

[Strg]+[X]   - Ausschneiden eines Textblocks

[Strg]+[V]   - Einkleben eines Textblocks an Cursor-Position

[Strg]+[W]   - Text speichern und Editor beenden

[Strg]+[A]   - den ganzen Text markieren

[Entf]   - Löschen eines Textblocks

[↑]+[↓]   - Zeile markieren

[↑]+[↑]   - Zeile markieren

[↑]+[←]   - Zeichen links markieren

[↑]+[→]   - Zeichen rechts markieren

Menüs und Dialogboxen

Die klassische Steuerung einer grafisch orientierten Anwendung erfolgt über Menüs und Dialogboxen. Der größte Teil der FoxPro-Menüoptionen ruft eine Dialogbox auf, in der ein auszuführender Befehl genauer spezifiziert werden kann.

| Datei   Bearbeiten   Datenbank   Satz   Programm   Ausf.   Text   Fenster   ? |

Abb. 4.1: Die FoxPro-Hauptmenüleiste

Den Programmierer dürfte interessieren, daß viele Menüoptionen oder auch das komplette FoxPro-Menü in eigenen Applikationen verwendet werden können.

Das Befehlsfenster

Fast alle Optionen, die Sie über Menüs oder Hotkeys erreichen, lassen sich auch durch direktes Eintippen von FoxPro-Befehlen aufrufen. Auch können fast alle Funktionen und Befehle von FoxPro hier direkt eingegeben und in ihrer Wirkung getestet werden. Das Befehlsfenster bietet daher einen idealen Zugang, um sich mit den Sprachelementen von FoxPro und der Syntax der Befehle und Funktionen vertraut zu machen.

Das Befehlsfenster ersetzt den berühmten Prompt, einen simplen Punkt, der bisher in allen dBase-Versionen für die Befehlseingabe zuständig war.

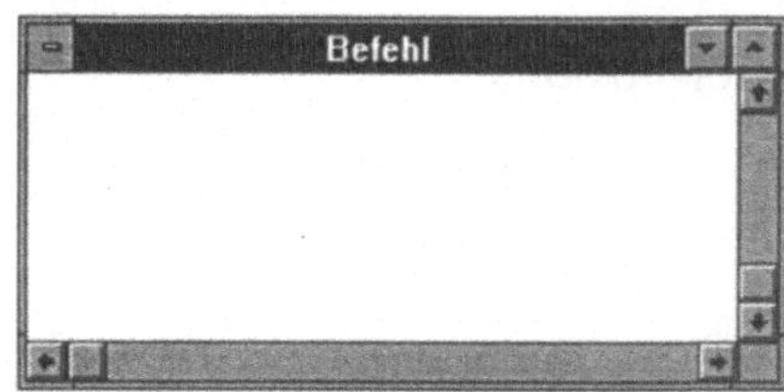

Abb. 4.2:   *Das FoxPro-Befehlsfenster*

Jede Befehlszeile muß mit ⏎ abgeschlossen werden. Das Befehlsfenster speichert alle Befehle einer Sitzung, so daß durch Anwahl mit den Cursor-Tasten oder der Maus und ⏎ ein bereits ausgeführter Befehl erneut aufgerufen werden kann. Da auch das Kopieren des Inhalts des Befehlsfensters in eine Programmdatei möglich ist, können kleine Programme so interaktiv erstellt werden. Natürlich läßt sich das Befehlsfenster bezüglich Größe und Position an die eigenen Bedürfnisse anpassen. Diese Änderungen werden von FoxPro automatisch in der Datei FOXUSER.DBF gespeichert und stehen beim nächsten Start wieder bereit.

Schriftart, Punktgröße und Schriftausprägung ändern

Für die Bestimmung von Schriftart, Schriftausprägung, Zeilenabstand etc. kann über die Menüoption *Text* eine Dialogbox geöffnet werden. Eine Änderung betrifft jeweils den gesamten Text in einem Editierfenster, nicht nur einen markierten Textabschnitt. Die Markierung des Textes ist nur für das Kopieren und Verschieben von Interesse.

Nur ein Schriftstil pro Dokument

Es ist nicht möglich, mehrere Schriftstile und Formatierungen in einem Dokument (Memofeld oder Textdatei) zu mischen. Die wichtigste Option des

Textmenüs betrifft die Font-Auswahl. Der Schriftart-Dialog stellt alle in Windows verfügbaren und zusätzlich einige FoxPro-Schriften zur Verfügung:

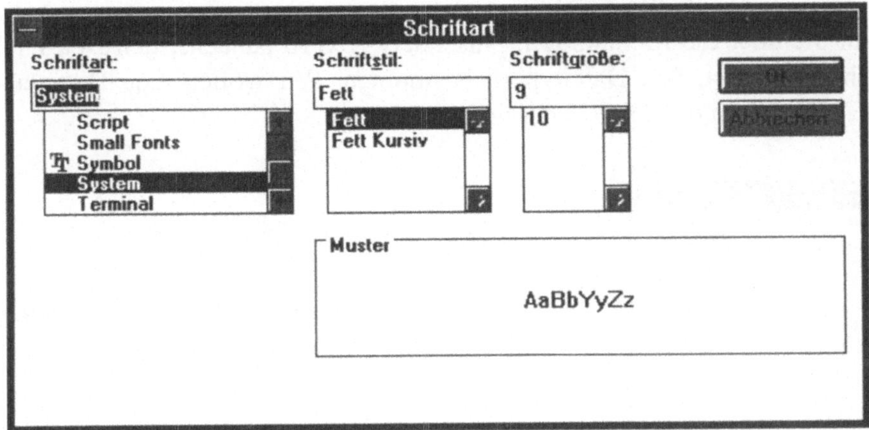

Abb. 4.3: Der Schriftart-Dialog

Schrift im Hauptfenster ändern

Um auch im Hautfenster (dem FoxPro-Hintergrund oder Desktop) die Darstellung des Textes ändern zu können, müssen Sie die ⇧ -Taste gedrückt halten, während Sie das Textmenü aufrufen und die Änderungen vornehmen.

Drag and Drop

Einige Windows 3.1 Anwendungen verfügen inzwischen über die Möglichkeit, markierten Text mit gedrückt gehaltener Maustaste an eine andere Stelle zu verschieben. Auch FoxPro für Windows nutzt diese Option, die Ihnen im Befehlsfenster und im Editor beim Editieren von Quelltexten und Memofeldern den Umgang mit Texten erleichtern kann.

4.3 Datentabellen erzeugen

Eine neue Datentabelle erstellen Sie mit der Dialogbox *Tabellenstruktur*, die Sie über die Menüoption *Datei/Neu* und den Dialog *Neu* oder direkt mit dem Befehl

```
CREATE <Dateiname>
```

aufrufen. Der <Dateiname> darf keine Extension enthalten; FoxPro vergibt automatisch die Endung DBF.

Gehen Sie über die Menüoption, präsentiert FoxPro zunächst den Neu-Dialog, der Ihnen erlaubt, den Dateityp zu bestimmen. Wir wollen eine Datentabelle (DBF) anlegen und wählen daher die erste Option.

Abb 4.4:   *Dialog Neu; hier können verschiedene FoxPro-Dateien erzeugt werden.*

Daten in Tabellenform speichern

FoxPro speichert Daten in Tabellenform. Jede Zeile enthält einen Datensatz, und jede Spalte beschreibt ein Merkmal dieses Datensatzes. Ein solches Merkmal nennen wir Feld oder Feldvariable.

Feldnamen

Wir definieren eine neue Tabelle, indem wir die einzelnen Felder bestimmen, d.h. Feldname, Feldtyp und Feldlänge vorgeben. Der Feldname kann in FoxPro lediglich 10 Zeichen lang sein. Zulässig sind alle alphanumerischen Zeichen (Zahlen und Ziffern) und der Unterstrich. Das erste Zeichen muß ein Buchstabe sein.

Feldtypen

Der Feldtyp gibt an, welche Art von Daten unser Feld aufnehmen soll. FoxPro unterscheidet die folgenden Typen:

Zeichen (Charakter)
Numerisch

Fließkomma
Datum
Logisch
Memo
Objekt

Für die meisten Zwecke werden wir den Typ *Zeichen* verwenden. Alle Merkmale, die sich durch einen kurzen Text beschreiben lassen, der Name einer Person, Straße und Wohnort, können eigentlich nur diesen Typ verwenden.

Eventuell sind aber auch reine Zahlenangaben, die eigentlich den numerischen Typ verlangen, mit einem Zeichenfeld besser bedient. Telefon- und Faxnummer in unserer Beispieldatei *Adressen* verwenden Zeichenfelder, da hier auch Sonderzeichen, beispielsweise das Minuszeichen, auftreten können.

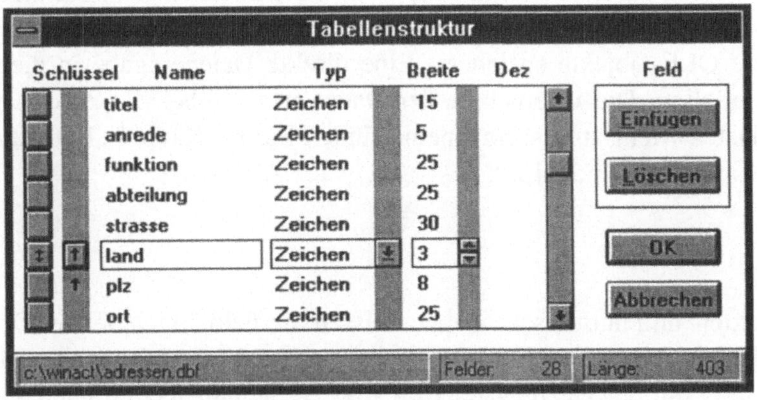

Abb 4.5: Der Dialog für die Definition der Tabellenstruktur

Der numerische Typ sollte daher Feldern vorbehalten bleiben, mit deren Inhalt eventuell auch gerechnet werden muß. Dazu gehören natürlich alle Währungsbeträge. In unserem Beispiel verwenden wir den numerischen Typ für die Adressennummer, die wir in den Programmbeispielen berechnen wollen.

Der Datumstyp ist selbsterklärend; hier werden eben nur gültige Datumsausdrücke als Eingabe akzeptiert.

Der Typ logisch kann nur zwei Zustände annehmen: wahr und falsch. In allen xBase-Dialekten werden diese Zustände (Daten) durch .T. (True) und .F. (False) dargestellt.

Memofelder

Besonders interessant ist der Typ *Memo*. Dahinter verbirgt sich ein dynamisches Textfeld, das in seiner Länge mit der Länge des eingegebenen Textes wächst. Die Feldlänge wird also nicht starr vorgegeben, wie beim Typ *Charakter*, sondern durch die Dateneingabe bestimmt. FoxPro speichert diesen Typ daher auch nicht in der eigentlichen DBF-Datei, sondern erzeugt eine weitere Datei mit der Endung FPT, um dort die eigentlichen Daten dieses Typs abzulegen. In der DBF-Datei verbleibt lediglich ein Verweis (eine Referenz) auf den zugehörigen Abschnitt in der FPT-Datei.

Das Objekt-Feld

Der Typ *Objekt* dient der Aufnahme von verschiedenen Dateiformaten. Hier können Sie Bilder, Tonfolgen und andere exotische Datenformate als sogenannte OLE-Objekte speichern. Eine direkte Dateneingabe in dieses Feld ist nicht möglich. Die Übernahme der Daten erfolgt über die Zwischenablage oder als Datei. Mehr zu diesem Thema finden Sie im Kapitel „Datenaustausch mit Clipboard, DDE und OLE".

Feldlänge

Für Charakter- und numerische Typen müssen die Feldlängen bei der Definition der Tabelle vorgegeben werden. Der numerische Typ verlangt auch nach einem Wert für die Zahl der Dezimalstellen. Diese Längenangaben können später bei der Eingabe von Daten nicht überschritten werden. Die maximalen Feldlängen:

Zeichen	255 Zeichen
Numerisch	20
Dezimalstellen	19
Memo	unbegrenzt

Felder verschieben

Sie sollten eine Tabelle immer schon vor der eigentlichen Erstellung planen. Felder, die eine logische Einheit bilden, etwa die Details einer Anschrift (Straße, Ort, PLZ), sollten auch direkt hintereinander angeordnet sein. Bleistift und Papier sind dabei nützliche Helfer. FoxPro erleichtert Ihnen die Definition durch die Möglichkeit, die Anordnung der Felder durch Verschieben mit der Maus zu verändern.

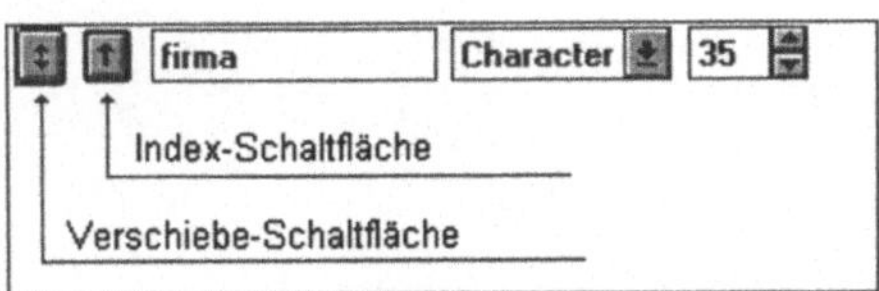

Abb. 4.6: Die Verschiebe-Schaltfläche

Die äußerste linke Schaltfläche kann mit der Maus angeklickt und bei gedrückt gehaltener Maustaste nach oben oder unten verschoben werden. Die zugehörige Zeile der Tabellendefinition wird dabei ebenfalls verschoben.

Für unsere Beispielanwendung benötigen wir zwei Datentabellen mit der folgenden Struktur:

Tabelle: Adressen.dbf

Feld	Feldname	Feldtyp	Breite	Dezimalst.
1	KDNR	Numeric	8	
2	FIRMA	Zeichen	35	
3	FIRMA2	Zeichen	35	
4	NAME	Zeichen	25	
5	VORNAME	Zeichen	20	
6	TITEL	Zeichen	15	
7	ANREDE	Zeichen	5	
8	FUNKTION	Zeichen	25	
9	ABTEILUNG	Zeichen	25	
10	STRASSE	Zeichen	30	
11	LAND	Zeichen	3	
12	PLZ	Zeichen	8	
13	ORT	Zeichen	25	
14	TELEFON1	Zeichen	20	
15	TELEFON2	Zeichen	20	
16	FAX	Zeichen	20	
17	TELEX	Zeichen	20	
18	STATUS	Zeichen	12	
19	DATUM	Date	8	
20	INFO	Memo	10	
21	GEBURTSTAG	Date	8	
22	AT1	Logical	1	
23	AT2	Logical	1	
24	AT3	Logical	1	
25	AT4	Logical	1	
26	BILD	Objekt	10	
27	UMSATZ	Numeric	10	2

Tabelle: Kontakte.dbf

Feld	Feldname	Feldtyp	Breite	Dezimalst.
1	KDNR	Numeric	8	
2	DATUM	Date	8	
3	TYP	Zeichen	5	
4	INHALT	Zeichen	60	
5	ACTIVE	Zeichen	1	
6	TEXT	Memo	10	

Datenstruktur ändern

Auch eine bereits bestehende und mit Daten gefüllte Tabelle kann mit

```
MODIFY STRUCTURE
```

wieder aufgerufen und in ihrer Struktur verändert werden. Die Datentabelle
muß jedoch zuvor mit

```
USE <Dateiname>
```

oder über die Menüoption *Datei/Öffnen* geöffnet worden sein. Felder können
hinzugefügt, gelöscht, verschoben und umbenannt werden.

4.4   BROWSE, EDIT und CHANGE

Tabellen und Formulare

Für die Bildschirmpräsentation von Daten haben sich zwei Darstellungsformen
etabliert: Tabellen und Formulare (Masken). In der Tabellendarstellung bildet
jeder Datensatz eine Zeile. Die einzelnen Merkmale, Felder genannt, werden
nebeneinander angeordnet. Mehrere Datensätze lassen sich so untereinander
anzeigen. Der Nachteil dieser Darstellungsform besteht darin, daß selten der
komplette Datensatz gleichzeitig zu sehen ist. Zwischen den einzelnen Feldern
muß also horizontal „gescrollt" werden. Die Formulardarstellung stellt die
Felder eines Datensatzes bevorzugt übereinander dar. So läßt sich häufig der
komplette Datensatz abbilden.

Für das interaktive Arbeiten mit FoxPro-Tabellen stehen Ihnen hauptsächlich
drei Befehle zu Verfügung: BROWSE für die Tabellendarstellung, EDIT und
CHANGE für die Formularsicht. Da EDIT und CHANGE funktional identisch

sind, bleiben zwei Befehle, die Ihnen eine jeweils eigene Sicht der Daten erlauben. BROWSE stellt die Daten in Tabellenform dar, so wie wir es eben von einer Tabelle erwarten:

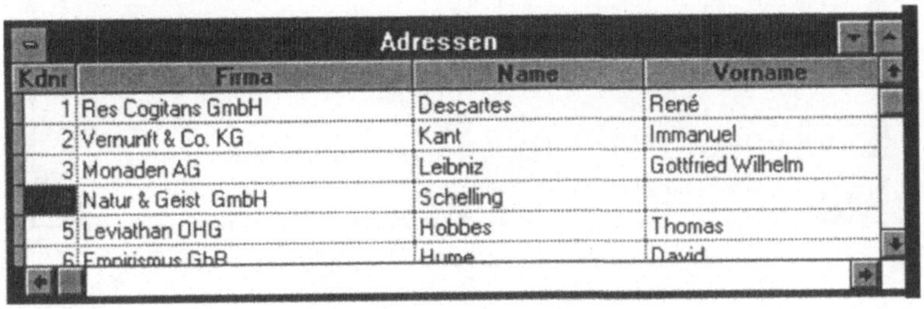

Abb 4.7: BROWSE - die Tabellensicht

EDIT (CHANGE) zeigt in der Regel nur einen Datensatz, diesen aber meistens vollständig, da die einzelnen Felder nicht nebeneinander, sondern übereinander angeordnet werden.

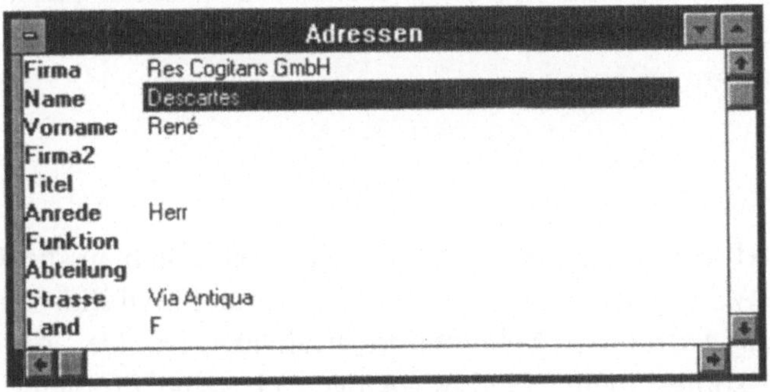

Abb. 4.8: EDIT / CHANGE - die Formularsicht

BROWSE und EDIT können aus dem Menü *Datenbank* oder durch Eingabe der Befehle im Befehlsfenster aufgerufen werden. Die Eingabe über das Befehlsfenster erlaubt es dem Anwender, zusätzliche Parameter zu definieren, die das Verhalten der beiden Befehle beeinflussen. Zwischen beiden Darstellungen kann mit den Menüoptionen *Datenblatt/Editieren* und *Datenblatt/Datenblatt* gewechselt werden.

Beide Darstellungen lassen sich aber auch vereinen, so daß in der einen Hälfte die Datensätze tabellarisch und in der anderen in Maskenform abgebildet werden.

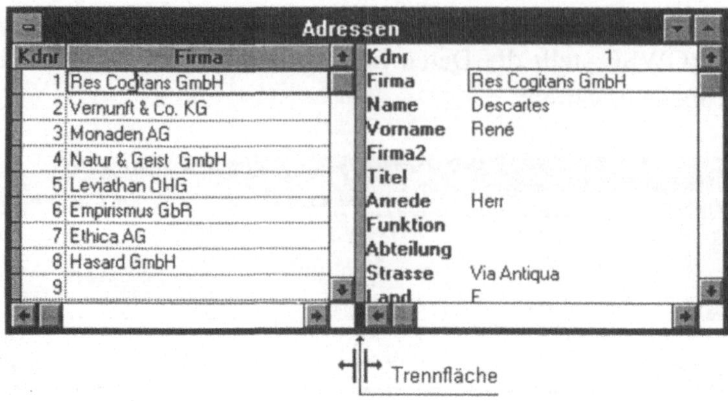

Abb. 4.9: Kombinierte Darstellung von BROWSE- und EDIT

Die Datensatzanzeige im jeweils nicht-aktiven Fensterteil wird automatisch an die Darstellung des aktiven Fensterteils angepaßt. Bewegen Sie den Datensatzzeiger in der Tabelle zum nächsten Datensatz, erhalten Sie die komplette Darstellung dieses Satzes (soweit am Bildschirm möglich) auch im EDIT-Bereich angezeigt.

BROWSE

Auch wer FoxPro nur interaktiv nutzen will, sollte sich in die Optionen der Befehle BROWSE und EDIT einarbeiten, da die Flexibilität dieser Befehle nicht über den Aufruf der Menüoption erreichbar ist. Der Aufruf über das FoxPro-Menü sollte einem Windows-Anwender keine Probleme bereiten. Ist bereits eine Datentabelle geöffnet, reicht das Anklicken der Menüoption *Datenbank/Datenblatt*. Ist keine Datentabelle im aktuellen Arbeitsbereich geöffnet, präsentiert FoxPro einen Dateiauswahldialog.

BROWSE hat, wie die folgende, unvollständige Aufstellung zeigt, einen Rattenschwanz von teilweise recht sinnvollen Optionen erhalten:

FIELDS, FOR, NOLGRID, NORGRID, LEDIT, LPARTITION, REDIT, PARTITION, WHEN und VALID

Dazu kommen noch die schon aus FoxPro 2.x bekannten Gestaltungsmöglichkeiten mit Fenster- und Farbvorgaben, so daß BROWSE für den Programmierer zu einem außerordentlich interessanten Objekt gereift ist. Das vorliegende Buch widmet dem Programmieren mit diesem Kommando deshalb ein eigenes Kapitel. In diesem Abschnitt wollen wir daher nur wenige grundlegende Optionen behandelt.

Aufrufen und editieren

Sie starten BROWSE entweder durch Befehlseingabe oder durch Auswahl des Befehls *Datenblatt* aus dem Datenbankmenü. Ist zuvor keine Tabelle mit USE geöffnet worden, erhalten Sie einen Dateiauswahldialog angezeigt. Bestehende Datensätze können sofort editiert werden. Wollen Sie einen neuen Datensatz anhängen, wählen Sie die Menüoption *Anfügen* aus dem Datensatzmenü oder drücken die Tastenkombination ⌷Strg+⌷N. Sie können auch den Befehl APPEND im Befehlsfenster eingeben.

Feldlisten vorgeben

Nicht immer ist es erforderlich, alle Felder in einem BROWSE anzuzeigen. Mit dem BROWSE-Befehl kann daher eine Feldliste vorgegeben werden. Der einfachste Weg geht in diesem Fall über das Befehlsfenster. Die Klausel FIELDS kann eine durch Kommas separierte Liste von Feldnamen enthalten. Für eine Telefonliste könnte der komplette Befehl die folgende Form haben:

```
BROWSE FIELDS Firma, Name, Ort, Telefon
```

Dieser Befehl setzt voraus, daß zuvor unsere Datentabelle *Adressen* im aktuellen Arbeitsbereich geöffnet wurde (USE adressen).

Wollen Sie sich die „Tipperei" sparen, kann die Feldliste auch über den Einrichten-Dialog vorgegeben werden, den Sie mit der Menüoption *Einrichten...* des Datenbankmenüs aufrufen. Sie können so auch die Reihenfolge der Felder ändern. Diese Änderung betrifft jedoch nur die Bildschirmdarstellung; die physikalische Reihenfolge der Felder wird dadurch nicht beeinflußt.

Die Schaltflächen eines BROWSE-Fensters

Die Daten in einer BROWSE-Tabelle sind von Schaltflächen umgeben, die, durch Mausklick veranlaßt, verschiedene Funktionen auslösen. Neben den üblichen Funktionen eines „normalen" Fensters können Sie:

- Felder verschieben

- Die Feldbreite ändern

- Datensätze zum Löschen markieren

- Das BROWSE-Fenster splitten

Feldbreite in BROWSE-Darstellung ändern

Die Feldbreite läßt sich entweder schon beim Start vorgeben oder nachträglich durch Verschieben der Feldgrenze im bereits geöffneten BROWSE-Fenster ändern. Klicken Sie mit der Maus auf die Grenze zwischen zwei Feldnamen, ändert sich die Form des Cursors.

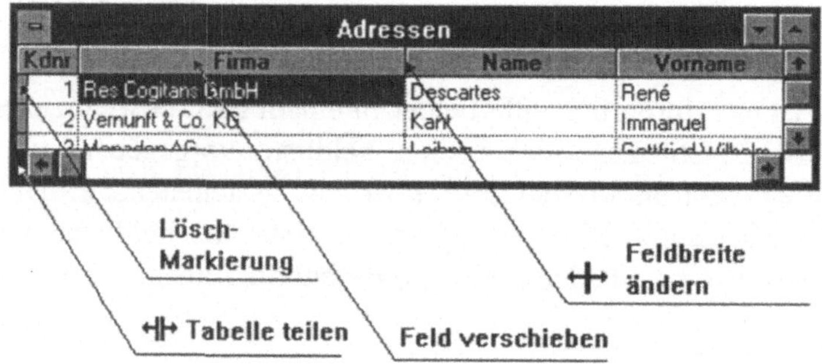

*Abb 4.10:   Die Feldbreite ändern, Felder verschieben, Datensätze zum
             Löschen markieren*

Mit gedrückt gehaltener Maustaste verschieben Sie nun die Trennlinie und verändern damit die Breite des jeweils linken Feldes. Diese Änderung betrifft jedoch nur die Darstellung des Feldes; die tatsächliche Feldbreite wird dadurch nicht beeinflußt. Auch wenn überstehende Zeichen dabei abgeschnitten werden, verlieren Sie keine Daten. Eine Verbreiterung des Feldes bringt alle Zeichen zurück.

Felder verschieben

Auch die Position der Felder eines bereits aktiven BROWSE-Fensters kann nachträglich vom Anwender verändert werden. Sie klicken einfach mit der Maus auf den jeweiligen Feldnamen und verschieben diesen bei gedrückt gehaltener Maustaste nach links oder rechts.

Die Schaltfläche, in der der Feldname angezeigt wird, erscheint aktiviert
(gedrückt), und die Daten des BROWSE-Fensters werden grau und unscharf
abgebildet. Sobald Sie die Maustaste loslassen, wird die Anzeige aktualisiert.
Auch diese Änderung betrifft nur die Darstellung und hat keine Auswirkungen
auf die physikalische Struktur der Tabelle.

Datensätze zum Löschen markieren

Die schmale Schaltfläche vor dem ersten Feld eines Satzes dient als Löschmarkierung. Durch Mausklick wird diese Fläche aktiviert und zeigt dadurch an,
daß der zugehörige Datensatz zum Löschen markiert wurde. Ein erneuter
Mausklick auf diese Fläche hebt die Markierung auf. Die Schaltfläche sorgt
lediglich für die Markierung. Tatsächlich gelöscht wird mit dem Befehl PACK,
der voraussetzt, daß die entsprechende Tabelle im aktuellen Arbeitsbereich
geöffnet ist. PACK löscht alle markierten Datensätze physikalisch. Diese
Datensätze sind dann endgültig verloren. PACK kann als Befehl eingegeben
oder aus dem Datenbankmenü (*Komprimieren*) ausgewählt werden.

Mit dem Befehl

```
SET DELETE ON
```

können Sie erreichen, daß zum Löschen markierte Sätze nicht mehr in
BROWSE- oder EDIT-Fenstern angezeigt werden. Die betreffenden Datensätze
verhalten sich, als wären sie gelöscht; sie sind aber physikalisch weiterhin
vorhanden. Mit

```
SET DELETE OFF
```

erhalten Sie alle markierten Sätze mit dem nächsten BROWSE-Kommando
wieder angezeigt.

Memo- und Objektfeld als Schaltflächen

In der Regel sehen Sie Ihre Daten in der BROWSE- oder EDIT-Darstellung in
der Eingabeform. Memo- und Objektfelder machen jedoch eine Ausnahme: Sie
sehen immer nur die Bezeichnung *memo* oder *obj*, unabhängig von den
eingegebenen Daten. Enthalten die Felder bereits Daten, wird der erste
Buchstabe groß angezeigt (*Memo* oder *Obj*). Erst durch einen Doppelklick mit
der Maus auf diese Bezeichnungen wird ein Fenster mit den Daten angezeigt.
Beachten Sie bitte, daß Sie in diesem Fall doppelklicken müssen.

Arbeitsbereiche wählen

Um mit zwei Tabellen gleichzeitig arbeiten zu können, muß FoxPro beide
Dateien öffnen. Damit es beim Zugriff zu keiner Kollision kommt, benutzt
FoxPro für jede Tabelle einen eigenen Arbeitsbereich. Maximal stehen 225
Arbeitsbereiche zur Verfügung, so daß auch maximal 225 Datentabellen
geöffnet werden können. Sie wählen einen Arbeitsbereich mit dem Befehl
SELECT und einer Nummer zwischen 1 und 225. Die ersten 10 Bereiche
können auch mit den Buchstaben A bis J selektiert werden. Der Befehl

```
SELECT 1
```

wählt den ersten Arbeitsbereich. Die komplette Befehlssequenz für das Laden
unserer beiden Tabellen lautet:

```
SELECT 1
USE adressen
SELECT 2
USE kontakte
```

Der Verzicht auf den Befehl „SELECT 2" würde FoxPro veranlassen, die
Tabelle *Kontakte* im gleichen Arbeitsbereich zu öffnen, in dem bereits die
Adressen-Tabelle residiert. Da eine solche Konstellation nicht möglich ist,
würde die Tabelle *Adressen* wieder aus dem Speicher entfernt werden. Ist erst
eine Tabelle in einem Arbeitsbereich geöffnet worden, kann mit dem Befehl

```
SELECT <Tabellenname>
```

dieser Arbeitsbereich zum aktiven Bereich gemacht werden. Um unsere bereits
geöffnete Tabelle *Adressen* zu aktivieren, geben wir lediglich

```
SELECT Adressen
```

ein.

Mehrere BROWSE-Fenster öffnen

Es können aber nicht nur mehrere Tabellen unsichtbar geöffnet, sondern auch
gleichzeitig am Bildschirm als BROWSE- oder EDIT-Fenster dargestellt
werden. Mit der Befehlssequenz

```
SELECT adressen
BROWSE NOWAIT
SELECT kontakte
BROWSE
```

erscheinen beide Tabellen auf dem Bildschirm, so daß zwischen ihnen mit der
Maus gewechselt werden kann, um beispielsweise Daten einzutragen. Wollen
wir jedoch zur gerade aktuellen Adresse auch die zugehörigen Kontakte sehen,
müssen wir diese einzeln aus der Kontakte-Tabelle heraussuchen. Uns fehlt
noch die Verknüpfung zwischen beiden Tabellen. Die NOWAIT-KLausel in
unserem Beispiel sorgt lediglich dafür, daß Sie nach dem ersten BROWSE
wieder automatisch im Befehlsfenster landen. Ohne diese Klausel müßten Sie
erst zum Befehlsfenster umschalten, um noch die letzten zwei Befehle eingeben
zu können.

Mehrere Datentabellen in einer BROWSE-Darstellung

In einem BROWSE-Fenster lassen sich Felder aus mehreren Datentabellen
abbilden. Der Befehl

```
BROWSE FIELDS Adressen.firma, Adressen.Name, ;
              kontakte.datum, kontakte.inhalt
```

öffnet ein BROWSE-Fenster mit den Feldern *Firma* und *Name* aus unserer
Adressen-Tabelle und den Feldern *Datum* und *Inhalt* aus der Kontakte-Tabelle.

Natürlich muß die Tabelle *Adressen* wieder im aktuellen Arbeitsbereich
geöffnet sein. Die Tabelle *Kontakte* kann in einem beliebigen anderen Bereich
geöffnet worden sein. Die komplette Reihenfolge der Befehle könnte wie folgt
aussehen:

```
USE adressen
USE kontaket IN 0
SELECT adressen
BROWSE FIELDS firma, Name, kontakte.datum, kontakte.inhalt
```

Die Befehlssequenz kann auch als Macro aufgezeichnet und dann mit einem
einzigen Befehl ausgeführt werden.

Allerdings wird unser Beispiel nicht sehr viel Sinn machen, da zwischen beiden
Tabellen noch keine Verknüpfung existiert. Die Zuordnung der Daten ist also
rein zufällig. Sie sollten sich also erst mit dem Unterkapitel „Datentabellen
verknüpfen" beschäftigen, das Sie weiter unter finden.

Das Datenblatt-Menü

Sobald ein BROWSE-Fenster geöffnet ist, fügt FoxPro ein spezielles BROWSE-Menü (*Datenblatt*) in die Hauptmenüleiste ein.

Die Optionen dieses Menüs sind größtenteils selbsterklärend und bezüglich der Bedienung mit der Maus auch redundant. Felder lassen sich mit der Maus wesentlicher eleganter vergrößern und verschieben. Interessanter ist die Möglichkeit, in den schon angesprochenen EDIT/CHANGE-Modus zu schalten. Die Darstellung der Felder eines Datensatzes erfolgt dann vertikal, so daß häufig alle Felder des jeweiligen Satzes gleichzeitig sichtbar sind. Die Menüoption *Editieren* wird zu *Datenblatt*; ein erneuter Mausklick bringt daher die ursprüngliche Darstellung zurück.

Wichtig sind auch noch die Optionen *Datenblatt/Schriftart...* und *Satz/Schnell suchen...* Mit *Schriftart* kann der Anwender die Schriftgestaltung der Tabelle bestimmen.

Schnell suchen... ist eine Suchfunktion, die dem schnellen Auffinden von Daten dient. Im Menü *Satz* finden Sie auch die Option *Suchen...*, die ebenfalls der Datensuche dient. *Suchen* geht jedoch wesentlich gemütlicher zur Sache und dürfte daher für große Datenbestände nicht zu empfehlen sein. Dafür kann sie immer angewendet werden, während *Schnell suchen...* einen aktiven Index für das betreffende Feld voraussetzt.

EDIT

EDIT kann aufgrund seiner Optionen als ein maskenorientiertes Äquivalent zum BROWSE-Befehl charakterisiert werden. Prinzipiell können praktisch alle Optionen, die wir unter dem BROWSE-Befehl bereits besprochen haben, auch für EDIT verwendet werden. Wegen der weitgehend identischen Syntax mit dem BROWSE-Befehl, werden wir uns bei EDIT mit einer kurzen Darstellung begnügen. Mit dem Befehl EDIT wird eine zuvor geöffnete Datentabelle (USE adressen) im EDIT-Modus angezeigt. EDIT benutzt das Datenblatt-Menü. Die Option *Ändern* im Satzmenü hat die gleiche Wirkung. Auch *Anfügen* aus demselben Menü wirkt ähnlich, nur startet das EDIT-Fenster in diesem Fall gleich mit einem neuen Datensatz.

Geben Sie den Befehl EDIT ein, ohne zuvor eine Tabelle zu öffnen, können Sie die gewünschte Tabelle aus einem Dateiauswahldialog wählen.

4.5 Indizes erzeugen und verwenden

Indizes sind Hilfsdateien, die der Sortierung und dem schnellen Auffinden von Datensätzen dienen. Ein eigenes Kapitel dieses Buches behandelt Theorie und Praxis von Indexdateien, weswegen wir hier nur kurz die Erzeugung und Verwendung von Indizes ansprechen wollen.

Indizes können gleich bei der Definition einer Datentabelle vorgegeben werden. Haben Sie unsere Beispieltabellen bereits erstellt und abgespeichert, müssen Sie die Definition nochmals mit

```
USE adressen
MODIFY STRUCTURE
```

bzw.

```
USE kontakte
MODIFY STRUCTURE
```

aufrufen. Die Schaltfläche *Schlüssel* in der Tabellendefinition bestimmt, ob für das betreffende Feld ein Index angelegt werden soll. Durch einmaliges Klicken auf diesen Schalter erzeugen Sie einen aufsteigenden Index. Die Sortierung erfolgt also in der Reihenfolge A...Z. Klicken Sie ein zweites Mal, wird absteigend sortiert. Die Schaltfläche zeigt die jeweils gewählte Sortierrichtung durch einen nach oben (aufsteigend) oder unten (absteigend) gerichteten Pfeil an.

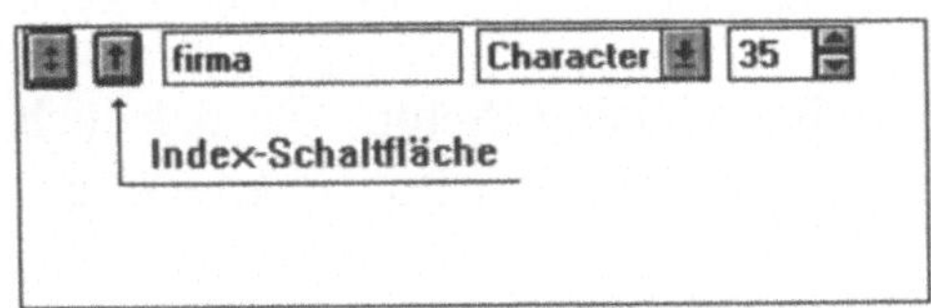

Abb. 4.11: Schlüssel erzeugen

Indizes können für Charakter-, numerische-, Datums- und logische Felder angelegt werden, nicht jedoch für Memo- und Objektfelder.

Hinweis:	FoxPro verfügt über drei verschiedene Arten von Indexdateien. Die hier vorgestellte Form ist sicher die einfachste und beste Lösung - auch in eigenen Anwendungen. Wer aber mehr zu diesem Thema wissen will, sollte sich das Kapitel „Indexdateien in Theorie und Praxis" näher anschauen.

Indizes verwenden

Indizes, die wir mit der Definition der Tabelle erstelllt haben, müssen nicht separat aufgerufen werden. FoxPro öffnet die Indexdatei automatisch mit der Datentabelle. Werden Datensätze hinzugefügt, geändert oder gelöscht, aktualisiert FoxPro automatisch auch die definierten Indizes. Allerdings ist beim Aufruf der Datei kein Index aktiv. Das bedeutet, daß die Sortierung in der physikalischen Reihenfolge der Datensatzeingabe erscheint.

Sortierordnung bestimmen

Wollen wir beispielsweise unsere Tabelle *Adressen* alphabetisch nach Namen sortiert ausgeben, muß zuvor ein steuernder Index gewählt werden. Voraussetzung ist in diesem Fall, daß wir einen Index auf das Feld *Namen* definiert haben. Im Befehlsfenster kann dann die Anweisung

```
SET ORDER TO TAG Namen
```

den gewünschten Index aktivieren. Das nächste BROWSE zeigt dann die Datensätze nach Namen sortiert an. Wir haben noch Indizes auf *Firma* und *PLZ* definiert. Eine entsprechende Sortierung erhalten Sie mit den Befehlen

```
SET ORDER TO TAG Firma
```

oder

```
SET ORDER TO TAG Plz
```

Für Freunde der Mausbedienung existiert auch ein Dialog (Setup), der u.a. auch die Wahl der Sortierordnung gestattet. Dieser Dialog wird in einem der folgenden Unterkapitel besprochen.

REINDEX

Indexdateien können gelegentlich, etwa durch zu frühes Abschalten des Rechners oder durch eine Betriebsstörung, beschädigt werden. Sollten Sie Unregelmäßigkeiten beim Zugriff auf Ihre Daten feststellen, beispielsweise fehlende Datensätze, kann eventuell eine „Re-Indizierung" den Schaden beheben. FoxPro verwendet dazu den Befehl

```
REINDEX,
```

der im Befehlsfenster eingegeben oder im Menü angewählt werden kann.

4.6 Tabellen verknüpfen

Eine einfache Adressenverwaltung werden Sie in der Regel in nur einer Tabelle unterbringen. Soll für einen Datensatz aber auch eine nicht genau bestimmbare Anzahl von Zusatzinformationen gespeichert werden, etwa Rechnungen oder, wie in unsererem Beispiel, Kontakte, ist es sinnvoller, eine eigene Tabelle für diese Informationen vorzusehen. In der zweiten Tabelle wird dann eben für jeden Kontakt ein eigener Datensatz angelegt. Auf diese Art können für jede Adresse beliebig viele Kontakte (oder Rechnungen) gespeichert werden. Wollten wir die Kontakte auch in der Adressen-Tabelle unterbringen, müßten wir genau wissen, wieviele Kontakte maximal pro Adresse möglich sind. Wir müßten viel Platz für zusätzliche Felder verwenden, auch, wenn diese eventuell nicht immer benötigt würden. Man nennt den Prozeß der Datenverteilung auf mehrere Tabellen „Normalisieren". Im Kapitel „Zur Theorie relationaler Datenbanken" finden Sie ausführliche Informationen zu diesem Thema. Sollte die Komplexität Ihrer Anwendung über unser Beispiel hinausgehen, werden Sie um die Lektüre dieses Kapitels nicht herumkommen.

Das Verknüpfungsfeld

Mit der Verteilung der Daten auf mehrere Tabellen haben wir zwar einige Beschränkungen umgangen, jedoch auch neue Probleme erzeugt. Wie können wir feststellen, welche Kontakte zu welcher Adresse gehören? Um dieses Problem zu lösen, benötigen wir Felder, die in beiden Dateien identische Informationen enthalten. Für unser Beispiel soll dies das Feld *Kdnr* (Kundennummer) sein. Wie Sie aus der Definition der Beispieltabellen ersehen können, ist dieses Feld in beiden Tabellen enthalten. Wichtig ist, daß Typ und Länge des Feldes übereinstimmen. Die Namen könnten hingegen durchaus unterschiedlich sein.

Das Feld *Kdnr* soll jeden Satz der Adressen-Tabelle eindeutig identifizieren. Die Nummer muß daher für jeden Datensatz eindeutig, also einzig sein. Duplikate sind nicht zugelassen. Wollen wir einen Kontakt in die Kontakte-Tabelle eingeben, benötigen wir den Kdnr-Eintrag der Adresse, für die der Kontakt eingegeben werden soll. In der Kontakte-Tabelle können natürlich viele Kontakte pro Adresse enthalten sein, so daß sich auch Mehrfacheinträge für das Feld *Kdnr* ergeben können. Der Adresse mit der Nummer 20 können mehrere Kontakte zugeordnet sein, die dann ebenfalls die Nummer 20 im Feld *Kdnr* enthalten.

Eltern-Kind-Beziehung

Zwischen unseren Tabellen besteht also eine bestimmte Beziehung. Man spricht in diesem Fall von einer Eltern-Kind-Beziehung. Unsere Tabelle *Adressen* ist die Eltern-Tabelle. Den Datensätzen der Eltern-Tabelle können jeweils mehrere Datensätze (Kinder) aus der Kindtabelle (Kontakte) zugeordnet werden.

Zwischen unseren Tabellen besteht bisher noch keine Verknüpfung. Um eine Verknüpfung zu erzeugen, benötigen wir zunächst einen Index.

Index erforderlich

Für die Verknüpfung von mehreren Tabellen zu einer Datenbank ist es unbedingt erforderlich, daß zumindest ein Index in der zu verknüpfenden Tabelle (Kindtabelle) angelegt und aktiviert ist.

Um unsere beiden Tabellen über einen identischen Feldeintrag verknüpfen zu können, muß das Feld *Kdnr* in der Kontakte-Tabelle mit einem Index versehen sein, nicht unbedingt aber das gleiche Feld in der Adressen-Tabelle. Der Index muß mit SET ORDER TO TAG aktiviert werden, bevor eine Verknüpfung möglich ist. Für unser Beispiel lautet der Befehl:

```
SET ORDER TO TAG kdnr IN kontakte
```

Die Verknüpfung herstellen

Eine Verknüpfung wird in FoxPro mit dem Befehl

```
SET RELATION TO <Feldname> INTO <Arbeitsbereich>
```

erstellt. *Feldname* ist der Name des Feldes in der Eltern-Tabelle, das die Verknüpfung steuert; in unserem Fall das Feld *kdnr*. Mit *Arbeitsbereich* ist der Arbeitsbereich der Kindtabelle gemeint, hier also die Tabelle *Kontakte*. Haben wir unsere beiden Tabellen geöffnet und den Arbeitsbereich der Adressen-Tabelle angewählt, können wir mit

```
SET RELATION TO kdnr INTO kontakte
```

die Verknüpfung herstellen. Wenn Sie jetzt unser BROWSE-Beispiel für mehrere Tabellen wiederholen, werden Sie ein ganz anderes Verhalten feststellen. Die Bewegung des Datensatzzeigers im BROWSE-Fenster der Adressen-Tabelle bewirkt eine Veränderung der Anzeige im BROWSE-Fenster der Kontakte-Tabelle. Auch werden nicht mehr alle Datensätze der Kontakte-Tabelle angezeigt, sondern lediglich die zur jeweils angewählten Adresse gehörenden Sätze. Die folgende Befehlssequenz faßt nochmals alle Befehle zusammen, die notwendig sind, um die Verknüpfung zu realisieren:

```
CLOSE ALL
USE adressen
USE kontakte IN 0
SET ORDER TO TAG kdnr IN kontakte
SET RELATION TO kdnr INTO kontakte
BROWSE

SELECT kontakte
BROWSE
```

Nach dem ersten BROWSE werden Sie wieder zum Befehlsfenster wechseln müssen, um noch die letzten beiden Befehle eingeben zu können. Die nachfolgende Abbildung zeigt Ihnen, wie die Verknüpfung wirkt.

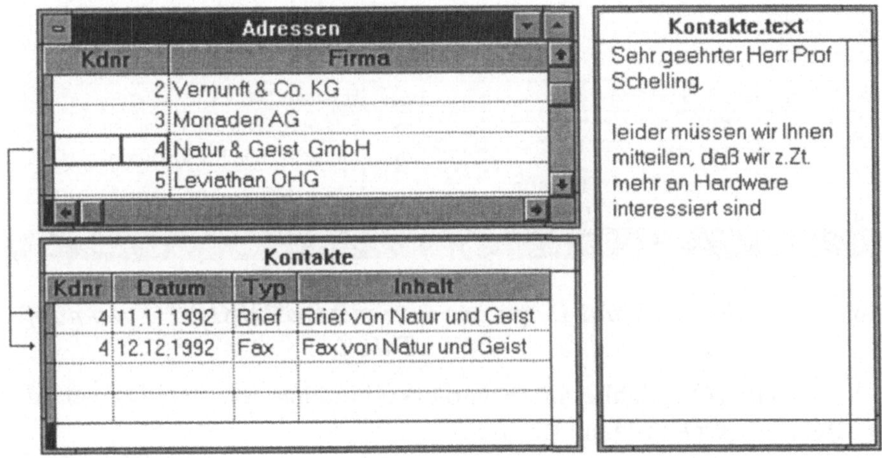

Abb. 4.12: Zwei verknüpfte Tabellen mit Memofeld

Wir haben zusätzlich noch das Memofeld *Text* der Kontakte-Tabelle geöffnet. Auch dieses Feld wird aktualisiert, sobald Sie den Datensatzzeiger der Adressen-Tabelle bewegen.

Wie wir bereits gesehen haben, können Daten aus mehreren Tabellen in einer BROWSE- oder EDIT-Darstellung verbunden werden. Würden wir das mit unseren nur durch SET RELATION verknüpften Tabellen versuchen, würden wir nur jeweils den ersten passenden Datensatz aus der Kontakte-Tabelle mit dem jeweiligen Satz aus der Adressen-Tabelle angezeigt bekommen. Die übrigen Datensätze der Kontakte-Tabelle würde FoxPro unterschlagen. Der Befehl

```
SET SKIP TO <Alias>
```

veranlaßt FoxPro, auch die anderen zugeordneten Datensätze aus der Kindtabelle zu präsentieren. Mit <Alias> ist ein spezieller Name gemeint, den Sie beim Öffnen einer Tabelle mit USE vergeben können. Es können aber auch der Name der zu verknüpfenden Tabelle oder die Nummer des zugehörigen Arbeitsbereichs sein. Wir wollen die Tabelle *Kontakte* verwenden. Der Befehl muß daher lauten:

```
SET SKIP TO kontakte
```

Firma	Name	Vorname	Typ	Inhalt
Monaden AG	Leibniz	Gottfried Wilhelm	Memo	Marketing für Monadenkonzept bespred
			Memo	Angebote für Seele und Leib
			Brief	Dangbrief an Herrn Mersenne
Natur & Geist GmbH	Schelling		Brief	Brief von Natur und Geist
			Fax	Fax von Natur und Geist
			Fax	Memo an alle Königsberger
Leviathan OHG	Hobbes	Thomas		
Empirismus GbR	Hume	David		

Abb. 4.13: BROWSE mit Daten aus zwei mit SET SKIP TO verknüpften Tabellen

Der SET SKIP TO Befehl ermöglicht die Verbindung von zwei Dateien in einer 1:m - Relation (One to Many Relation).

Wie wir wissen, sind die meisten Relationen eigentlich 1:m-Relationen. Die Realisierung beim Blättern in einer Datenbank oder auch bei der Darstellung in einer BROWSE-Tabelle war jedoch früher weitgehend dem Programmierer überlassen.

Sollten beispielsweise alle Rechnungen eines Kunden durchgeblättert werden, so mußte früher die SET RELATION INTO -Anweisung, die normalerweise von der Kundendatei auf die Rechnungsdatei wies, umgedreht werden. Die Rechnungsdatei mußte zur steuernden Datei erklärt werden, und SET RELATION mußte in die Kundendatei weisen. Mit SET SKIP TO ist es nun möglich, zum nächsten Datensatz in der Kundendatei zu schalten und statt des nächsten Kunden wird, soweit vorhanden, die nächste Rechnung des gleichen Kunden angezeigt. Erst, wenn in der Rechnungsdatei kein verbundener Eintrag mehr zu finden ist, wird zum nächsten Kunden weitergeschaltet. Dies gilt analog auch für unsere Adressen- und Kontakte-Tabellen.

Steuernde Datei bleibt dabei immer die Elterndatei (in unserem Beispiel Adressen.dbf). Natürlich funktioniert das auch über den normalen SKIP-Befehl, so daß diese Funktionalität auch mit eigenen Masken möglich ist.

Hinweis: Wollen Sie nur Daten aus einer Eltern-Tabelle darstellen, sollte der SET SKIP TO-Befehl abgeschaltet werden. FoxPro präsentiert Ihre Daten sonst mit vielen Leerzeilen. Für jeden Datensatz in der verknüpften Tabelle wird eine Zeile verwendet. Nur in der ersten Zeile erscheint der Datensatz der Eltern-Tabelle.

Mit Maus, Menü und Dialog

Wir haben bisher weitgehend FoxPro-Befehle benutzt, die direkt eingegeben werden mußten. Für den versierten Anwender dürfte dies auch oft der schnellste Weg sein, um Ergebnisse zu erzielen. Praktisch alle Befehle, die wir bisher benutzt haben, lassen sich aber auch per Maus, Menüoption und Dialogfenster steuern. Das zentrale Element für diese Steuerung ist der Einrichten-Dialog.

4.7   Der Einrichten-Dialog

Der Einrichten-Dialog, den Sie mit der Menüoption *Datenbank/Einrichten* aufrufen, enthält viele der Optionen, die wir bereits in den vorhergehenden Abschnitten kennengelernt haben. Sie können hier per Maus die folgenden Aktionen ausführen.

- Datenstruktur ändern

- Schlüsselindex wählen

- Indexausdrücke erzeugen

- Indexausdrücke ändern

- Feldlisten bestimmen

- Filterausdrücke definieren

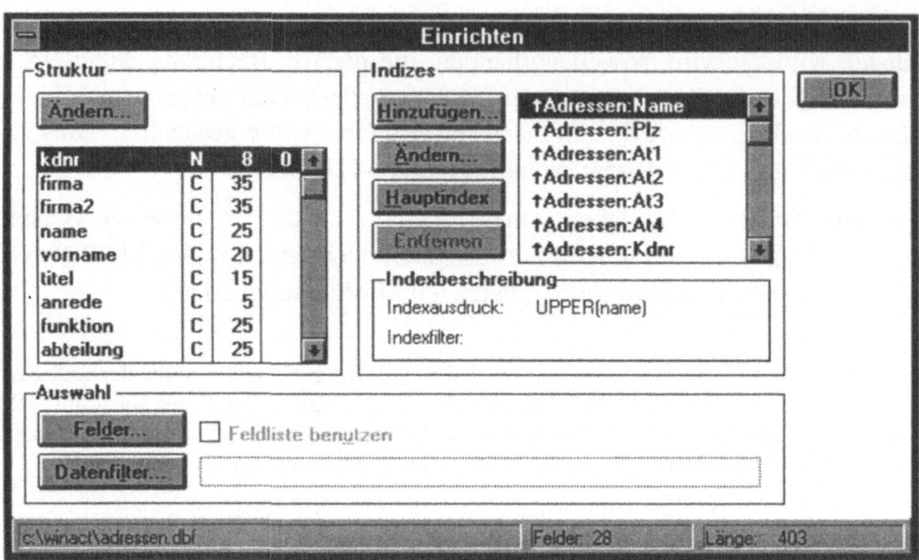

Abb. 4.14: Der Einrichten-Dialog

Hinter den einzelnen Buttons verbergen sich vier weitere Dialoge:

- Tabellenstruktur ändern

- Index-Dialog

- Feldauswahl-Dialog

- Ausdruck erstellen

Den Dialog für die Definition der Tabellenstruktur haben wir bereits bei der Erstellung von Datentabellen kennengelernt. Wir wollen an dieser Stelle nicht alle Optionen besprechen, zumal wir bereits bei der Behandlung des BROWSE-Kommandos gesehen haben, wie Feldlisten bestimmt und Tabellenstrukturen geändert werden. Ein interessantes Objekt ist jedoch der Index-Dialog, mit dessen Hilfe sich komplexe Indexausdrücke generieren lassen. Sie können also nicht nur die Felder für einen Index bestimmen, sondern, mit entsprechenden Ausdrücken, Datensätze auch selektiv in den Index aufnehmen. Ein Index wirkt in diesem Fall wie ein Filter auf eine Datentabelle.

Der Index-Dialog

Der Index-Dialog ist eigentlich schon kein reines Anwenderwerkzeug mehr, sondern kann auch als Teil der Programmierumgebung gesehen werden.

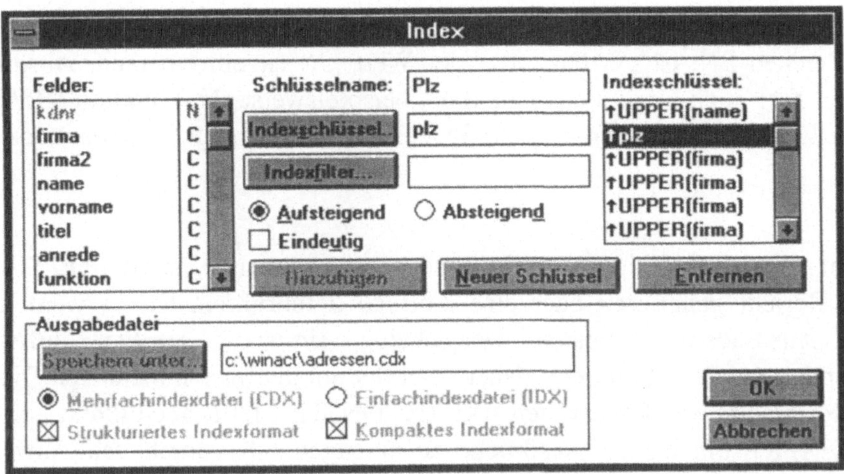

Abb. 4.15: Der Index-Dialog

Der Programmierer muß seine Indexausdrücke nicht mühsam eingeben und austesten, sondern kann sie per Mausklick zusammenstellen. Der Index-Dialog kann deshalb auch, analog dem Masken- oder Berichtsgenerator, als Index-Generator bezeichnet werden. Indizes lassen sich damit erzeugen, löschen und in ihrer Struktur verändern.

Sie rufen den Index-Dialog im Index-Bereich des Einrichten-Dialogs mit einem Mausklick auf die Schaltfläche *Ändern* auf. Für den Programmierer dürfte wichtig sein, daß der Index-Dialog alle drei Index-Arten von FoxPro unterstützt. Nachteilig ist allerdings, daß kein Quellcode erzeugt wird, der in eigene Programme eingebunden werden kann.

Wir wollen für unsere bestehenden Indizes einige Änderungen vornehmen. Wenn Sie zuvor die Tabelle *Adressen* geöffnet hatten, zeigen Einrichten- und Index-Dialog die Struktur dieser Tabelle an. Die Schaltflächen *Indexschlüssel* und *Indexfilter* rufen beide einen Dialog auf, der Ihnen in vielen anderen Teilprogrammen von FoxPro auch begegnen wird, den Dialog *Ausdruck erstellen*. Dieser „Ausdrucksgenerator" hilft Ihnen, FoxPro-Ausdrücke, die nahezu alle FoxPro-Funktionen und Operatoren enthalten können, per Mausklick zu Ausdrücken zu kombinieren.

Ausdrücke verwenden

Ausdrücke sind alle gültigen Kombinationen von Funktionen, Operatoren und Operanden. Der simpelste Ausdruck ist sicher der Term

1 + 1

Das Zeichen „+" ist ein Operator; der Wert „1" ist ein Operand. Ausdrücke können aber auch Funktionen enthalten, beispielsweise die Funktion UPPER(), die die Zeichen eines Strings in Großbuchstaben verwandelt. Der Ausdruck

```
UPPER(„Pascal")
```

besteht aus der Funktion UPPER() und dem Argument „Pascal". Ob Sie nun einen Bericht generieren oder eine Abfrage durchführen, häufig werden Sie dabei Ausdrücke verwenden. Der Dialog *Ausdruck erstellen* dürfte für Anwender und Programmierer daher einer der am häufigsten benutzten Dialoge sein. Programmierer können den EXPRESION BUILDER auch direkt aufrufen (GETEXPR), um eigene Ausdrücke zu erzeugen oder durch den Anwender erzeugen zu lassen.

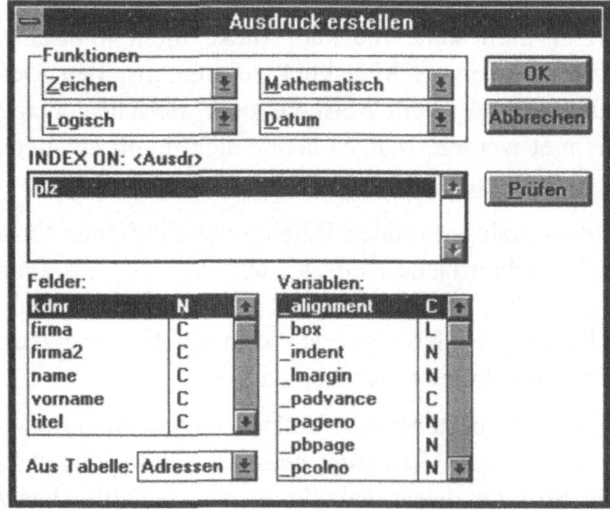

Abb. 4.16: Ausdrücke erzeugen mit dem Ausdruck erstellen-Dialog

Solche Ausdrücke lassen sich auch in Indizes einsetzen. Dieser Umstand kann uns helfen, die Sortierung eines Indizes zu beeinflussen. FoxPro berücksichtigt bei der Index-Sortierung Groß- und Kleinschreibung. Große Buchstaben werden immer vor kleinen Buchstaben einsortiert (sogenannte ASCII-Sortierordnung). Eine Firma, deren erster Buchstabe beispielsweise ein „a" ist, wird in der Sortierordnung erst nach einer Firma eingeordnet, die mit dem Buchstaben „X" beginnt.

Die Sortierordnung in FoxPro-Indizes ändern

Für unsere Indizes auf *Firma* und *Namen* wäre es sehr praktisch, wenn wir bei Sortierung und Suche nicht auf Groß- oder Kleinschreibung achten müßten. Mit der FoxPro-Funktion UPPER() lassen sich die kleinen Buchstaben eines Zeichenausdrucks in Großbuchstaben umwandeln. Verwandeln wir auch den Suchstring mit UPPER() in Großbuchstaben, brauchen wir uns nicht mehr darum zu sorgen, ob der Datenbankeintrag große oder kleine Zeichen enthält. Die Sortierung erfolgt dann ohne Berücksichtigung von Groß- und Kleinschreibung.

Der Dialog für die Erzeugung von Ausdrücken stellt alle zulässigen FoxPro-Funktionen in vier Gruppen thematisch geordnet zur Verfügung. Unsere Funktion UPPER() finden wir im Popup *Zeichen*. Sie können zwar im Editierfenster einen Ausdruck auch manuell eingeben, die Auswahl über Popup-Menüs und Auswahllisten per Maus dürfte aber kaum langsamer sein und vermeidet außerdem Tippfehler. Die folgenden Schritte sind für die Erzeugung unseres Ausdrucks erforderlich:

1. Mit Mausklick wählen Sie die Option UPPER(), die sofort im Editierfenster erscheint. Der Cursor steht als markierter Text bereits zwischen den Klammern der Funktion.

2. Aus der Feldauswahlliste wählen Sie das Feld *Firma*, das dann automatisch in den Klammern der Funktion erscheint.

Sie sollten im Editierfenster nun den folgenden Ausdruck sehen:

```
UPPER(Firma)
```

Damit wäre unser Ausdruck bereits vollständig. Natürlich können Sie wesentlich komplexere Ausdrücke bilden oder auch mehrere Ausdrücke dieser Art verknüpfen. Auch die notwendigen Operatoren finden Sie in Popup-Menüs. Wir werden bei der Behandlung des Abfragegenerators nochmals auf Ausdrücke zu sprechen kommen.

Um Ihren Ausdruck auf Korrektheit zu überprüfen, klicken Sie einfach auf die Schaltfläche *Prüfen*. Unsere Beispielanwendung verwendet die UPPER()-Funktion auch für das Feld *Namen*. Sie sollten die gerade ausgeführte Operation daher für dieses Feld wiederholen.

Wollen Sie einen neuen Index erzeugen, so wählen Sie zunächst ein Feld aus der Feldliste. Die Schaltfläche *Index hinzufügen* wird dadurch anwählbar. Ein Mausklick auf diese Fläche fügt den neuen Index in die Liste der Index-

Schlüssel ein. Sie können den selben Indexschlüssel mehrfach verwenden. Der Schlüsselname muß jedoch unterschiedlich sein, sonst verweigert FoxPro die Annahme. Diese Bezeichnung können Sie selbst vergeben. Sollen beispielsweise auf- und absteigende Indizes für das Feld *Firma* erzeugt werden, können Sie den ersten Schlüsselnamen *FirmaUp* und den zweiten *FirmaDown* nennen.

Wir können in Indizes auch Filterbedingungen definieren. Mehr dazu finden Sie im Kapitel „Indizes - Theorie und Praxis".

Der Feldauswahldialog

Eine Feldliste, wie wir Sie bereits bei der Besprechung des BROWSE-Befehls verwendet haben, läßt sich auch über den Feldauswahl-Dialog, den Sie über die Schaltfläche *Feldliste* des Setup-Dialogs aufrufen, definieren. Die Definition erfolgt lediglich durch Mausdoppelklick auf die gewünschten Felder.

Daten selektieren

Eine der wichtigsten Aufgaben einer Datenbank besteht in der selektiven Präsentation von Teilmengen oder Gruppen des Datenbestandes. FoxPro bietet hierfür eine Fülle von Möglichkeiten. Sie können

- Filterausdrücke in Indizes verwenden,

- Filterbedingungen im Setup-Dialog definieren,

- Den Befehl SET FILTER TO <AusdruckL> verwenden,

- Eine Abfrage mit dem Abfragegenerator erzeugen.

Auch Report- (Berichts-) und Labelgenerator akzeptieren Filterbedingungen. Wir wollen uns hier nur mit der zweiten und dritten Option beschäftigen, die funktional völlig identisch sind, sich also nur durch die Methode der Erzeugung (manuell versus Maus) unterscheiden.

Mit der Einrichten-Option *Datenfilter...* bzw. mit dem Befehl SET FILTER TO können Sie Bedingungen definieren, die jeder Datensatz erfüllen muß, wenn er in einer BROWSE- oder EDIT-Darstellung erscheinen soll. Ein Mausklick auf die genannte Schaltfläche bringt wieder den schon bekannten „Ausdrucksgenerator" auf den Bildschirm. Geben Sie beispielsweise den Ausdruck

```
datum < CTOD(„12.12.92")
```

ein, werden nur noch Datensätze angezeigt, die im Feld *Datum* eine Eintrag vor dem 12.12.92 enthalten. Die Funktion CTOD(), die wir hier für die Erzeugung eines Datums aus einem String (12.12.92) verwendet haben, wählen Sie aus dem Popup *Datum*. Das Feld *Datum* finden Sie wieder in der Feldliste. Lediglich den String „12.12.92" müssen Sie diesmal eintippen. Mehr zum Thema Strings und Datumsfunktionen finden Sie im Kapitel „Datentypen, Typkonvertierung und Stringmanipulation".

Das Befehlsfenster als Echo-Fenster

Viele Operationen, die Sie im Setup-Dialog oder in einem der Unterdialoge durchführen, werden im Befehlsfenster in Form normaler FoxPro-Befehle reflektiert. Für den Einsteiger ergibt sich somit eine einfache Möglichkeit, die Syntax einiger FoxPro-Befehle kennenzulernen.

Setup-Einstellungen sichern

Setup-Einstellungen können nicht explizit gespeichert werden. Der Setup-Dialog bietet hierfür keine Option. Die meisten Einstellungen werden jedoch automatisch gespeichert (Indizes und Strukturänderungen von Datentabellen) oder können als Teil einer Arbeitsumgebung gesichert werden. Der nächste Abschnitt beschreibt, wie Sie eine Arbeitsumgebung erstellen, sichern und wiederherstellen.

4.8 Arbeitsumgebungen erstellen

Wir haben bisher Optionen kennengelernt, die es Ihnen erlauben, FoxPro-Datentabellen zu manipulieren und in der Bildschirmdarstellung an die jeweiligen Bedürfnisse anzupassen. Die vorgenommenen Einstellungen hatten jedoch oft nur einen temporären Charakter. Um nicht bei jedem neuen Aufruf einer Datentabelle alle Einstellungen wiederholen zu müssen, lassen sich diese Einstellungen größtenteils sichern und mit nur einem Befehl wiederherstellen. Der interaktive FoxPro-Anwender kann sich so für seine jeweilige Anwendung eine passende Arbeitsumgebung erstellen, die dann mit einem Befehl (oder einer Menüoption) aufgerufen und damit wiederhergestellt werden kann. Eine solche Arbeitsumgebung kann aus den folgenden Elementen bestehen:

- Datentabellen (maximal 225)

- Verknüpfungen zwischen den Tabellen

- Feldlisten (SET FIELDS TO)

- Laufwerk und Pfad

- Filterausdrücke (SET FILTER TO)

- Voreinstellungen für Status, SET SKIP und SET TALK

Die einzelnen Bestandteile der Arbeitsumgebung lassen sich über diverse FoxPro-Menüoptionen und über Befehle aufrufen. Sie können beispielsweise verschiedene Datentabellen über die Öffnen-Option des Dateimenüs laden und die notwendigen Relationen mit dem Befehl SET RELATION setzen. FoxPro verfügt jedoch auch über einen Dialog, der praktisch alle Optionen für die Erzeugung einer Arbeitsumgebung enthält.

Der Dialog *Umgebung*

Der Aufruf des Umgebung-Dialogs erfolgt entweder mit dem Befehl SET oder über die Menüoption *Fenster/Umgebung*. Die Funktionstaste [F2] ist mit dem Befehl SET vorbelegt.

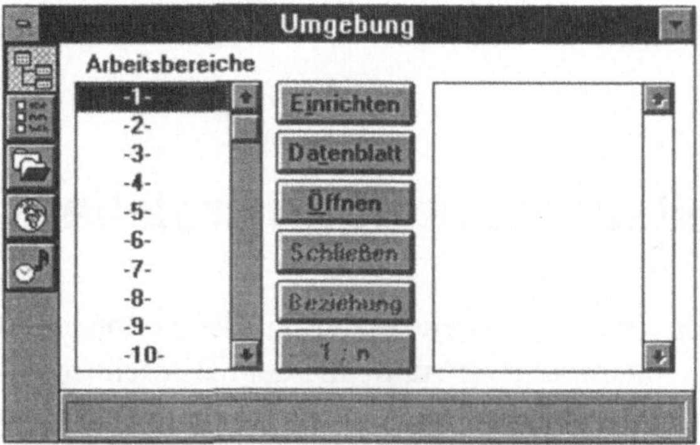

Abb. 4.17: Der Dialog Umgebung

Haben Sie die Tastenbelegung nicht geändert, kann der Dialog folglich auch mit [F2] aufgerufen werden.

Die oberste Schaltfläche würde wieder den gerade besprochenen Einrichten-Dialog öffnen. Sie können also die Setup-Einstellungen auch über den Umgebungs-Dialog erreichen.

Der Umgebungs-Dialog bietet vier Teildialoge, von denen besonders die Verknüpfung der Tabellen per Mausklick hervorsticht. Die anderen Teildialoge behandeln nur noch SET-Einstellungen, die wir teilweise bereits im Kapitel „Installieren/Konfigurieren" besprochen haben.

Alles, was wir im Abschnitt über das BROWSE-Kommando mühsam mit FoxPro-Befehlen realisieren mußten, kann hier, ohne die Tastatur anzurühren, per Maus erreicht werden.

Zur Demonstration dieses simplen, aber wirksamen Instruments wollen wir die Verknüpfung unserer beiden Beispieltabellen, die wir oben bereits gezeigt haben, nochmals mit dem Umgebungs-Dialog durchführen. Die einzelnen Schritte:

- Entfernen Sie zunächst alle Tabellen mit dem Befehl CLOSE ALL.

- Öffnen Sie dann bitte den View-Dialog durch Eingabe des Befehls SET oder durch Wahl der Menüoption *Umgebung* im Fenstermenü.

- Sie sehen im linken Teilfenster die numerierten, leeren Arbeitsbereiche. Durch Doppelklick auf einen dieser Bereiche öffnen Sie den Dateiauswahldialog.

- Öffnen Sie die Tabelle *Adressen.*

- Wiederholen Sie den Vorgang mit einem anderen Bereich und wählen Sie diesmal die Tabelle *Kontakte.*

- Statt Doppelklick hätten Sie auch die Schaltfläche *Öffnen* wählen können.

- Klicken Sie auf den Eintrag *Adressen*, so daß dieser hervorgehoben dargestellt wird.

- Ein Mausklick auf die Schaltfläche *Relationen* kopiert den Eintrag in das rechte Teilfenster.

- Klicken Sie nun auf den Eintrag *Kontakte.* FoxPro zeigt Ihnen eine Auswahlliste mit den Indexeinträgen der Kontakte-Tabelle. Hier müßte von unseren vorhergehenden Versuchen noch das Feld *kdnr* verzeichnet sein.

- Ein Mausklick auf die OK-Schaltfläche ruft den „Ausdrucksgenerator" mit dem kdnr-Eintrag auf. Sie können hier den Ausdruck, der nur aus dem Feld *kdnr* besteht, noch ändern. Bestätigen Sie lediglich mit OK, ohne eine Änderung vorzunehmen.

Ihr Umgebungs-Dialog sollte nun ungefähr der folgenden Abbildung entsprechen.

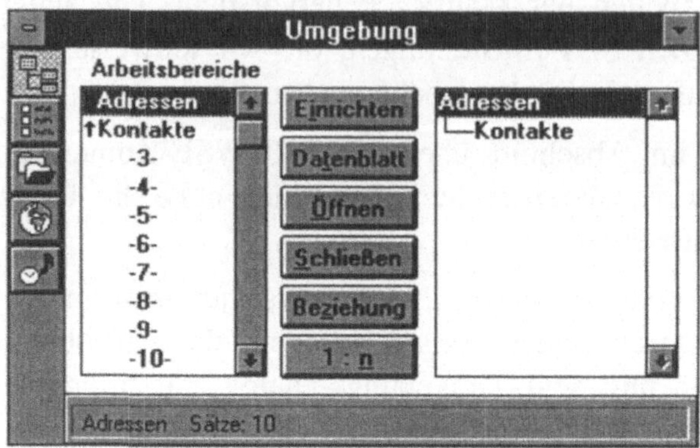

Abb. 4.18 Umgebung-Dialog mit verknüpften Tabellen

Die grafische Darstellung zeigt die Verknüpfung mit eingerückter Kind-Tabelle. Sie erkennen also mit einem Blick die hierarchischen Beziehungen zwischen den Tabellen.

Wenn Sie jetzt noch auf die Schaltfläche *1:n-Relation* klicken, erzeugt der Umgebungs-Dialog auch noch eine 1:n-Verknüpfung, die wir bisher mit dem Befehl SET SKIP TO generieren mußten. Achten Sie aber darauf, daß dabei im linken Teilfenster die Eltern-Tabelle (Adressen) angewählt ist.

Ein wichtiger Punkt für den Programmierer: Im Befehlsfenster werden Sie sehen, daß unsere Mausaktivitäten mitprotokolliert wurden. Unsere per Maus generierte Verknüpfung kann daher einfach durch Kopieren in eigene Anwendungen übernommen werden.

FoxPro hat aber nicht nur Protokoll geführt, sondern die Befehle auch sofort ausgeführt. Unsere Tabellen sind jetzt verknüpft.

Die Arbeitsumgebung speichern

Die gerade durchgeführten Operationen, das Öffnen und Verknüpfen von Tabellen, wollen wir natürlich nicht nach jedem Neustart wiederholen. FoxPro kann sich diese Operationen - und auch Teile der Einstellungen, die wir im Setup-Dialog vorgenommen haben - in einer Datei merken. Diese Datei erzeugen Sie mit der Menüoption *Sichern* im Dateimenü oder mit dem Befehl

```
CREATE VIEW <Dateiname>
```

<Dateiname> kann jeder Name sein, der den DOS-Konventionen entspricht, der also nicht länger als acht Zeichen ist und keine Sonderzeichen enthält. FoxPro vergibt automatisch die Extension VUE.

Natürlich sollten Sie möglichst aussagefähige Namen verwenden; beispielsweise „Kunden" für eine Kundenverwaltung oder „Kontakte" für unsere Beispielanwendung.

Die Arbeitsumgebung laden

Mit der Menüoption *Datei/Öffnen* können Sie auch eine einmal abgespeicherte Arbeitsumgebung wiederherstellen. Wählen Sie als Dateiformat *Umgebung* (Endung .VUE für View), so erhalten Sie alle bereits erstellten Arbeitsumgebungen angezeigt. Sie können Ihre Arbeitsumgebung aber auch mit dem Befehl

```
SET VIEW TO <Dateiname>
```

reproduzieren.

Hinweis: Werden Voreinstellungen, die sich in einer VIEW-Datei (Extension VUE) speichern lassen, geändert, kann die Arbeitsumgebung auch in Programmen mit diesen zwei Befehlen gespeichert und wieder restauriert werden. Es ist nicht unbedingt erforderlich, Arbeitsbereiche und Verknüpfungen wieder per Befehlssequenz herzustellen. Allerdings werden dabei keine Datensatzzeiger gespeichert. SET VIEW TO öffnet Tabellen neu und positioniert dabei den Datensatzzeiger auf den jeweils ersten Datensatz. Unsere Beispielanwendung benutzt diese Befehle daher nicht.

4.9 Reports (Berichte) erzeugen

Der Berichts- oder Reportgenerator von FoxPro für Windows ist überarbeitet worden, um jetzt auch die Möglichkeiten skalierbarer Fonts und die Einbindung von Bitmap-Grafiken nutzen zu können. Im Zusammenhang mit dem Abfragedialog lassen sich nahezu alle Aufgaben der Datenaufbereitung mit dem Reportgenerator erledigen. Für den Entwickler sollte sich damit die mühevolle Programmierung eigener Reports erübrigen, zumal die Programmierung durch die Fonts-Problematik erheblich erschwert wird.

Der Aufbau eines Reports

Daten dienen als Entscheidungsgrundlage und müssen daher in irgendeiner Form präsentiert werden. Dies kann durch grafische Aufbereitung in Form von Geschäftsgrafiken geschehen oder durch die Erstellung von Formularen und Listen. In der Regel verfügen Datenbankprogramme daher zumindest über einen Listen- bzw. Formular- oder Reportgenerator.

Der Reportgenerator von FoxPro kann zwar keine Geschäftsgrafiken produzieren, die optisch ansprechende Aufbereitung von Daten ist dank der Windows-Einbindung aber kein Problem mehr.

Die folgende Grafik zeigt den grundsätzlichen Aufbau eines Reports.

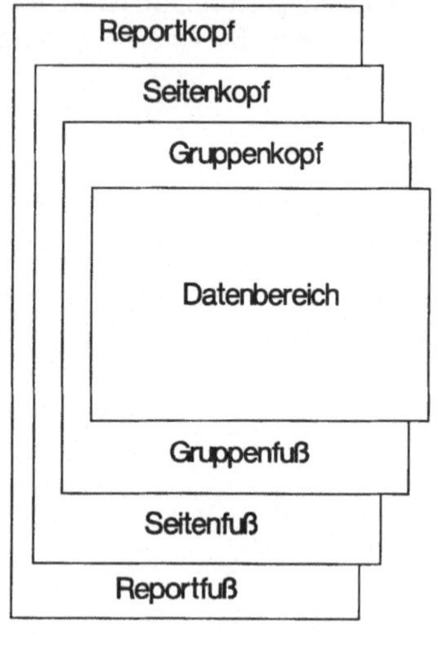

Abb. 4.19: Die verschiedenen Bereiche eines Reports oder Berichts

Hinweis: Die Bezeichnungen „Bericht" und „Report" stehen für identische Sachverhalte. Wir werden häufig die traditionelle Bezeichnung „Report" benutzen, obwohl die Microsoft-Dokumentation die Bezeichnung „Bericht" verwendet.

Der Reportbereich

Die Basis bildet der optionale Reportbereich. Alle Objekte, die in diesem Bereich plaziert werden, erscheinen nur einmal: entweder am Anfang (Reportkopf) oder zum Schluß (Reportfuß) des gesamten Reports. Der Reportkopf kann beispielsweise Titel und Datum des Reports enthalten. Der Reportfuß eignet sich sehr gut für die Summenbildung der im Datenbereich aufgelisteten Werte (Umsatzzahlen etc.).

Der Seitenbereich

Eingebettet in den Reportbereich ist der Seitenbereich. Objekte, die in den Seitenbereich eingegeben werden, erscheinen auf jeder Seite des Reports: entweder im Kopf oder im Fuß der Seite. Für den Seitenkopf eignen sich besonders Spaltenüberschriften, die sich auf jeder Seite wiederholen, sowie die Seitennumerierung.

Der Gruppenbereich

Der optionale Gruppenbereich ist nicht nur für Überschriften und Fußzeilen gut, sondern übernimmt eine wesentliche Funktion für die Strukturierung eines Reports. Die Gruppenbildung stellt Daten nach bestimmten Kriterien zusammen, so daß Daten, die in den Tabellen in der Reihenfolge ihrer Eingabe vorliegen, nach diesen Kriterien geordnet ausgegeben und ausgewertet werden können. Für einen Report können mehrere verschachtelte Gruppenbereiche gebildet werden. Auch der Gruppenbereich besteht eigentlich aus zwei Bereichen: dem Gruppenkopf und dem Gruppenfuß. Der Gruppenkopf kann spezielle Gruppentitel enthalten. Im Gruppenfuß können auch Auswertungen vorgenommen werden, etwa die Berechnung von Zwischensummen.

Der Datenbereich

Der Datenbereich enthält in der Regel die eigentlichen Daten. Feldinhalte und Beschreibung dieser Inhalte werden hier ausgegeben. Der Datenbereich ist der zentrale Bereich eines Reports. Er ist daher auch nicht mehr in Kopf und Fuß unterteilt.

Report-Objekte

Ein Report-Objekt ist alles, was Sie in einem beliebigen Bereich des Reports plazieren können. Dazu gehören:

- Text

- Feldnamen (als Platzhalter für Datenobjekte)

- Variablen

- Ausdrücke

- Linien und Rahmen

- Bitmap-Grafiken

Der FoxPro-Reportgnerator

Der FoxPro Reportgenerator startet zunächst nur mit Seiten- und Datenbereich. Kopf und Fuß für den ganzen Report und die Gruppenbereiche müssen nach Bedarf über Menüoptionen gewählt werden.

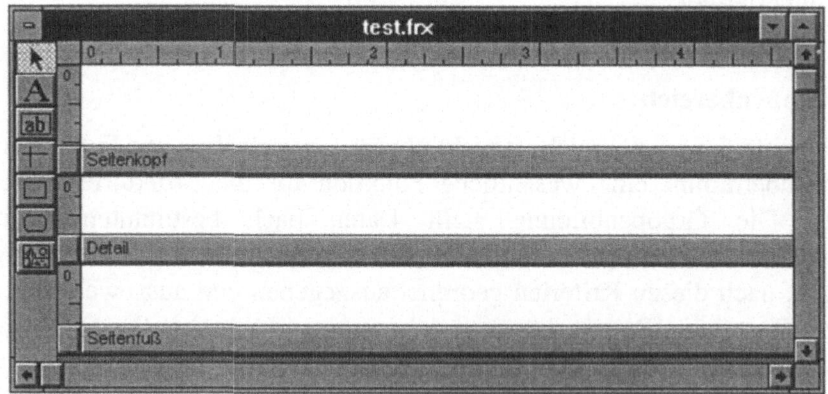

Abb. 4.20: Der Reportgenerator

Als Beispiel wollen wir eine Telefonliste für unsere Adressen-Tabelle erstellen. Um einen neuen Report zu erzeugen, wählen Sie die Menüoption *Datei/Neu* und aus dem Neu-Dialog die Option *Bericht*. Sie können auch im Befehlsfenster den Befehl

```
CREATE REPORT <Reportname>
```

eingeben. Der Reportname muß wieder den DOS-Konventionen entsprechen. Die Dateierweiterung wird von FoxPro vergeben. Für unsere Telefonliste bietet sich der Name *telelist* an. Der Befehl hat dann die folgende Form:

```
CREATE REPORT telelist
```

Es wäre sinnvoll, wenn Sie bereits vor dem Aufruf des Reports die Tabelle, für die der Report erzeugt werden soll, geöffnet hätten. Dies kann aber auch noch nachträglich geschehen.

Die Bedienungselemente des Reportgenerators

Die Bedienung des Reportgenerators stützt sich auf vier Elemente:

- Berichtsmenü
- Toolbox
- Objektmenü
- Schaltflächen der Reportbereiche

Das Berichtsmenü enthält alle Optionen für das Reportlayout, Gruppen- und Reportbereiche sowie die Vorschau-Funktion. Die Toolbox am linken Rand des Dialogs ist für die Auswahl der zu plazierenden Objekte zuständig.

Abb. 4.21: Die Toolbox des Report-Generators

Mit Hilfe des Objektmenüs können die mit der Toolbox definierten Objekte manipuliert werden. Sie können Ausrichtung, Position, Größe, Farben, Füllmuster und Fonts ändern. Auch können einzelne Objekte zu Gruppen zusammengefaßt und gemeinsam bearbeitet werden.

Die Oberfläche des Reportgenerators verfügt zudem über Schaltflächen, mit denen die Bereiche des Reports mit Hilfe der Maus verschoben werden können. Ein Doppelklick auf diese Schaltflächen ruft eine Dialogbox auf, in der sich die Bereichshöhe genau bestimmen läßt.

Das Layout

Im Layout-Dialog, den Sie über die Menüoption *Bericht/Seitenlayout...*: aufrufen, lassen sich linker Rand, Anzahl der Spalten, Spaltenbreite und Schriftgestaltung wählen. Den linken Rand sollten Sie auf 2,5 Zentimeter setzen. Die vorgewählte Schriftart ist nicht unbedingt maßgebend, da jedes Text- oder Datenobjekt einen eigenen Font verwenden kann.

Der Reportkopf

Für unsere Telefonliste benötigen wir einen Reportkopf. Der Titel „Telefonliste" soll nur einmal im Kopf des Reports erscheinen. Aus dem Berichtsmenü wählen wir die Option *Berichtskopf/-fuß* und hier lediglich die Option *Kopfbereich*. Der Reportgenerator erzeugt einen neuen Bereich für unseren Reportkopf. In diesen Bereich sollten Sie den Text „Telefonliste" eintragen. Dazu klicken Sie auf das zweite Icon der Toolbox, plazieren den Cursor im Reportkopf und tippen den Text ein. Auf eine exakte Plazierung müssen Sie dabei noch nicht achten. Die Ausrichtung kann später beliebig verändert werden.

Objekte manipulieren

Durch Anklicken mit der Maus wird ein bereits plaziertes Objekt aktiviert. Sie sehen mehrere Punkte, die das Objekt begrenzen. Klicken Sie auf das aktivierte Objekt und halten die Maustaste gedrückt, wird beim Verschieben der Maus ein Rahmen sichtbar. Das Objekt kann so ausgerichtet und neu plaziert werden. Die Betätigung der Taste [Entf] löscht ein aktiviertes Objekt. Durch Klicken auf einen der Aktivierungspunkte kann das Objekt bei gedrückt gehaltener Maustaste vergrößert oder verkleinert werden.

Springt das Objekt beim Verschieben gleich mehrere Millimeter, haben Sie vermutlich noch die Fangoption eingeschaltet. Mit der Menüoption *Bericht/Am Raster ausrichten* aktivieren oder deaktivieren Sie diese Funktion.

Die Optionen des Objekt-Menüs, die im neuen Report noch unzugänglich waren, können jetzt teilweise angewählt werden. Für unser Textobjekt können wir hier Ausrichtung, Schrift, Schriftgröße und Farbe bestimmen. Wählen Sie die Schrift „Times New Roman" in 16 Punkten und in der Schriftausprägung „kursiv fett". Den Text sollten Sie zentrieren.

Als nächstes wollen wir einen Rahmen um unseren Text zeichnen. Dazu klicken Sie auf das entsprechende Icon der Toolbox. Anschließend können Sie mit der

Maus einen Rahmen um den Text zeichnen. Die genaue Positionierung kann nach dem üblichen Schema nachträglich erfolgen. Auch für den Rahmen können Sie noch Objektattribute (Breite, Farbe, Ausrichtung etc.) über das Objektmenü bestimmen. Hier wollen wir uns mit der Option *Zentrieren* begnügen.

Datenobjekte plazieren

Das dritte Icon der Toolbox liefert die Datenobjekte. Damit sind Feldbezeichnungen einer Tabelle, aber auch Ausdrücke und Variablen gemeint. Klicken Sie zunächst auf dieses Icon und positionieren Sie den Cursor links im Datenbereich. Nach einem weiteren Mausklick erscheint der Dialog für den Berichtsausdruck. Sie können hinter der Schaltfläche *Ausdruck* gleich einen Feldnamen, beispielsweise *Firma,* eingeben oder auf die Schaltfläche klicken und damit den schon bekannten Ausdrucksgenerator aufrufen. Das Feld kann nun aus der Feldauswahlliste selektiert werden.

Nach zweimaligem OK landen Sie wieder im Reportgenerator. Das gerade plazierte Objekt wird jedoch nur als Strich dargestellt. Um die richtige Höhe zu erhalten, aktivieren Sie dieses Objekt und wählen die Menüoption *Objekt/ Schriftart...* Nach der Auswahl von Schrift und Schriftgröße wird das Datenobjekt korrekt angezeigt. Natürlich können Sie auch noch Farbe und Ausrichtung ändern.

Seitenkopf und Seitenfuß mit Seitenzahl definieren.

Damit auf jeder Seite auch ersichtlich ist, welche Daten abgebildet werden, benötigen wir einen Seitenkopf. Unser Seitenkopf soll links die Zeile „Anschrift" und rechts die zwei Zeilen „Telefon" und „Fax" erhalten. Eine einfache Linie soll die Kopfbeschriftung abschließen. Da es sich hier um simple Text- und Grafikobjekte handelt, dürften Sie damit keine Probleme haben.

Schwieriger ist die Seitenzahl: Um eine fortlaufende Numerierung zu erreichen, benötigen wir einen Platzhalter, dessen Wert automatisch von FoxPro aktualisiert wird. Mit der Systemvariablen *_pageno* stellt FoxPro ein entsprechendes Objekt zur Verfügung. Die Seitenzahl wollen wir mit dem Text „Seite" und einer darüberliegenden Trennlinie in den Seitenfuß setzen.

Die Ausrichtung können Sie zunächst nach eigenen ästhetischen Vorstellungen vornehmen. Weiter unten finden Sie eine Abbildung, die Ihnen die endgültige Form unseres Reports zeigt.

Ausdrücke verwenden

In unserem Report fehlen noch einige Datenobjekte. *Straße*, *PLZ*, *Ort*, *Telefon* und *Fax* sind auch recht unproblematisch. Wir wollen aber auch unseren jeweiligen Ansprechpartner korrekt adressieren. Dazu ist es erforderlich, *Anrede*, *Titel* und *Name* in eine Zeile zu bringen.

Als Problem erweist sich der Titel. Einige unserer Kunden müssen ohne auskommen, was an sich schon schlimm genug ist. Hinzu kommt aber, daß in diesen Fällen in unserem Report zwischen *Anrede* und *Name* eine Lücke entsteht, die das Empfinden ästhetischer Naturen verletzen könnte.

Zwar verbirgt sich hinter der Format-Schaltfläche des Berichtsausdruck-Dialogs ein weiterer Dialog mit der Option *Abtrennen*. Plazieren wir unsere Felder aber einzeln, so hat diese Funktion nicht die Wirkung, daß die nachfolgenden Felder heranrücken. Wir benötigen daher einen Ausdruck, der unsere drei Felder zusammenfaßt. Die einfachste Form wäre:

```
Anrede + Titel + Name
```

Damit wäre aber nicht viel gewonnen. Für den Titel müssen wir die TRIM()-Funktion vorsehen, die einen Titel auf seine tatsächliche Länge, einen leeren Titel also auf die Länge Null kürzen würde, wodurch dann der Name an die Anrede heranrücken könnte. Da der Name nun aber direkt auf die Anrede folgt, fehlt uns noch ein Leerzeichen vor dem Namen. Der folgende Ausdruck zeigt die endgültige Form:

```
Anrede + TRIM(Titel) + " " + Name
```

Diesen Ausdruck erzeugen Sie im Ausdrucksgenerator, nachdem Sie das Icon für die Plazierung eines Datenobjekts angewählt haben. Sie sollten sich dabei nicht irritieren lassen, wenn der Ausdrucksgenerator den Namen der Tabelle mit den jeweiligen Feldnamen verbindet (Beispiel: *Adressen.Name*). Die Referenz auf die Tabelle ist für unser Beispiel eigentlich nicht erforderlich. Sie wird aber wichtig, wenn Daten aus mehreren Tabellen in einem Report berücksichtigt werden müssen.

Objekte ausrichten

Für die genaue Positionierung von Objekten können Sie die Option *Position anzeigen* im Berichtsmenü einschalten. Der Reportgenerator zeigt Ihnen dann in der Statuszeile die Koordinaten des gerade aktiven Objekts an. Sie können dieses Objekt nun mit der Maus bei gedrückt gehaltener Maustaste verschieben. Wesentlich präziser sind in diesem Fall die Cursor-Tasten. Eine Positionierung bis auf Zehntelmillimeter ist damit möglich.

Daten gruppieren

Eine ganz wesentliche Funktion des Reportgenerators ist die Gruppenbildung. Es kann sinnvoll sein, Gruppen nach Postleitzahlgebieten, nach Höhe der Umsätze usw. zu bilden.

Gruppen können auch verschachtelt werden. FoxPro kann maximal 20 Gruppen in einem Report verarbeiten. Eine Datei sollte jedoch bereits nach dem Gruppenmerkmal sortiert sein. In der Regel wird die Sortierung wohl über einen aktiven Index laufen.

Für unsere Telefonliste wollen wir nach Ländern gruppieren. Den dazu erforderlichen Index sollten Sie inzwischen problemlos erstellen können. Sie müssen den Reportgenerator auch nicht verlassen, sondern können den Einrichten-Dialog und daraus den Index-Dialog direkt aufrufen. Vergessen Sie nicht, im Einrichten-Dialog mit SET ORDER den neuen Index auch zum aktiven Index zu machen.

Eine Gruppe erzeugen Sie mit der Menüoption *Bericht/Datengruppierung...* Über den Gruppen-Info-Dialog gelangen Sie wieder in den Ausdrucksgenerator. Eine Gruppe kann also auch über einen komplexen Ausdruck gebildet werden. Wir wollen lediglich das Feld *Land* als Gruppierungsmerkmal benutzen. Nach der Auswahl dieses Feldes landen Sie wieder im Reportgenerator, der Ihnen jetzt zwei neue Bereiche für Gruppenkopf und -fuß anzeigt.

Sie sollten in den Gruppenkopf noch das Textobjekt „Gruppe" und, etwas abgesetzt, das Datenobjekt *Land* aus unserer Adressen-Tabelle einfügen. Eventuell müssen Sie sich durch Verschieben der Bänder erst noch Platz schaffen.

Wie die endgültige Reportdefinition aussehen soll, können sie der folgenden Grafik entnehmen.

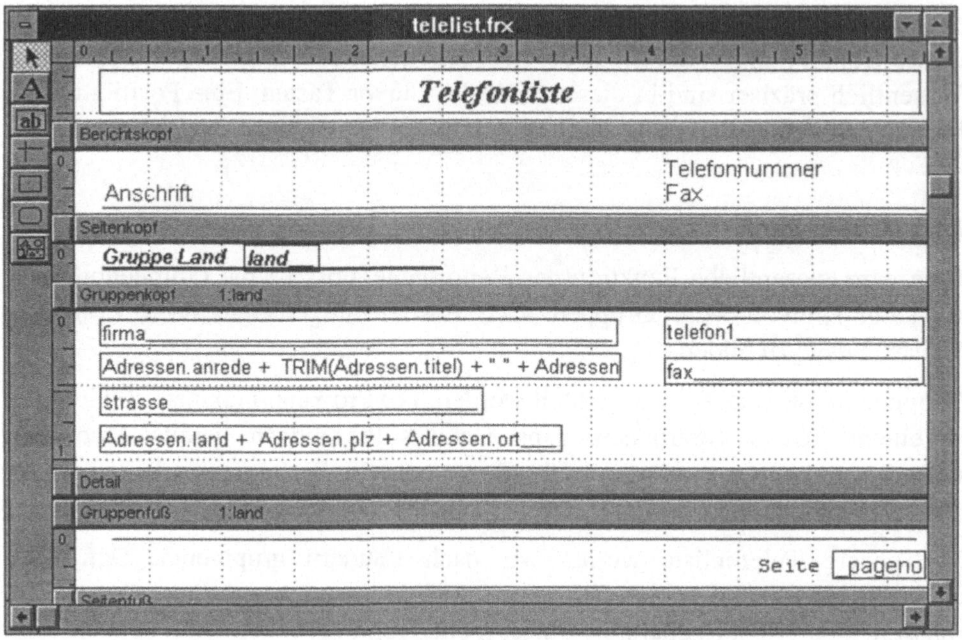

Abb. 4.22: Die fertige Reportdefinition für eine Telefonliste

Reportvariablen

Mit dem Ausdrucksgenerator erhalten Sie immer auch die Systemvariablen und eigene globale Variablen angeboten. Wie Feldnamen können diese Variablen in Ausdrücken verwendet werden. Für die Seitennumerierung haben wir in unserem Beispiel die Systemvariable *_pageno* verwendet.

Der Reportgenerator erlaubt Ihnen aber auch, während der Reportdefinition zusätzliche Variablen zu definieren, die dann ebenfalls in Ausdrücken eingesetzt werden können.

Ein einfaches Beispiel für den Einsatz von Reportvariablen wäre der Name des jeweiligen Benutzers. Den Namen speichern Sie in einer Variablen, die dann auch im Report plaziert wird und anzeigt, wer diesen Report erstellt hat.

Memofelder in Reports

Datenobjekte haben in der Regel nur eine Darstellungshöhe von einer Zeile. Das sollte für die meisten Felder auch ausreichen. Für die Wiedergabe von Memofeldern benötigen Sie aber regelmäßig mehr als eine Zeile. Der Reportgenerator kann die Anzahl der Zeilen an die Datenmenge anpassen. Dazu müssen Sie im Dialog *Berichtsausdruck* die Option *Oberem Rand - Feld dehnbar* wählen. Diese Option funktioniert auch mit überlangen Textfeldern, deren Darstellungsbreite Sie durch Veränderung der Objektbreite begrenzen.

Die Vorschau

Der Berichtsgenerator hat eine Preview- oder Vorschau-Funktion erhalten, die es erlaubt, die Darstellung vor dem Druck zu überprüfen. Mit der Menüoption *Bericht/Seitenansicht...* starten Sie die Vorschau.

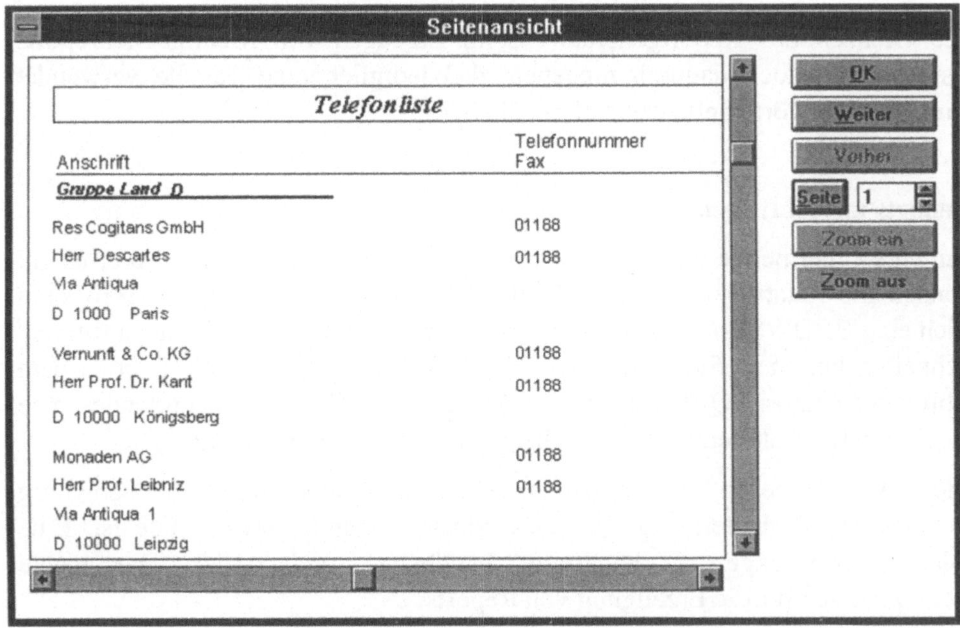

Abb. 4.23: Die Vorschaufunktion

In der Vorschau verwandelt sich der Cursor in eine Lupe. Ein Klick auf die Vorschaufläche vergrößert oder verkleinert die Darstellung. Die Lupe kennt jedoch nur zwei Vergrößerungsstufen.

Reports aus verknüpften Tabellen (Mehrtabellenreports)

FoxPro ist ein relationales Datenbanksystem, weswegen eine Tabelle auch selten alleine kommt. Der Reportgenerator ermöglicht es grundsätzlich, Daten aus mehreren (verknüpften) Tabellen in einem Report zu verwenden.

Auf der Beispieldiskette finden Sie einen Report, der Daten aus den Tabellen *Adressen* und *Kontakte* miteinander verknüpft. Der Reportgenerator berücksichtigt auch eine 1:m-Verknüpfung, wenn diese mit SET SKIP TO aktiviert ist. Dennoch dürfte es oft problematisch werden, wenn Daten aus mehr als zwei Dateien verwendet werden sollen.

Die Grenzen des Reportgenerators beim Erzeugen von Mehrtabellenreports lassen sich jedoch dadurch umgehen, daß lediglich eine Tabelle verwendet wird: Die Antworttabelle des Abfragedialogs.

Reports mit Abfragen

Um eine Untermenge von Datensätzen aus mehreren Datentabellen zu erhalten, können Sie Relationen setzen und Filterbedingungen definieren. FoxPro kann auch eine BROWSE-Darstellung aus mehreren verbundenen Tabellen anzeigen. Schneller kommen Sie zum Ziel, wenn Sie mit SQL-SELECT oder dem Abfragegenerator RQBE eine temporäre Tabelle, Cursor genannt, oder eine reguläre DBF-Datei erzeugen, die alle gewünschten Daten enthält.

Dieser Weg ist besonders dann zu empfehlen, wenn eine kleine, aber schwierig zu generierende Untermenge des Gesamtdatenbestandes erforderlich ist. Eine solche Untermenge ist leicht zu handhaben und bildet eine ideale Voraussetzung für die Erzeugung von Reports.

4.10 Abfragen erzeugen (RQBE)

Dieser Abfragedialog (Relational Query by Example) ist zwar nicht „kinderleicht" zu bedienen, wie Microsoft behauptet, aber Entwickler mit Grundkenntnissen in der Reportgenerierung sollten tatsächlich problemlos komplexe Mehrtabellen-Abfragen in kürzester Zeit erstellen können. Nicht einmal die genaue Kenntnis des hier verwendeten SQL-Statements SELECT ist unbedingt erforderlich. FoxPro generiert den entsprechenden Code, der dann in eigene Applikationen durch Kopieren übernommen werden kann.

Hinweis: Der unerfahrene Anwender sollte sich nur nach gehöriger Einarbeitung an dieses mächtige Instrument heranwagen. RQBE kann bei unsachgemäßer Anwendung derart große Ergebnistabellen erzeugen, daß einem ohnehin schon hochbelasteten Serverlaufwerk leicht die Luft (der verfügbare Speicher) ausgehen kann.

Sie starten den RQBE-Dialog über die Menüoptionen *Datei/Neu/Abfrage* oder mit dem Befehl

```
CREATE QUERY <Dateiname>
```

aus dem Befehlsfenster. Ist keine Datentabelle geöffnet, präsentiert FoxPro zunächst den Dateiauswahl-Dialog.

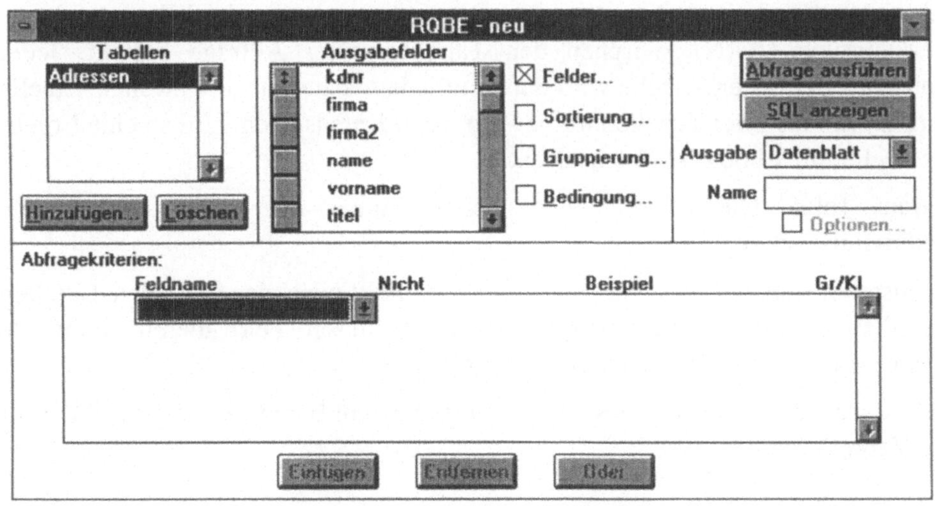

Abb. 4.24: Der RQBE-Dialog

Der RQBE-Dialog startet aber auch, wenn keine Datei geöffnet wird. Über die Schaltfläche *Hinzufügen* kann jederzeit eine Tabelle geladen werden. Die für die Abfrage verfügbaren (geöffneten) Dateien werden im Dialog angezeigt.

Indizes und Verknüpfungen

Die Abfrage benötigt keine vorbereiteten Indizes oder Verknüpfungen. Bestehende Indizes werden genutzt, weitere benötigte Indizes erzeugt die Abfrage selbständig. Auch alle erforderlichen Verknüpfungen werden im Dialog definiert und vom Abfragedialog generiert.

Abfragen mit mehreren Tabellen

Der Abfrage-Dialog dürfte eigentlich nur sinnvoll sein, wenn komplexe Abfragen über mehrere Tabellen erstellt werden müssen. Auswertungen mit nur einer Tabelle sind oft einfacher über Filterbedingungen zu realisieren. Wir wollen uns daher gleich mit Mehrtabellenabfragen beschäftigen.

Tabellen in der Abfrage verknüpfen

Sobald Sie eine weitere Tabelle zur Tabellenliste hinzufügen, fragt FoxPro per Dialog nach einer Verknüpfungsbedingung. Diese Fürsorglichkeit hat ihren Grund: Wie schon der erste Hinweis dieses Kapitels betont, kann eine Abfrage sehr große Ergebnistabellen erzeugen. Dies ist immer dann der Fall, wenn keine Verknüpfung (JOIN) zwischen den Tabellen einer Abfrage besteht. Jeder Datensatz der ersten Tabelle wird dann mit jedem Datensatz der zweiten Tabelle verknüpft. Aus zwei Tabellen mit jeweils 1000 Datensätzen wird so eine Ergebnistabelle mit 1.000.000 Datensätzen.

Daraus folgt: Die Datentabellen sollten immer über eine selektierende Bedingung verknüpft werden.

In unserem Beispiel benutzen wir wieder das Feld *kdnr*, das in beiden Tabellen enthalten ist und das dafür sorgt, daß nur in diesem Feld übereinstimmende Datensätze miteinander verknüpft werden.

Der Abfragedialog prüft unsere Tabellen und macht bereits einen Vorschlag für die Verknüpfung.

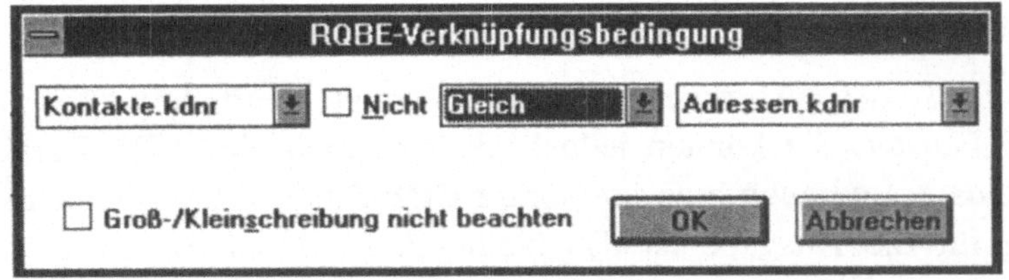

Abb. 4.25: Der Verknüpfungsdialog

Dieser Vorschlag kann akzeptiert oder abgeändert werden.

Feldlisten für die Ergebnistabelle bestimmen

Die Ausgabefelder können Sie über einen weiteren Dialog bestimmen, den Sie durch Anklicken der Markierungsfläche *Felder...* erhalten.

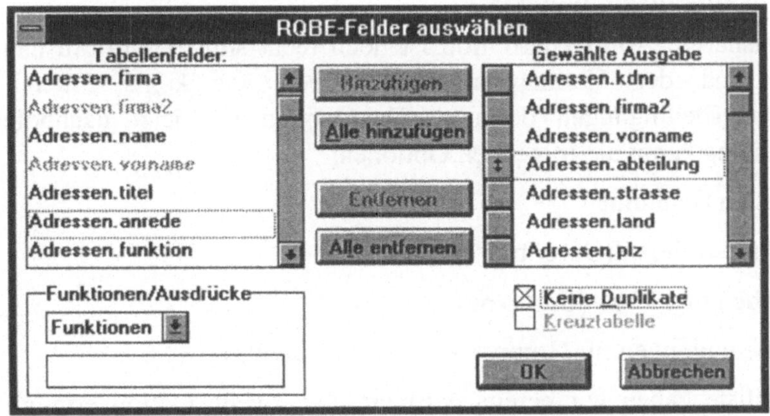

Abb. 4.26: Der Feldauswahldialog

Zunächst sind alle Felder vorgewählt. Mit der Schaltfläche *Alle entfernen* schaffen Sie sich etwas Platz, um die Felder durch Doppelklick mit der Maus oder durch Anwahl und Betätigen der Schaltfläche *Hinzufügen* einzeln zu selektieren. Auch die Felder der zweiten und jeder weiteren Tabelle werden zur Auswahl angeboten. Die Reihenfolge der ausgewählten Felder kann einfach durch Verschieben mit der Maus verändert werden. Für unsere Abfrage sollen die Felder *Firma, Name, Ort, Telefon, Kontakte.Datum, Kontakte.Typ und Kontakte.Inhalt* genügen.

Die Ausgabe bestimmen

Die Ausgabe des Abfrageergebnisses erfolgt normalerweise in einem
BROWSE-Fenster. Sie können jedoch als Ziel auch eine DBF-Datei, Report-
oder Labeldatei und auch eine temporäre DBF-Datei, Cursor genannt, wählen.
Zuständig für die Ausgabe ist das kleine Popup-Menü im rechten Teil des
Abfragedialogs. Für unser Beispiel sollten Sie die Standardeinstellung
(BROWSE) belassen.

Ein erstes Ergebnis

Damit hätten wir die minimalen Voraussetzungen für eine sinnvolle Abfrage
geschaffen. Sie können sich das Ergebnis nun anzeigen lassen: Ein Mausklick
auf die Schaltfläche *Abfrage ausführen* genügt.

Abfragebedingungen definieren

Unsere bisherige Abfragedefinition ist noch recht simpel. Mit Ausnahme der
Feldliste und der Verknüpfungsregel haben wir keine Filter- oder
Gruppierungsbedingungen definiert. Das wollen wir jetzt nachholen. Der
Abfragedialog kennt die folgenden Optionen:

- Feldlisten bestimmen

- Ausgabe sortieren (Order by)

- Ausgabe gruppieren (Group by)

- Filterbedingungen für Gruppen definieren (Having)

Eine Feldliste haben wir bereits definiert. Die zweite Option ermöglicht die
Wahl einer Sortierung mit den zuvor bestimmten Feldern. Im Sortier-Dialog
können einzelne oder mehrere Felder mit Maus-Doppelklick ausgewählt
werden. Das erste Feld bestimmt die Hauptsortierordnung. Wählen Sie
beispielsweise die Felder *Firma* und *Name*, wird zunächst nach Firma sortiert
und bei identischen Einträgen im Feld *Firma* nach Namen.

Die Daten lassen sich natürlich auch gruppieren. Jedes für die Abfrage selek-
tierte Feld kann als Gruppierungsmerkmal dienen.

Filteroptionen (Selektionskriterien) sind auf zwei Ebenen möglich. Sie können
generelle Filter setzen, und Sie können Filterbedingungen für Gruppen
definieren. Einen generellen Filter definieren Sie direkt im RQBE-Dialog, dort,
wo auch die Verknüpfungsbedingung erscheint. Den Filter-Dialog für Gruppen

können Sie über die Markierungsfläche *Bedingung...* aufrufen. Hier sind auch SQL-Funktionen verfügbar.

RQBE-Dialog und eigene Programme

Wir hatten bereits auf die Probleme, die sich aus unsachgemäßer Anwendung des Abfrage-Dialogs ergeben können, hingewiesen. Soll ein Programm von sehr unerfahrenen Anwendern benutzt werden, ist davon abzuraten, diese direkt mit dem RQBE-Dialog arbeiten zu lassen.

In diesem Fall können Sie die Möglichkeit nutzen, Abfragen vorzudefinieren und den entsprechenden SQL-Code vom Abfragedialog erstellen zu lassen. Der Code kann dann in eigene Programme eingebunden (kopiert) werden. Sie haben so die Möglichkeit, das Ergebnis Ihrer Abfrage vor der tatsächlichen Anwendung zu testen.

Hinweise

Über die Notwendigkeit, für mehrere Tabellen eine Verknüpfungsbedingung (Join-Condition) zu definieren, hatten wir schon gesprochen.

Ein weiterer kritischer Punkt sind Leersätze. Der Abfragedialog (bzw. das entsprechende SQL-Kommando SELECT) vergleicht auch Leereinträge in verknüpften Feldern. Bei einfachen Abfragen, die eventuell lediglich aus der Verknüpfungsbedingung bestehen, können aus jeweils 100 Leersätzen in zwei Tabellen 10.000 Leersätze in der Ergebnistabelle werden. Sobald Sie allerdings weitere Filterbedingungen definieren oder die Daten gruppieren, erledigt sich das Problem in der Regel.

Im Kapitel „SQL-Befehle" finden Sie weitere Hinweise zum SQL-SELECT-Befehl.

4.11 Etiketten erzeugen

Die Generierung von Etiketten ist eine Standardaufgabe für Datenbankanwendungen. FoxPro unterstützt Entwickler und Anwender durch einen leistungsfähigen Labelgenerator, der bereits die meisten bekannten Etikettenformate berücksichtigt. Die Aufgabe des Anwenders oder Programmierers besteht lediglich noch in der Auswahl des Formats und der Plazierung der Feldvariablen.

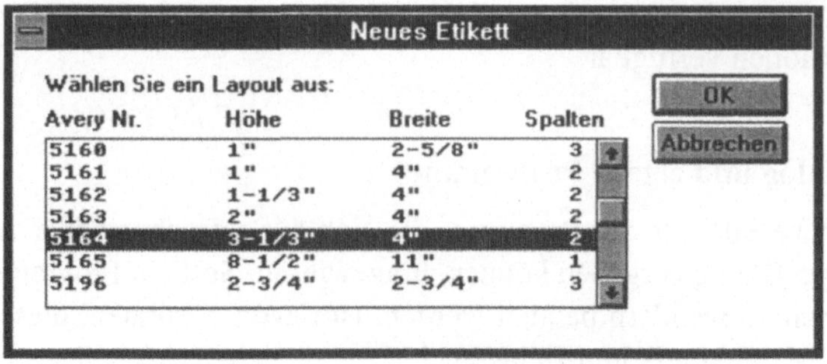

Abb. 4.27: Der Etiketten-Auswahldialog

Da der Etikettengenerator eigentlich auch nur ein funktional vorbestimmter
Reportgenerator ist, stehen auch die üblichen Funktionen des Reportgenerators
zur Verfügung. Labels können beispielsweise mit Bitmap-Grafiken versehen
und nach bestimmten Merkmalen gruppiert werden.

Sie starten den Etiketten-Generator mit den Befehlen

```
CREATE LABEL <Dateiname>
MODIFY LABEL <Dateiname>
```

oder über die Menüoption *Datei/New/Etikett*. Die Plazierung von Objekten
sollte Ihnen keine Probleme mehr bereiten, so daß wir hier auf eine genauere
Darstellung verzichten können.

4.12 Makros aufzeichnen

Makros sind heute ein Grundbestandteil vieler Anwendungen. Selbst Textver-
arbeitungsprogramme erlauben dem Anwender, Befehlsfolgen aufzuzeichnen
und bei Bedarf wieder abzuspielen. Auch FoxPro kann eine Serie von Tastenan-
schlägen speichern und mit einem Befehl erneut abspielen. Die Aufzeichnung
funktioniert allerdings nur über die Tastatur.

Hinweis: Wir haben in diesem Kapitel sehr häufig die Befehlseingabe über das
                Befehlsfenster statt der durchaus möglichen Maussteuerung verwendet. Der
                Grund: Sie werden mit Maus und Menüs keine Makros erzeugen können. Der
                Makrorecorder arbeitet nur mit Tastenanschlägen.

Auch für die Verwaltung von Makros stellt FoxPro einen Dialog bereit, den Sie
über die Menüoption *Programm/Makros...* aufrufen können.

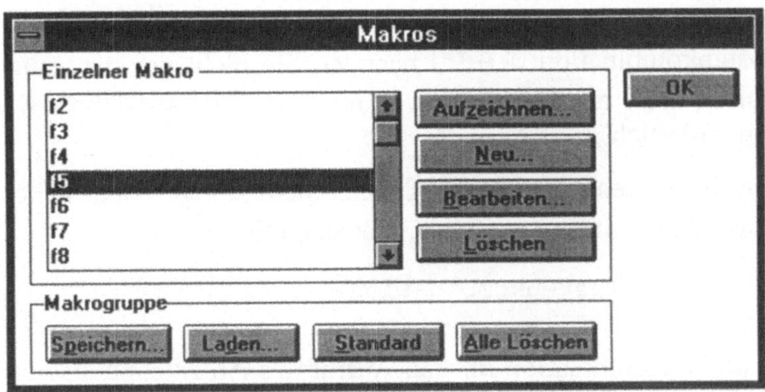

Abb. 4.28: Der Makro-Dialog

Der Makro-Dialog listet alle bestehenden Makros einer Makro-Datei auf. Sie können Makros hinzufügen, löschen oder editieren. Alle aktiven Makros können in eine Datei gesichert und wieder geladen werden. Es lassen sich beliebig viele Makro-Dateien erstellen und über die Dialogoption *Laden* aufrufen. Mit *Standard* bestimmen Sie die aktuelle Makro-Datei zur Standarddatei (DEFAULT.FKY), die FoxPro beim Start automatisch aufruft.

Ein Makro aufzeichnen

Mit der Option *Aufzeichnen...* startet FoxPro die Aufzeichnung eines Makros. Sie werden zunächst nach Tastenkombination und Name für das Makro gefragt. Als Tastenkombinationen können die Funktionstasten und alle Kombinationen mit [Strg] oder [Alt] und beliebigen Ziffern- oder Nummerntasten verwendet werden. Auch Kombinationen mit [↑] und den Funktionstasten sind möglich. FoxPro verweigert sinnvollerweise jedoch die Annahme von Ziffern und Nummerntasten alleine oder mit [↑].

Nach der Definition beginnt die Aufzeichnung. Alle folgenden Tastenanschläge werden nun gespeichert; Mausbewegungen und Mausklicks jedoch nicht.

Sie beenden die Aufzeichnung durch den erneuten Aufruf des Makrodialogs über die Menüoption *Programm/Makros...* oder mit der Tastenkombination [↑]+[F10]. Natürlich sollten Sie die Menüoption nicht mit der Tastatur aufrufen, da diese Aktion sonst Bestandteil Ihres Makros wird. Hier ist es hilfreich, daß Mausaktionen nicht aufgezeichnet werden. In beiden Fällen erhalten Sie einen Dialog, der Ihnen anbietet, die Aktion zu unterbrechen, abzubrechen oder zu beenden. Wählen Sie „OK" (für beenden), steht das neue Makro ab sofort zur Verfügung.

Das Makro kann im Makro-Dialog anschließend noch manuell editiert werden. Mit der Tastenkombination ⬆+F10 beenden Sie nicht nur die Aufzeichnung, sondern starten diese auch. Der Umweg über den Makro-Dialog ist also nicht unbedingt erforderlich.

Sollte Ihnen die Tastenkombination ⬆+F10 nicht zusagen oder haben Sie eine eigene Verwendung dafür vorgesehen, läßt sich mit

```
SET MACKEY TO <Tastenkombination>
```

auch eine andere Kombination für den Aufruf des Aufzeichnungsdialogs (nicht des Makro-Dialogs) bestimmen.

Makros und Makro-Dialog in eigenen Programmen

Getreu dem Baukastenprinzip von FoxPro, können auch Makros und der Makro-Dialog in eigenen Programmen verwendet werden. Der Programmierer kann also seinem Anwender ohne größeren Aufwand die Möglichkeit bieten, eigene Makros zu erstellen und zu verwalten.

4.13 Was noch zu sagen wäre

Memofelder editieren

FoxPro öffnet Memofelder nicht automatisch mit einem BROWSE- oder EDIT-Fenster. Um Memos editieren zu können, haben Sie drei Möglichkeiten:

1. Im Befehlsfenster: MODIFY MEMO <Memofeldname>

2. Im BROWSE- oder EDIT-Fenster: Mausdoppelklick auf das Memofeld

3. Im BROWSE- oder EDIT-Fenster: Cursor auf Memofeld und Strg+Bild↓

Die erste Option erfordert lediglich, daß eine Datei mit dem genannten Memofeld zuvor geöffnet wurde. BROWSE oder EDIT sind nicht erforderlich. Sie schließen ein Memofeld über das Systemmenü des Memofeldfensters oder mit der Tastenkombination Strg+W. Die Taste Esc bricht den Editiervorgang ab.

Farbeinstellungen über Windows

FoxPro für Windows bietet keinen eigenen Dialog für die Farbeinstellung. Sie können Farben in FoxPro nur noch mit einigen Befehlsklauseln zuweisen. Diese Option ist daher nur für Programmierer von Interesse. Das Fußvolk (der Anwender) muß sich mit den Windows-Farboptionen begnügen, die auch auf FoxPro-Objekte wirken. Sie finden den Windows-Farbdialog in der Anwendergruppe *Hauptgruppe* und dort in der *Systemsteuerung* unter *Farben*.

Für Programmierer enthält dieses Buch ein eigenes Kapitel zur Farbgestaltung.

5 Zur Theorie relationaler Datenbanken

5.1 Planung eines Datenbanksystems

Grundlage der Planung eines Datenbanksystems ist die Analyse der Anforderungen. Die Analyse muß die für die Planung entscheidungsrelevanten Kriterien eines Systems ermitteln. Aufgabe der Planung ist es dann, die einzelnen Komponenten des zu realisierenden Systems mit diesen Kriterien in Übereinstimmung zu bringen.

Ein Datenbanksystem besteht im wesentlichen aus den drei Komponenten:

- Hardware
- Software
- Datenbasis

Qualitativ hochwertige Hardware ist zum Investitionszeitpunkt der teuerste Faktor. Es versteht sich von selbst, daß für einen Datenbank-Server nur solche Hardware zum Einsatz kommen darf.

Die Software ist der zweite wesentliche Kostenfaktor. Netzwerkbetriebssystem und netzwerkfähige Datenbanksoftware addieren sich bei hochwertigen Komponenten zu Beträgen, die die Kosten für die Anschaffung der Hardware erreichen oder übersteigen können. Werden eigene Programme erstellt oder Programmieraufträge an Externe vergeben, kann sich das Verhältnis zwischen Hardware- und Softwarekosten auch umkehren.

Die Datenbasis spielt zum Zeitpunkt der Investititonsplanung oft keine Rolle. Ein über die Jahre gewachsener Datenbestand, etwa eine Kundendatei mit mehreren tausend Datensätzen, repräsentiert jedoch einen Wert, der den Zeitwert von Hardware und Software regelmäßig weit übersteigt.

Die Datenbasis als entscheidungsrelevanter Faktor

Ein Kriterium für die Bedeutung der Datenbasis im Vergleich zu Hardware und Software liefert die Betrachtung der Lebenszyklen der einzelnen Komponenten:

Die durchschnittliche Lebensdauer der Hardware kann mit ca. 3 - 10 Jahren angesetzt werden. Für PCs können Werte von etwa fünf Jahren als realistisch gelten. Bei Software ist unter Einrechnung regelmäßiger Erneuerungszyklen (verbesserte Versionen der verwendeten Produkte) mit einer Lebensdauer von ca. 10 Jahren zu rechnen.

Die Lebensdauer der Stammdaten geht oft weit über diese Zeitspannen hinaus. Unter Berücksichtigung einer ständigen Aktualisierung ist ein Stammdatenbestand in seiner Existenz praktisch an die Lebensdauer des jeweiligen Unternehmens gebunden. Typische Lebenszyklen für Datenbestände sind z.B. 10 Jahre für Buchungsdaten, 50 Jahre und mehr für Versicherungsdaten oder 30 bis 40 Jahre für Mitarbeiterstammdaten. Werden Aktualisierung und Pflege der Datenbasis mit den entsprechenden Kosten verrechnet, sollte klar sein, daß aus betriebswirtschaftlicher Sicht die Datenbasis langfristig den kostenintensivsten Faktor eines Datenbanksystems bildet.

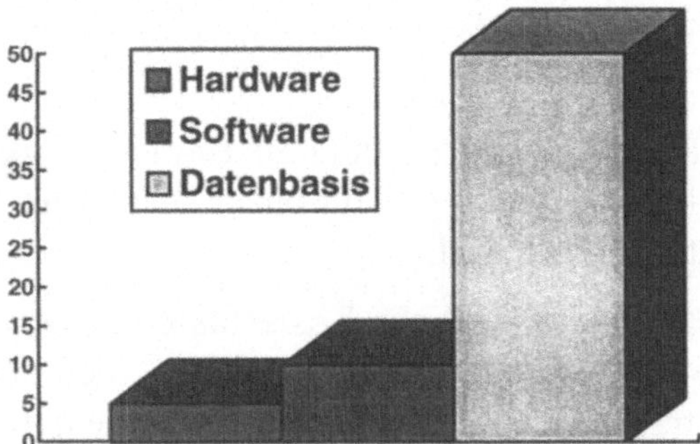

Abb. 5.1: Die Lebensdauer der Komponenten eines Datenbanksystems in Jahren

Wird der Datenbasis in der Entwurfsphase nicht die notwendige Aufmerksamkeit gewidmet, sind Redundanzen und daraus entstehende Inkonsistenzen unvermeidlich. Der kostenwirksame Aufwand zur Wartung einer inkonsistenten und damit unzuverlässigen Datenbasis dürfte über die Jahre alle Hardware- und Softwarekosten übertreffen. Hinzu kommen buchmäßig nur schwer zu erfassende Verluste, die durch fehlerhafte Reaktionen aufgrund mangelhafter Daten entstehen.

Der Entwurf eines Datenbanksystems muß besonders die Struktur der Datenbasis berücksichtigen. Daher sind die folgenden Regeln zu beachten:

Hardware und Software

Die Hardware ist die Komponente, die auf die geplante Anwendung hin ausgelegt werden muß. Sie sollte ohne Änderung der Software oder der Datenbasis erweiterbar sein. Es ist hingegen nicht erforderlich, daß bereits bei der Konzeption eine umfassende, technisch aufwendige Anlage vorgesehen wird, die allen zukünftigen Anforderungen genügt. Eine kleinere und für Erweiterungen offene Installation kann Anpassungs- und Umstellungsprobleme vermindern.

Die Software (Betriebssystem, Anwenderprogramme, Datenbankentwicklungssystem, Eigenentwicklung) sollte die Struktur der Datenbasis nicht determinieren. Ein Wechsel der Datenbanksoftware sollte ohne Änderung der logischen Struktur der Datenbasis möglich sein.

FoxPro verwendet das schon von dBase III her bekannte DBF-Dateiformat, das im Bereich der PC-Datenbanken praktisch als Standard gilt. Auch relationale Datenbanken, die ein eigenes Format einsetzen (Paradox von Borland beispielsweise), können in der Regel das dBase/FoxPro- Format importieren oder konvertieren.

FoxPro verfügt zudem über eine Export-Option, die verschiedene gängige Formate erzeugen kann. Da mit Microsoft der zur Zeit größte Software-Anbieter im PC-Markt hinter Fox steht, dürfte die Kompatibilität zu anderen Systemen, zumindest aber die Übertragbarkeit, auf mittlere Sicht gegeben sein.

Die Datenbasis

Die zukunftsorientierte Struktur der Datenbasis bildet die Grundlage eines Datenbankentwurfs. Die Planung beginnt mit der Strukturierung der zu verwaltenden Daten und mit der Auswahl eines Datenmodells.

Auch sollte mit der Auswahl von Hardware und Software erst begonnen werden, wenn Datenmenge und logische Struktur der vorgesehenen Datenbasis fixiert sind. Bei der Auswahl des Datenmodells sind prinzipiell zwei Modelle zu unterscheiden:

- Das hierarchische Modell

- Das relationale Modell

Im Bereich der PC-Datenbanken konnten sich hierarchische Modelle bisher nicht durchsetzen. Das relationale Modell hat sich hier frühzeitig mit den verschiedenen dBase-Dialekten etabliert. Relationen (Tabellen) bilden nur noch die reinen Daten ab. Die Beziehungen zwischen den Daten sind nicht mehr, wie im hierarchischen Modell, Bestandteil des Datenmodells. Im relationalen System werden die Beziehungen erst durch die Anwendung realisiert. Alle xBase-Entwicklungssysteme, und damit auch FoxPro für Windows, basieren auf dem relationalen Modell.

Datenmenge und Kapazität der Hardware

Die Berechnung der anfallenden Datenmenge ist eine notwendige Voraussetzung für die Dimensionierung der Hardware. Das von FoxPro verwendete Format hat den Nachteil, sehr viel Festplattenkapazität zu benötigen, da die Daten in einer festen Datensatzlänge gespeichert werden. Unsere Tabelle *Adressen* belegt immer 300 Bytes pro Datensatz, auch wenn einige kurze Anschriften mit weniger als 50 Bytes auskommen würden. Diese starre Struktur hat jedoch den Vorteil, daß die benötigte Kapazität leicht durch Multiplikation mit der Anzahl der Datensätze berechnet werden kann.

Gehen wir beispielsweise davon aus, daß wir mittelfristig auf 20.000 Datensätze kommen, dann erfordert alleine unsere recht simple Adressen-Tabelle ca. 6 MB (300 x 20.000 = 6.000.000) Schwieriger ist die Schätzung für eine Rechnungstabellen, oder auch für unsere Kontakte-Tabelle. Hinzu kommen Hilfsdateien für Indizes, die durchaus ein Drittel oder mehr der Größe der Basis-Tabellen erreichen können. Für viele Operationen benötigt FoxPro auch Speicherplatz, um temporäre Dateien anzulegen. Wollen Sie beispielsweise eine Datei sortieren, kann die von FoxPro zu diesem Zweck erzeugte temporäre Datei dreimal so groß wie die Ursprungsdatei werden.

Natürlich können Sie einen dynamischen Datenbestand nicht vollständig berechnen. Eine ganz grobe Annäherung erreichen Sie, wenn Sie, wie in unserem Rechenbeispiel, den benötigten Platz für alle Tabellen des Systems ermitteln und den erhaltenen Wert mit drei multiplizieren.

5.2   Die logische Struktur der Datenbasis

Das relationale Modell gehört zur Klasse der ER-Modelle (Entity Relationship Models). Grundlage solcher Modelle sind Entitäten und Entitätsbeziehungen. Unter einer Entität versteht man Objekte der realen wie der vorgestellten Welt. Das können Personen sein, Dinge des täglichen Lebens und Strukturen, Vorgänge und Handlungsmuster.

Beispiele:

Kunde	(Person/Objekt)
Kontakt	(Vorgang)
Buchung	(Vorgang)
Brief/Fax	(Objekt)
Abteilung	(Struktur)

Aufgabe des ER-Modells ist es, solche Entitäten und die Beziehungen zwischen ihnen abzubilden. Da wir es regelmäßig mit mehr als einem Kunden zu tun haben, können wir auch von einer Entitätsmenge „Kunden" sprechen. Eine Entitätsmenge faßt also alle Entitäten mit gleichen Merkmalen zusammen. Die Abbildung einer Entitätsmenge erfolgt als Relation (Tabelle).

Die Tabellen werden aus Tupeln aufgebaut, die wiederum aus einer Menge von Merkmalen (Attributen) bestehen. In der Praxis bezeichnen wir Tupel als Datensätze oder Records. Merkmale werden auch Attribute oder Felder genannt.

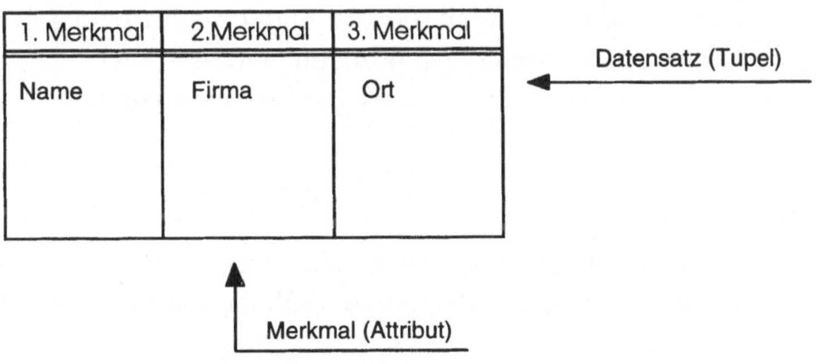

Abb 5.2: Eine Relation

Entitätsbeziehungen

Die quantitativen Zusammenhänge zwischen Entitätsmengen sind die Entitätsbeziehungen. Sie bestimmen, wieviele Entitäten aus Relation B einer Entität aus Relation A zugeordnet sein können. Nehmen wir die Entitätsmengen *Kunden* und *Rechnungen*, dann ist klar, daß wir keine festen Werte, sondern nur Wertebereiche nennen können. Wir können sagen: Jedem Kunden sind genau eine, keine oder viele Rechnungen zugeordnet. Wir benötigen folglich einen Beziehungstyp. Relationale Systeme wie FoxPro verwenden in der Regel nur zwei Typen: Die

1:1 - Beziehung   (genau eine Zuordnung)

oder die

1:m - Beziehung.   (keine, eine oder mehrere Zuordnungen)

Das ER-Modell kennt zwar insgesamt vier Typen (einfache, konditionelle, multiple und multipel-konditionelle Beziehungen), für unsere Zwecke kommen wir mit den zwei oben genannten aber sehr gut aus. Gelegentlich ist allerdings noch die m:m-Beziehung erforderlich. Unsere *1:m* Beziehung entspricht der multipel-konditionellen Beziehung des ER-Modells.

Die *1:1* Beziehung ist in xBase-Kreisen eigentlich wenig gebräuchlich, da alles, was sich als *1:1* Beziehung darstellen läßt, auch gleich in einer Tabelle zusammengefaßt werden könnte. Lediglich in Fällen, in denen die Haupttabelle nicht mit weniger wichtigen Informationen belastet werden soll, ist die Verwendung einer *1:1* Beziehung sinnvoll.

Das tägliche Brot eines xBase-Programmierers sind *1:m* Beziehungen. Auf die Entitätsmengen *Kunden* und *Rechnungen* bezogen heißt das, daß jedem Kunden keine, eine oder auch mehrere Rechnungen zugeordnet sein können.

Identifikationsschlüssel

Im Relationenmodell werden nur die Daten, aber keine Beziehungen zwischen den Daten dargestellt. Daher sind aufwendige Methoden erforderlich, um diese Beziehungen (Verknüpfungen) zu realisieren. Grundlage der Verknüpfung von Tabellen ist ein Identifikationsschlüssel. Jeder Tabelle ist ein Schlüssel zugeordnet, der den einzelnen Datensatz eindeutig identifiziert. Der Schlüssel kann aus einem einzigen natürlichen Attribut bestehen, er kann aber auch aus mehreren Attributen zusammengesetzt sein. Vorzuziehen sind künstliche

Schlüssel, da diese die folgenden Grundsätze, denen jeder Schlüssel genügen muß, leichter erfüllen.

1. Der Schlüssel muß jeden Datensatz eindeutig identifizieren.

2. Operationen auf die Datenbank dürfen den Schlüssel nicht verändern.

Die zweite Forderung hat ihren Grund in der Zuordnung der Tabellen, die über den Identifikationsschlüssel erfolgt. Eine Änderung des Schlüssels in der Kundendatei hat zur Folge, daß die zugehörigen Datensätze in der Rechnungsdatei nicht mehr gefunden werden.

Diese Grundsätze sind mit zusammengesetzten Schlüsseln nur schwer zu erfüllen. Auch sogenannte „sprechende Schlüssel" können, obwohl im Prinzip zulässig, in dieser Hinsicht kritisch sein. Wird etwa in einer Kundennummer (= Schlüssel) ein Teil der Postleitzahl für die Bildung des Schlüssels verwendet, um den Kunden anhand der Kundennummer lokalisieren zu können, so müßte sich der Schlüssel ändern, wenn der Kunde sein Geschäft verlegt. Das aber widerspricht unserer zweiten Forderung. Die Änderung muß also unterbleiben. Das wiederum bedeutet, daß unser „sprechender Schlüssel" von nun an mit „gespaltener Zunge" spricht.

Daraus folgt: Als Identifikationsschlüssel sollte immer ein eindeutiger, künstlicher Schlüssel verwendet werden. Der Schlüssel sollte ausschließlich der Identifikation des Datensatzes dienen und keine weiteren Informationen enthalten.

5.3   Entwurf einer Datenbank

Obwohl das relationale Datenbankmodell im Aufbau eigentlich leicht zu verstehen ist, sind doch einige Regeln zu berücksichtigen. Insbesondere ist das Problem der Datenredundanz und die sich daraus ergebende Gefahr sogenannter „Mutationsanomalien" zu beachten.

Redundanz und Mutationsanomalien

Werden die gleichen Daten, etwa die Adresse eines Kunden, mehrfach gespeichert, so sind sie redundant. Wir wollen jedoch einen eingeschränkten Begriff von Redundanz verwenden:

Redundanz liegt dann vor, wenn ein Teil der Daten ohne Informationsverlust weggelassen werden kann.

Redundanz erfordert nicht nur zusätzlichen Platz auf der Festplatte, sondern erzeugt auch die Gefahr von Mutationsanomalien. Mutationen sind alle Änderungen, die auf einen Datenbestand erfolgen.

Sind Änderungen (Mutationen) auf einen redundanten Datenbestand erforderlich, so kann es zu Inkonsistenzen (Anomalien) kommen. Ist beispielsweise das gleiche Objekt (Person, Vorgang etc.) mehrfach (redundant) gespeichert, so müßte die Änderung auch auf alle Datensätze angewendet werden, die dieses Objekt bezeichnen. Andernfalls hätten wir eine Datenbank mit widerspruchvollen (inkonsistenten) Daten.

Um solche Probleme zu vermeiden, sind Verfahren entwickelt worden, die eine weitgehend redundanzfreie Darstellung der Daten gewährleisten sollen.

5.4   Normalisieren einer Relation

Der Prozeß der Normalisierung einer Tabelle kann als fortschreitende Verringerung von Datenredundanz verstanden werden. Das Ziel ist erreicht, wenn innerhalb einer Relation keine Redundanzen mehr auftreten. Eine Relation ist dann normalisiert; sie befindet sich in der Dritten Normalform. Bevor wir uns den Normalisierungsprozeß anhand eines Beispiels näher anschauen können, sind aber noch einige Begriffe zu klären:

1. Abhängigkeit

Ein Merkmal (Attribut) ist dann anhängig, wenn es speziell eine Eigenschaft der Relation (Tabelle) beschreibt, zu der es gehört.

2. Identifikationsschlüssel

Diesen Begriff hatten wir eigentlich schon hinreichend geklärt, daher an dieser Stelle nur eine kurze Zusammenfassung. Unter einem Schlüssel (Identifikationsschlüssel) versteht man ein Merkmal, das jeden Datensatz eindeutig identifiziert. Solange der Satz existiert, erfährt dieser Schlüssel keine Änderung. Ein Schlüssel kann sowohl aus einem Merkmal bestehen als auch aus mehreren Merkmalen zusammengesetzt sein. In der Regel verwendet man künstliche Schlüssel (Kundennummer, Artikelnummer, Rechnungsnummer usw).

Der Normalisierungsprozeß

Der Normalisierungsprozeß verläuft über drei Stufen. Die folgende Tabelle zeigt eine Relation, die noch nicht normalisiert ist. Einzelne Felder (Merkmale) enthalten mehrere Werte.

Kunden								
Nr	Firma	Plz	Ort	R_nr	Betrag	R_datum	Prod_nr	Produkt
1	Scholz	8000	München	12	2500	01.01.93	1, 4, 7	X1, X4, X7
2	Voss AG	2800	Bremen	22	7600	02.02.93	3, 4, 6	X3, X4, X6

Abb. 5.3: Eine Relation vor dem Normalisierungsprozeß

In den Feldern *Prod_nr* und *Produkt* sind jeweils mehrere Daten eingetragen. Der Kunde Scholz hat die Produkte X2, X6 und X8 erhalten. Da wir nur ein Feld für die Produkte erzeugt haben, können wir diese auch nur dort unterbringen. Natürlich ist eine solche Datei, obwohl nicht redundant, wenig sinnvoll. Sobald kein Eintrag mehr in das Feld *Produkt* paßt, müssen wir einen neuen Datensatz für den Kunden erzeugen. Schon die nächste Bestellung von Scholz würde damit zu redundanten Einträgen führen. Wir müssen daher die Datenstruktur ändern. Durch Umgruppierung dieser Daten erreichen wir die 1. Normalform.

Die Definition: *Eine Tabelle liegt in der 1.Normalform (1NF) vor, wenn sie nur einfache Merkmalswerte enthält.*

Damit ist gemeint, daß nicht mehrere Merkmale in einem Feld aufgelistet werden dürfen.

Kunden								
Nr	Firma	Plz	Ort	R_nr	Betrag	R_datum	Prod_nr	Produkt
1	Scholz	8000	München	12	2500	01.01.93	1	X1
1	Scholz	8000	München	12	2500	01.01.93	4	X4
1	Scholz	8000	München	12	2500	01.01.93	7	X7
2	Voss AG	2800	Bremen	22	7600	02.02.93	3	X3
2	Voss AG	2800	Bremen	22	7600	02.02.93	4	X4
2	Voss AG	2800	Bremen	22	7600	02.02.93	6	X6

Abb. 5.4: Datentabelle in der 1. Normalform

Die erste Normalform haben wir durch einfache Umgruppierung der Daten erreicht.

Es ist aber leicht zu erkennen, daß die Tabelle redundante Daten enthält. Würde sich beispielsweise die Adresse unseres ersten Kunden ändern, so müßte die Änderung in mehreren Datensätzen unserer Datei erfolgen. Andernfalls wäre unsere Datei nicht mehr konsistent (widerspruchsfrei), da derselbe Kunde mit zwei verschiedenen Adressen erfaßt wäre.

Die Redundanz unserer Tabelle muß verringert werden. Einen ersten Schritt in diese Richtung erreichen wir mit der 2. Normalform.

Die Definition: *Eine Tabelle befindet sich in der Zweite Normalform (2NF), wenn sie in der 1. Normalform vorliegt und jedes nicht zum Schlüssel gehörende Merkmal (Attribut) von diesem Schlüssel abhängig ist.*

Wie die folgende Grafik zeigt, kommen wir nicht mehr mit einer Tabelle aus. Die zweite Normalform erzwingt die Aufteilung unserer Ausgangstabelle in einzelne Sachgebiete. Wir können auch sagen, die 2. Normalform differenziert bereits unsere Datenbasis in einzelne Entitäten.

Dennoch enthält auch diese Darstellung noch Redundanzen. Wir müssen daher noch einen Schritt weitergehen und unsere Datenstruktur in die 3. Normalform bringen.

Kunden

Nr	Firma	Plz	Ort
1	Scholz	8000	München
2	Voss AG	2800	Bremen

Positionen

R_nr	Prod_nr	Produkt
12	1	X1
12	4	X4
12	7	X7
22	3	X3
22	4	X4
22	6	X6

Rechnungen

Nr	R_nr	Betrag	R_datum
1	12	2500	01.01.93
2	22	7600	02.02.93

Abb. 5.5: Tabellen in der 2. Normalform

Die Definition: *Eine Tabelle befindet sich in der 3.Normalform (3NF), wenn sie sich in der 2.Normalform befindet und die nicht zum Schlüssel gehörenden Merkmale untereinander unabhängig sind (wenn keine transitiven Abhängigkeiten bestehen).*

Diese Definition ist nicht leicht zu verstehen. Wann sind Merkmale untereinander unabhängig, oder anders gefragt: Was sind transitive Abhängigkeiten? Ist z.B. die Straße unabhängig vom Namen der Firma? Die Antwort ist eindeutig ja. Die Straße ist zufällig genau „diese" Straße, sie kann sich durch Umzug des Kunden ändern und sie kann mehreren Kunden zugeordnet sein. Das Merkmal „Straße" muß sich also nicht ändern, wenn sich beispielsweise der Firmenname ändert. Anders im Fall der Produktnummer und der Produktbezeichnung: In der Tabelle Rechnungspositionen der 2. Normalform ist die Bezeichnung des Produkts von der Produktnummer abhängig. Wir benötigen daher eine weitere Tabelle, um unsere Relationen in die dritte Normalform zu bringen.

Die folgende Grafik zeigt unsere Datenbasis in der Dritten Normalform.

Kunden			
Nr	Firma	Plz	Ort
1	Scholz	8000	München
2	Voss AG	2800	Bremen

Positionen	
R_nr	Prod_nr
12	1
12	4
12	7
22	3
22	4

Rechnungen			
Nr	R_nr	Betrag	R_datum
1	12	2500	01.01.93
2	22	7600	02.02.93

Produkte	
Prod_nr	Produkt
1	X1
2	X2
3	X3
4	X4
5	X5

Abb. 5.6: Tabellen in der 3. Normalform

Befindet sich eine Relation in der 3. Normalform, dann nennt man sie normalisiert. Die vorstehenden Definitionen sind eine Vereinfachung des von Codd, Chen und anderen Mathematikern entwickelten Relationalen Modells. Eine ausführlichere und exaktere Darstellung findet sich in: *Carl August Zender, Informationssysteme und Datenbanken, Teubner Verlag, Stuttgart.*

4. und 5. Normalform

Die Theorie kennt noch eine 4. Normalform (und auch noch eine 5NF), deren Anwendung jedoch in der Praxis häufig nicht erforderlich ist. Eine Ausnahme bilden sich überschneidende Datenmengen, etwa, wenn ein Kunde gleichzeitig auch Lieferant ist. Seine Adresse würde dann sowohl in der Kundendatei wie auch in der Lieferantendatei, d.h. redundant gehalten werden. Ändert sich nun die Adresse des Kunden, so ist nicht auszuschließen, daß die Änderung in der Lieferantendatei unterbleibt; die Datenbank wäre dann nicht mehr konsistent. Für diesen Fall müßte eigentlich eine weitere Unterteilung vorgenommen werden, so daß die Lieferantendatei und die Kundendatei nur noch aus Lieferantennummer bzw. Kundennummer und einer Adressennummer bestehen würden. Die eigentliche Adresse wäre in einer Adressdatei zu finden. Es ist jedoch nicht immer sinnvoll, die Normalisierung bis zur letzten Möglichkeit auszureizen. Der Nutzen eines an sich sehr hilfreichen Schemas kann dann leicht in sein Gegenteil umschlagen. Der folgende Abschnitt diskutiert die Nachteile, die sich aus einer übertriebenen Normalisierung ergeben können.

Nachteile einer extremen Normalisierung

Bei extremer Normalisierung können viele kleine Tabellen enstehen, die die Leistung (das Antwortverhalten) der Datenbank erheblich reduzieren und aufgrund der höheren Komplexität des Systems auch wieder zu größerer Fehleranfälligkeit führen. Es ist nicht nur die Zahl der Tabellen (.DBF-Dateien), die stark zunimmt, auch die Zahl der erforderlichen künstlichen Schlüssel wächst bei extremer Normalisierung und erfordert damit weitere Indexdateien und zusätzliche Verknüpfungen. Viele Tabellen mit vielen zu aktualisierenden Indexdateien beeinflussen das Zeitverhalten negativ. Da FoxPro den Speicher dynamisch verwaltet, müssen mehr Bereiche im Arbeitsspeicher für die Datenpufferung verwendet werden und stehen damit nicht länger für andere Aufgaben zur Verfügung. Viele Tabellen benötigen für die Verwaltung und Manipulation mehr und aufwendiger zu realisierenden Programmcode, wodurch wiederum die Fehleranfälligkeit der Programme zunimmt.

Darum gilt: Das Ergebnis eines Normalisierungsprozesses ist ein Kompromiß zwischen einem Höchstmaß an Redundanzfreiheit und der Performance des Systems. Ziel der Normalisierung ist dann auch nicht Redundanzfreiheit an sich, sondern die Beseitigung unkontrollierter Redundanz.

5.5 Tabellen verknüpfen

Wir haben unsere Datenbank mit viel Aufwand in einzelne Tabellen zerlegt und damit alle ursprünglichen Beziehungen zwischen den Daten aufgelöst. Diese Beziehungen sind jedoch notwendig, um überhaupt sinnvoll mit den Daten arbeiten zu können. Unsere Aufgabe besteht nun darin, diese Beziehungen wiederherzustellen, die einzelnen Tabellen also miteinander zu verknüpfen.

Schlüsselfelder als Verknüpfungsfelder

Die Verknüpfung benutzt Schlüsselfelder oder Teile von Schlüsseln (bei zusammengesetzten Schlüsseln), um einzelne Tabellen zu verknüpfen. Einem Datensatz aus der Haupt- oder Elterntabelle sind bestimmte Datensätze aus den zu verknüpfenden Tabellen (Kind-Tabellen) zugeordnet. Diese Tabellen müssen daher ebenfalls ein Feld für die Schlüssel aus der Hauptdatei enthalten. Wir haben damit zwar Redundanz erzeugt, aber Sie erinnern sich: Der Schlüssel muß eindeutig sein, und er darf sich während der Lebensdauer des Datensatzes nicht ändern. Mutationsanomalien sollten dadurch also nicht auftreten. Die folgende Grafik verdeutlicht den Sachverhalt der Verknüpfung von Tabellen.

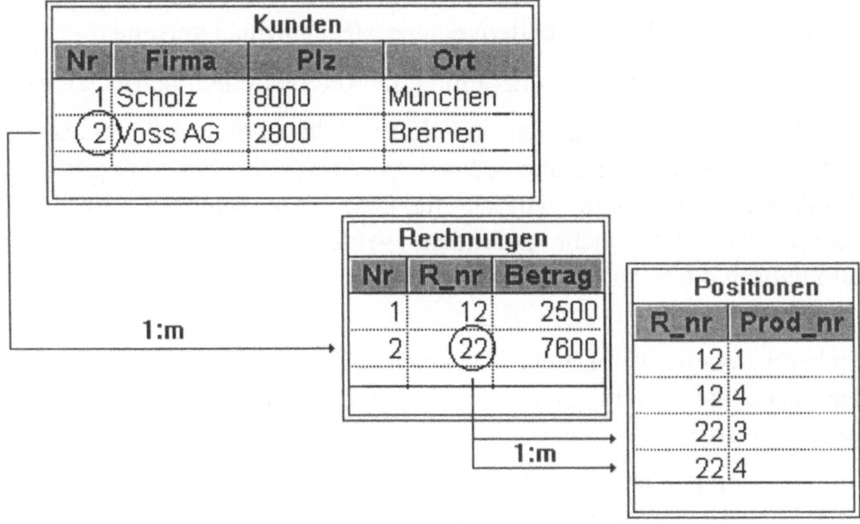

Abb. 5.7: Tabellen über Schlüsselfelder verknüpfen

5.6 Referentielle Integrität

Das Problem von Mutationsanomalien haben wir durch eine möglichst redundanzarme Darstellung der Daten zu lösen versucht. Mit der Aufteilung in einzelne Relationen und der Verknüpfung über Schlüsselfelder haben wir uns jedoch ein neues Problem eingehandelt: die Sicherstellung der „Referentiellen Integrität". Damit ist gemeint, daß Datensätzen aus einer Kind-Tabelle immer ein Datensatz aus der Elterntabelle zugeordnet sein muß. Besteht keine Referenz mehr zwischen irgendeinem Datensatz der Elterntabelle und bestimmten Datensätzen der Kindtabelle, ist die Referentielle Integrität nicht mehr gegeben. Es handelt sich quasi um Waisen, um „elternlose" Datensätze.

Ein solcher Fall kann leicht eintreten, wenn wir beispielsweise einen Kunden aus der Kundentabelle löschen, ohne zugleich die zugehörigen Datensätze aus der Rechnungstabelle zu entfernen. Tragisch wird der Fall, wenn wir die Kundennummer (den Schlüssel) des gelöschten Kunden neu vergeben. Mit dem Wiederaufleben des Schlüssels wird auch die Referenz wiederhergestellt. Der neue Kunde kann auf diese Art ganz unverhofft zu einer Reihe von möglicherweise noch offenen Rechnungen kommen.

FoxPro achtet nicht auf die Referenzielle Integrität, sondern verläßt sich auf Programmierer und Anwender. Der Programmierer sollte sich hingegen nicht auf den Anwender verlassen, sondern eigene Mechanismen vorsehen.

Drei Forderungen sind es, deren Erfüllung die Referentielle Integrität sichert:

1. Eine Änderung der (künstlichen) Schlüsselfelder durch den Benutzer muß verhindert werden. Könnte etwa ein Anwender die Adressen- oder Kundennummer ändern, würden die über diese Nummer identifizierten Rechnungen nicht mehr gefunden werden. Der Schlüssel muß also automatisch durch das Programm, beispielsweise als fortlaufende Nummer, vergeben werden.

2. Ein bereits einmal vergebener Schlüssel darf nicht nochmals vergeben werden, auch dann nicht, wenn der zugehörige Datensatz zwischenzeitlich gelöscht wurde.

3. Löschoperationen auf Datensätze müssen auch eventuell verknüpfte Datensätze in Kindtabellen berücksichtigen.

5.7 Praktische Hinweise

Aus den vorstehenden Abschnitten dieses Kapitels ergeben sich einige praktische Hinweise für die Generierung einer konsistenten Datenbankstruktur.

Eine Datenbankstruktur sollte unter Berücksichtigung der Performance in der 3. Normalform (3NF) vorliegen.

Tabellen sollten einen eindeutigen künstlichen Schlüssel als zusätzliches Merkmal enthalten, da die Bildung von Verknüpfungen über dieses Merkmal erfolgt. Diese Schlüssel „erschließen" den Zugriff auf Datensätze in der verknüpften Datei. Solche Schlüssel können sein: Kundennummer, Rechnungsnummer, Artikelnummer, Buchungsnummer usw.

Der Schlüssel sollte möglichst automatisch durch das Programm erzeugt werden. Besteht ein Anwender darauf, Kundennummern, Rechnungsnummern etc. selbst zu vergeben, so muß das Programm prüfen, ob diese Nummer schon vergeben ist und im positiven Fall vom Benutzer eine andere Nummer anfordern.

Weitere Hinweise zum Thema *Verknüpfung von Tabellen* finden Sie im Kapitel „Indexdateien - Theorie und Praxis".

6 Das Prozedurkonzept

6.1 Zu diesem Kapitel

Die erste höhere Programmiersprache, die für PC verfügbar war und mit der auch heute noch viele Applikationen erstellt werden, war BASIC. Die Dialekte dieser Sprache erlaubten zunächst keine strukturierte Programmierung, d.h. keine richtigen Unterprogrammaufrufe. dBase II, der Vorläufer aller xBase-Dialekte, war ähnlich aufgebaut, wenn auch mit abweichenden Sprachelementen. Eine Programmdatei konnte zwar andere Programme aufrufen, selber aber keine Unterprogramme (Prozeduren oder Funktionen) enthalten. Mit dBase III wurde das Prozedurkonzept eingeführt, das bis heute die Grundstruktur aller xBase-Programmen bestimmt. Die Zahl der ursprünglich 32 Prozeduren, die eine dBase III Programmdatei enthalten konnte, ist jedoch Schritt für Schritt erweitert worden. FoxBase konnte 128 Prozeduren in einer Prozedurdatei halten, FoxPro 1.x bereits 1024, und mit FoxPro für Windows soll die Grenze ganz gefallen sein.

6.2 Was sind Prozeduren?

Prozeduren (und auch Funktionen) sind Unterprogramme, die eine bestimmte Aufgabe ausführen, beispielsweise eine Eingabemaske auf den Bildschirm zeichnen. Sie erlauben eine Strukturierung von Programmen, die dem modularen Konzept anderer moderner Programmiersprachen vergleichbar ist, etwa dem Funktionskonzept von C oder Pascal. Eine konsequente Anwendung des Prozedurkonzepts ergibt kürzeren und leichter lesbaren Quellcode. Häufig benötigte Unterprogramme lassen sich, sofern sie nur allgemein genug formuliert sind, immer wieder in den verschiedensten Applikationen verwenden.

Die Vorteile eines konsequenten Prozedurkonzepts sind:

1. Bessere Lesbarkeit des Quellcodes und damit leichtere Programmpflege

2. Kürzerer Programmcode und damit kürzere Ladezeiten

3. Masken und Tabellen sind nahezu beliebig austauschbar. Die Struktur eines Programms muß oft nicht geändert werden.

4. Da oft nur Masken und Tabellenstrukturen anzupassen sind, können zeitsparende Maskengeneratoren eingesetzt werden.

5. Die Programmentwicklung läßt sich leichter auf mehrere Programmierer verteilen. Für spezielle Prozeduren müssen lediglich die Schnittstellen (Parameterübergabe) definiert werden. Die parallele Entwicklung von Programmen wird möglich.

6. Höhere Verarbeitungsgeschwindigkeit, da weniger Dateien im DOS-Verzeichnis die Such- und Dateizugriffszeiten reduzieren.

6.3   Der Aufbau von Prozeduren

Eine Prozedur besteht aus drei Elementen:

1. dem Prozedurnamen

2. der Parameterliste

3. dem Prozedurkörper

Eine Prozedur beginnt in FoxPro immer mit dem Befehl PROCEDURE und einem frei zu wählenden Namen, der den DOS-Konventionen entsprechen muß, also maximal acht Zeichen enthalten darf. Die optionale Parameterliste wird mit dem Befehl PARAMETERS eingeleitet. Den Abschluß bildet der Befehl RETURN, der den Rücksprung zum Hauptprogramm bewirkt. Zwischen PARAMETERS und RETURN können beliebig viele FoxPro-Anweisungen stehen, die den Prozedurkörper bilden. Das folgende Beispiel skizziert das Gerüst einer Prozedur:

```
PROCEDURE Prozedurname
   PARAMETERS par1,par2,par3

   <Anweisung 1>
   <Anweisung 2>
   <...       >
   <Anweisung n>

RETURN
```

Die hier angeführten Parameter *par1, par2* und *par3* werden formale Parameter genannt, während die beim Aufruf zu übergebenden Werte als aktuelle Parameter oder Argumente bezeichnet werden. Der RETURN-Befehl ist inzwischen optional, kann also auch weggelassen werden.

6.4 Prozeduren aufrufen

Prozeduren sind Unterprogramme, die wie ein normales Fox-Programm mittels des DO-Befehls aufgerufen werden. Ohne Parameterübergabe sieht der Aufruf wie folgt aus:

```
DO <Prozedurname>
```

Prozedurname ist der mit dem Befehlswort PROCEDURE vereinbarte Name der Prozedur. Werden keine Parameter übergeben, so spricht man von unechten Prozeduren. Die Auflistung der Parameter wird durch das Schlüsselwort WITH eingeleitet. Der Aufruf hat dann die folgende Form:

```
DO <prozedurname> WITH <par1,par2,par3>
```

6.5 Die Parameterübergabe

Es ist nicht unbedingt notwendig, irgendwelche Parameter an eine Prozedur zu übergeben. Sinnvoller wird der Einsatz von Prozeduren aber, wenn Parameter übergeben werden sollen. Der folgende Aufruf übergibt die Parameter *a*, *b* und *c* an die aufgerufene Prozedur:

```
DO prozedur WITH a,b,c
```

Bei *a*, *b* und *c* kann es sich um Variablen handeln, die beliebige Datentypen enthalten können; es ist aber auch die Übergabe von Konstanten möglich, wie das nächste Beispiel zeigt:

```
DO prozedur WITH 3,"Hallo",.T.
```

Die Anzahl der aktuellen und die der formalen Parameter mußten noch in FoxBase+ übereinstimmen. Das hat sich schon mit FoxPro geändert. Es ist auch nicht erforderlich, daß die Namen der beim Aufruf übergebenen (aktuellen) und der von der Parameterliste übernommenen (formalen) Parameter identisch sind.

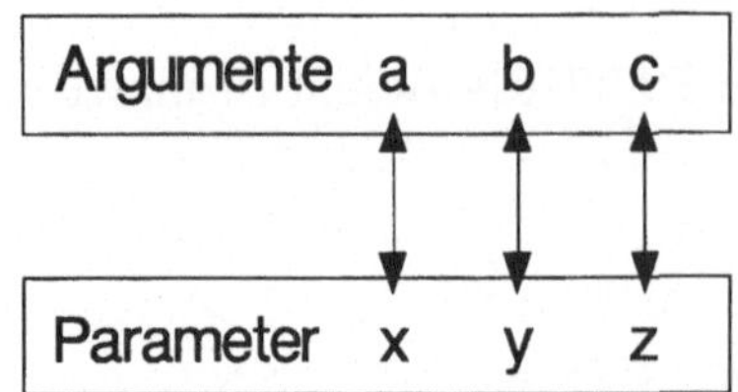

Abb. 6.1: Die Parameterübergabe

Die Grafik macht den Mechanismus der Übergabe deutlich. Die doppelten Pfeilspitzen zeigen an, daß auch die aktuellen Parameter (hier : a, b, c) nach der Abarbeitung der Prozedur verändert sein können. Werden nämlich die Variablen *x, y, z* (die formalen Parameter) in der Prozedur geändert, so ändern sich eventuell auch die Werte der aktuellen Parameter (Argumente) *a, b, c.*

Globale und lokale Variablen

Für das richtige Verständnis der Parameterübergabe ist daher zunächst das Konzept der Unterteilung in globale und lokale Variablen zu erklären. Um bei der Verwendung von Variablen nicht immer auf Seiteneffekte achten zu müssen, kennt FoxPro - wie viele andere höhere Programmiersprachen - die Möglichkeit, den Geltungsbereich von Speichervariablen einzuschränken.

Speichervariablen können in ihrer Gültigkeit auf Unterprogramme und Prozeduren beschränkt werden. Sie sind dann lokal. In FoxPro ist auch ohne explizite Deklaration jede Variable zunächst als PRIVATE-Variable (lokale Variable) definiert. Erst der Befehl PUBLIC bewirkt die globale Gültigkeit einer Speichervariablen. Mit dem Befehl PRIVATE kann die Deklaration einer lokalen Variablen auch dann erzwungen werden, wenn bereits eine gleichnamige globale oder lokale Variable existiert. Mehr zu diesem Thema erfahren Sie im Kapitel „Speichervariablen".

Seiteneffekte

Die Einschränkung des Gültigkeitsbereichs verhindert jedoch nicht, daß eventuell unbeabsichtigte Wertzuweisungen erfolgen. Beispiel:

```
*-------------------------------
* test1.prg
*-------------------------------

a = 1
b = "X"
DO turn WITH a,b    && Prozeduraufruf
? a
? b
```

```
PROCEDURE turn
   PARAMETER x,y
   x = 2              && Wertzuweisung
   y = "XX"
RETURN
```

Nach der Ausführung des Prozeduraufrufs enthalten die Variablen *a* und *b* die entsprechenden Inhalte der Variablen *x* und *y*. Ihre Werte wurden also im Unterprogramm indirekt, also ohne direkte Zuweisung, verändert.

Hinweis: Handelt es sich bei aktuellen und formalen Parametern um Variablen und wird eine dieser Variablen (ein formaler Parameter) in der Prozedur verändert, so wird auch die entsprechende Variable des aufrufenden Programms (der aktuelle Parameter) verändert.

Bei Nichtbeachtung dieses Mechanismus sind unvorhersehbare Auswirkungen (Seiteneffekte) auf das jeweilige System vorprogrammiert. Die Rückwirkungen auf das aufrufende Programm lassen sich jedoch durch Einklammern der aktuellen Parameter verhindern.

Das nachfolgende Beispiel demonstriert den Unterschied:

```
*--------------------------------
* test2.prg
*--------------------------------

a = 1
b = "X"
DO turn WITH (a,b) && Prozeduraufruf mit Einklammerung
? a
? b

PROCEDURE turn
   PARAMETER x,y
   x = 2              && Wertzuweisung
   y = "XX"
RETURN
```

In diesem Fall ist es unerheblich, ob eine Änderung der formalen Parameter in der Prozedur erfolgt. Die aktuellen Parameter bleiben unverändert. Der Grund ist, daß FoxPro zwei Formen der Übergabe von Parametern kennt:

1. Call by Referenc   (Übergabe als Adresse)

2. Call by Value   (Übergabe als Wert)

Call by Reference meint, daß nicht der Wert des aktuellen Parameters an die aufgerufene Prozedur übergeben wird, sondern eine Referenz auf die Speichervariable, kurz: die Adresse dieser Variablen im Arbeitsspeicher. Der PARAMETER-Befehl übernimmt diese Adresse. Änderungen werden, auch wenn die Variable in der aufgerufenen Prozedur einen anderen Namen trägt, in die Speicherstelle dieser Variablen geschrieben.

Call by Value übergibt hingegen nur den Wert der aktuellen Parameter. Änderungen in der aufgerufenen Prozedur können, da die Prozedur die Adressen der aktuellen Parameter nicht kennt, auch nicht auf diese zurückwirken.

Keine Ausgabeparameter

Aus dem bisher Gesagten sollte klar geworden sein, daß es für FoxPro keine explizite Unterscheidung in Ein- und Ausgabeparameter gibt. Alle Parameter können, soweit es sich um Variablen handelt, sowohl als Eingabe- wie auch als Ausgabeparameter fungieren. In der Regel werden Sie globale Variablen verwenden, um Rückgabewerte zu erhalten.

6.6 Prozedurdateien in FoxPro für Windows

FoxPro kennt offiziell keine Begrenzung der Zahl der Prozeduren pro Datei, so daß unbeschränkt große Anwendungen möglich sind. Die einzige Grenze betrifft die Größe der einzelnen Prozedur, die als compiliertes FXP-File 64 kB nicht überschreiten darf. Eine Größe, die kaum jemals erreicht werden dürfte, da schon komplette Fox-Programme mit 64 kB recht umfangreiche Anwendungen repräsentieren. Hinzu kommt, daß jede Programmdatei beliebig viele Prozeduren enthalten kann. Wird eine solche Datei mit ihrem Namen aufgerufen, stehen automatisch auch alle darin befindlichen Prozeduren für den Aufruf mit

```
DO <Programm-/Prozedurname>
```

zur Verfügung. Der Befehl

```
SET PROCEDURE TO <Prozedurdatei>,
```

der früher unbedingt vor dem ersten Aufruf einer Prozedur in einer Programmdatei ausgegeben werden mußte, ist nicht mehr erforderlich. Auch hat der DO-
Befehl eine Erweiterungsklausel erhalten, mit der direkt in eine Prozedurdatei
verzweigt werden kann. Mit dem Befehl

```
DO <Prozedur> IN <Datei>
```

wird eine Prozedur in einer Datei aufgerufen, auch wenn diese Datei zum
Zeitpunkt des Aufrufs nicht als Programmdatei geöffnet war.

Der Befehl SET PROCEDURE TO kann natürlich weiterhin benutzt werden,
um eine reine Prozedurdatei, etwa eine eigene Standardbibliothek, zu
verwenden.

Schauen wir uns noch den Unterschied zwischen einer Programm- und einer
Prozedurdatei an.

Programmdatei	Prozedurdatei

```<Anweisungen>```
```1.Prozedur```
```   <Anweisungen>```
```2. Prozedur```
```   <Anweisungen>```
	```1. Prozedur```
	``` <Anweisungen>```
	```2. Prozedur```
	``` <Anweisungen```

Ein Programmdatei beginnt mit mindestens einer Anweisung. Stößt FoxPro bei
der Abarbeitung einer Programmdatei auf das Schlüsselwort PROCEDURE,
wird das Programm beendet. Programmcode, der nach diesem Schlüsselwort
folgt, kann nur ausgeführt werden, wenn die Prozedur ausdrücklich mit ihrem
Namen aufgerufen wird.

Ein daraus resultierender Unterschied besteht auch im Aufruf: Eine Programmdatei kann mit ihrem Namen aufgerufen werden. Eine Prozedurdatei kann überhaupt nicht aufgerufen werden. Lediglich die einzelnen Prozeduren in dieser
Datei sind aufrufbar, wenn zuvor mit dem Befehl SET PROCEDURE TO auf
diese Datei verwiesen wurde. Eine Prozedurdatei beginnt gleich mit dem Wort
PROCEDURE, so daß die Programmausführung sofort wieder abgebrochen
wird.

6.7   Hinweise und Einschränkungen

Rücknahme von Einstellungen

Immer, wenn ein Modul oder eine Prozedur eine generelle Einstellung ändert, sollte diese Änderung beim Verlassen wieder rückgängig gemacht werden, wenn nicht die Änderung gerade der Sinn des Prozeduraufrufs war. Dies gilt hauptsächlich für Einstellungen mit dem SET-Befehl, für den gewählten Arbeitsbereich und für die Systemvariablen. Die Einstellungen der SET-Optionen können mit der Funktion SET(), der aktuelle Arbeitsbereich kann mit SELECT() abgefragt werden. Ein Beispiel:

```
StatusTalk = SET("Talk")
altselect  = SELECT()
```

Nur eine Prozedurdatei

Es kann immer nur eine Prozedurdatei geöffnet sein. Daraus folgt, daß aus einer Prozedurdatei keine andere Prozedurdatei aufgerufen werden kann. Eine offene Prozedurdatei wird mit

```
SET PROCEDURE TO
```

ohne Angabe eines Dateinamens wieder geschlossen.

7 BDF - Benutzerdefinierte Funktionen

7.1 Zu diesem Kapitel

Das Prozedurkonzept konnte Entwickler nie völlig befriedigen, da zuviele Wünsche unerfüllt bleiben mußten. So kann ein Rückgabewert (Ausgabeparameter) nur über eine globale Variable oder durch einen gewollten Seiteneffekt erzielt werden. Auch ist es nicht möglich, Prozeduren in Ausdrücke einzubinden. Nantuckets Clipper-Compiler war der erste, der das Prozedurkonzept durch das Konzept der Benutzerdefinierten Funktionen (BDF oder auch UDF = User Defined Function) erweiterte. Fox zog mit FoxBase+ nach. Funktionen sind für xBase-Programmierer inzwischen zum täglichen Brot geworden.

7.2 Was ist eine BDF?

Funktionen sind, wie auch Prozeduren, Unterprogramme, die mit Ihrem Namen aufgerufen werden. FoxPro kennt neben den zum normalen Sprachumfang gehörenden Standardfunktionen auch Benutzerdefinierte Funktionen (BDF's). Im Unterschied zu Prozeduren geben Funktionen einen Wert zurück. Daraus folgt auch ihr wohl größter Vorteil: Sie lassen sich wie Variablen oder Konstanten in Ausdrücken verwenden. Eine Prozedur muß hingegen immer mit dem Befehlswort DO aufgerufen werden. Mit Benutzerdefinierten Funktionen läßt sich der Befehlsumfang von FoxPro erheblich ausweiten.

7.3 Aufbau einer BDF

Der Aufbau einer BDF gleicht einer Prozedur. Wie diese kann sie auch mit dem Befehlswort PROCEDURE eingeleitet werden. Alternativ ist aber auch die Bezeichnung FUNCTION möglich. Der abschließende RETURN-Befehl muß jedoch, im Gegensatz zur Prozedur, einen Wert an das aufrufende Programm zurückgeben. Eine BDF besteht folglich aus vier Elementen:

- Funktionsnamen
- Parameterliste (optional)
- Funktionskörper
- Rückgabewert

Der Hauptunterschied zu einer Prozedur besteht also zunächst im Rückgabewert.

Der grundsätzliche Aufbau einer BDF sieht daher wie folgt aus:

```
FUNCTION <Funktionsname>

    PARAMETERS <liste>

    <Anweisungen>

RETURN <wert>
```

Dem Befehlswort FUNCTION folgt der Name der Funktion, der wie bei einer Prozedur maximal zehn Zeichen lang sein darf. Das Wort FUNCTION kann dabei ebensogut durch das Wort PROCEDURE ersetzt werden. Beide kennzeichnen lediglich den Beginn eines Unterprogramms. Die Verwendung von Parametern ist ebenfalls optional. Werden jedoch Parameter benannt, so müssen diese auch beim Aufruf der Funktion in der richtigen Reihenfolge übergeben werden. In einer Benutzerdefinierten Funktion können praktisch alle FoxPro-Befehle und Funktionen, auch wieder BDF's und Prozeduren, verwendet werden.

Auch eine Programmdatei kann als BDF aufgerufen werden. Der Name der Funktion ist dann natürlich der Dateiname und kann folglich nur aus acht Zeichen bestehen. Die Befehlsworte FUNCTION oder PROCEDURE dürfen dann nur in der Datei erscheinen, wenn diese weitere Funktionen oder Prozeduren enthält. Die meisten BDFs unserer Mini-Bibliothek sind als Programmdateien ausgelegt.

Der Rückgabewert

Im Unterschied zu einer Prozedur muß eine BDF in der Regel einen Wert zurückgeben. Dieser Rückgabewert wird nach dem RETURN-Befehl als Ausdruck, Variable oder Konstante benannt und muß, wenn es sich um eine

Variable handelt, zuvor an irgendeiner Stelle der Funktion definiert werden. Als Rückgabewert sind numerische-, logische- und Datumswerte sowie Zeichenketten (Strings) zulässig.

FoxPro 2.5 besteht jedoch nicht unbedingt auf einem vom Programmierer definierten Rückgabewert, sondern gibt als DEFAULT-Wert immer den logischen Wert .T. zurück. In diesem Fall ist nicht einmal das RETURN-Kommando erforderlich. Soll eine Funktion keinen anderen Wert als .T. (True) zurückgeben, kann also auch der RETURN-Befehl unterbleiben. Dies kann beispielsweise in VALID-Funktionen der Fall sein, wenn lediglich bestimmte Kommandos ausgeführt werden müssen, die GET/READ-Anweisungen danach aber grundsätzlich weiterlaufen sollen.

7.4   BDFs verwenden

Der Einsatz Benutzerdefinierter Funktionen kann überall dort erfolgen, wo auch Prozeduren verwendet werden können. Jedes als Prozedur definierte Unterprogramm läßt sich auch als Funktion aufrufen.

Aufrufkonventionen

Die Aufrufkonventionen unterscheiden sich jedoch erheblich. Die folgenden Beispiele demonstrieren die Flexibilität von BDFs:

```
? Funktion()
= Funktion()
var = Funktion()
c = a + Funktion()
```

Zunächst dürfte auffallen, daß der Funktionsname beim Aufruf immer durch ein Klammernpaar abgeschlossen wird. Wie weiter unter noch zu zeigen ist, werden die Funktionsparameter (Argumente) in den Klammern übergeben.

Der erste Aufruf entspricht noch weitgehend unserem Prozeduraufruf. Das Print-Kommando würde den Rückgabewert der BDF auf Bildschirm oder Drucker ausgeben. Auch im zweiten Beispiel wird die Funktion als bloße Alternative für eine Prozedur verwendet. Der Rückgabewert interessiert nicht und wird daher mit einer Leerzuweisung ins Nirwana geschickt. Der dritte Aufruf weist den Rückgabewert einer Variablen zu. Im vierten Aufruf geht der

Rückgabewert als Operand in einen mathematischen Ausdruck ein. Das
folgende kleine Programm zeigt die praktische Umsetzung:

```
? 10 + ergebnis(3,5)

PROCEDURE ergebnis
   PARAMETER x, y
   z = x + y
RETURN z
```

Das Programm führt keine spektakulären Aktionen aus, sondert addiert
lediglich den Wert 10 zum Rückgabewert der Funktion *Ergebnis()*, die zuvor
intern die als Parameter übergebenen Werte addiert und zurückliefert.

Die Parameterübergabe

Die Parameter werden, durch Kommas separiert, in Klammern übergeben. Wir
haben bei der Besprechung der Prozeduren schon gesehen, daß auch dort die
Parameter (oder Argumente) in Klammern gesetzt werden können. Die Folge
war, daß die Parameter nun nicht mehr als Adresse (Call by Reference) ,
sondern als Werte (Call by Value) übergeben wurden. Dies gilt grundsätzlich
für Funktionen; die Argumente werden nur als Werte übergeben.

FoxPro kennt jedoch zwei Wege, die Parameterübergabe per Referenz zu
erzwingen. Der Befehl

```
SET UDFPARMS TO REFERENCE        && default: VALUE
```

veranlaßt FoxPro, auch beim Aufruf Benutzerdefinierter Funktionen Parameter
als Referenzen zu übergeben. Dieser Befehl kann schon in der CONFIG.FPW
stehen (UDFPARMS = REFERENCE). Davon ist jedoch abzuraten, da eine
Änderung in der leicht zugänglichen Konfigurationsdatei die
Aufrufbedingungen und damit das Verhalten des aufrufenden Programmteils
beeinflussen würde, was unweigerlich zu Fehlfunktionen führen muß. SET
UDFPARMS wirkt global auf alle Funktionsparameter.

Die zweite Option besteht in der Parameterübergabe mit vorangestelltem @.
Das folgende Programm ruft die Funktion *Funk()* mit zwei Parametern auf:

```
*----------------------------
* sample08
*----------------------------

a = 1
```

```
b = 1
? funk(@a,b)          && erstes Argument per Referenz übergeben
? a
? b

FUNCTION funk
   PARAMETER x, y
   x = 2
   y = 2
RETURN
```

Normalerweise würden wir erwarten, daß die Argumente des Funktionsaufrufs durch die Wertzuweisung an die entsprechenden Parameter der Funktion nicht geändert werden. Vor das erste Argument (a) haben wir jedoch das Zeichen @ gesetzt und damit die Übergabe als Referenz erzwungen. Die Ausgabefehler zeigen dann auch, daß sich der Wert des ersten Arguments verändert hat, während der zweite unverändert geblieben ist.

Wir haben also die Möglichkeit, für jeden einzelnen Aufrufparameter zu bestimmen, ob dieser als Wert (VALUE) oder als Referenz übergeben werden soll. Natürlich können Argumente auch als Konstanten übergeben werden.

Zahl und Reihenfolge der Parameter

Eine BDF kann maximal 24 Parameter enthalten. Die Zahl der Aufrufparameter muß dabei nicht mit den formalen Parametern übereinstimmen. Allerdings muß die Reihenfolge stimmen: Der dritte Aufrufparameter wird immer dem dritten formalen Parameter zugewiesen. Die Position eines Parameters kann auch nicht einfach durch zusätzliche Kommas in der Reihenfolge verschoben werden. Sollen beispielsweise nur der erste und der letzte von fünf Parametern übergeben werden, müssen auch die dazwischenliegenden Parameter definiert sein, sonst unterbricht FoxPro Ihr Programm mit einer Fehlermeldung. Natürlich können Sie Leerwerte (Leerstrings, Null etc.) übergeben. Die folgenden Aufrufbeispiele sind für eine Funktion mit fünf Parametern korrekt:

```
funk(1,"","","","A")
funk(1)
funk(1,0,0,0,"A")
funk(1,.F.,.F.,F.,"A")
```

Unzulässig sind hingegen die folgenden Beispiele:

```
funk(1,,,,"A")
funk(,,,,"A")
```

Sie sollten allerdings auf den richtigen Typ der Werte oder Leerwerte achten, so daß diese nicht mit der Verwendung Ihrer Variablen in der Funktion kollidieren.

Mit der FoxPro-Funktion PARAMETERS() können Sie die Anzahl der übergebenen Parameter feststellen und für die weitere Ablaufsteuerung in Ihren eigenen BDFs nutzen. Diese Funktion sollte daher gleich nach der Zeile mit der Parameterliste in Ihrer BDF erscheinen.

Ein Beispiel:

```
? funk(5)

FUNCTION funk
   PARAMETER x, y
    IF PARAMETERS() < 2
        y = 10
    ENDIF
   ? x
   ? y
RETURN
```

Das Beispiel verwendet eine Funktion mit zwei Parametern. Wird jedoch nur der erste Parameter übergeben, sorgt unsere BDF in der IF-Konstruktion mit der PARAMETERS()-Funktion für die Initialisierung des zweiten Parameters.

7.5　Ein Beispiel für den Einsatz von BDFs

BDFs können regelmäßig dort eingesetzt werden, wo auch normale FoxPro-Funktionen zulässig sind. Einige Anwendungsbereiche sind jedoch besonders für den Einsatz von BDFs geeignet. Das trifft immer dann zu, wenn ein Unterprogramm selbst als Argument einer Funktion oder als Operand eines Ausdrucks benötigt wird. Wie wir im Kapitel über die Ein- und Ausgabe mit GET/READ noch sehen werden, ist die Datenvalidierung mit VALID- und WHEN-Klauseln ein beliebter Einsatzort für BDFs.

Für das folgende Beispiel haben wir eine ebenfalls häufige Verwendung gewählt: die immer wieder benötigte Funktion einer Ja/Nein-Abfrage. Position und Abfragetext können als Argumente übergeben werden. Die Funktion gibt, je nach Wahl des Anwenders, „J" oder „N" zurück.

```
  *-----------------------------------------------------------
  * Ja_nein()
  *
```

```
* Ja/Nein-Abfrage für alle Standardaufgaben
*
* Parameter
* ---------
* x        = Position, Zeile oben links
* Y        = Position, Spalte oben links
* mtext1   = erste Textzeile
* mText2   = zweite Textzele
* VorWahl  = Vorbelegung für Schaltflächen ("J" oder "N")
*
* Rückgabewert:
* "J" für "ja"
* "N" für "nein"
*-----------------------------------------------------------

PARAMETER x,y,mtext1,mtext2,VorWahl


ObNr   = IIF(EMPTY(VorWahl), 1, ;
             IIF(UPPER(VorWahl)= "N" , 2, 1))

mtext2 = IIF(EMPTY(mtext2), "", mtext2)

hoch   = IIF(EMPTY(mtext2), 8, 10 )

breite = MAX(TXTWIDTH(mtext1, "System", 10), ;
             TXTWIDTH(mtext2, "System", 10) ) + 8
breite = IIF(breite < 40, 40, breite)


IF NOT WEXIST("ja_nein") OR WTITLE("JA_NEIN") <> "JA_NEIN"
   DEFINE WINDOW ja_nein ;
        AT x, y ;
        SIZE hoch,breite ;
        FONT "MS Sans Serif", 10 ;
        FLOAT ;
        NOCLOSE ;
        NOMDI ;
        NOMINIMIZE ;
        DOUBLE ;
        SHADOW ;
        COLOR RGB(0,0,0,255,255,255)
ENDIF

ACTIVATE WINDOW ja_nein

@ 2,0 SAY mtext1 ;
   SIZE 1.000,breite ;
   FONT "MS Sans Serif", 10 ;
    STYLE "B" ;
   PICTURE "@I"
```

```
@ 4,0 SAY mtext2 ;
    SIZE 1.000,breite ;
    FONT "MS Sans Serif", 10 ;
    STYLE "B" ;
    PICTURE "@I"

@ hoch-3,breite/2-15 GET wahl ;
    PICTURE "@*HT \<Ja;\<Nein" ;
    SIZE 1.646,12.167,1.667 ;
     DEFAULT 1 ;
    FONT "MS Sans Serif", 10 ;
    STYLE "B"

READ CYCLE MODAL OBJECT ObNr

RELEASE WINDOW ja_nein

RETURN IIF(wahl=1,"J","N")

*---- Ende Ja-nein()--------------------------
```

Wir haben bei dieser Abbildung auf ausführliche Kommentierung verzichtet, weil hier nur wenige Punkte erörtert werden sollen. Auf der Diskette finden Sie die gleiche Funktion mit ausführlichen Kommentaren. Insbesondere der ganze Aufbau der Dialogbox mit Stringmanipulation und Schaltflächen soll hier nicht interessieren. Wir werden in späteren Kapiteln darauf eingehen. Sie sollten sich nur die Parameterliste und den RETURN-Befehl näher ansehen. Der RETURN-Befehl verwendet eine FoxPro-Funktion (IIF), um abhängig von der gewählten Schaltfläche (Wert 1 = Ja, 2 = Nein) die Rückgabewerte „J" oder „N" zu erzeugen. Dieser Rückgabewert kann dann für die Steuerung des aufrufenden Programms verwendet werden.

Da unsere BDF aus einer Programmdatei ohne weitere Unterprogramme besteht, fehlt natürlich das Befehlswort FUNCTION (bzw. PROCEDURE). Das erste Befehlswort ist PARAMETERS; alle vorhergehenden Zeilen sind lediglich Kommentare. Der Name der BDF ist der Dateiname.

Ja_nein()-Funktion aufrufen

Der Aufruf dieser BDF ist am besten in einer Kontrollstruktur untergebracht. Ein Beispiel:

```
IF ja_nein(5,5,"Liste Drucken (j/n)?","","J") = "J"
    ? "Liste wird gedruckt!"
ELSE
    ? "Druck abgebrochen!"
ENDIF
```

Das Beispiel setzt voraus, daß die oben definierte BDF in der aktuellen Prozedurdatei oder als einzelnes Programm im aktuellen Verzeichnis vorhanden ist. Der Aufruf verwendet lediglich eine Textzeile. Da wir auch den Vorgabeparameter übergeben, muß die zweite Textzeile jedoch initialisiert werden, in diesem Fall eben mit einem Leerstring. Die folgende Abbildung zeigt, wie unsere BDF den Aufruf umsetzt:

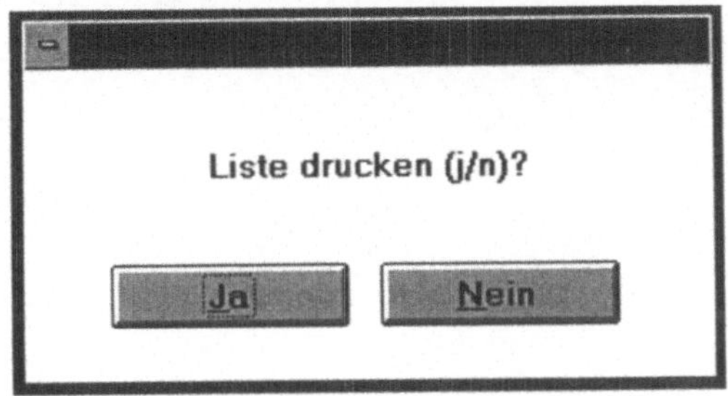

Abb 7.1: Der durch die Ja_nein()-Funktion erzeugte Dialog

7.6 Hinweise und Einschränkungen

Benutzerdefinierte Funktionen unterliegen in der Anwendung folgenden Einschränkungen:

BDFs dürfen nicht als erstes Wort einer Befehlszeile erscheinen. Hierin verhalten sie sich wie die „normalen" FoxPro-Funktionen, die auch nur mit einem vorangestellten Printzeichen (? oder ??), durch Zuweisung an eine Variable (a = BDF()) oder in einem Ausdruck (a = b + BDF()) aufgerufen werden können. Es ist jedoch nicht mehr unbedingt eine Dummy-Variable erforderlich. Die Zuweisung kann auch durch ein einfaches vorangestelltes Gleichheitszeichen erfolgen.

Die Argumentübergabe per Referenz mit dem Zeichen @ kann nicht mit Feldnamen eingesetzt werden, da Zuweisungen (=) an Feldnamen nicht möglich sind.

Hinweise:

In eigenen Funktionen sollte vor der Verwendung von Parametern geprüft werden, ob auch alle Parameter übergeben wurden. Dazu eignen sich die Funktionen PARAMETERS() und EMPTY().

Um die schon weitgehende Abschottung einer BDF wirklich auszunutzen, sollten alle in der Funktion verwendeten Variablen mit PRIVAT zu lokalen Variablen erklärt werden.

Einstellungen, die innerhalb einer BDF mit SET-Kommandos geändert wurden, sollten vor Verlassen der BDF wieder zurückgesetzt werden.

8 Indexdateien - Theorie und Praxis

8.1 Was ist ein Index

Indexdateien sind nach einem Such- oder Schlüsselbegriff sortierte Dateien, die außer dem Schlüsselbegriff nur noch einen Verweis auf den zugehörigen Datensatz enthalten. Ihr Einsatz ist immer dann erforderlich, wenn große Datenbestände effektiv bearbeitet bzw. ausgewertet werden müssen. Große Datenbanken sind nur mit Hilfe von Indexdateien sinnvoll zu nutzen. Die Antwortzeiten einer nicht indizierten Datei mit mehreren tausend Datensätzen wären auch auf schnellen Rechnern praktisch unzumutbar.

Definiert man Indexdateien von ihren Aufgaben her, so erfüllen sie zunächst drei Aufgaben: Sie dienen zum einen der richtigen Sortierung nach einem zu bestimmenden Feldinhalt, zum anderen ermöglichen sie eine sehr schnelle Suche, selbst in großen Dateien. Da in FoxPro-Indizes auch ein konditionaler Ausdruck zulässig ist, lassen sich Indexdateien auch für die Filterung von Datensatzgruppen verwenden. Schließlich ist auch die Verknüpfung mehrerer Tabellen nur über Indizes möglich.

Wir kommen schließlich auf die folgenden vier Aufgaben:

- Sortieren

- Suchen

- Filtern

- Verknüpfen von Tabellen

Im Gegensatz zum ebenfalls in FoxPro enthaltenen SORT-Befehl wird bei der Indizierung einer Datei die Datenbankdatei nicht physikalisch neu aufgebaut. Zudem können für eine Datenbankdatei mehrere Sortierungen (Indizes) angelegt werden, zwischen denen mit einem Befehl (SET ORDER TO) beliebig hin und her geschaltet werden kann.

Erst die Indizierung macht es möglich, aus einem großen Datenbestand mit vertretbarem Zeitaufwand Daten nach verschiedenen Kriterien zu selektieren. Indexdateien sind deshalb ein zentraler Bestandteil relationaler Datenbanksysteme.

8.2 Struktur einer Indexdatei

Die folgende Zeichnung zeigt den prinzipiellen Unterschied zwischen einer
„normalen" Datei oder Tabelle und einer Indexdatei. Die Zeichnung gibt nur
den generellen Aufbau einer Indexdatei und ihre Zusammenarbeit mit der
Datentabelle wieder. Der FoxPro-Index hat natürlich nicht, wie aus der
Zeichnung entnommen werden könnte, die Struktur einer Liste, sondern ist
erheblich komplexer gestaltet, um auch Probleme wie das Einfügen und
Löschen eines Eintrags mit hoher Geschwindigkeit handhaben zu können.

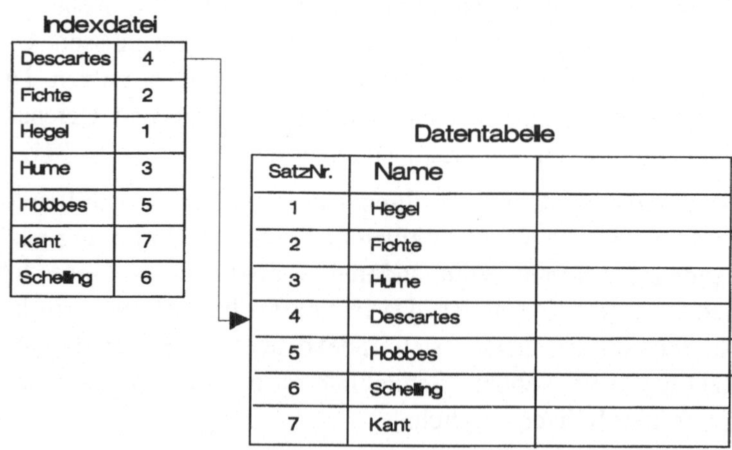

Abb. 8.1: Die generelle Funktion einer Indexdatei

Die Indexdatei besteht also lediglich aus dem sortierten Indexausdruck und
einem Verweis (interne Datensatznummer) auf den zugehörigen Datensatz in
der Datentabelle. Ist der Index aktiv, findet jeder Zugriff auf die Datentabelle
über die Indexdatei statt. Die Befehle SKIP und SEEK benutzen dann die
Sortierung der Indexdatei, um zum nächsten Datensatz zu gelangen oder einen
Eintrag zu finden. Aus der Indexdatei wird über die interne Datensatznummer
auf den zugehörigen physikalischen Datensatz in der Datentabelle zugegriffen.

Die Abbildung verdeutlicht natürlich nur das generelle Funktionsschema eines
Indizes. Die Indexdateien moderner Datenbanksysteme verwenden eine modifi-
zierte Binärbaumstruktur. Binärbäume sind eine dynamische Datenstruktur, die
es erlaubt, beliebige Elemente der Struktur hinzuzufügen oder zu löschen. Die
Struktur ist also in der Größe variabel. Die interne Struktur einer Indexdatei
kann daher besser als Baum dargestellt werden. Unser Index, den wir in der obi-

gen Zeichnung noch als sortierte Liste abgebildet haben, hätte dann den folgenden Aufbau:

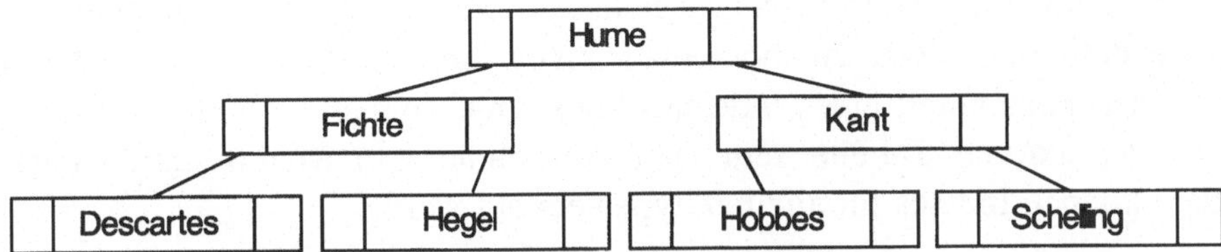

Abb. 8.2: Die Baumstruktur eines Indizes

Der Binärbaum besteht aus Knoten und Kanten. Der Knoten ohne Vorgänger ist die Wurzel. Knoten ohne Nachfolger sind Blätter. Ein Binärbaum ist vollständig und ausgewogen, wenn jeder Knoten mit Ausnahme der Blätter zwei Nachfolger hat. Kanten sind die Verbindungslinien zwischen den Knoten. Die Zahl der Kanten von der Wurzel bis zu einem Knoten nennt man das Niveau des Knotens. Die maximale Zahl der Kanten für einen Knoten bezeichnet die Tiefe des Binärbaumes.

Es ist leicht nachvollziehbar, daß eine Suche in einer solchen Struktur wesentlich schneller erfolgt als in einer unsortierten Liste (die physikalische Ordnung der Datentabelle). In unserer Baumstruktur sind maximal drei Vergleiche erforderlich, um jeden enthaltenen Begriff zu finden. In einer unsortierten Liste mit gleich vielen Einträgen (7) wären maximal 7 Vergleiche notwendig. Dies ist beispielsweise der Fall, wenn Sie mit LOCATE einen Wert in einem nicht-indizierten Feld suchen.

8.3 Indizes erzeugen

Im Kapitel über die Benutzeroberfläche haben wir gleich bei der Erzeugung einer Datentabelle die benötigten Indizes definiert. Der Dialog *Tabellenstruktur* bietet diese Option für die Verwendung von einfachen Indexausdrücken an. Im Einrichten-Dialog können die bereits erstellten Indizes überarbeitet und neue hinzugefügt werden. Auch komplexe Indexausdrück lassen sich damit generieren. FoxPro bietet aber auch eine Reihe von Befehlen, mit denen Indizes erstellt und manipuliert werden können. Wir haben also drei Wege, um zu einem Index zu kommen:

1. Indexdefinition bei Erstellung der Datentabelle

2. Indizes mit dem Einrichten-Dialog

3. Indizes mit FoxPro-Befehlen

Da wir die ersten Optionen bereits abgehandelt haben, wollen wir uns hier mit der Programmierung von Indizes beschäftigen.

Voraussetzung für das Erzeugen von Indexdateien ist, daß zuvor eine DBF-Datei erstellt und diese im momentan angewählten Arbeitsbereich aktiviert worden ist. Bestandteil eines Indexausdrucks muß immer auch der Name eines Feldes der aktiven Tabelle sein. Mit Ausnahme von Memo- und General-Feldern können Indizes für alle Feldtypen erstellt werden.

8.4   Index-Befehle und Optionen

Die Definition eines Indizes kann zwar, wie gezeigt, per Dialog bei der Definition der Tabellenstruktur erfolgen, der Programmierer sollte jedoch in der Lage sein, die benötigten Indizes im Programm zu generieren. Wir behandeln daher in diesem Kapitel nur die für diesen Zweck vorgesehenen Sprachelemente.

Die Syntax des Index-Befehls lautet:

```
INDEX ON <Ausdr> TO <IDX-Datei> | TAG <Schlüsselname>
         [OF <CDX-Datei>]
         [FOR <AusdrL>]
         [COMPACT]
         [ASCENDING | DESCENDING]
         [UNIQUE]
```

Drei Arten von Indizes

FoxPro kennt unter Berücksichtigung der nicht-verbundenen CDX-Indizes drei Arten von Indexdateien:

1. IDX-Dateien

2. Verbundene CDX-Dateien

3. Nicht-verbundene CDX-Dateien

IDX-Dateien enthalten immer nur einen Index. Für jeden weiteren Index ist eine neue Datei anzulegen. CDX-Dateien sind Mehrfachindizes, die also mehrere untereinander unabhängige Indizes enthalten können. Dieses Format kann mit den MDX-Dateien aus dBase IV verglichen werden, ist aber damit nicht identisch (kompatibel).

Das Beste wollen wir uns bis zum Schluß aufheben, weshalb die zusammengesetzten Indexdateien (CDX) auch erst am Ende dieses Kapitels behandelt werden sollen. Im Zweifel beziehen sich die folgenden Aussagen daher auf das IDX-Format, obwohl vieles auch für CDX-Indizes gilt. Schauen wir uns also zunächst die Klauseln an.

FOR

Die FOR-Bedingung kann dazu verwendet werden, Indexdateien für die Filterung von Datensätzen zu verwenden. FOR kann somit als Ersatz für den Befehl SET FILTER TO benutzt werden. Bestehen für Felder, die in einem Filter verwendet werden, sollen keine Indexdateien, kann der Filterausdruck nicht die neue und schnellere Zugriffstechnologie von FoxPro (Rushmore) nutzen. In diesem Fall kann es sinnvoll sein, einen Filterausdruck durch einen temporären Index zu erzeugen. Natürlich muß nach Benutzung des Filters wieder auf die Standard-Indexdatei geschaltet werden. Mehr zu diesem Punkt finden Sie in den nachfolgenden Abschnitten.

COMPACT

COMPACT ist eine neue Option, die es erlaubt, komprimierte Indexdateien zu generieren, die lediglich etwa 1/6 der normalen Größe beanspruchen. Da keinerlei Grund zu erkennen ist, warum solche Dateien nicht verwendet werden sollen, kann nur empfohlen werden, jede IDX-Datei mit der Klausel COMPACT zu generieren.

Vorteile resultieren nicht nur aus dem eingesparten Platz auf der Festplatte oder dem Serverlaufwerk. Durch die geringe Größe kann oft die ganze Indexdatei im Arbeitsspeicher gehalten werden, wodurch sich die Zugriffszeiten auf Datensätze verkürzen, da weniger Plattenzugriffe erforderlich sind.

ASCENDING/DESCENDING

Mit diesen Optionen kann die Sortierfolge (aufsteigend = ASCENDING oder absteigend = DESCENDING) der Indexeinträge festgelegt werden. Wie ein späteres Kapitel noch zeigen wird, profitieren Datumsfelder und logische Felder von diesen Klauseln. Die Standardeinstellung ist ASCENDING.

UNIQUE

UNIQUE verhindert doppelte Einträge in einer Indexdatei. Würde diese Option
auf ein Namensfeld angesetzt (was wenig sinnvoll ist), so erhielten wir bei aktivem Index nur einen „Maier" mit „ai" angezeigt. Für Schlüsselfelder, beispielsweise die Kundennummer, kann diese Option sehr sinnvoll sein.

Einen Index erzeugen

Die folgende Befehlssequenz gibt die grundsätzliche Reihenfolge wieder, in
der ein Index erzeugt und angewendet wird.

```
CREATE Adressen            && Datentabelle erzeugen
INDEX ON name TO name      && Indexdatei erzeugen(IDX-Datei)
USE Adressen INDEX name    && Tabelle und Indexdatei öffnen
```

Zunächst ist mit CREATE die Struktur einer Datenbankdatei zu erstellen.
Danach wird mit INDEX ON eine Indexdatei erzeugt. Damit hätten wir bereits
eine arbeitsfähige, indizierte Datei. Beim nächsten Aufruf ist nur noch die
Befehlszeile USE...INDEX erforderlich.

```
USE <Dateiname> INDEX (Liste der Indexdateien>
```

aktiviert eine Datentabelle mit den zugehörigen Indexdateien. Daten- und
Indexdateien müssen bereits zuvor erstellt worden sein. Verwenden Sie eine
verbundene Indexdatei (CDX), so müssen Sie sich nicht um das Öffnen der
Indexdatei kümmern. Der Befehl

```
USE <Dateiname>
```

öffnet dann automatisch die zugehörige verbundene Indexdatei (CDX-Format).

Weitere Befehle für die Manipulation von Indizes

Um Indexdateien wirklich nutzen zu können, sind weitere Befehl erforderlich.
Die folgende Liste gibt einen Überblick über die für die Erzeugung und
Nutzung von Indexdateien zur Verfügung stehenden Befehle und Funktionen.

REINDEX [COMPACT]

REINDEX reorganisiert eine bestehende Indexdatei. Dieser Befehl sollte durchaus gelegentlich zur Anwendung kommen, insbesondere aber nach dem Abbruch eines Programms als Folge eines Rechnerausfalls. Der Grund ist, daß durch einen Rechnerabsturz der Index beschädigt werden oder unvollständig zurückbleiben kann. Ist allerdings der Kopf der Indexdatei mit dem Indexausdruck beschädigt, hilft nur noch der Neuaufbau der Indexdatei mit dem Befehl INDEX ON .

Mit der Option COMPACT kann erreicht werden, daß eine bestehende IDX-Datei im kompakten Format reindiziert wird.

SET INDEX TO

Ist die Datentabelle bereits geöffnet und soll zusätzlich eine bestehende Indexdatei geöffnet werden, ist der folgende SET-Befehl zu verwenden.

```
SET INDEX TO [<Liste der Indexdateien> | ?
             [ORDER  <AusdrN> | <IDX-Datei>
             | [TAG] <Indexfeld> [OF <CDX-Datei>]]
             [ASCENDING | DESCENDING]
```

SET INDEX TO öffnet eine oder mehrere bestehende Indexdateien. Wird beispielsweise unsere Adressen-Tabelle nur mit USE *Adressen* aufgerufen, so kann nachträglich eine bestehende Indexdatei mit SET INDEX TO geöffnet werden. Wird der Befehl verwendet, obwohl zu diesem Zeitpunkt bereits Indexdateien geöffnet waren, deaktiviert FoxPro die alten Indexdateien. Beispiel:

```
USE Kunden INDEX name, firma
SET INDEX TO kdnr
```

Nach Ausführung der letzten Zeile ist nur noch ein Index auf die Kundennummer aktiv. SET INDEX kann jedoch mit einer Liste von Dateien aufgerufen werden, so daß die folgende Zeile unser Problem löst:

```
SET INDEX TO name, firma, kdnr
```

Den Haupt- (Master-) Index festlegen

Es kann immer nur ein Index der steuernde Haupt- oder Masterindex sein. Alle anderen geöffneten Indizes werden zwar auch aktualisiert, haben aber auf die

Sortierung zunächst keinen Einfluß. In einer mit USE INDEX oder SET INDEX
TO aufgerufenen Liste von Indizes ist immer der erste der Hauptindex.

Mit der Option ORDER kann der Hauptindex aus der Liste der Indexdateien
bestimmt werden.

```
SET INDEX TO name, firma, kdnr ORDER 3
```

bestimmt den dritten Eintrag in unserer Indexliste (kdnr) zum Hauptindex.

Die gleiche Wirkung kann auch mit dem Befehl

```
SET ORDER TO [<AusdrN1> | <IDX-Datei> |
             [TAG] <Schlüsselname> [OF <CDX-Datei>]
             [IN <AusdrN2> | <AusdrZ>]
             [ASCENDING | DESCENDING]]
```

erzielt werden. SET ORDER bestimmt den Hauptindex, der den Zugriff auf die
Datenbank steuert. Mit den Zeilen

```
USE Adressen INDEX name, firma, kdnr
SET ORDER TO 3
```

wird die Kundennummer zum Hauptindex befördert. Normalerweise wäre der
erste Index in der Liste der aufgerufenen Indexdateien der steuernde (Haupt-)
Index. Statt der Listennummer kann auch der Index-Name oder, bei zusammengesetzten Indexdateien (CDX), der TAG-Name angegeben werden.

Beispiele:

```
SET ORDER TO 2              && IDX und CDX
SET ORDER TO firma         && IDX-Dateien
SET ORDER TO TAG firma     && nur mit CDX-Dateien
```

Wird der Befehl SET ORDER TO ohne Parameter oder mit dem Parameter „0"
verwendet, deaktiviert FoxPro die Steuerung des Datenzugriffs über Indizes.
Der Zugriff erfolgt dann nur noch direkt über die Datentabelle und damit in der
physikalischen Reihenfolge der Datensätze. Die geöffneten Indexdateien
werden aber weiterhin aktualisiert, wenn neue Sätze hinzugefügt oder
bestehende gelöscht werden.

SET EXACT ON/OFF

schaltet beim Suchen den exakten Vergleich bezüglich Länge des Ausdrucks und Übereinstimmung der Zeichen ein oder aus. SET EXACT OFF ist bei Zeichenausdrücken in der Regel immer sinnvoll, da es eine Suche erlaubt, auch wenn nur ein Teil des Suchausdrucks bekannt ist. In einem Land der *Maiers, Mayers* und *Meiers* kann mit dem Suchbegriff „Ma" der Datensatzzeiger in die Nähe des Gesuchten gebracht werden, ohne daß lange mit verschiedenen Schreibweisen experimentiert werden muß. Die Voreinstellung ist daher auch „OFF"

NDX(<AusdrN1> [, <AusdrN2> | <AusdrZ>])

gibt den Namen einer geöffneten IDX-Datei zurück.

SYS(14)

gibt den Indexausdruck einer IDX-Datei oder eines Indizes in zusammengesetzten CDX-Dateien zurück.

SYS(15)

sorgt in Zusammenarbeit mit der von FoxPro zur Verfügung gestellten Zeichentabelle „EUROPEAN" für die Konvertierung und korrekte Sortierung von sogenannten diakritischen Zeichen (französische Akzente etc.)

SYS(20)

ermöglicht die Sortierung der deutsche Sonderzeichen (Umlaute und ß) nach der Telefonbuchordnung.

SYS(21)

erzeugt die Nummer des Hauptindizes.

SYS(22)

erzeugt den Namen des Hauptindizes bzw. den Namen der IDX-Datei.

8.5 Sortieren

Für das Sortieren kennt FoxPro den von dBase bekannten SORT-Befehl. Die Anwendung dieses Befehls ist jedoch ein ausgesprochen zeit- und speicherplatzintensives Vergnügen. Soweit ein Programm nicht zwingend darauf angewiesen ist, sollten Sie SORT meiden. Da der SORT-Befehl außerdem für temporäre Dateien, die bei seiner Abarbeitung angelegt werden, bis zu dreimal so viel Speicherplatz auf der Festplatte benötigt wie die ursprüngliche Datei, ist bei größeren Datenbanken die Anwendung oft unmöglich. Es kann zudem immer nur eine Sortierung erzeugt werden. Verschiedene Sortierungen benötigen jeweils eine vollständige, physikalische - nur anders sortierte - Kopie der Hauptdatei.

Jeder Index steht hingegen für eine eigene Sortierung. Da die Anzahl der Indexdateien für alle Arbeitsbereiche zusammen nicht begrenzt ist, können sehr viele Sortierungen bereitgehalten werden. Aktiv ist davon immer nur der jeweilige Hauptindex. Wird eine Datei, wie im folgenden Beispiel, mit einer Indexliste eröffnet, so ist in diesem Fall nur der erste Index aktiv.

```
USE datei INDEX name,plz,ort    && nur IDX-Format
```

In diesem Beispiel würde der LIST-Befehl den Index *Name* benutzen. Die Datenbank verhält sich bei den Editier- und DISPLAY-Befehlen, als wäre sie nach dem Feld *Name* sortiert. Auch BROWSE und der SKIP-Befehl nutzen den aktiven Index. Eine Suche mit dem Befehl SEEK könnte nur über den Index *Name* erfolgen. Soll nach Postleitzahl oder Ort sortiert oder gesucht werden, muß mit dem Befehl

```
SET ORDER TO n          && n(0-n), IDX- und CDX-Formate
```

ein anderer aktiver (steuernder) Index bestimmt werden. „n" gibt die Stellung des zu aktivierenden Indizes in der Indexliste an. Die Indexdatei *plz* steht an zweiter Stelle in der oben genannten Indexliste, sie wird deshalb mit dem Befehl

```
SET ORDER TO 2
```

aktiviert.

Daraus ließe sich schließen, daß es keinen Sinn macht, mehrere Indexdateien zu öffnen. Das wäre jedoch vorschnell geurteilt. Jeder offene Index, auch wenn er zur Zeit nicht aktiv ist, wird bei Änderungen in der Hauptdatei auf den neuesten Stand gebracht. Wird dieser Index mit SET ORDER TO zum aktuellen Index erklärt, sind auch alle zwischenzeitlich vorgenommenen Änderungen über diesen Index verfügbar. SET ORDER TO kann auch Indexnamen verwenden:

```
SET ORDER TO plz
```

hätte daher den gleichen Effekt.

Sortierung über mehrere Felder

Natürlich lassen sich auch Sortierungen über mehrere Felder anlegen. Beispiel:

```
INDEX ON firma + name TO fina
```

Das Beispiel erzeugt einen Index, der die Datenbank nach *Firma* und innerhalb der Firma nach Namen sortiert.

8.6   Suchen in indizierten Dateien

Neben der korrekten Sortierung einer Datentabelle bildet das schnelle Auffinden spezieller Datensätze die zweite wichtige Funktion von Indizes. Vier Befehle bzw. Funktionen werden zu diesem Zweck von FoxPro zur Verfügung gestellt: FIND, SEEK, SEEK() und LOOKUP().

FIND

Der Befehl FIND ist ein Relikt aus vergangenen dBase II Zeiten. Seine Anwendung sollte auf den interaktiven Modus von FoxPro beschränkt bleiben oder besser ganz unterbleiben, da mit FIND lediglich nach einer Zeichenkette gesucht werden kann. In einem Programm würde diese Beschränkung zu unnötigen Makroersetzungen und Datentypkonvertierungen zwingen. Im interaktiven Modus gestattet FIND die Eingabe einer Zeichenkette ohne Anführungszeichen.

SEEK <Ausdr>

SEEK ist der Standardbefehl für die Suche in indizierten Dateien.

Suchbegriffe werden als numerische Werte direkt, als String in Anführungszeichen oder als Variable übergeben. Eine Makroersetzung ist nicht erforderlich. Beispiele:

```
SEEK "Maier"
SEEK 234
SEEK CTOD("11.11.92")
SEEK var                  && Suchausdruck in einer Variablen
```

Die Anwendung dieser Befehle ist an das Vorhandensein eines zuvor angelegten und aktivierten Indizes gebunden. Besteht keine Indexdatei für die aktuelle Datenbank, so führt der Aufruf dieser Befehle zu einer Fehlermeldung. Natürlich muß der Datentyp des Indexausdrucks des aktiven Indizes mit dem Datentyp des Suchbegriffs übereinstimmen. Es ist jedoch nicht unbedingt erforderlich, daß Suchbegriff und Feldinhalt, auf den sich der Index bezieht, vom Typ übereinstimmen. Sie können beispielsweise die Kundennummer durch Typkonvertierung in einen String verwandeln. Wird eine solche Konvertierung für den Indexausdruck mit dem Befehl

```
INDEX ON STR(kdnr) TO kdnr
```

verwendet, so muß auch SEEK einen String als Suchbegriff erhalten. Beispiel:

```
SEEK "345"
```

SEEK benötigt als Komplement die Funktiom FOUND(), die anzeigt, ob der Suchbegiff gefunden wurde. FOUND() gibt in diesem Fall den logischen Wert .T., ansonsten .F. zurück.

Ein Beispielprogramm hätte die folgende Form:

```
such = "Maier"
SEEK such
IF FOUND()
   ? "gefunden!"
ELSE
   ? "nicht gefunden!"
ENDIF
```

Der Datensatzzeiger steht bei erfolgreicher Suche auf dem gefundenen Datensatz, so daß dieser mit SAY oder Print-Befehlen ausgegeben werden kann. Wird kein passender Eintrag gefunden, steht der Datensatzzeiger am Ende der Datenbank auf einem Dummy-Datensatz (EOF() = .T.).

Soll bei erfolgloser Suche der Datensatzzeiger auf einem Satz verbleiben, dessen indizierter Feldinhalt dem Suchbegriff möglichst nahe kommt, so kann der Befehl

```
SET NEAR ON
```

verwendete werden. FOUND() liefert aber auch in diesem Fall den Wert .F. für „nicht gefunden" zurück.

SEEK(<Ausdr>[,<AusdrN> | <AusdrZ>])

Die Funktion SEEK() kann den Befehl SEEK vollständig ersetzen. Gegenüber dem Befehl hat die Funktion zwei entscheidende Vorteile:

1. Sie ersetzt gleichzeitig die Funktion FOUND(), da sie ebenfalls einen logischen Wert zurückgibt, der besagt, ob der Suchausdruck gefunden (.T.) oder nicht gefunden (.F.) wurde.

2. Es ist nicht erforderlich, mit SELECT den Arbeitsbereich anzuwählen, in dem gesucht werden soll. Der optionale Parameter <AusdrN> | <AusdrZ> kann den Arbeitsbereich als Bereichsnummer oder Alias enthalten.

Beispiele:

```
gefunden = SEEK("Maier",3)
gefunden = SEEK("Maier",Adressen")
```

SEEK() sucht in diesem Fall nach dem Namen „Maier" in der Datei, die sich im dritten Arbeitsbereich befindet. Die zweite Zeile sucht in der Tabelle *Adressen*, unabhängig vom angewählten Arbeitsbereich. Nach erfolgreicher Suche enthält die Variable *gefunden* den Wahrheitwert .T., ansonsten .F..

SEEK() kann natürlich auch in einer Kontrollstruktur verwendet werden. Beispiel:

```
IF SEEK("Maier",3)
   ? "gefunden"
ELSE
   ? "nicht gefunden"
ENDIF
```

Ansonsten gelten für die Funktion SEEK() alle Optionen und Voraussetzungen, die auch für den Befehl SEEK Gültigkeit haben.

Hinweis: Nach Möglichkeit sollte in Programmen statt des SEEK-Befehls die SEEK()-Funktion verwendet werden, da sie die FOUND()-Funktion und eventuell mehrere SELECT-Befehle einspart. Der Code wird dadurch kürzer und übersichtlicher.

LOOKUP(<Feld1>,<Ausdr>,<Feld2>[,<AusdrZ>])

LOOKUP() ist ein Zwitter, der sowohl in indizierten als auch in nicht-indizierten Dateien nach einem Begriff suchen kann. Findet LOOKUP() keinen aktiven Index, so wird ein LOCATE ausgeführt.

Die Parameter:

<Feld1>	=	das Feld, dessen Inhalt zurückgegeben wird, wenn die Suche erfolgreich war.
<Ausdr>	=	der Suchbegriff.
<Feld2>	=	das zu durchsuchende Feld, wenn kein Index aktiv ist.
<AusdrZ>	=	ist optional und bezeichnet einen Schlüssel in einer kompakten Indexdatei (IDX oder CDX). Kann ein solcher Schlüssel verwendet werden, benutzt LOOKUP() einen SEEK-Befehl für das Auffinden der Daten.

Beide Felder können einen Alias verwenden, so daß kein SELECT erforderlich ist, um den Arbeitsbereich der zu durchsuchenden Datei anzuwählen. LOOKUP() ist daher ganz besonders für Aufgaben geeignet, die eine schnelle Überprüfung in einer anderen Datei als der gerade angewählten erfordern.

Beispiel:

```
? LOOKUP(Adressen.Firma,"Braun",Adressen.Name,"Name")
```

Das Beispiel sucht in der Tabelle *Adressen* nach dem Namen „Braun" und gibt, wenn die Suche erfolgreich war, den Firmennamen zurück. LOOKUP() verwendet dabei einen kompakten Index mit dem Schlüssel *Name*. Die Suche wird daher mit einem schnellen SEEK ausgeführt. Der angegebene Schlüssel muß existieren, andernfalls generiert FoxPro eine Fehlermeldung.

Es ist aber nicht erforderlich, den Arbeitsbereich, in dem sich die Datei *Adressen* befindet, mit SELECT anzuwählen.

Das Beispiel könnte auch den Arbeitsbereich als Alias verwenden.

```
? LOOKUP(B->Firma,"Braun",B->Name,"Name")
```

Die Änderung unseres Beispiels setzt voraus, daß sich die Tabelle *Adressen* im Arbeitsbereich „B" befindet. Nebensächlich ist, welcher Arbeitsbereich gerade aktiv ist.

Hinweis: Wenn Sie mit den Beispieldateien der Diskette arbeiten, müssen Sie die Such-begriffe stets in großen Buchstaben eingeben, da wir den Indexausdruck mit der UPPER-Funktion umgewandelt haben.

8.7   Filtern mit Indexdateien

FoxPro kennt wie alle xBase-Dialekte die Standard Filteroption SET FILTER TO. Auch viele Ausgabe-Befehle (BROWSE, COUNT, LIST usw.) verfügen mit der FOR-Klausel über eine Filteroption. Solche Befehle profitieren von der neuen Zugriffstechnologie (Rushmore), mit der FoxPro den Zugriff auf Satzgruppen optimiert.

Optimieren kann FoxPro aber nur, wenn die Felder, die in einer FOR-Klausel verwendet werden sollen, auch indiziert sind. Ist das nicht der Fall, leidet die Performance. Es kann daher, trotz Rushmore, immer noch sinnvoll sein, einen Index-Ausdruck als temporären oder permanenten Filter zu benutzen.

Das Instrument zur Generierung eines Filters per Index ist die FOR-Klausel. Die Anwendung dieser Klausel ist in allen Befehlen, die darüber verfügen, gleich.

Der Ausdruck muß einen logischen Wert ergeben und kann Feldnamen, Variablen, Konstanten und auch eine Benutzerdefinierte Funktion (BDF/UDF) beinhalten.

Beispiel mit Feldnamen und Konstanten:

```
INDEX ON Firma TO umsatz FOR Umsatz > 1000 .AND. ;
        Umsatz <10000
```

Dieser Befehl erzeugt einen Index, der alle Kunden mit einem Umsatz zwischen 1000 und 10000 enthält. Der bedingte Index enthält also nur die Datensätze, die der Bedingung genügen. Die Hauptdatei scheint kleiner geworden zu sein. Physikalisch sind natürlich alle Sätze noch vorhanden, so daß diese nach Abschalten des bedingten Indizes (SET INDEXT TO) wieder zur Verfügung stehen.

Probleme mit Variablen und BDFs

Im obigen Beispiel haben wir nur Feldnamen und Konstanten verwendet, was grundsätzlich problemlos ist. Kritisch aber sind Variablennamen und BDFs, insbesondere, wenn die Datei später mit dem bedingten Index geladen werden soll.

Beispiel:

```
maxUmsatz = 10000
minUmsatz = 1000
INDEX ON Firma TO umsatz FOR Umsatz > minUmsatz .AND. ;
                 Umsatz < maxUmsatz
USE                          && Datei schließen
CLEAR ALL                    && Speicher aufräumen
USE Kunden INDEX umsatz      && Datei mit Index öffnen
```

Der letzte Befehle würde die Fehlermeldung „Variable nicht gefunden!" generieren. FoxPro erwartet, daß eine Variable, die zur Bildung eines Index-Ausdrucks verwendet wurde, auch verfügbar ist, wenn der betreffende Index aktiviert wird. Für Benutzerdefinierte Funktionen gilt: Sie müssen in einer aktiven Prozedurdatei oder in einer schon aufgerufenen Programmdatei verfügbar sein.

Der Filter mit Hilfe eines Indexausdrucks erweist sich als besonders nützlich, ja als unersetzlich, wenn ständig verschiedene Sichten, nicht nur Sortierungen, der Daten gefordert sind, wenn also per Knopfdruck eine bestimmte Untermenge der Daten bereitstehen soll. In diesem Fall handelt es sich daher um eine Kombination aus Sortierung und Filter, die in der Regel als permanenter Index generiert werden sollte.

Eine Beispielsituation:

Eine Datei enthält Adressen von Kunden mit unterschiedlichem Status. Der Kunde kann „nicht interessant", „interessant" oder „sehr interessant" sein. Ein entsprechendes Statusfeld könnte z.B. vom numerischen Typ sein und folgende Werte enthalten:

1 = nicht interessant

2 = interessant

3 = sehr interessant

Für jede dieser Statussituationen wird ein Filter mittels Indexausdruck erzeugt:

```
USE Kunden                && Datei öffnen
INDEX ON firma TO status1 FOR status = 1
INDEX ON firma TO status2 FOR status = 2
```

```
INDEX ON firma TO status3 FOR status = 3
USE KUNDEN INDEX status1, status2, status3
```

Mit

```
SET ORDER TO 1    && (1..3)
```

kann nun sehr schnell zwischen den gefilterten Daten hin und her geschaltet werden. So erhalten wir mit

```
SET ORDER TO 3    && oder: SET ORDER TO status3
BROWSE
```

alle „sehr interessanten" Kunden in einer Tabelle angezeigt.

Auch unsere Beispielanwendung nutzt die Möglichkeit der bedingten Indizierung, um eine Filterung nach Attributen (Felder *at1* bis *at4* in der Tabelle *Adressen*) und nach einem Feld für die Wiedervorlage in der Tabelle *Kontakte* zu erreichen:

```
USE adressen EXCLUSIVE
     INDEX ON UPPER(firma) TAG at1   FOR at1
     INDEX ON UPPER(firma) TAG at2   FOR at2
     INDEX ON UPPER(firma) TAG at3   FOR at3
     INDEX ON UPPER(firma) TAG at4   FOR at4

USE kontakte EXCLUSIVE
     INDEX ON datum        TAG datum FOR active = "A"
```

Da es sich bei den Feldern *at1* bis *at4* bereits um logische Felder handelt, reicht der knappe Ausdruck *FOR at1*, um nur die Datensätze anzuzeigen, die hier ein .T. für logisch wahr enthalten. Das Feld *active* in der Tabelle *Kontakte* ist ein Zeichenfeld und benötigt daher einen Vergleich.

Wir verwenden für unsere Beispielanwendung natürlich das modernere CDX-Format; daher das Schlüsselwort TAG, das wir später noch erklären werden.

8.8   Auswirkung eines aktiven Indizes

Ein Index hat nicht nur Auswirkungen auf die Geschwindigkeit beim Suchen in
einer Datei. Auch andere FoxPro-Befehle werden in ihrer Wirkung von einer
aktiven Indexdatei beeinflußt.

Die folgende Liste zeigt, welche Befehle durch einen aktiven Index beeinflußt
werden:

BROWSE

LIST

DISPLAY

SKIP

LOCATE

Die Ausgabebefehle BROWSE, LIST und DISPLAY verwenden, sobald ein
Index aktiv ist, nicht mehr die physikalische Reihenfolge der Datensätze in der
Hauptdatei, sondern nutzen die Sortierung der Indexdatei. Auch SKIP und
LOCATE FOR greifen über den Index auf die Datensätze zu, benutzen aber
nicht den Index-Ausdruck, beispielsweise die Umwandlung in Großbuchstaben
mit UPPER(). Der Befehl

```
LOCATE FOR Name = "Ma"
```

wird, wenn mehrere Namen mit diesen Anfangsbuchstaben vorhanden sind,
einen jeweils anderen Datensatz finden, abhängig davon, ob ein Index aktiv ist
oder mit SET ORDER TO um- bzw. abgeschaltet wurde.

Daraus folgt, daß sich, sobald der steuernde (aktive) Index geändert oder abgeschaltet wird, für die genannten Befehle auch die Sortierung der Datenbank ändert.

Der Zugriff über einen Index ist mit den genannten Befehlen eigentlich immer
langsamer, es sei denn, sie verwenden eine FOR-Bedingung. Fox hat den
Zugriff auf Datengruppen durch eine neue Technologie, Rushmore genannt,
optimiert, so daß bei Verwendung einer FOR-Bedingung wesentlich höhere
Verarbeitungsgeschwindigkeiten erzielt werden können. Am Ende dieses
Kapitels finden Sie einen eigenen Abschnitt zu diesem Thema.

8.9   Besonderheiten beim Indizieren

Die ASCII-Sortierung

FoxPro verwendet für die Sortierung die sogenannte ASCII-Ordnung. Das
Ergebnis entspricht keinesfalls den in Deutschland üblichen Sortierordnungen.
Alle großen Buchstaben werden vor dem ersten Kleinbuchstaben einsortiert;
„X" kommt also vor „a". Um zumindest eine alphabetische Ordnung ohne
Berücksichtigung von Groß- und Kleinschreibung zu erzielen, kann die
Funktion UPPER() eingesetzt werden. UPPER() verwandelt alle Zeichen in
Großbuchstaben und erzwingt damit eine alphabetische Sortierung. Beispiel:

```
INDEX ON UPPER(firma) TO firma
```

Zeichenfelder/Umlaute

Die deutschen Umlaute und andere, sogenannte diakritische Zeichen, werden
wie die entsprechenden Normallaute sortiert; also „ä" wird wie „a" behandelt.
Das entspricht nicht der deutschen Norm, wie sie z.B. in den Telefonbüchern
der Post verwendet wird (ä = ae). FoxPro stellt eine passende Systemfunktion
(SYS(15)) und eine Umsetzungstabelle (EUROPEAN) bereit, die für eine
korrekte Sortierung nach deutscher Norm sorgen soll.

Die Erzeugung einer Indexdatei mit Hilfe dieser Funktion könnte wie folgt aussehen:

```
INDEX ON SYS(15,EUROPEAN,feldname) TO Datei
```

Die Umsetzungstabelle befindet sich in einer Variablendatei mit dem Namen
EUROPEAN.MEM und muß zuvor mit dem Befehl

```
RESTORE FROM european ADDITIVE
```

geladen werden. Die Klausel ADDITIVE bewirkt, daß die Variable EURO-
PEAN zusätzlich geladen wird und nicht alle bereits definierten Variablen
überschreibt.

FoxPro für Windows hat mit der Funktion

```
SYS(20,<AusdrZ>,<AudrN>)
```

eine weitere Funktion für die Sortierung nach Telefonbuchordnung erhalten. Die Funktion unterdrückt auch die Unterscheidung von Groß- und Kleinbuchstaben. Ein Beispiel:

```
INDEX ON SYS(20,firma,5) TO firma
```

Die Ziffer „5" bezeichnet die Umwandlungstiefe. Wir wandeln in diesem Beispiel nur die ersten fünf Zeichen des Feldes *Firma* um.

Für „normale" kommerzielle Anwendungen sollte man mit der UPPER()-Funktion auskommen. Lediglich für den öffentlichen Bereich ist der Einsatz der SYS()-Funktionen zu überlegen.

Datum

In FoxPro ist auch ein Indizieren von Datumsfeldern möglich. Die Sortierung erfolgt korrekt nach Jahr, Monat und Tag in aufsteigender Reihenfolge. Ist für eine Anwendung die Sortierung nach absteigendem Datum erforderlich, soll also das jüngste Datum zuerst erscheinen, so kann die Indizierung mit der Klausel DESCENDIG erfolgen. Beispiel:

```
INDEX ON datum TO datum DESCENDIG
```

Logische Felder

Logische Felder werden so sortiert, daß alle Felder mit dem Wahrheitswert .F. zuerst erscheinen. Die Umkehrung läßt sich auch hier mit der Klausel DESCENDING erzwingen.

8.10   Zusammengesetzter Indexausdruck

Beim Einsatz von Indexdateien sind drei Begriffe zu unterscheiden:

- Mehrere Indexdateien,

- Zusammengesetzte Indexdateien,

- Zusammengesetzte Indexausdrücke.

Für eine Datentabelle können, wie oben schon gezeigt, mehrere Indexdateien oder auch eine zusammengesetzte Indexdatei erzeugt werden. Die zusammengesetzten Indexdateien sind seit FoxPro 2.0 verfügbar und werden am Schluß dieses Kapitels betrachtet.

Hier geht es um den zusammengesetzten Indexausdruck, der mehrere Felder einer Datei in einem Index-Ausdruck zusammenfaßt. Auch dabei sind wieder zwei Fälle zu unterscheiden: Relativ unproblematisch ist die Erzeugung eines zusammengesetzten Indexausdrucks dann, wenn die betreffenden Felder vom gleichen Datentyp, etwa vom Typ „Charakter", sind.

Gleiche Datentypen

Ein zusammengesetzter Index wird über mehrere Felder einer Datei gebildet. In einer Datenbank mit den Feldern *name* und *ort* kann ein zusammengesetzter Index folgendermaßen erzeugt werden:

```
INDEX ON name + ort TO nameort
```

Die Sortierung in der Indexdatei würde zunächst nach dem Namen und bei Namensgleichheit nach dem Ort erfolgen.

Beispiel:

Kröger Hamburg

Müller Hamburg

Müller Münster

Hinweis: Bei dem hier angeführten Beispiel darf für das erste Feld keinesfalls die TRIM()- oder ALLTRIM()-Funktion verwendet werden. Ein derart erzeugter (getrimmter) Index wäre praktisch unbrauchbar. Hingegen wäre es durchaus denkbar, eine SUBSTR()-Funktion einzusetzen. Zwar wäre auch dann die Sortierung bei langen Namen, die über den von SUBSTR() zugelassenen Wert hinausgehen, nicht korrekt, aber mit Ungenauigkeiten, etwa nach der 15. Stelle, ließe sich durchaus leben. Der Vorteil bestünde in einer kleineren Indexdatei.

Soll eine Indizierung über Felder mit unterschiedlichen Datentypen erfolgen, so muß im Indexausdruck eine Typumwandlung vorgenommen werden.

Index über Felder mit unterschiedlichen Datentypen

Bei numerischen Feldern ist ein zusammengesetzter Index nur nach vorheriger Umwandlung in einen String sinnvoll. Zwar liefert der Ausdruck

```
INDEX ON Kdnr + Umsatz TO datei
```

einen arbeitsfähigen Index. Fraglich ist jedoch, ob ein durch Addition zweier Zahlen entstandener Index sinnvoll ist. Unterstellt wird bei diesem Beispiel, daß es sich bei *Kdnr* und *Umsatz* um numerische Felder handelt.

Daß es keinen Sinn macht, die Kundennummer und den Umsatz zu addieren, ist sicher einsehbar. Sinnvoller, weil informativer, wäre schon eine vergleichbare Operation mit der Postleitzahl und dem Umsatz.

Nur gilt auch hier, daß eine Addition keine irgendwie verwertbaren Resultate liefert. Zahlenwerte müssen also in Zeichenketten verwandelt werden. Für unser Beispiel sehe der Index-Befehl wie folgt aus:

```
INDEX ON plz + STR(Umsatz,12,2) TO datei
```

Nun ist das Ergebnis einer solchen Verknüpfung immer noch nicht übermäßig informativ. Die Zuordnung des Umsatzes zu einem Namen oder einer Firma dürfte aber jeden Kaufmann interessieren. In diesem Fall haben wir es mit der Verknüpfung eines Zeichenausdrucks und eines numerischen Wertes zu tun.

Nimmt man als weiteren Datentyp noch das Datum hinzu, könnte unser Index wie folgt aussehen:

```
INDEX ON DTOC(datum) + Firma + STR(Umsatz,12,2) TO datei
```

8.11   Funktionen in Indexausdrücken

In Indexausdrücken können alle (sinnvollen) FoxPro-Funktionen verwendet werden. Selbstdefinierte Funktionen (BDFs) sind ebenfalls zulässig. Da wir in den vorhergehenden Textabschnitten bereits mehrfach Funktionen in Indexausdrücken verwendet haben, soll hier nur eine kurze Zusammenfassung erfolgen.

Zu den sinnvollen Funktionen gehören sicher UPPER() und LTRIM(). Um die Suche in Feldern wie *Firma* und *Name* zu erleichtern, sollte grundsätzlich die Funktion UPPER() eingesetzt werden. Ihre Anwendung:

```
INDEX ON UPPER(Name) TO name
```

Alle Indexeinträge werden also in Großbuchstaben umgesetzt. Das würde nun vom Anwender erfordern, auch alle Suchbegriffe in Großbuchstaben anzugeben. Um diesem Problem zu entgehen, sollte der Suchbriff ebenfalls mit

UPPER() konvertiert werden. Ein SEEK-Kommando hätte dann die folgende
Form:

```
SEEK UPPER("Maier")
```

Die Eingabe innerhalb eines Zeichenfeldes ist oft recht frei, so daß ein Anwender beispielsweise erst nach zwei oder drei Leerzeichen mit der Eingabe des
Namens oder der Firma beginnt. Wird eine solche Fehleingabe nicht schon bei
der Dateneingabe abgefangen, so muß, soll eine Suche mit oder ohne Index
überhaupt möglich sein, der Zeichenausdruck ausgerichtet werden. Dazu kann
auch in einem Index die Funktion LTRIM() verwendet werden, die alle führenden Leerzeichen entfernt.

```
INDEX ON UPPER(LTRIM(Name))
```

Erst mit diesem Ausdruck wäre es möglich, den Dateneintrag „Maier" im Feld
Name mit dem Befehl

```
SEEK UPPER("Maier")
```

zu finden.

Hinweis: Bei der Verwendung von Funktionen in Indexausdrücken ist es notwendig, daß
auch der SEEK-Befehl diesen Ausdruck verwendet, da die Daten sonst nicht
zuverlässig aufgefunden werden können.

Den Ausdrucksgenerator verwenden

Sie müssen Ihre Ausdrücke nicht manuell eingeben, sondern können den
Ausdrucksgenerator von FoxPro verwenden. Mit dem Befehl

```
GETEXPR TO <var>
```

rufen Sie den Dialog auf. Das Ergebnis Ihrer Bemühungen, den erzeugten
Ausdruck, präsentiert Ihnen FoxPro in der Variablen <var>. Der Ausdruck kann
aber auch aus dem Editierfenster des Ausdruckgenerators durch Kopieren in
eigene Anwendungen übernommen werden. Der Vorteil dieses Verfahrens: Alle
Funktionen stehen Ihnen nach vier Themen geordnet zur Verfügung. Die Syntax
eines Ausdrucks kann unmittelbar durch Knopfdruck überprüft werden.

8.12 Rushmore - noch schneller

Fox reklamiert, mit „Rushmore" eine neue Datenzugriffstechnologie entwickelt zu haben, die unter bestimmten Umständen den Datenzugriff um das Hundertfache oder mehr beschleunigen kann. Der Terminus „unter Umständen" deutet schon an, daß der normale Suchzugriff über einen Index nicht unbedingt gemeint ist. Hier war auch nicht mehr viel zu verbessern, da schon FoxBase, auch bei großen Dateien mit einigen zehntausend Datensätzen, recht ordentliche Antwortzeiten lieferte. Rushmore wirkt sich besonders bei komplexen Abfragen im Zusammenhang mit einer FOR-Bedingung aus. Beispiel:

```
COUNT FOR umsatz = 10000
```

Von dieser Technik profitieren die Befehle BROWSE, COUNT, COPY TO, DISPLAY, LOCATE, REPLACE, SUM u.a. Die FoxPro-Hilfefunktion hält eine komplette Liste der optimierbaren Befehle bereit. Es handelt sich grundsätzlich um Befehle, die über eine FOR-Klausel verfügen. Entscheidend ist, ob der Ausdruck in der FOR-Klausel von FoxPro optimiert werden kann.

Regeln und Hinweise, um Datenzugriffe mit Rushmore zu optimieren

1. Der in einer FOR-Bedingung verwendete Indexausdruck muß mit dem für die Indizierung verwendeten Ausdruck übereinstimmen.

2. Als Operatoren können =, <, >, <=, >= , #, <> und != verwendet werden.

3. Der zu vergleichende Ausdruck kann eine Konstante, eine Variable oder ein Feld sein.

4. Mit den logischen Operatoren AND, OR und NOT können mehrere FOR-Bedingungen verknüpft werden.

5. Die Indexsortierung sollte mit SET ORDER TO abgeschaltet werden.

6. Für jeden optimierbaren Ausdruck muß ein Index existieren.

7. Indexausdruck und optimierbarer Ausdruck müssen genau übereinstimmen.

8. In Ausdrücken darf kein Alias verwendet werden.

Alle diese Punkte gelten lediglich für den Zugriff auf jeweils eine Datentabelle. Für verknüpfte Tabellen kann Rushmore nur durch Verwendung des SQL-Befehls SELECT wirksam werden. In diesem Fall sind die Optimierungsregeln jedoch überflüssig, da SELECT selbst für optimierbare Ausdrücke sorgt. Nicht vorhandene Indexdateien werden dann temporär generiert.

Rushmore ist auf Indexdateien angewiesen. Verwendet werden alle Arten von Indizes, normale IDX-, kompakte IDX- und CDX-Dateien.

8.13 Zusammengesetzte Indexdateien

Neu seit FoxPro 2.0 sind die zusammengesetzten Indexdateien mit der vorgegebenen Endung CDX. Damit ist gemeint, daß mehrere Indizes in einer Datei zusammengefaßt werden. Ein solcher Index läßt sich in zwei Formen realisieren:

1. Struktur-Indexdatei

2. Nicht-strukturierte Indexdatei

Die Bezeichnungen sind sicher schwer nachvollziehbar. Für den Programmierer stellt sich die Frage: Struktur oder Nicht-Struktur? Und wenn Struktur, warum?

Eine Erklärung für die verwirrende Namensgebung ist sicher, daß der Struktur-Index, genauer seine Existenz, im Dateikopf der jeweiligen Datentabelle verzeichnet ist. Somit gehört der Struktur-Index quasi zur Struktur der Datentabelle. Beim Öffnen einer solchen Datei wird automatisch auch der zugehörige Struktur-Index geöffnet. Wir haben zu Beginn dieses Kapitels deshalb von verbundenen und nicht verbundenen CDX-Dateien gesprochen.

Ein kleiner zusätzlicher Unterschied ergibt sich aus dieser Tatsache: Bei der Generierung der Struktur-Index-Datei ist kein Dateiname erforderlich. Der (verbundene) Struktur-Index erhält automatisch den Namen der Datentabelle plus der Extension „CDX". Damit dürften sich die Unterschiede erschöpfen. Der generelle Aufbau der zusammengesetzten Indexdateien sollte identisch sein.

Eine Struktur-Index-Datei oder, wenn bereits vorhanden, einen zusätzlichen Index (=TAG) in dieser Datei erzeugt die folgende Anweisung:

```
USE Adressen
INDEX ON name TAG name
```

Der Name der erzeugten Indexdatei ist abhängig von der Datentabelle, die gerade im aktuellen Arbeitsbereich geöffnet ist. Natürlich muß in unserem Beispiel auch ein Feld mit der Bezeichnung *Name* vorhanden sein. Da zuvor die Datentabelle *Adressen* im aktuellen Arbeitsbereich geöffnet wurde, erhält auch unsere Indexdatei diesen Namen und heißt zukünftig *Adressen.CDX*. Beim nächsten Aufruf der Datei mit

```
USE Adressen
```

wird automatisch auch die zugehörige Struktur-Indexdatei geöffnet. Weitere Index-Einträge in dieser Datei erhalten wir beispielsweise mit

```
INDEX ON firma TAG firma
```

Einen Struktur-Index hätten wir damit. Jetzt fehlt uns noch ein „nicht-strukturierter" Index. Den erhalten wir mit den gleichen Zeilen, nur daß wir uns diesmal einen eigenen Namen ausdenken müssen.

```
USE Adressen
INDEX ON name TAG name OF meinIndx
```

Daß auch dieser Index eine innere Struktur aufweist, wollen wir Microsoft einmal unterstellen. Mit dem eigenen Namen ist aber auch wieder die Mühe verbunden, die Indexdatei eigenhändig aufzurufen; also nicht einfach

```
USE Adressen              && Struktur-Index
```

sondern:

```
USE Adressen INDEX meinIndx  && nicht-strukturierter Index
```

Damit hätten wir die beiden Punkte, in denen sich Struktur- und nicht-strukturierter Index unterscheiden: Der nicht-strukturierte Index benötigt einen eigenen Namen und muß explizit aufgerufen werden. Beim Struktur-Index kann man sich beides sparen.

Das sind kleine, aber durchaus sinnvolle Vorteile, die für den Struktur-Index sprechen. Die übrige Syntax ist völlig identisch. Gemeinsam ist beiden auch, daß komplexe Indexausdrücke 240 Zeichen umfassen dürfen, während die Indexausdrücke von IDX-Dateien auf maximal 100 Zeichen begrenzt sind.

Daher gilt: In allen Standardanwendungen sollte ein sogenannter Struktur-Index verwendet werden. Lediglich für besondere Fälle, etwa für die häufige Generierung von temporären Filtern per Index, kann auf „nicht-strukturierte" Indexdateien und IDX-Dateien zurückgegriffen werden.

Zusammengesetzte Indexdateien machen natürlich nur Sinn, wenn sie auch mehrere Indizes enthalten. Sollen also weitere Indexeinträge hinzugefügt werden, so ist der Befehl nur entsprechend zu wiederholen. Beispiel:

```
USE Adressen
INDEX ON kdnr   TAG kdnr
INDEX ON firma TAG firma
INDEX ON plz    TAG plz
INDEX ON datum TAG datum
```

Auch komplexere Ausdrücke mit Filterfunktion sind möglich:

```
INDEX ON kdnr          TAG kdnr FOR kdnr > 1000
INDEX ON UPPER(firma) TAG firma
INDEX ON plz           TAG plz   FOR plz >= "2000" .AND. ;
                                 plz < "3000"
INDEX ON datum         TAG datum DESCENDING
```

oder:

```
INDEX ON SUBSTR(name,1,10) + SUBSTR(firma,1,10) TAG NaFi ;
       FOR plz = "1000" .AND. datum > CTOD("24.12.91")
```

Hinweis: Wir haben uns bisher wenig Mühe gegeben, eigene (TAG-) Namen zu erzeugen. In der Regel können Sie auch den Feldnamen, den Sie im Indexausdruck benutzen, als Index- oder TAG-Namen mißbrauchen. Sie können sich diese Namen aber auch selber ausdenken.

Indexeinträge und -dateien löschen

Indizes müssen gelegentlich auch wieder entfernt werden. FoxPro liefert dazu die folgenden zwei Befehle

```
DELETE TAG <Schlüssel_name1> [OF <.cdx_datei1>]
       [, <Schlüssel_name2> [OF <.cdx_datei2>]]

DELETE TAG ALL [OF <.cdx_datei>]
```

Ein Index wird aber auch überschrieben, wenn ein neuer mit dem gleichen Namen (bzw. TAG-Namen) erzeugt wird.

8.14   Tabellen verknüpfen

Indizes erfüllen eine unentbehrliche Hilfsfunktion bei der Verknüpfung von mehreren Tabellen. Die Steuerung einer Kind-Tabelle durch die Eltern-Tabelle läuft immer über einen Index in der Kindtabelle. Die FoxPro-Befehle

```
SET RELATION TO
```

und

```
SET SKIP TO
```

sind auf existierende Indizes angewiesen. Die folgende Grafik verdeutlicht den Zusammenhang.

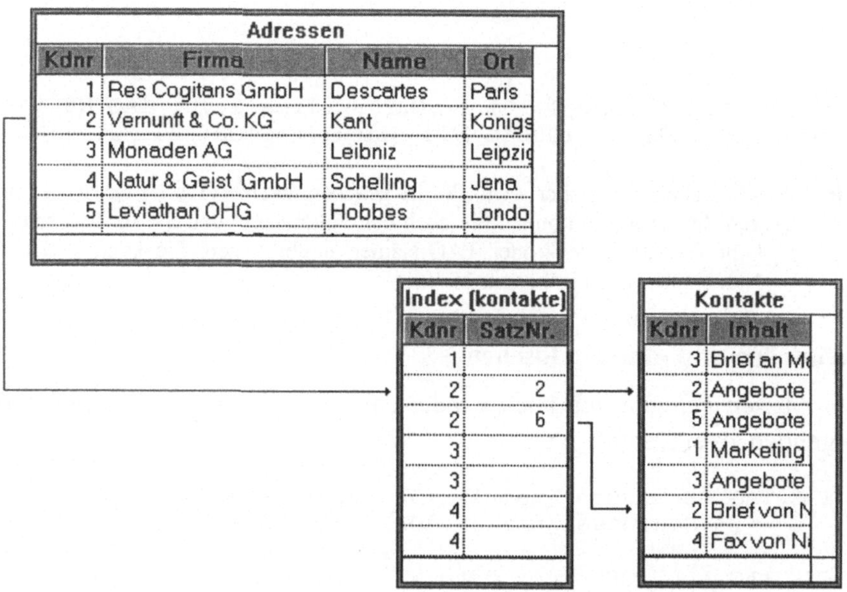

Abb. 8.3: Verknüpfung von Tabellen über Indizes

Die Eltern-Tabelle greift auf den Index der Kind-Tabelle (Kontakte) zu. Der Zugriff auf die Tabelle *Kontakte* erfolgt dann über eine interne Datensatznummer, die praktisch einen Offset darstellt und die ebenfalls in der Indexdatei gespeichert wird.

8.15 Hinweise und Einschränkungen

Schneller und kleiner durch Verkürzung des Index-Ausdrucks

Aus den vorhergehenden Textabschnitten ließe sich schließen, daß Indexdateien schon von Haus aus die optimale Lösung aller Datenbankprobleme bieten. Doch auch ein Index läßt sich noch hinsichtlich Zeitverhalten, Speicherplatzbedarf und Zugriffssicherheit optimieren. Eine der sinnvollsten Möglichkeiten besteht in der Verkürzung eines Indexausdrucks. Ist z.B. eine Kundendatei über das Namensfeld indiziert und ist dieses Namensfeld sehr lang, um auch Kunden mit langen Namen vollständig erfassen zu können, kann der Indexausdruck wie folgt verkürzt werden:

```
INDEX ON SUBSTR(name,1,10)
```

Bei diesem Vorgehen werden nur noch die ersten 10 Buchstaben des jeweiligen Namens für den Index verwendet. Zwar verliert der Indexausdruck dadurch an Genauigkeit, die Indexdatei selber wird jedoch kompakter und schneller. Natürlich muß die Substring-Funktion auch in der entsprechenden Suchprozedur verwendet werden. Beispiel:

```
SEEK SUBSTR(name,1,10).
```

Der volle Name würde, wenn er die Länge von 10 Zeichen überschreitet, sonst nicht gefunden werden.

Höhere Performance durch Abschalten der Indexdateien

Bei Dateien mit sehr vielen Indexeinträgen kann es aus Performance-Gründen sinnvoll sein, die Datensätze ohne Indexdatei zu editieren und zu ergänzen. Die Indexdateien werden dann später mit SET INDEX TO aufgerufen und mit REINDEX auf den aktuellen Stand gebracht.

Vermeidung von unnötigen Indexdateien

Wenn schon das Abschalten einer Indexdatei zu einem besseren Laufzeitverhalten beiträgt, dann gilt dies mehr noch für eine Indexdatei, die gar nicht existiert. Wir sparen Platz auf der Festplatte, Platz im Arbeitsspeicher und Zeit, weil ein nicht existierender Index auch nicht modifiziert werden muß. Für jeden

Indexeintrag ist also zu überlegen, ob seine Verwendung wirklich notwendig und sinnvoll ist.

Selten benötigte Indexdateien

Für selten benötigte Sortierungen sollte ein Index eventuell erst dann angelegt werden, wenn er benötigt wird. Erst, wenn die Notwendigkeit besteht, über einen Index auf eine Datei zugreifen zu müssen, sollte dieser mit

```
INDEX ON ..
```

erzeugt werden.

Der Speicherplatzbedarf auf Diskette oder Festplatte kann bei mehreren Index-dateien den Platzbedarf der eigentlichen Hauptdatei übertreffen.

Regelmäßig reindizieren

Nicht korrekt mitgeführte Indexdateien können im Ergebnis dazu führen, daß einige Datensätze, obwohl in der Hauptdatei vorhanden, nicht ausgegeben werden. Abhilfe gegen derart „versteckte" Datensätze bietet ein gelegentliches Reindizieren.

Schneller ohne Index

Zuletzt sind auch Situationen denkbar, in denen ein aktiver Index die Ausführungszeit eines Befehls erheblich verlängert. Die Befehle LOCATE FOR und CONTINUE benötigen bei aktiviertem Index oft ein Mehrfaches der Zeit, die erforderlich wäre, wenn kein aktiver Index vorhanden ist.

Soweit diese Befehle nicht vermieden werden können, sollte vor ihrem Einsatz ein aktiver Index mit

```
SET INDEX TO
```

ohne weitere Parameter oder mit

```
SET ORDER TO 0
```

deaktiviert werden.

9   Die Entwicklungsumgebung

9.1   Zu diesem Kapitel

Benutzeroberfläche und Entwicklungsumgebung sind, wie schon in früheren dBASE- und Fox-Versionen, vollständig integriert. Alle Funktionen für die Generierung von Anwendungen können direkt aus FoxPro heraus aufgerufen werden. Dazu gehören:

- Menüsystem
- Editor
- Masken-Generator
- Menü-Generator
- Projekt-Manager
- Trace- und Debug-Fenster
- FoxDoc

Auch die bereits im Kapitel „Benutzeroberfläche" vorgestellten Report-, Label- und Abfrage-Generatoren sind als Elemente der Entwicklungsumgebung zu sehen. In diesem Kapitel soll eine kurze Einführung in die Anwendung dieser Werkzeuge gegeben werden.

9.2   Das Menüsystem

Das Baukastenprinzip, das FoxPro verfolgt, wird am Beispiel des Menüsystems besonders deutlich: Alles ist Teil der Benutzeroberfläche, Teil der Entwicklungsumgebung und Programmobjekt für eigene Anwendungen. In seiner Eigenschaft als Teil der Entwicklungsumgebung ist besonders das Popup-Menü *Programm* interessant.

Das Programm-Menü

Die für den Programmierer wesentlichen Funktionen verbergen sich hinter der Menüoption *Programm*. Debug- und Trace-Funktion sowie der Compiler werden aus diesem Menü gestartet. Eine wichtige Option ist *Abbrechen*, die häufig als letzte Rettung dient, wenn ein Programm völlig eigene Wege geht und auch das Befehlsfenster nicht mehr zu sehen ist.

Eigene Menüoptionen erzeugen

FoxPro erlaubt nicht nur die Generierung von kundenspezifischen Menüs, die sich aus offenen GET/READ-Anweisungen oder auch während eines aktiven BROWSE aufrufen lassen; auch der Entwickler kann das Systemmenü an seine eigenen Bedürfnisse anpassen. So ist es beispielsweise möglich, einzelne Menüoptionen zu ändern oder zusätzliche Menüblöcke in das Systemmenü aufzunehmen. Das folgende Programm zeigt, wie ein zusätzlicher Menüblock in das Systemmenü eingefügt werden kann.

```
*------------------------------------------------------------
* Testmenü
*
* Zusätzliches Popup-Menü für das FoxPro-Systemmenü.
* Kann als optionales Menü auch in das Systemmenü
* eigener Applikationen eingebaut werden.
* Das Testmenü bietet allgemeine Debug-Informationen,
* wie sie von den Befehlen DISPLAY MEMORY oder
* DISPLAY STATUS geliefert werden. Das Systemmenü muß
* den Standardnamen _MSYSMENU verwenden.
*------------------------------------------------------------

DEFINE PAD testmenu OF _MSYSMENU PROMPT "Testmenü"

ON PAD testmenu OF _MSYSMENU ACTIVATE POPUP testmenu

DEFINE POPUP testmenu MARGIN
DEFINE BAR 1 OF testmenu PROMPT "List Memory"
DEFINE BAR 2 OF testmenu PROMPT "List Status"
DEFINE BAR 3 OF testmenu PROMPT "List Files "
DEFINE BAR 4 OF testmenu PROMPT "\- "
DEFINE BAR 5 OF testmenu PROMPT "DOS-Ausgang"

ON SELECTION BAR 1 OF testmenu DO ListMem  IN TestMenu
ON SELECTION BAR 2 OF testmenu DO ListStat IN TestMenu
ON SELECTION BAR 3 OF testmenu DO ListFile IN TestMenu
ON SELECTION BAR 5 OF testmenu DO DOSExit  IN TestMenu
```

```
*-------------------------------------------------
PROCEDURE ListMem
*-------------------------------------------------


LIST MEMORY NOCONSOLE TO FILE "temp.txt"
DEFINE WINDOW Listmem FROM 5,5 TO 24,75 ;
              FONT "Fixedsys", 9 ;
              SYSTEM ;
              CLOSE FLOAT GROW ZOOM
MODIFY COMMAND temp.txt WINDOW Listmem


*-------------------------------------------------
PROCEDURE ListStat
*-------------------------------------------------


LIST STATUS NOCONSOLE TO FILE "temp.txt"
DEFINE WINDOW Liststat FROM 5,5 TO 24,70 ;
              FONT "Fixedsys", 9 ;
              CLOSE FLOAT GROW ZOOM
MODIFY COMMAND temp.txt WINDOW Liststat


*-------------------------------------------------
PROCEDURE ListFile
*-------------------------------------------------


SET CONSOLE OFF
LIST FILES LIKE "*.*" TO FILE "temp.txt"
DEFINE WINDOW Listfile FROM 5,5 TO 24,70 ;
              FONT "Fixedsys", 9 ;
              CLOSE FLOAT GROW ZOOM
MODIFY COMMAND temp.txt WINDOW Listfile
SET CONSOLE ON


*-------------------------------------------------
PROCEDURE DOSExit
*-------------------------------------------------


RUN COMMAND.COM

*--- Ende Testmenü --------------------
```

Das Programm finden Sie auch in einer Datei mit dem Namen *Testmenu.prg* auf der beiliegenden Diskette. Nach dem Start des Programms mit

```
DO testmenu
```

sehen Sie hinter dem Menüpunkt *Fenster* noch die Option *Testmenü* mit den Optionen *DISPLAY STATUS*, *DISPLAY MEMORY*, *DISPLAY FILES* und *DOS-Shell*. Natürlich können auch komplette Programmaufrufe, etwa eine Adressenverwaltung, als Menüoptionen untergebracht werden. Mehr zu Syntax und Funktionalität der hier verwendeten Befehle finden Sie im Kapitel über die Menüprogrammierung.

Haben Sie sich bei der Neubearbeitung des FoxPro-Menüs einmal im kreativen Wahn verrannt, verhilft Ihnen der Befehl

```
SET SYSMENU TO DEFAULT
```

wieder zu einer vertrauten Umgebung.

9.3   Das Befehlsfenster

Der von dBASE III und FoxBASE her bekannte Prompt für die Eingabe von Befehlen ist einem Editierfenster gewichen, das alle eingegebenen Befehle speichert und für die weitere Verwendung bereithält. Das Befehlsfenster kann auf beliebige Größe „gezoomt" oder mit Strg+F10 bzw. Mausklick auf die obere rechte Fensterecke auch auf die volle Bildschirmgröße gebracht werden. Die gewählten Voreinstellungen werden von FoxPro automatisch in der Datei FOXUSER.DBF gespeichert. Natürlich stehen die Möglichkeiten des Editors wie Ausschneiden und Kopieren zur Verfügung. Textblöcke lassen sich auch mit der Maus verschieben.

Im Prinzip könnten Sie eine Anwendung Zeile für Zeile im Befehlsfenster entwickeln, jede Zeile einzeln ausführen und anschließend alle Zeilen markieren und in den Editor kopieren. Lediglich bei Schleifenkonstruktionen dürfte diese Methode versagen.

Das Befehlsfenster funktioniert auch als Echo-Fenster für die Optionen des Umgebungsdialogs. Wenn Sie Ihre Umgebung mit Hilfe dieses Dialogs erstellen (Menüoption *Fenster/Umgebung*), können Sie entweder mit

```
CREATE VIEW TO <Dateiname>
```

und

```
SET VIEW TO <Dateiname>
```

die Arbeitsumgebung speichern und wiederherstellen, oder Sie können die vom Umgebungsdialog im Befehlsfenster erzeugten Befehle kopieren und in Ihre Anwendung einfügen.

9.4   Trace- und Debug-Fenster

Das wohl mühsamste und unbeliebteste Geschäft beim Entwickeln eigener
Anwendungen ist die Fehlersuche (Debugging). Trace- und Debug-Fenster
sollen dem Programmierer wenigstens einen Teil der Arbeit abnehmen.

Das Debug-Fenster

Über die Menüoption *Programm/Debug* rufen Sie das zweigeteilte Debug-
Fenster auf. Mit diesem Werkzeug können Sie die Werte Ihrer Variablen und
deren Änderung im Programmablauf überwachen.

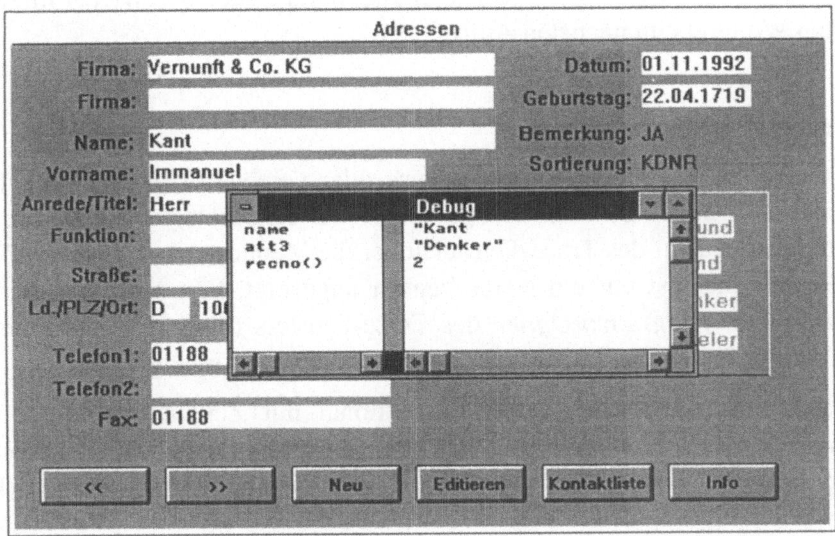

Abb. 9.1: Das Debug-Fenster über einer Anwendung

Das Debug-Fenster überlagert, wie aus Abbildung 9.1 ersichtlich, eigene
Anwendungsfenster. Im linken Teil des Fensters geben Sie die Namen der
Variablen ein, deren Werte Sie interessieren. Die aktuellen Werte erscheinen
dann im rechten Teil des Fensters. Auch Feldnamen und FoxPro-Funktionen
wie RECNO() oder SELECT() können abgefragt werden. Selbst lokale
Variablen lassen sich, soweit sie im jeweiligen Programmteil gerade benutzt
werden, überprüfen.

Das Debug-Fenster sollte somit die immer noch beliebte Debug-Methode,
Variablenwerte durch in den Quelltext eingestreute Print-Kommandos zu

verfolgen, überflüssig machen. Aus Anwendungen heraus kann das Debug-Fenster mit

```
ACTIVATE WINDOW DEBUG
```

aufgerufen werden. Wird dieser Befehl auf eine Tastenkombination (Hotkey) gelegt, steht das Debug-Fenster in jedem Programm zur Verfügung. Ein Beispiel für die Tastenkombination ⇧+F1:

```
ON KEY LABEL shift+f1 ACTIVATE WINDOW DEBUG
```

Mit Esc verschwindet das Debug-Fenster vom Bildschirm. Die eingegebenen Namen und Funktionen bleiben jedoch erhalten und erscheinen wieder mit aktualisierten Werten beim nächsten Aufruf.

Das Trace-Fenster

Das Trace-Fenster erlaubt die schrittweise oder verzögerte Abarbeitung Ihres Quellcodes, wobei Unterbrechungspunkte (Breakpoints) gesetzt werden können. Beim Aufruf des Trace-Fensters über die Menüoption *Programm/Trace* erhalten Sie zunächst nur ein leeres Fenster angezeigt. Erst mit den Optionen *Ausführen* oder *Programm/Öffnen* des Trace-Fensters (nicht des Hauptmenüs) starten oder öffnen Sie eine Anwendung für den Trace-Vorgang.

Im Trace-Fenster läuft der Quellcode optional mit Zeilennummern ab. An beliebigen Stellen können per Mausklick Unterbrechungspunkte eingefügt werden. Erreicht Trace einen dieser Punkte, wird die Abarbeitung unterbrochen.

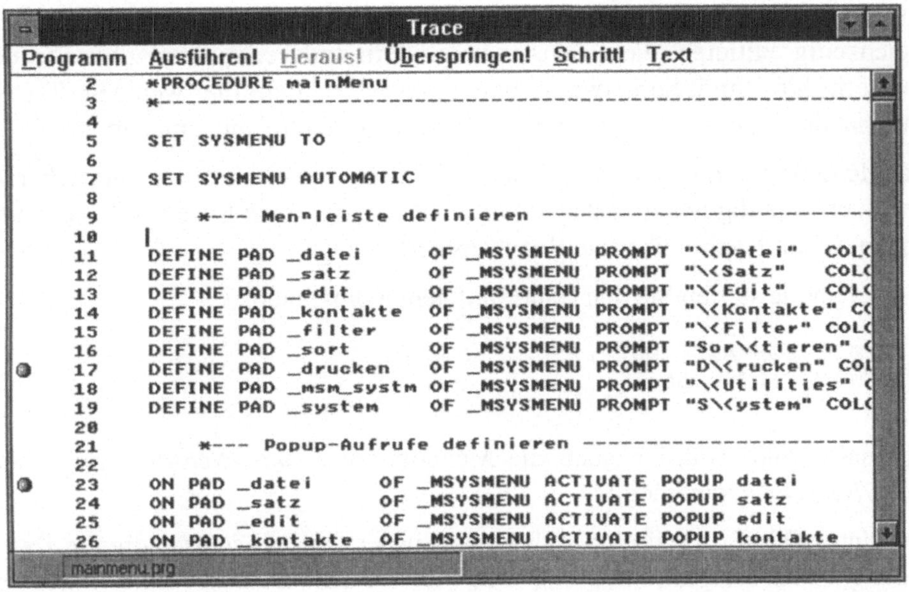

Abb. 9.2: Das Trace-Fenster

Die Abbildung zeigt den Quellcode des Hauptmenüs unseres Business-Managers mit zwei Breakpoints in den Zeilen 17 und 23.

Der Aufruf kann alternativ auch mit einem der folgenden Befehle erfolgen:

```
ACTIVATE WINDOW TRACE
SET STEP ON
```

Für eine verzögerte Ausführung kann die Zeitspanne zwischen zwei Befehlen in Bruchteilen von Sekunden vorgewählt werden. Im Menü *Programm* des Trace-Fensters finden Sie die Optionen für die Zeitverzögerung (Option *Ausführungsgeschwindigkeit*) und den Abbruch des Trace-Vorgangs. Gestartet wird die Ausführung mit den Trace-Menüoptionen *Schritt* (schrittweise Abarbeitung) oder *Ausführen/Wiederaufnehmen* (zeitverzögerte Ausführung).

9.5 Der Editor

Eines der wichtigsten Werkzeuge für den Programmierer ist ein leistungsfähiger Editor. FoxPro verfügt über einen Editor, der praktisch unbegrenzt große Quellcode-Dateien verarbeiten kann. Der Editor ist für eine Windows-Anwendung ausreichend schnell, verfügt über die notwendigen Blockoperationen und ist vollständig in FoxPro integriert. Das bedeutet: Sie können in mehreren Fenstern gleichzeitig editieren, diese Fenster vergrößern und verkleinern, zwischen den Fenstern hin- und herkopieren und, wenn Sie sich die wenigen Tastenkommandos nicht merken wollen, das FoxPro-Systemmenü bemühen.

Da Memofeld- und Quellcode-Editor praktisch identisch sind, unterscheiden sich auch die möglichen Tastenkombinationen nicht. Eine Liste der Tastencodes finden Sie im Kapitel über die Benutzeroberfläche.

Wie eh und je starten Sie den Editor mit dem Kommando:

```
MODIFY COMMAND <Datei>       && oder
MODIFY FILE <Datei>
```

Alternativ sind natürlich auch die Menüoptionen *Datei/Neu/Programm* oder *Datei/Neu/Dokument* möglich.

Der Unterschied ist lediglich, daß FoxPro im ersten Fall selbständig die Dateiendung PRG vergibt, während MODIFY FILE Dateien ohne Extension abspeichert, wenn eine solche nicht ausdrücklich vorgegeben wird. MODIFY FILE startet zudem mit einem automatischen Zeilenumbruch.

Der Einsatz des Editors ist aber nicht auf die Entwicklung von Anwendungen begrenzt. Fox hat bei der großzügigen Aufrüstung bewährter dBase-Befehle mit neuen Optionen auch den Editor nicht vergessen. Einige der nachstehend aufgeführten Optionen unterstützen auch eine sinnvolle Verwendung des Editors in eigenen Programmen.

```
[NOEDIT]
[NOWAIT]
[RANGE <AusdrN1>, <AusdrN2>]
[[WINDOW <Fenstername1>]
[IN [WINDOW] <Fenstername2> | SCREEN]]
[SAVE]
```

Die Option NOEDIT kann eingesetzt werden, wenn Textdateien angezeigt werden sollen, ohne dem Benutzer die Möglichkeit zu lassen, diese Dateien zu verändern. NOWAIT ist hilfreich, um verschiedene Fenster gleichzeitig anzeigen zu können. Zwischen diesen Fenstern kann mit `Strg`+`F1` oder mit der Maus gewechselt werden. Das Fenster, freibeweglich und farbig, auch vom Anwender gut aufgenommen, ist sicher nicht neu. FoxPro unterstützt diesen Wunsch durch eine WINDOW-Klausel, die es ermöglicht, alle Fensterattribute auch einem Editorfenster zuzuweisen.

Ein kleines Programmbeispiel demonstriert die Möglichkeiten:

```
*-------------------------------------------------
* showdos
* Zeigt den Inhalt von CONFIG.SYS und AUTOEXEC.BAT
*-------------------------------------------------

DEFINE WINDOW con FROM 3,5 TO 14,65 ;
       FONT "Arial", 10 ;
       SYSTEM ZOOM FLOAT CLOSE GROW;
       COLOR W+/B
MODIFY COMMAND C:\config.sys WINDOW con ;
       NOEDIT NOWAIT

DEFINE WINDOW auto FROM 10,25 TO 22,78 ;
       Font "Arial", 10 ;
       SYSTEM ZOOM FLOAT CLOSE GROW;
       COLOR W+/R
MODIFY COMMAND C:\autoexec.bat WINDOW auto ;
       NOEDIT NOWAIT
```

Sie sehen, daß nicht allein die zum Kommando gehörenden Optionen das
Erscheinungsbild des Editors bestimmen, sondern praktisch alle Klauseln, die
zum Kommando DEFINE WINDOW gehören.

Um den Bildschirmzauber wieder loszuwerden, müssen Sie die Fenster nur
nacheinander anwählen (anklicken mit Maus oder [Strg]+[F1]) und [Esc] drücken.
Hätten wir Ihnen die Möglichkeit gelassen, die Dateien zu ändern, würde der
Editor zuvor noch eine Sicherheitsabfrage präsentieren. Der Editor wird damit
auch zu einem wesentlichen Teil der FoxPro-Programmiersprache und kann
problemlos in Kunden-Applikationen eingebunden werden.

Sobald Sie ein Editorfenster öffnen, stehen Ihnen auch die schon bekannten
Optionen des Textmenüs zur Verfügung.

Programme formatieren

Für die optische Aufbereitung des Quellcodes enthält Foxpro den Format-
Dialog, den Sie über die Menüoption *Programm/Format...* erreichen. Damit
lassen sich Einzug sowie Groß- und Kleinschreibung von Schlüsselwörtern und
Variablen bestimmen. Sie können also Ihren Quelltext einfach
„runterschreiben" und anschließend von FoxPro in eine lesbare Form bringen
lassen.

Einschränkungen

Eigentlich sollte damit die Frage nach dem Editor erledigt sein, zumal alle diese
Merkmale auch für das Editieren von Memofelder verfügbar sind. Dennoch
bleiben einige Wünsche unerfüllt. Der Editor verfügt als Programm-, d.h. reiner
ASCII-Editor über keine Formatiermöglichkeiten, auch Textauszeichnungen
(Fettschrift, kursiv etc.) sind nicht möglich. Sie können zwar eine beliebige
Windows-Schrift in beliebiger Größe und Ausprägung wählen, aber eben immer
nur eine pro Dokument.

9.6   Der Masken-Generator

Der Masken- oder Screen-Generator dürfte, neben dem Editor, zu einem besonders intensiv genutzten Werkzeug des FoxPro-Programmierers werden.

Die Generierung einer aufwendigen Bildschirmmaske, die früher mehrere
Stunden in Anspruch nehmen konnte, läßt sich damit auf weniger als eine
Stunde reduzieren.

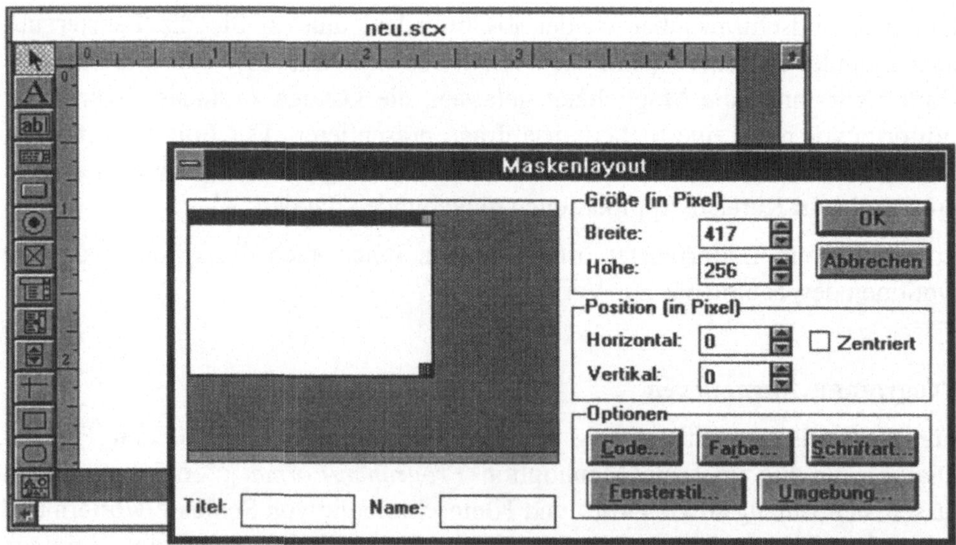

Abb 9.3: Der Masken-Generator mit dem Maskenlayout-Fenster

Das sogenannte Prototyping, die Erstellung einer Dummy-Applikation, die
wesentlich aus funktionslosen Bildschirmmasken besteht, ist problemlos und

schnell möglich. Der Nachteil ist ein gewisser Aufwand für die Einarbeitung in die Funktionsvielfalt dieses Werkzeugs.

Dieses Kapitel wird daher etwas ausführlicher auf den Masken-Generator eingehen. Es wird dennoch nur zu einem Überblick reichen. Um die Feinheiten des Masken-Generators zu ergründen, müssen Sie etwas mehr Zeit investieren.

Der Aufruf erfolgt über die Befehle:

```
CREATE SCREEN <Dateiname>    &&    oder
MODIFY SCREEN <Dateiname>
```

oder über die Menüoption *Datei/Neu/Maske*.

Die Bedienung des Screen-Generators erinnert an die Bedienung des Report-Generators. Beide verwenden eine Toolbox und das gleiche Objektmenü. Die Toolbox ist jedoch wesentlich umfangreicher, da hier auch alle Steuerelemente (Schaltflächen, Radio-Buttons etc.) verfügbar sind.

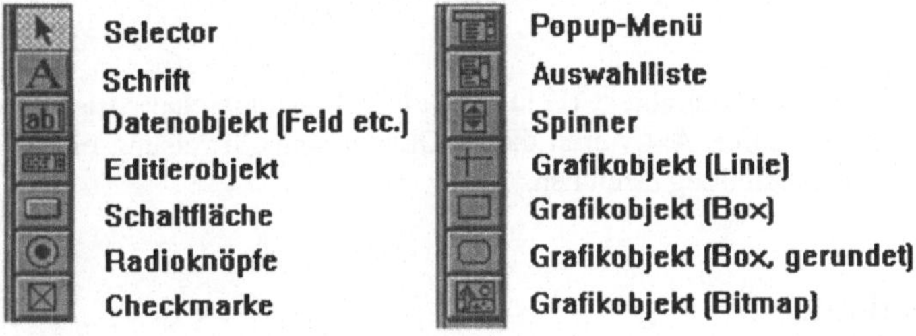

Abb. 9.4:   Die Toolbox des Maskengenerators (die doppelspaltige Abbildung entspricht nicht der wirklichen Darstellung)

Das Menü *Maske*

Für Layouteinstellungen benutzt der Masken-Generator das Maskenmenü, dessen Optionen teilweise mit den gleichnamigen Optionen des Report-Menüs übereinstimmen.

Objekte plazieren

Alles, was Sie bereits im Reportgenerator gelernt haben, gilt auch für den Masken-Generator. Ihnen stehen jedoch wesentlich mehr Objekte zur Verfügung.

Hinweis:　　Ein Doppelklick auf eines der Tools sorgt dafür, daß dieses Tool auch aktiv bleibt, wenn das entsprechende Objekt gesetzt ist. Normalerweise würde automatisch das Selektor-Werkzeug aktiviert. Sie können auf diese Art mehrere Objekte des gleichen Typs plazieren, ohne immer erst wieder das jeweilige Werkzeug anwählen zu müssen.

Text-, Daten- und Grafikobjekte kennen wir bereits aus dem Reportgenerator. Neu sind die verschiedenen Steuerelemente (Controls).

Die einzelnen Steuerelemente werden ausführlich im Kapitel „Steuerlemente mit GET/READ" besprochen. Sie plazieren diese Elemente, indem Sie das entsprechende Tool anwählen und dann auf die Arbeitsfläche des Masken-Generators klicken. Bei einigen Steuerelementen (Auswahlliste, Editierbereich etc.) müssen Sie bei gedrückt gehaltener Maustaste einen Bereich aufziehen, der in etwa der beabsichtigten Größe des Objekts entspricht. In jedem Fall erhalten Sie anschließend eine Dialogbox angezeigt, in der die Funktionalität und das Aussehen des Objekts bestimmt werden können.

Hinweis:　　Sollte ein Datenobjekt (Feld etc.) einmal als einfacher Strich erscheinen, können Sie durch Aktivieren dieses Objekts und Zuweisung eines Fonts die korrekte Darstellung erreichen.

Objekte positionieren

Die einzelnen Objekte lassen sich im Screen-Generator genauso verschieben, vergrößern oder verkleinern wie im Reportgenerator. Der Leser sei daher auf die entsprechenden Abschnitte des Kapitels „Die Benutzeroberfläche" verwiesen.

Zum präzisen Positionieren von Objekten sollte über die Menüoption *Maske/ Position anzeigen* die Positionsanzeige in der Statuszeile eingeblendet werden. Mit den Cursortasten können die Objekte dann wieder sehr präzise positioniert werden.

Hinweis:　　Sollen mehrere Objekte gleichzeitig bewegt werden, müssen Sie diese zuvor mit ⇧-Klick aktivieren. Der Screen-Generator hebt in diesem Fall alte Aktivierungen nicht auf.

Quellcode hinzufügen

Obwohl der Screen-Generator ein außerordentlich leistungsfähiges Werkzeug ist, kann er doch nicht alle Optionen des FoxPro-Sprachumfangs nutzen. In bestimmten Abschnitten kann daher eigener Quellcode eingegeben werden. Zwei Möglichkeiten stehen Ihnen offen:

1. Quellcode, der für die ganze Maske gilt

2. Quellcode, der nur für ein GET-Objekt gilt

Um Quellcode, der für die ganze Maske gelten soll, einzugeben, müssen Sie den Layout-Dialog aus dem Screen-Menü auswählen. Hinter der Schaltfläche *Code...* finden Sie den nachfolgend abgebildeten Dialog.

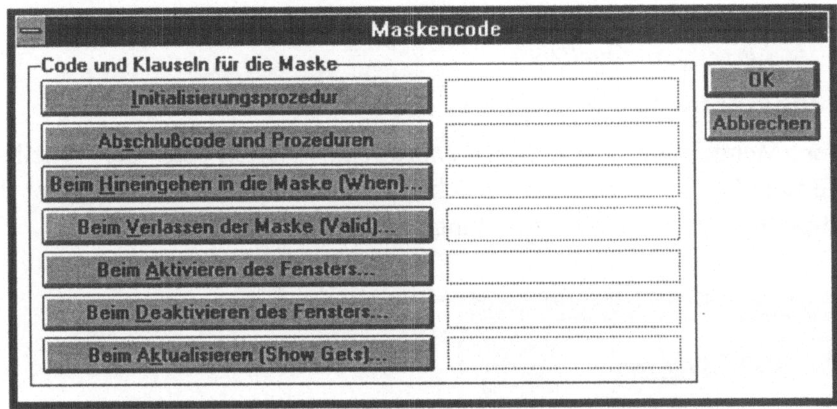

Abb. 9.5: Der Dialog für eigene Quellcode-Abschnitte

Die „Code-Schnipsel"

Jede der Schaltflächen steht für einen eigenen Editierbereich, in den Sie Quellcode eingeben können. Die folgende Grafik zeigt die Einordnung dieser Code-Abschnitte in den schließlich erzeugten Quellcode.

Quellcode-Abschnitt	erzeugt vom:
Definition des Maskenfensters	Generator
Initialisierungs-Code Anweisungen, die vor dem Aufruf des Masken- fensters ausgeführt werden.	Pogrammierer

Maskenfenster aktivieren und Maskenlayout mit SAY/GET/READ-Objekten aufbauen. Maskenfenster deaktivieren.	Generator
Abschlußcode und Prozeduren Anweisungen, die nach Entfernen des Maskenfensters ausgeführt werden. Eigene Prozeduren	Programmierer
VALID/WHEN-Funktionen etc. auf Objektebene Diese Anweisungen werden in den Code-Abschnitten des Feld-Dialogs eingegeben.	Programmierer
VALID/WHEN-Funktionen etc. auf Maskenebene (READ-Ebene)	Programmierer

Abb. 9.6:   *Die Einordnung selbstdefinierter Code-Abschnitte in den erzeugten Quellcode*

Quellcode generieren

Mit der Menüoption *Programm/Generieren...* starten Sie die Quellcode-Generierung. FoxPro präsentiert zunächst noch den Generator-Dialog, der Ihnen die Möglichkeit gibt, einige Einstellungen vorzunehmen.

Abb. 9.7:   *Der erweiterte Masken-Generator-Dialog*

Hier können Sie weitere Masken (Screens) hinzufügen und diese gemeinsam arrangieren. Sie können zudem bestimmen, ob Befehle für das Öffnen und Schließen von Datentabellen generiert werden sollen.

Über die Schaltfläche *Optionen* erreichen Sie einen weiteren Dialog, der Einstellungen für das Layout des Quellcodes (Umrandung von Kommentaren, Name und Adresse des Autors etc.) ermöglicht.

FoxPro erzeugt eine Datei mit der Endung SPR (nicht PRG) . Wollen Sie den Code nachträglich manipulieren, müssen Sie beim MODIFY COMMAND-Befehl auch die Extension angeben.

9.7 Der Menügenerator

Ein simples, aber wirkungsvolles Werkzeug ist der Menü-Generator. Mit den Befehlen

```
CREATE MENU <Dateiname>
MODIFY MENU <Dateiname>
```

oder mit der Menüoption *Datei/Neu/Menü* rufen Sie den Menü-Dialog auf. Für jede Hauptmenüoption bestimmen Sie den Prompt und den Typ der aufzurufenden Funktion (Befehl, Untermenü, PAD-Name oder Prozedur) . Über die für jede Option verfügbare Schaltfläche *Bearbeiten* können Untermenüs, Prozeduren und Befehle eingegeben werden.

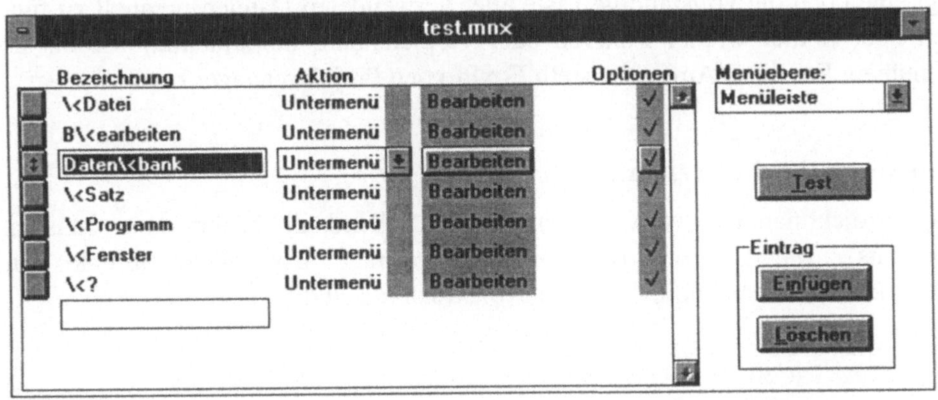

Abb. 9.8: Der Menü-Dialog

Haben Sie mit *Bearbeiten* eine tiefere Menüebene gewählt, erreichen Sie die Hauptmenü-Ebene über das Popup-Menü *Menüebene*.

Auch der Menü-Dialog verfügt über eine eigene Menüoption (Menü). Hier können Sie auch wieder eigene Code-Sequenzen definieren. Die letzte Option erzeugt das Quick-Menü, das aus den Optionen des FoxPro-Systemmenüs besteht.

Das Quickmenü modifizieren

Eine einfache und schnelle Methode, zu einem eigenen Systemmenü zu kommen, besteht darin, das Quickmenü zu modifizieren. Sie können komplette Popups löschen und eigene hinzufügen, Sie können aber auch einzelne Optionen der Untermenüs umdefinieren.

Mit der Menüoption *Programm/Generieren...* starten Sie wieder die Quellcode-Generierung. FoxPro erzeugt eine Quellcodedatei mit der Endung .MPR.

Mehr zum Thema Menüs finden Sie in einem eigenen Kapitel dieses Buches.

9.8   Der Projektmanager

Jedes Projekt artet nach kurzer Zeit in einem kaum noch zu überschauenden Wust von Programm-, Datenbank- und anderen Dateien aus. Um in diesem ständig drohenden Chaos nicht die Übersicht zu verlieren, war man bisher genötigt eine doch nie vollständige Liste aller verwendeten Dateien manuell zu führen oder immer wieder FoxDoc oder vergleichbare Dokumentationstools zu bemühen. Für diese Aufgaben stellt FoxPro den Projektmanager bereit.

Programm-Module verwalten

Der Projektmanager verwaltet in einer Projektdatei Programme, Masken (Screens), Menüs, Reports, Etiketten, Formate usw. Die Befehle zur Generierung und Manipulation von Projektdateien sind:

```
CREATE PROJECT  <Dateiname>
MODIFY PROJECT  <Dateiname>
BUILD PROJECT   <Dateiname>
```

Da Masken-, Menü- und Datenbankgenerator direkt aus dem Projektfenster gestartet werden können, läßt sich theoretisch ein komplettes Programm aus dem Projektmanager heraus erstellen. Für Programmierer, die erst den Einstieg in die Entwicklung von Datenbankanwendungen mit FoxPro planen, ist das vielleicht eine überlegenswerte Alternative. Für Leute mit Hornhaut an den Fingerspitzen sind jedoch Anpassungsprobleme zu erwarten.

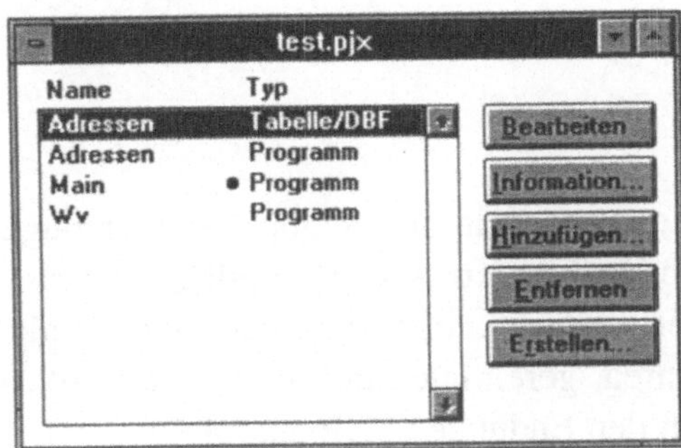

Abb. 9.9: Der Projekt-Manager

Eine fertig erstellte Applikation besteht oft nicht nur aus einer Programmdatei und einigen Datentabellen, sondern kann viele einzelne Programm-Files umfassen. In der Regel finden sich im Verzeichnis nicht nur die erforderlichen Dateien, sondern weitere Files (Hilfedateien, compilierte Versionen der PRG-Files usw.). Der Projektmanager listet selektiv nur die jeweils zum Projekt gehörenden Dateien auf.

Ausführbare Programme erzeugen

Der Projektmanager verwaltet aber nicht nur, er erzeugt auch die fertige Applikation. Da die einzelnen Komponenten auch in verschiedenen Unterverzeichnissen abgelegt sein können, merkt sich der Projektmanager die zugehörigen Pfadnamen. Wiederverwendbare Programmteile können so von projektspezifischen Teilen getrennt gehalten werden.

Der Projektmanager hat Zugriff auf die Optionen

```
CREATE
CREATE  SCREEN
CREATE  MENU
CREATE  REPORT
CREATE  LABEL
```

Natürlich können auch bereits bestehende Programmteile, Menüs, Masken usw. in ein Projekt eingebunden werden. Die Projektdefinition wird in einer normalen Datentabelle mit der Endung PJX gespeichert, die zugehörige Memodatei hat die Endung PJT.

Sie erstellen eine Applikation durch Mausklick auf die Schaltfläche *Erstellen...* des Projekt-Dialogs.

9.9 Der „Compiler"

Ein unter FoxPro ausführbares Programm wird immer schon dann erzeugt, wenn Sie ein Quellcode-Programm aufrufen. Ein explizites Compilieren ist also nicht erforderlich. Der FoxPro-Compiler erzeugt keinen richtigen Objektcode, sondern lediglich eine von Kommentaren gereinigte und in ein spezielles Token-Format übersetzte Objektdatei mit den Endungen FXP oder APP.

Das APP-Format unterscheidet sich nur unwesentlich vom FXP-Format. Beide sind nicht allein ausführbar, sondern erfordern FoxPro oder das zusätzlich zu erwerbende Runtime-Modul.

Den Compiler aufrufen

Auch hinter der Menüoption *Kompilieren* im Menü *Programm* verbirgt sich ein Dialog.

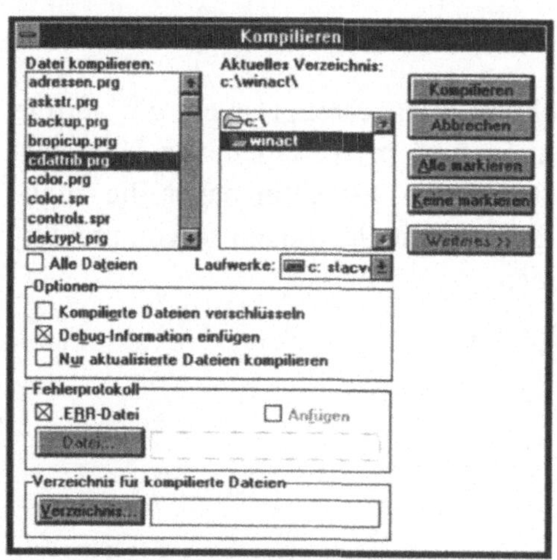

Abb. 9.10: Der Compiler-Dialog

Programmdateien können selektiv compiliert werden. Zusätzlich läßt sich der Code beim Compilieren noch verschlüsseln.

Compiler und Syntaxcheck

Während des Compilierens nimmt der Compiler einen Syntaxcheck vor. Fehler, Befehlszeile und die Prozedur, in der der Fehler gefunden wurde, können in einer Datei aufgezeichnet werden. Der Compilationsvorgang wird beim Auftreten von Fehlern jedoch nicht unterbrochen. Der Compiler eignet sich auch für einen schnellen Syntax-Check, da alle Fehler mit dem Namen der jeweiligen Prozedur angezeigt werden.

Auch der Aufruf des Compilers aus dem Befehlsfenster ist möglich:

```
COMPILE <Datei> | <Maske> [ENCRYPT] [NODEBUG]
```

Statt einer PRG-Datei können auch Masken mit der Extension SPR oder Menüs mit der Endung MPR compiliert werden. In diesem Fall ist aber auch die Extension anzugeben, da FoxPro sonst von einer PRG-Datei ausgeht.

Programmcode verschlüsseln

Notwendig wird der explizite Aufruf, wenn Ihre Applikation fertig erstellt und fehlerfrei ist und nun für die Weitergabe compiliert werden soll. Für diesen Fall sind zwei Optionen gedacht, die es Ihnen erlauben, den Code zusätzlich zu Verschlüsseln (ENCRYPT) und Debug-Informationen zu entfernen (NODE-BUG).

Hinweis: Programmcode, der für die Weitergabe bestimmt ist, sollte immer mit den Optionen ENCRYPT und NODEBUG compiliert werden.

Projektmanager und Compiler

Arbeiten Sie mit dem oben beschriebenen Projektmanager, können Sie auch den Befehl

```
BUILD APP <App-Datei> FROM <Projekt>
```

einsetzen, der eine .APP-Datei erzeugt. Quelle ist in diesem Fall aber ein Projekt und nicht ein beliebiges PRG-File.

9.10   FoxDoc - Das Dokumentationstool

Praktisch jede Anwendung wird im Laufe der Zeit überarbeitet. Fehler müssen behoben und zusätzlich Funktionen eingebaut werden. Die Dokumentation des jeweils erreichten Standes ist daher unerläßlich. Wartung und Weiterentwicklung eines Programms könnten sonst nicht oder nur mit erheblichem Aufwand gewährleistet werden.

Eine umfassende Kommentierung des Quellcodes, schon bei der Planung und Ausführung eines Projekts, ist der wichtigste Teil der Dokumentation. Diese Aufgabe kann dem Programmierer auch kaum durch Hilfsmittel erleichtert werden. Für die nachträgliche Erstellung und Aufbereitung von Informationen bietet FoxPro jedoch das Dokumentationstool FoxDoc an.

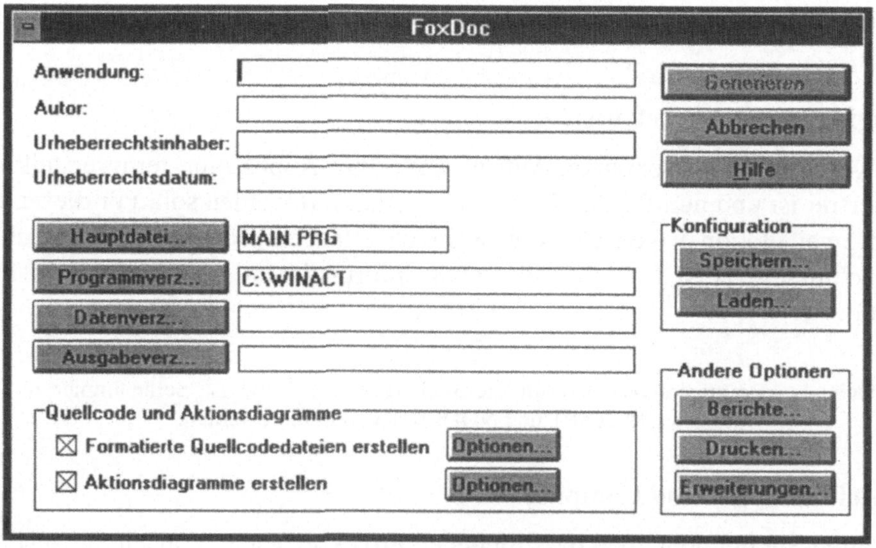

Abb. 9.11: Der FoxDoc-Dialog

FoxDOC kann Informationen über die Struktur der Anwendung und der Datenbank liefern und teilweise grafisch aufbereiten. Die einzelnen Optionen sind:

- Quellcode-Formatierung

- Kreuzreferenzlisten für Variablen, Tabellen und Prozeduren

- Aktionsdiagramme

- Baumstruktur für Prozedur- und Funktionsaufrufe

- Liste der Datentabellen

- Liste der Indizes

- Prozedurliste

Die Bedienung des FoxDoc-Dialogs und der verschiedenen Unterdialoge ist recht einfach. Sie sollten jedoch darauf achten, als Ausgabeverzeichnis nicht Ihr Standardverzeichnis, das alle Programme und Tabellen enthält, vorzugeben. FoxDoc erzeugt sehr viele Dateien, die Sie nachher mühsam unter den sonstigen Dateien herausfinden müßten.

Sie starten FoxDOC mit der Menüoption *Programm/FoxDoc*.

10 Vor dem ersten Programm

10.1 Anmerkungen zum Kapitel

Dieses Kapitel ist allen gewidmet, die bisher wenig Erfahrung mit xBase-Sprachen gemacht haben. BASIC-, Pascal- und C-Programmierer sollten diesen Text nicht übergehen. Da auch einige von FoxPro eingeführte Neuerungen angesprochen werden, kann auch versierten xBase-Programmierern empfohlen werden, dieses Kapitel zumindest „quer" zu lesen.

Um Nutzen aus diesem Kapitel zu ziehen, sollten Sie mit der Bedienung von FoxPro und der Erstellung von Datentabellen, also mit dem ersten Teil dieses Buches, vollständig vertraut sein. Hilfreich wäre es auch, wenn Sie die Abschnitte über die Grundlagen der Datenbankprogrammierung und das Prozedurkonzept gelesen hätten.

10.2 Kommentare

Ein Programm kann, unabhängig von den Fähigkeiten des Programmierers, sehr schnell sehr unübersichtlich werden. Um im Gestrüpp der Anweisungen nicht den roten Faden zu verlieren, bieten praktisch alle Programmiersprachen die Möglichkeit, Kommentare in den Programmcode zu integrieren. FoxPro kennt drei Syntax-Elemente für die Kennzeichnung eines Kommentars:

1. NOTE

2. *

3. &&

Die erste Option ist schon seit Ewigkeiten nicht mehr in xBase-Programmen anzutreffen und wird nur noch aus Kompatibilitätsgründen mitgeschleppt. Üblich ist die zweite, und notwendig, weil in manchen Situationen unersetzlich, ist die dritte Version.

Beginnt die Programmzeile mit dem Kommentar, können Sie immer das Zeichen „*", Asterisk oder Sternchen genannt, verwenden. In diesem Fall sind auch alle anderen Syntax-Elemente zulässig. In der Regel werden Sie den

Programmkopf und größere Kommentarblöcke   damit kennzeichnen. Das
folgende Beispiel zeigt den Programmkopf einer selbstdefinierten Funktion:

```
*------------------------------------------------------------
* Ja_nein()
*
* Ja/nein-Abfrage für alle Standardaufgaben
*
* Parameter
* ---------
* x        = Zeile
* Y        = Spalte
* mtext1   = erste Textzeile
* mText2   = zweite Textzele
* VorWahl  = Vorbelegung für Schaltflächen ("J" oder "N")
*
* Rückgabewert
* "J" für "ja"
* "N" für "nein"
*------------------------------------------------------------
```

Keine dieser Zeile erzeugt irgendeine Wirkung. Bei der Compilierung werden
sie einfach übergangen und sind im ausführbaren Programm dann nicht mehr
enthalten.

Das Kommentarzeichen „*" muß nicht in der ersten Spalte der Zeile stehen. Es
muß aber das erste Zeichen der Zeile sein.

Kommentare nach Anweisungen

Im Quellcode kann es erforderlich werden, Kommentare auch nach einer
Anweisung in die gleiche Zeile zu setzen. Dafür benötigen Sie das Doppel-
zeichen „&&" (Ampersand). Beispiel:

```
USE Adressen          && Kommentar
```

Hinter einer Anweisung würde das Sternchen „*" eine Fehlermeldung verursa-
chen.

Keine Kommentare in umbrochenen Programmzeilen

FoxPro-Programmzeilen können bis zu 8000 Zeichen enthalten. Natürlich können Sie horizontal scrollen, um an das 8000. Zeichen heranzukommen. Kom-
fortabler gestaltet sich die Programmierung, wenn Sie die Programmzeile um-
brechen und in der nächsten Textzeile fortsetzen. Eine einfache Zeilenschaltung

reicht leider nicht. Foxpro würde die nächste Textzeile als eigene Programmzeile interpretiern und vermutlich eine Fehlermeldung auslösen.

Um FoxPro den Umbruch einer Programmzeile anzuzeigen, muß an das Ende der umbrochenen Zeile ein Semikolon (;) gesetzt werden. Beispiel:

```
@ 4,0 SAY "text" ;
   SIZE 1.000,20 ;
   FONT "MS Sans Serif", 10 ;
   STYLE "B" ;
   PICTURE "@I"   && Kommentar
```

Dieses Beispiel besteht lediglich aus einer Programmzeile, die, durch Semikolons getrennt, in mehrere Textzeilen zerlegt wurde.

Kommentare sind in umbrochenen Programmzeilen nicht zulässig. Erst in der Textzeile, in der die Programmzeile endet, kann wieder ein Kommentar stehen.

10.3 Konventionen

Groß- und Kleinschreibung

FoxPro unterscheidet nicht zwischen Groß- und Kleinschreibung. Alle Befehle und Funktionen, auch selbstdefinierte Variablen und Prozedurnamen können groß, klein oder auch beliebig gemischt geschrieben werden. In xBase-Kreisen hat sich jedoch eine Schreibweise etabliert, die FoxPro-Befehle und Funktionen nur mit großen, und Variablen, Tabellen- und Prozedurnamen mit kleinen Buchstaben schreibt. Sie sollten sich also nicht wundern, wenn Ihnen in Programmbeispielen Substantive begegnen, die nicht der deutschen Rechtschreibung genügen. Ein Beispiel:

```
USE adressen
IF name = "Müller"
   DISPLAY
ENDIF
```

Da Sie für eigene Bezeichner ohnehin nur über maximal 10 Zeichen verfügen, werden Sie auch um kryptische Abkürzungen oft nicht herumkommen.

Zusammengesetzte Bezeichnungen

Allerdings kann es häufig sinnvoll sein, bei bestimmten Namen, insbesondere bei zusammengesetzten Begriffen, eine Ausnahme zu machen.

Die Variable *DruckLabel* ist sicher leichter zu verstehen als *drucklabel*. Unter amerikanischen Programmierern hat sich für die Unterscheidung von zwei Begriffen in einem Namen der Unterstrich durchgesetzt. In *druck_label* wäre aber das letzte „l" schon nicht mehr signifikant, weil mehr als 10 Zeichen von FoxPro zwar akzeptiert, aber nicht unterschieden werden.

Einrückungen

Daß Anweisungen in Schleifen und Verzweigungen eingerückt werden, hat sich wohl inzwischen bei allen Programmierern herumgesprochen. FoxPro hat nun für einige Befehle eine derart große Zahl an Klauseln erhalten, daß die Darstellung eines solchen Befehls in einer Textzeile oft nicht mehr möglich ist. Die Befehlszeile muß folglich umbrochen werden. Klauseln, die in der folgenden Textzeile erscheinen, sollten dann aus Gründen der Übersichtlichkeit ebenfalls eingerückt werden. Ein Beispiel:

```
BROWSE FIELDS ;
       Firma       :25, ;
       Name        :20, ;
       Ort         :15, ;
       telefon1        ;
       WINDOW bro      ;
       NOMODIFY        ;
       NODELETE        ;
       NOAPPEND        ;
       LAST
```

Abkürzungen

Nahezu alle FoxPro-Befehle und Funktionen lassen sich mit den ersten vier Buchstaben abkürzen. Da aber GETFONT() und GETFILE() in den ersten vier Buchstaben identisch sind, sollten diese beiden Funktionen ausgeschrieben werden.

Befehls-Syntax

Die Befehls- und Funktionsliste im Anhang, die FoxPro-Hilfetexte und die einzelnen Beispiele im Buch verwenden für die Beschreibung der Befehlssyntax die gleichen Ausdrücke. Diese Ausdrücke sollen hier kurz erläutert werden.

<AusrdZ>	bezeichnet einen Ausdruck, der eine Zeichenkette erzeugt
<AusdrN>	bezeichnet einen Ausdruck, der einen numerischen Wert erzeugt
<AusdrL>	bezeichnet einen Ausdruck, der einen logischen Wert erzeugt
<AusdrD>	bezeichnet einen Ausdruck, der einen Datumswert erzeugt

Tabelle 10.1: Ausdrücke in der Syntaxbeschreibung

Die Bezeichnung <Ausdr> steht für Ausdruck und meint auch einen Ausdruck. Es muß also nicht ein Wert des angegebenen Typs sein, sondern es kann sich durchaus um einen komplexen, aus Funktionen, Operanden und Operatoren gebildeten Ausdruck handeln. Wichtig ist nur, daß dieser Ausdruck einen Wert erzeugt, der dem geforderten Typ entspricht.

Namensgebung

Namen für Variablen und Prozeduren sollten etwas über die Funktion aussagen, die damit verbunden ist. Diesen alten Grundsatz guter Programmierung auch in FoxPro durchzuhalten, wird einem nicht leicht gemacht. FoxPro läßt dem Programmierer gerade 10 Zeichen, um sich gewählt auszudrücken. Dennoch sollten Sie versuchen, an diesen guten Grundsätzen festzuhalten, speziell bei oft benötigten Modulen und globalen Variablen.

Verwenden Sie, was unbedingt zu empfehlen ist, den Masken-Generator, erzeugt FoxPro selbst Namen für Unterprogramme. Auch einige Beispiele in diesem Buch haben ihren Ursprung in automatisch generiertem Code. Sie werden daher gelegentlich auf einmalige, aber völlig unverständliche Prozedurnamen wie beispielsweise *_qcx0r8gui* stoßen.

10.4   Hinweise

Datentabellen öffnen und Arbeitsbereiche wählen

Alte xBase-Programmierer werden sich noch an die Verwaltung der 10, später dann 25 Arbeitsbereiche erinnern. Mit

```
SELECT A          && A - J = 10 Arbeitsbereiche
```

11   Fonts

11.1   Zu diesem Kapitel

Wer bisher nur zeichenorientierte DOS-Programme verwendete oder programmierte, brauchte sich um Bildschirm- und Druckerschriften keine Gedanken zu
machen. Besonders bei den Bildschirmschriften war die Auswahl sehr mager:
Lediglich der nicht-proportionale Systemfont der gerade verwendeten Grafikkarte stand zur Verfügung. Mit Windows 3.1 hat sich die Situation grundlegend
geändert: Windows verfügt über mehrere proportionale und nicht-proportionale
Fonts, die sich zudem noch in ihrer Größe verändern (skalieren) lassen. Wer mit
FoxPro vorzeigbare Windows-Anwendungen erstellen will, muß das alte Bild-
schirmraster (80 x 25 Zeichen) vollständig vergessen.

Programmierern, die bisher wenig mit solchen Problemen zu tun hatten, soll
dieses Kapitel einige notwendige theoretische und praktische Hinweise zum
Umgang mit Schriften und Punkten liefern.

Ein Trost gleich zu Anfang: Der komfortable Masken-Generator übernimmt in
FoxPro den größten Teil der Maskengestaltung.

11.2   Eine kleine Schriftenkunde

Wie aus der Einleitung schon ersichtlich, unterscheiden wir grundsätzlich zwei
Arten von Schriften:

1. Proportionale Schriften

2. Nicht-proportionale Schriften

Die einfachste Art sind sicher die nicht-proportionalen Schriften. Ihr
Kennzeichen ist, daß jeder Buchstabe, unabhängig von seiner tatsächlichen
Breite, in einem Text den gleichen Platz beansprucht. Ein „i" benötigt also
ebensoviel Raum wie ein „m".

Proportionale Schriften berücksichtigen hingegen die tatsächliche Breite eines
Zeichens, so daß jedes Zeichen eine individuelle Laufweite (Breite) haben kann.

Die nachstehenden Beispiele demonstrieren den Unterschied zwischen beiden
Schriftarten.

proportional   `nicht-proportional`

mmmmmmmmmmmm   `mmmmmmmmmmmm`

iiiiiiiiiiii   `iiiiiiiiiiii`

Beide Beispiele verwenden jeweils 12 Zeichen. Bemerkenswert ist der große
Unterschied der Stringlänge der proportionalen Schrift. Die nicht-proportionale
Schrift wirkt weniger ausgeglichen. Die proportionale Schrift wirkt wesentlich
homogener und ist daher regelmäßig auch leichter zu lesen. Sie stellt damit die
„natürliche" Schrift für alle Arten von Druckerzeugnissen dar; auch das vorliegende Buch ist mit wenigen Ausnahmen in einer proportionalen Schrift gesetzt.

Für den Programmierer haben proportionale Schriften jedoch den Nachteil, daß
die Laufweite eines Textes nicht mehr nur von der Anzahl der Zeichen abhängt,
sondern auch von den verwendeten Zeichen selbst. Anders formuliert: Texte mit
der gleichen Anzahl von Buchstaben und der gleichen Schriftart können unterschiedliche Laufweiten haben.

Punktgröße

Die meisten Windows-Schriften lassen sich in ihrer Größe verändern
(skalieren). Für die Höhe der Zeichen verwendet man dabei ein Maß, das in
„Punkten" angegeben wird. Diese Maßeinheit ist ein historisches Relikt, das
sich aber in der Typografie durchgesetzt hat und heute jedem DTPler bekannt
sein dürfte.

Ein „Punkt" ist 1/72 Zoll, entspricht also ungefähr 0,353 mm. Eine 10-Punkte-
Schrift ist daher etwa 3,5 mm hoch.

Auch die Punktgröße beeinflußt die Darstellung der Schrift auf dem Bildschirm
(und natürlich auch auf dem Drucker). Schrifthöhe und damit auch der
Zeilenabstand verändern sich. Um auch die Proportionen einer Schrift zu erhalten, muß auch die Breite des Zeichens angepaßt werden. Eine Veränderung der
Punktgröße wirkt sich folglich auf Höhe und Breite (Laufweite) eines Zeichens
aus.

Schriftfamilien

Schriften werden in zwei große Schriftfamilien eingeteilt:

Schriften mit „Serifen", auslaufenden, oft geschwungenen Enden, gehören zur Familie der Antiqua-Schriften, während die sogenannte Grotesk-Familie dadurch gekennzeichnet ist, daß ihr die Serifen fehlen. Für die Darstellung von Fließtext wird häufig eine Antiqua-Schrift, beispielsweise „Times Roman", verwendet.

Für Überschriften und Hervorhebungen sind Grotesk-Schriften üblich. Dazu gehört beispielsweise die Truetype-Schrift „Arial".

Schriftausprägung

Die Schriftausprägung bezeichnet Sonderformen wie Fettschrift, kursiv, unterstrichen etc.

TrueType-Schriften

Schon Windows 3.0 enthielt Schriften, die sich stufenweise vergrößern ließen. Die Möglichkeiten der Anpassung waren jedoch noch sehr begrenzt, da diese Schriften in der Regel als sogenannte Bitmapschriften vorlagen, die für jede gewünschte Punktgröße als Pixelabbild (Bitmap) vorhanden sein mußten.

Seit der Version 3.1 verfügt Windows über Truetype-Schriften. Diese Schriften sind nicht mehr als Bitmap gespeichert, sondern liegen als mathematische Beschreibung (Outline) vor. Da praktisch alle Ausgabegeräte (Bildschirm, Drucker) pixelorientiert arbeiten, müssen aus diesen mathematischen Beschreibungen jedoch wieder Bitmaps erzeugt werden. Windows 3.1 erledigt diese Aufgabe während der Bildschirm- oder Druckausgabe. Der Vorteil besteht darin, daß die Schriftgröße zwischen 4 und 127 Punkten frei variiert werden kann.

FoxPro-Schriften

Mit FoxPro erhalten Sie zusätzliche Schriften, die keine Truetype-Schriften sind. Diese Schriften sind hauptsächlich für die Portierung von Foxpro-Anwendungen gedacht, die mit der DOS-Version entwickelt wurden.

Sie finden im Font-Dialog von Foxpro also Schriften, die, in Grenzen, frei skalierbar sind (Truetype) und Schriften, die nur in wenigen, fest vorgegebenen Punktgrößen oder auch nur in einer vorliegen.

11.3   Fonts in FoxPro für Windows

Alle Windows-Schriften sind in FoxPro verfügbar. Im Textmenü, im Datenblatt- und Editmenü finden Sie die Option *Schriftart...*, die den Font-Dialog aufruft.

Die Auswahl der Schriften, Punktgrößen und Ausprägungen erfolgt mit der Maus. Die Werte können aber auch von Hand in das Eingabefeld eingefügt werden. Nicht-Truetype-Schriften sind in der Regel nur in den angegebenen Punktgrößen verfügbar.

Für die Behandlung von Fonts in eigenen Programmen bietet FoxPro eine Reihe neuer Funktionen, Befehle und Klauseln an.

Die Ein- und Ausgabebefehle sind mit einer FONT-Klausel ausgestattet. Die Funktionen:

```
AFONT(),
GETFONT(),
FONTMETRIC(),
TXTWIDTH(),
WFONT()
```

liefern Informationen über den gerade verwendeten Font und die damit erzeugten Strings. Ihre Verwendung wird in den jeweils betreffenden Kapiteln besprochen.

11.4   Fonts und Ästhetik

Die vorstehenden Abschnitte waren nicht als akademischer Diskurs gedacht, sondern sollten die Probleme andeuten, die den Programmierer aufgrund der Windows-Fonts erwarten.

Zwei Grundprobleme haben wir zu bewältigen: die Positionierung und die Längenbestimmung von Bildschirmausgaben. Die einfachste Lösung besteht scheinbar darin, nur nicht-proportionale Fonts zu benutzen. Damit simulieren wir praktisch unseren alten DOS-Bildschirm. Daß mit solchen Grundsätzen keine vorzeigbaren Windows-Applikationen zu erstellen sind, dürfte der erste Versuch klarmachen.

Der gegenteilige Ansatz, möglichst viele Schriften in möglichst vielen Ausprägungen zu verwenden, verschärft nicht nur unsere Probleme, sondern führt auch zu einer ästhetischen Katastrophe.

Die Lösung kommt dem nahe, was die DTP-Branche seit ihren Anfängen zu ihren Grundregeln zählt: möglichst wenige Schriften und Schriftausprägungen. In unseren Beispielen verwenden wir daher häufig nur eine Schrift (oft den proportionalen Windows-Font „System").

Wann proportionale und wann nicht-proportionale Fonts?

In der Regel sind proportionale Fonts wesentlich angenehmer zu lesen. Für einige Aufgaben, etwa die listenartige Ausgaben von Teilstrings gleicher Länge, sind nicht-proportionale Fonts jedoch unumgänglich. Die gleiche Länge von Strings mit der gleichen Anzahl von Zeichen läßt sich nur mit einem nicht-proportionalen Font erzeugen. Als „unverbindliche" Empfehlung kann daher die folgende Auswahl angesehen werden:

Font	Schriftart	Verwendung
System	proportional	für Menüs und Schaltflächen
FixedSys	nicht-proportional	für Listenausgaben
New Times Roman	proportional	für Memofelder

Die Beispiele dieses Buches arbeiten teilweise mit diesen drei Fonts.

Fonts und hohe Bildschirmauflösungen

Viele Entwickler und Anwender arbeiten inzwischen nicht mehr mit der Standard-VGA-Auflösung von 640 * 480 Pixel, sondern bevorzugen höhere Bildschirmauflösungen, beispielsweise 800*600. Entwickler, die für fremde Auftraggeber programmieren, müssen aber damit rechnen, daß Ihre Kunden noch mit Standard-VGA ausgerüstet sind. Eine Bildschirmmaske, die bei einer Auflösung von 800*600 den ganzen Bildschirm füllt, paßt aber nicht mehr auf Standard-VGA-Monitore. Umgekehrt gilt: Eine mit Standard-VGA entwickelte

Bildschirmmaske wird bei einer SVGA-Auflösung von 1024*768 zu einem Mini-Fenster, das kaum noch Daten erkennen läßt.

Um Probleme mit unterschiedlichen Bildschirmauflösungen zu vermeiden, muß der Entwickler eventuell Masken mit verschiedenen Punktgrößen erstellen.

12 Fenster programmieren

12.1 Grundlagen

Wer bereits in der DOS-Version von FoxPro Fenster programmiert hat, wird vielleicht glauben, daß ein eigenes Kapitel für diese einfache Aufgabe nicht gerechtfertigt ist. Unter Windows gestaltet sich die Programmierung von Fenstern jedoch wesentlich komplizierter. Der Schlüssel zum Verständnis der Fensterdefinition sind hier die Fonts. Abhängig von der verwendeten Schriftart und der Schriftgröße, kann die Darstellung auf dem Bildschirm, trotz identischer Koordinaten, erheblich differieren.

Dem Programmierer sei daher dringend geraten, möglichst immer den Masken-Generator zu verwenden, da dieser nicht nur effektiver als jeder geübte Hacker ist, sondern auch eine ständige visuelle Kontrolle des Masken-Layouts erlaubt. Leider wird der Entwickler nicht vermeiden können, gelegentlich selbst in die Tasten zu greifen, um das Ergebnis des Masken-Generators zu verfeinern.

Dieses Kapitel will die notwendigen Kenntnisse vermitteln, die für die Feinarbeit erforderlich sind.

12.2 Befehle und Syntax

Generierung und Manipulation von Fenstern sind an eine Vielzahl von Befehlen und Klauseln gebunden. Die Grundbefehle sind:

```
DEFINE WINDOW <Fenstername1>
        FROM <Zeile1>, <Spalte1> TO <Zeile2>, <Spalte2>|
        AT <Zeile1>, <Spalte1> SIZE <Zeile2>, <Spalte2>
        [IN DESKTOP]
        [FONT <AusdrZ>]
        [STYLE <AusdrZ>]
        [FILL FILE <AusdrZ>]
        [ICON FILE <AusdrZ>]
        [HALFHEIGHT]
        [MDI | NOMDI]
        [IN [WINDOW] <Fenstername2> | IN SCREEN]
        [FOOTER <AusdrZ1>]
        [TITLE <AusdrZ2>]
        [DOUBLE | PANEL | NONE | SYSTEM | <Randfolge>]
```

```
            [CLOSE | NOCLOSE]
            [FLOAT | NOFLOAT]
            [GROW | NOGROW]
            [MINIMIZE]
            [SHADOW]
            [ZOOM | NOZOOM]
            [FILL <AusdrZ3>]
            [COLOR <Farbpaarliste>
            | COLOR SCHEME <AusdrN>
            | COLOR RGB(<Farbwertliste>)]
```

und

```
    ACTIVATE WINDOW [<Fenstername1>
            [, <Fenstername2> ... ]] | ALL
            [IN [WINDOW] <Fenstername3> | SCREEN]
            [BOTTOM | TOP | SAME] [NOSHOW]
```

Glücklicherweise sind die meisten Klauseln optional. Schon mit den Zeilen

```
    DEFINE WINDOW test FROM 5,5 TO 15,40
    ACTIVATE WINDOW test
```

läßt sich ein Fenster auf den Bildschirm bringen und mit

```
    DEACTIVATE WINDOW test        && oder
    RELEASE WINDOW test
```

wieder entfernen. Schauen wir uns die diversen Klauseln etwas näher an, so verdienen besonders ZOOM, CLOSE, GROW und FLOAT unser Interesse.

Fenster vergrößern, verkleinern und verschieben

ZOOM erlaubt die Vergrößerung des Fensters von den vorgegebenen Koordinaten auf die volle Bildschirmgröße. GROW geht noch einen Schritt weiter und macht es möglich, ein Fenster per Maus oder per Tastatur beliebig zu vergrößern oder zu verkleinern. Mit CLOSE kann ein Fenster per Mausklick geschlossen werden.

Fassen wir unser Beispiel zusammen und ergänzen es mit den neuen Klauseln, erhalten wir die nachstehenden Zeilen:

```
    DEFINE WINDOW test FROM 5,5 TO 15,40 ;
                      ZOOM CLOSE GROW FLOAT
    ACTIVATE WINDOW test
```

Um das Fenster wieder vom Bildschirm zu entfernen, müssen Sie das System-Menü des Fensters öffnen und die Option *Schließen* wählen. Alternativ können Sie mit der Maus zum Befehlsfenster schalten und den Befehl

```
RELEASE WINDOW test
```

eingeben. Sie können auch auf die obere linke Ecke des Fensters doppelklicken oder die Tastenkombination ⟨Strg⟩+⟨F4⟩ betätigen.

Hinweis: ZOOM und GROW funktionieren ohne Einschränkung nur mit Textfenstern für Memofelder oder Textdateien, mit BROWSE und mit Fenstern, die keine Eingabe enthalten. Ein Fenster, das GETs enhält, kann auf diese Art nicht manipuliert werden. Einzig die Optionen FLOAT und CLOSE sind dann noch wählbar.

Fenster mit Systemmenü

Das Fenster erhält automatisch ein Systemmenü, das die jeweils aktiven Optionen ebenfalls zur Verfügung stellt. Diese Optionen sind abhängig von den verwendeten Klauseln (ZOOM, GROW, FLOAT etc.).

DESKTOP-Fenster

Die Fenster, die wir bisher produziert haben, waren nur innerhalb der FoxPro-Oberfläche verfügbar. FoxPro kann Fenster aber auch direkt auf der Windows-Oberfläche, also außerhalb des FoxPro-Hauptfensters, plazieren. Mit der Klausel IN DESKTOP wird Ihr Fenster frei auf der Windows-Oberfläche dargestellt. Ein Beispiel:

```
DEFINE WINDOW test FROM 5,5 TO 15,40 ;
                   FONT "Arial", 10 ;
                   MINIMIZE ZOOM CLOSE ;
                   GROW FLOAT ;
                   IN DESKTOP
ACTIVATE WINDOW test
```

Mit diesem Fenster können Sie die Grenzen der FoxPro-Oberfläche verlassen. Unabhängig davon, ob gerade ein anderes Fenster, beispielsweise das Befehlsfenster, aktiv ist, bleibt ein Desktop-Fenster immer das oberste, wird also nicht durch andere FoxPro-Fenster verdeckt. Auch die Positionierung erfolgt nur in Bezug auf den Bildschirm, unabhängig von der Lage des FoxPro-Hauptfensters.

In diesem Beispiel haben wir bereits Fonts verwendet, die wir im folgenden Abschnitt behandeln wollen.

12.3   Fenster und Fonts

Die etwas schmalbrüstige Form der bisher erzeugten Fenster ist Ihnen vielleicht aufgefallen. Solange wir nicht explizit einen speziellen Font vorgeben, verwendet FoxPro einen eigenen Standardfont, der die leichte Übertragung von Programmen garantieren soll, die mit der DOS-Version entwickelt wurden. Die Optik läßt sich wesentlich verbessern, wenn Windows-Fonts benutzt werden. Damit aber beginnt das Jammertal der Fensterprogrammierung. Entwickler, die wenig Erfahrung mit Fenstern und (proportionalen) Fonts haben, können hier ihre Frustrationsschwelle testen.

Fenster positionieren

Die Bildschirmdarstellung (Position und Größe) eines Fensters ist abhängig von zwei verschiedenen Fonts:

1. Dem Font des Eltern- (Parent-)fensters

2. Dem eigenen Font des Fensters

Der Font des Elternfensters bestimmt immer die Anfangsposition, also die linke obere Ecke des zu zeichnenden Fensters.

Zwei Koordinatensysteme

Die rechte untere Ecke und damit die Größe des Fensters ist abhängig vom verwendeten Koordinatensystem. FoxPro für Windows unterscheidet die beiden folgenden Systeme:

```
1. FROM <Zeile1>, <Spalte1> TO <Zeile2>, <Spalte2>
2. AT <Zeile1>, <Spalte1> SIZE <Zeile2>, <Spalte2>
```

Das erste System setzt das Fenster nur in Abhängigkeit des Fonts des Elternfensters. Sie bestimmen also die beiden Koordinaten, während die Breite des Fensters das Ergebnis dieser Positionierung ist. Der eigene Font hat keine Auswirkung auf die Größe des Fensters.

Das zweite System setzt die Anfangskoordinaten genau wie im ersten System. Sie geben jedoch diesmal die Breite (SIZE) des Fensters vor, so daß die Endkoordinaten abhängig sind von der vorgegebenen Breite. In diesem Fall wird für die Berechnung der Bildschirmdarstellung der eigene Font des Fensters verwendet.

Da FROM und AT die gleiche Wirkung haben, können sie auch gegeneinander ausgetauscht werden. Die Kombinationen AT...TO und FROM...SIZE werden daher von FoxPro auch nicht als Fehler reklamiert.

Die unterschiedliche Wirkung der beiden Koordinatensysteme auf die Fenstergröße demonstriert das folgende Beispiel:

```
*-------------------------------------------------------------
* sample03                               Windows mit Fonts
*
* Die Auswirkung der Klauseln FROM/TO und AT/SIZE auf
* Position und Größe des Fensters
*-------------------------------------------------------------


CLEAR

*--- Fenster mit FROM/TO --------------

DEFINE WINDOW w1 FROM 03,3 TO 8,30   FONT "Arial",        10
DEFINE WINDOW w2 FROM 11,3 TO 16,30  FONT "Times Roman",  10
DEFINE WINDOW w3 FROM 19,3 TO 24,30  FONT "Courier",      10

*--- Fenster mit AT/SIZE --------------

DEFINE WINDOW w4 AT 03,35 SIZE 6,27 FONT "Arial",        10
DEFINE WINDOW w5 AT 11,35 SIZE 6,27 FONT "Times Roman",  10
DEFINE WINDOW w6 AT 19,35 SIZE 6,27 FONT "Courier",      10

*--- Alle Fenster aktivieren -----------

ACTIVATE WINDOW w1
ACTIVATE WINDOW w2
ACTIVATE WINDOW w3
ACTIVATE WINDOW w4
ACTIVATE WINDOW w5
ACTIVATE WINDOW w6

WAIT WINDOW

*--- Fenster deaktivieren ---------------

DEACTIVATE WINDOW w1
DEACTIVATE WINDOW w2
DEACTIVATE WINDOW w3
DEACTIVATE WINDOW w4
DEACTIVATE WINDOW w5
```

```
DEACTIVATE WINDOW w6

*--- Ende sample03 ----------------------------------
```

Dieses Programm erzeugt ungefähr die folgende Abbildung. Die Darstellung auf Ihrem Monitor ist abhängig vom gerade aktiven Font des FoxPro-Hauptfensters.

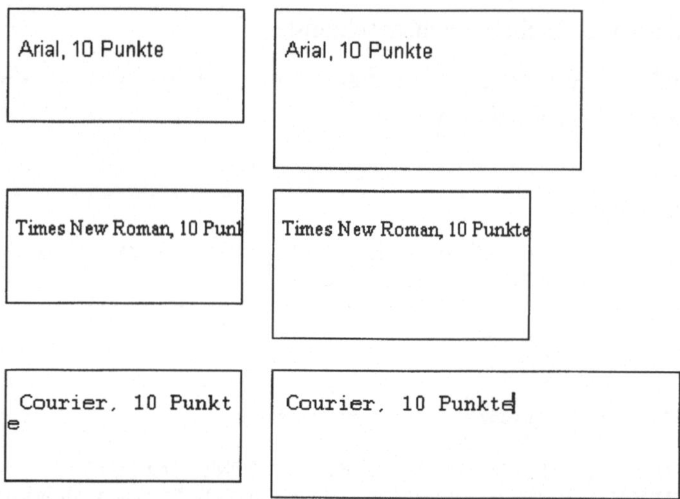

Abb. 12.1 *Fenster und Fonts: Die Auswirkungen von Fonts auf Breite und Höhe eines Fensters*

Die linke Spalte ist mit FROM...TO generiert worden und zeigt gleichmäßig große Fenster. Die rechte Spalte verwendet AT...SIZE und zeigt, trotz gleicher Koordinaten, unterschiedlich breite und hohe Fenster. Die unterschiedliche Breite ist das Ergebnis der verschiedenen Fonts. Hätten wir für die rechten Fenster identische Fonts verwendet, wären auch diese gleichmäßig ausgefallen. Da es schließlich der Sinn von Fenstern ist, Text auszugeben, sollte Ihnen dennoch die Entscheidung zwischen TO und SIZE nicht schwerfallen. Da nur SIZE den eigenen Font berücksichtigt, ist nur so sichergestellt, daß Textausgaben auch korrekt im Fenster plaziert werden können. SIZE ist daher unbedingt vorzuziehen.

Sie sollten sich durch die Darstellung nicht täuschen lassen. Die Fenster der rechten Spalte (SIZE) werden immer die gezeigte Größe haben, unabhängig vom Font des Elternfensters. Die so gleichmäßig aussehenden Fenster der linken Spalte ändern hingegen sofort ihre Größe, wenn der Font des Elternfensters variiert.

12.4 Fenster und Bitmap-Grafiken

Fenster können auf „Ikonen"-größe schrumpfen und durch Doppelklick mit der Maus wieder auf ihre volle Größe anwachsen. Soweit war auch schon FoxPro 2.0. In FoxPro für Windows können eigene Symbole (Icons) für diese Darstellung verwendet werden. Solche Icons sind kleine Bitmap-Grafiken, die Sie selber zuweisen können.

Fenster können aber auch eine Tapete (wallpaper) für den Hintergrund erhalten, die ebenfalls aus einer Bitmap-Grafik bestehen kann. Wir haben also zwei Verwendungen für Grafiken:

1. Fenstersymbol (Icon)

2. Hintergrund (Tapete)

Die jeweils zugehörigen Klauseln (nicht Befehle) sind:

1. ICON FILE <Grafikdatei>

2. FILL FILE <Grafikdatei>

Die Verwendung einer ICON-Datei setzt natürlich voraus, daß das Fenster mit der Klausel MINIMIZE versehen wurde. Mit FILL FILE eingebundene Hintergrundgrafiken werden durch Vervielfältigung an die Fläche des Hintergrundes angepaßt oder abgeschnitten. Ein Beispiel mit dem Windows-Logo:

```
DEFINE WINDOW test FROM 5,5 TO 15,40 ;
                   FONT "Arial", 10 ;
                   MINIMIZE ZOOM CLOSE ;
                   GROW FLOAT ;
                   FILL FILE "C:\WINDOWS\Winlogo.bmp"
ACTIVATE WINDOW test
```

Für die Klausel ICON FILE können keine Bitmap-Grafiken, sondern nur Icon-Files mit der Endung ICO verwendet werden. FILL FILE akzeptiert hingegen BMP-und PCX-Files, die auch Windows-Paintbrush erzeugt. Wenn Sie das obige Beispiel nachvollziehen wollen, sollten Sie darauf achten, daß die Pfadangabe mit Ihrer Konfiguration übereinstimmt. Kopieren Sie *Winlog.bmp* in Ihr aktuelles (Default) Verzeichnis, können Sie auf die vollständige Pfadangabe verzichten.

Farben und Fenster

Statt Grafiken können auch Farben für den Hintergrund eingesetzt werden. Mit den Farben in FoxPro wird sich ein eigenes Kapitel beschäftigen, weswegen hier nur kurz die Syntax angedeutet werden soll. Sie können mit COLOR SCHEME

ein definiertes Farbschema verwenden, mit COLOR ein Farbpaar bestimmen oder
mit COLOR RGB() das Windows-Farbmodell einsetzen.

Beispiel:

```
DEFINE WINDOW test FROM 5,5 TO 15,40 ;
                   FONT "Arial", 10 ;
                   CLOSE GROW FLOAT ;
                   COLOR W+/R
ACTIVATE WINDOW test
@ 2,2 SAY "Farbe für den Hintergrund"
```

12.5   Aktivieren, Deaktivieren, Verstecken

Den ACTIVATE-Befehl hatten wir bereits mehrfach verwendet. Immer, wenn ein
Fenster aktiviert, wenn also die Ausgabe in dieses Fenster umgeleitet werden soll,
ist ACTIVATE WINDOW erforderlich.

```
SHOW WINDOW <Fenstername>
```

verhält sich ähnlich wie ACTIVATE: Das betreffende Fenster wird über allen
anderen Fenstern angezeigt, jedoch nicht aktiviert. Die Ausgabe erfolgt weiterhin
in das zuletzt mit ACTIVATE bestimmte Fenster.

Fenster müssen gelegentlich auch wieder vom Bildschirm verschwinden. FoxPro
hat dafür gleich drei Befehle erhalten.

```
HIDE WINDOW <Fenstername>
```

versteckt lediglich das Fenster. Es bleibt aber weiterhin nicht nur im Arbeitsspeicher, sondern auch aktiv. Ausgaben mit SAY oder dem Print-Befehl (?)
werden, wenn auch unsichtbar, in dieses Fenster geleitet.

```
SHOW WINDOW <Fenstername>
```

zeigt das versteckte Fenster wieder an. Auch Ausgaben, die zwischenzeitlich in
das versteckte Fenster erfolgten, werden damit sichtbar.

```
DEACTIVATE WINDOW <Fenstername>
```

entfernt und deaktiviert das betreffende Fenster, so daß auch keine Ausgaben mehr in dieses Fenster geleitet werden können. Die Fensterdefinition bleibt jedoch im Speicher und kann mit

```
ACTIVATE WINDOW <fenstername>
```

wieder aktiviert und angezeigt werden, ohne daß zuvor eine Neudefinition des Fensters erfolgen muß.

```
RELEASE WINDOW <Fenstername>
```

entfernt das Fenster vom Bildschirm und aus dem Arbeitsspeicher. Soll das Fenster wieder verwendet werden, muß zunächst mit DEFINE WINDOW eine neue Definition erfolgen.

```
CLEAR WINDOW
```

wirkt wie RELEASE, nur daß jetzt alle angezeigten Fenster vom Bildschirm und aus dem Arbeitsspeicher entfernt werden.

12.6   Bestehende Fenster manipulieren

Fenster können natürlich nicht nur erzeugt, verschoben und gelöscht werden. Um dem Anspruch auf objektorientierte Programmierung gerecht werden zu können, hat Microsoft viele zusätzliche Befehle und Funktionen implementiert, die eine umfangreiche Manipulation von Fenstern erlauben.

Zunächst sind die Funktionen zu nennen, die dem Programmierer eine Kontrolle über Attribute, Typ und Zustand des Fensters ermöglichen.

```
WBORDER()
WCHILD()
WLAST()
WREAD()
WMAXIMIZE()
WMINIMIZE()
WPARENT()
```

Position und Größe eines Fensters verändern die Befehle

```
ZOOM WINDOW

MOVE WINDOW <Fenstername>  TO <Zeile>, <Spalte>
            | BY <AusdrN1>, <AusdrN2>

MODIFY WINDOW
```

Neu in FoxPro für Windows ist MODIFY WINDOW. Damit kann ein bestehendes und aktiviertes Fenster vollständig neu gestaltet werden. Nahezu alle Klauseln, die auch für DEFINE WINDOW verfügbar sind, lassen sich mit MODIFY WINDOW einsetzen. Die nicht gerade berauschende Geschwindigkeit des Befehls läßt vermuten, daß sich auch nicht viel mehr als ein DEFINE WINDOW hinter diesem Befehl verbirgt.

Interessant ist dieser Befehl, wenn die Klauseln FLOAT, ZOOM, GROW und MINIMIZE oder Hintergrundgrafik und Farbe nachträglich geändert werden sollen. Für Änderungen von Position und Größe reichen die oben schon angesprochenen Befehle MOVE WINDOW und ZOOM WINDOW aus.

Ein Hinweis: Fensterbezogene Aktivitäten (Öffnen, Schließen) können auch mit READ-Klauseln interagieren. Wir werden auf dieses Thema im Kapitel „GET/READ und Steuerelemente" näher eingehen.

13 Ein- und Ausgabe mit GET, SAY und READ

13.1 Zu diesem Kapitel

Die klassischen Ein- und Ausgabebefehle eines xBase-Dialekts sind schon mit FoxPro 2.0 erheblich erweitert worden. FoxPro für Windows bringt neue Klauseln, die wesentlich auf Windows-Eigenschaften abgestimmt sind, sich also mit Fonts, Farben und Bitmaps beschäftigen.

Um alle bisherigen dBase-Programmierer wieder zu beruhigen: Auch unter FoxPro können SAY, GET und READ weiterhin wie gehabt eingesetzt werden. Entwickler, die sich jedoch darauf beschränken, lediglich die alte Syntax zu nutzen, verschenken ein gewaltiges Potential.

FoxPro 2.5 hat das GET/READ-Konzept auf eine neue Stufe gehoben und dabei gerade die Sprachelemente, die schon seit Urzeiten zum Grundwortschatz von dBase gehören, GET und READ, funktional außerordentlich erweitert. Die neuen Klauseln dienen speziell der Programmsteuerung in Masken.

Mit GET/READ werden also eigentlich zwei Konzepte realisiert:

1. Ein-/Ausgabe

2. Programmsteuerung

Wir haben folglich auch zwei Kapitel daraus gemacht. In diesem Kapitel finden Sie alles, was für die Ein- und Ausgabe erforderlich ist. Das nachfolgende Kapitel beschreibt dann die Programmierung von Steuerelementen (Controls) mit GET/READ-Anweisungen.

13.2 Datenausgabe mit SAY

Der Standardausgabebefehl aller xBase-Dialekte ist in FoxPro für Windows durch zusätzliche Optionen an die Möglichkeit, skalierbare Fonts und Grafiken auszugeben, angepaßt worden. Wir wollen uns hier auf diese Erweiterungen konzentrieren.

Die Syntax:

```
@ <Zeile>,<Spalte> SAY <Ausdr1>
                       [BITMAP [CENTER]]
                       [ISOMETRIC | STRECH]
                       [VERB <AusdrN1> | <AusdrZ1>]
                       [FUNCTION <Fcodes1>]
                       [PICTURE <AusdrZ1>]
                       [SIZE <AusdrN2>,<AusdrN3>]
                       [FONT <AusrZ4>,<AusdrN4>]
                       [STYLE <AusdrZ5>]
                       [COLOR SCHEME <AusdrN1> |
                        COLOR <Farbpaarliste1> |
                        COLOR RGB(<Farbwertliste>)]
```

SAY und skalierbare Fonts

SAY verwendet, wenn die optionale Klausel FONT nicht eingesetzt wird, den
Font des gerade aktiven Fensters. Dieser Font kann jedoch durch die Klausel
FONT geändert werden. Die folgende Programmzeile verwendet die TrueType-
Schrift „Arial" in der Punktgröße 60.

```
@ 3,3 SAY "Hallo" FONT "Arial", 60
```

FONT benötigt zwei Parameter: die Schriftart, die als String und die Schriftgröße,
die als numerischer Wert übergeben wird. Schriften lassen sich in verschiedenen
Ausprägungen (normal, fett, kursiv, unterstrichen etc.) verwenden. Mit der
Klausel STYLE bestimmen Sie die Ausprägung der Schrift. STYLE akzeptiert als
Parameter nur die Werte der folgenden Tabelle:

B	Fett (Bold)
I	Kursiv (Italic)
N	Normal
O	Outline
S	Schatten (Shadow)
-	Strikeout
T	Transparent
U	Unterstrichen

Tabelle 13.1: STYLE-Attribut

Die jeweils verwendete Schrift muß natürlich über die gewünschte Ausprägung
verfügen. Andernfalls benutzt FoxPro „normal".

Unser um STYLE erweitertes Beispiel sieht nun wie folgt aus:

```
@ 3,3 SAY "Hallo" Font "Arial", 60 STYLE "B"
```

STYLE akzeptiert auch mehrere Ausprägungen in einem Ausdruck, beispielsweise STYLE „BU" für fett und unterstrichen.

Ausgaben positionieren

Wir haben bisher das Problem der Positionierung von Ausgaben mit SAY einfach
unterschlagen. Mit der Verwendung von proportionalen und skalierbaren Fonts ist
uns jedoch auch die gewohnte Bildschirmmatrix von 25 Zeilen und 80 Zeichen
abhanden gekommen. Die tatsächliche Position ist nun abhänging vom Font des
Ausgabefensters. Das folgende Beispiel funktioniert sowohl unter der DOS- wie
auch unter der Windows-Version einwandfrei.

```
@ 3,3 say "1. Zeile"
@ 5,3 say "2. Zeile"
```

Fügen wir jedoch Font-Klauseln hinzu, müssen wir, je nach Font und Schriftgröße, mit Bildschirmsalat rechnen.

```
@ 3,3 say "Hallo" Font "Arial", 60 STYLE "B"
@ 5,3 say "Hallo" Font "Arial", 60 STYLE "B"
```

Obwohl unsere zweite Zeile zwei Zeichen tiefer mit der Ausgabe beginnt, überlagern sich die Ausgabezeilen. Das folgende Beispiel zeigt die Veränderung der
Positionierung in Abhängigkeit von der Schriftgröße des Fensters.

```
*-------------------------------------------------
* sample04     FONT-Klausel und Ausgabeposition;
*              Abhängigkeit vom Font des Ausgabe-
*              fensters
*-------------------------------------------------

CLEAR

DEFINE WINDOW test1 FROM 1,5 TO 10,60 ;
       FONT "Arial", 30
ACTIVATE WINDOW test1

@ 1,1 SAY "Position 1,1 - Fenster-Font = Arial 30" ;
         FONT "Arial", 12

DEFINE WINDOW test2 FROM 12,5 TO 21,60 ;
       FONT "Arial", 10
ACTIVATE WINDOW test2
```

```
@ 1,1 SAY "Position 1,1 - Fenster-Font = Arial 10" ;
        FONT "Arial", 12

WAIT WINDOW
RELEASE WINDOW test1
RELEASE WINDOW test2

*---- Ende sample04 ----------------------
```

Obwohl die Ausgabebefehle identische Fonts benutzen, ist die Positionierung doch unterschiedlich.

Daraus folgt: Ausgabebefehle sollten möglichst Schrift und Schriftgröße des Ausgabefensters verwenden. Zumindest sollten die Schriftgrößen des Ausgabefensters und der Ausgabebefehle nicht zu sehr differieren. Eine halbwegs exakte Positionierung ist sonst nicht gewährleistet.

Die Ausgabelänge eines Strings ermitteln

Erstellen Sie Ihre Masken überwiegend mit dem Maskengenerator, was zu empfehlen ist, dann wird Ihnen dieses Problem nicht ganz so dringend erscheinen. Ihnen dürfte aber auffallen, daß FoxPro Koordinatenangaben mit Dezimalstellen verwendet. Die Positionierung kann auf drei Dezimalstellen (?) genau erfolgen. Eine solche „Feinpositionierung" erscheint DOS-Programmierern zunächst unverständlich. Sie resultiert jedoch aus der Verwendung proportionaler Fonts. Ein Zeichen ist eben nicht mehr ein Zeichen breit, sondern 0,5 Zeichen (das „i" der Schrift Arial) oder 1,83 Zeichen (das „m" der Schrift Arial).

Die angegebenen Werte beziehen sich also auf einen Normal- oder Durchschnittswert. Damit können wir die Länge eines Textes auch nicht mehr mit der Anzahl der Zeichen gleichsetzen. Die früher häufig verwendete Funktion LEN() taugt nur noch für nicht-proportionale Fonts. FoxPro für Windows hat daher die Funktion TXTWIDTH() erhalten, mit der auch die Länge proportionaler Fonts berechnet werden kann. Ein Beispiel:

```
? TXTWIDTH("Testzeile")
? TXTWIDTH("Testzeile","Arial",12,"B")
```

Das Ergebnis der ersten Zeile ist vom Font Ihres Ausgabefensters abhängig. Für das FoxPro-Hauptfenster ist standardmäßig ein nicht-proportionaler Font eingestellt. In diesem Fall gibt die Funktion den Wert *9* zurück, der genau der Anzahl der Zeichen entspricht. Die zweite Zeile liefert den Wert *8,5*, unabhängig vom Font des Ausgabefensters.

Unser String, der aus 9 Zeichen besteht, ist also 8,5 durchschnittliche Zeichen breit. Und auch dieser Wert gilt nur für den speziellen Font und für die Zeichen, die wir hier gewählt haben. Wie Sie aus dem Beispiel ersehen, berücksichtigt die Funktion vier Argumente. Das erste Argument ist der String, dessen Länge berechnet werden soll. Die übrigen drei Parameter sind optional. Sie bestimmen den Font, die Schriftgröße und die Schriftausprägung. Werden diese Parameter nicht angegeben, benutzt die Funktion den Fensterfont.

Fensterbreite und Textbreite

Die mit TXTWIDTH() berechnete Textbreite korrespondiert mit der Breite eines Ausgabefensters, wenn zwei Bedingungen erfüllt sind:

1. Gleiche Schrift und Schriftgröße

2. Verwendung der SIZE-KLausel bei der Fensterdefinition

Kennen wir den auszugebenden String, kann die erforderliche Breite des Fensters ermittelt werden. Das folgende Beispiel genügt unseren Bedingungen:

```
CLEAR
CLOSE ALL
text = "Eine Testzeile"

DEFINE WINDOW test AT 5,5 ;
       SIZE 3,TXTWIDTH(text,"Arial",12,"B")+1;
       FONT "Arial", 12

ACTIVATE WINDOW test
? text
WAIT ""
RELEASE WINDOW test
```

Die Breite des Fensters wird in der SIZE-Klausel mit Hilfe der TXTWIDTH()-Funktion ermittelt. Wir müssen den Wert 1 addieren, um den Rahmen zu berücksichtigen. Der String paßt genau in das Fenster, weil Fenster- und Ausgabefont identisch sind (FoxPro benutzt hier den Fensterfont für die Ausgabe). Die Ausgabezeile hätte auch das SAY-Kommando verwenden können. Die entsprechende Zeile wäre dann:

```
@ 1,0 SAY text
```

Mehrzeilige Ausgaben

Mit FoxPro für Windows wird erstmals auch eine SIZE (Größen) -Klausel für das SAY-Kommando eingeführt. Damit lassen sich Breite und Höhe der Ausgabe bestimmen.

Ausgabestrings können eventuell länger als die gerade mögliche Darstellungsbreite sein. Durch entsprechende Anpassung der SIZE-Klausel ist es aber möglich, Strings über mehrere Zeilen auszugeben, also einen Zeilenumbruch durchzuführen. Das folgende Beispiel gibt einen String über drei Zeilen aus. Die tatsächliche Größe wird durch den Font bestimmt. Unsere Klausel *SIZE 3,10* besagt also, daß ungefähr 10 Zeichen (!) in einer Zeile und maximal 3 Zeilen ausgegeben werden.

```
@ 5,5 say "Dies ist eine Textzeile" Font "Arial", 60 ;
      STYLE "BUI" SIZE 3,10
```

Der Text wird korrekt umbrochen, da kein Wort des Strings länger als zehn „durchschnittliche" Zeichen ist. Kann SAY keinen korrekten Umbruch durchführen, erfolgt die Trennung willkürlich an der durch SIZE bestimmten Grenze.

SIZE kann auch für die Anzeige von Memofeldern genutzt werden. Sie sollten jedoch bedenken, daß Text, der nicht in den definierten Bereich paßt, abgeschnitten wird. Für die Ausgabe von Strings mit unbestimmter Länge ist daher ein Editor-Fenster, eventuell mit der Option NOEDIT, besser geeignet.

SAY mit PICTURE-Schablonen und FUNCTION-Codes

PICTURE und FUNCTION sind seit den frühen dBase-Zeiten die Standardwerkzeuge für die Formatierung von Ein- und Ausgabeanweisungen. Überwiegend dienen Sie der Eingabekontrolle, weswegen wir bei den GETs nochmals darauf zu sprechen kommen. Einige Optionen sind aber auch für die Ausgabe mit SAY interessant. Dazu gehören die folgenden Codes:

!	Text in Großbuchstaben umwandeln
I	Ausgabe zentrieren
J	Ausgabe rechts ausrichten
T	Führende und folgende Leerzeichen entfernen

Tabelle 13.2: Einige FUNCTION-Codes für PICTURE und FUNCTION

PICTURE oder FUNCTION können alternativ verwendet werden. PICTURE erwartet bei den Function-Codes das Zeichen „@" (Beispiel: PICTURE „@!"). FUNCTION kommt ohne den Klammeraffen aus.

Die hier abgebildete Tabelle ist nicht vollständig. Weitere Codes finden Sie in einer Tabelle im Anhang dieses Buches.

SAY-Ausgaben ausrichten

Die vorstehenden Beispiele zeigten schon die Problematik proportionaler Fonts. Soll etwa ein zur Laufzeit des Programms nicht bekannter Text ausgegeben werden, so genügt es nicht mehr, die Anzahl der Zeichen mit LEN() zu ermitteln, um ein Ausgabefenster entsprechend zu proportionieren. Das Ergebnis wäre vielleicht noch „irgendwie" darstellbar, aber nicht mehr präsentabel.

Auch die Zentrierung von Text ist nicht mehr „nach Augenmaß" möglich.

Die Programmzeilen

```
@ 1,1 SAY "Die erste Zeile der Meldung"
@ 2,1 SAY "    Die zweite Zeile        "
```

würden in der DOS-Version von FoxPro eine sauber zentrierte Ausgabe erzeugen. In der Windows-Version mit proportionalen Fonts wären beide Zeilen jedoch gegeneinander verschoben. Hier hilft PICTURE „@I" oder FUNCTION „I". Daß die Zentrierung dann auch mit umbrochenen Text funktioniert, zeigt die folgende Programmzeile.

```
@ 5,5 say "Dies ist eine Textzeile" Font "Arial", 60 ;
         STYLE "BUI" SIZE 3,10 PICTURE "@I"
```

Ein praktisches Beispiel für die SAY-Ausgabe

Das folgende Programmbeispiel rekapituliert und variiert die bisherigen Schritte. Es handelt sich um eine Benutzerdefinierte Funktion, die eine Meldung aus maximal drei Zeilen ausgibt und nach Bestätigung durch den Benutzer wieder vom Bildschirm verschwindet.

```
* -----------------------------------------------------------
* meldung()
```

```
*
* Parameter
* ---------
* x              = Zeile linke obere Ecke des Fensters
* Y              = Spalte linke obere Ecke
* mtext1         = 1. Textzeile
* mText2         = 2. Textzeile
* mtext3         = 3. Textzeile
* Rückgabewert
* ------------
* keine
*--------------------------------------------------------------

PARAMETER x,y,mtext1,mtext2, mtext3

PRIVATE hoch,breit

   *--- Parameter initialisieren, falls nicht übergeben --

mtext2 = IIF(EMPTY(mtext2), "", mtext2)
mtext3 = IIF(EMPTY(mtext3), "", mtext3)

   *--- Höhe und Breite des Fensters ermitteln ------

hoch   = IIF(EMPTY(mtext3), IIF(EMPTY(mtext2), 8, 10), 12)
breit  = MAX(TXTWIDTH(mtext1,"System", 10, "B"), ;
           MAX(TXTWIDTH(mtext2,"System", 10, "B"), ;
             TXTWIDTH(mtext3,"System", 10, "B"))) + 8
breit  = IIF(breit > 40, breit, 40)

   *--- Fenster definieren -------------------------

IF NOT WEXIST("meldung")
   DEFINE WINDOW meldung ;
        AT x, y ;
        SIZE hoch,breit ;
        FONT "System", 10 ;
        STYLE "B" ;
        FLOAT ;
        SYSTEM ;
        NOCLOSE ;
        NOMDI ;
        NOMINIMIZE ;
        COLOR RGB(0,0,0,255,255,255)
ENDIF

ACTIVATE WINDOW meldung

   *-----------------------------------------------------
   * Textzeilen ausgeben
   * Die SAY-Befehle benutzen die SIZE-Klausel, um über
   * die Variable "breit" die volle Fensterbreite für
   * die Ausgabe zu bestimmen. Mit PICTURE "@I" wird
```

```
      * der Ausgabestring dann zentriert.
      *------------------------------------------------------

  @ 2,0 SAY mtext1 ;
     SIZE 1.000,breit ;
     PICTURE "@I"                    && Zeile zentrieren

  @ 4,0 SAY mtext2 ;
     SIZE 1.000,breit ;
     PICTURE "@I"

  @ 6,0 SAY mtext3 ;
     SIZE 1.000,breit ;
     PICTURE "@I"

     *--- Schaltfläche definieren ----------------------

  @ hoch-3,breit/2-6 GET wahl ;
     PICTURE "@*HT \<OK" ;
     SIZE 1.646,12.167,1.667 ;
      DEFAULT 1 ;
     FONT "MS Sans Serif", 10 ;
     STYLE "B"

  READ CYCLE MODAL

  RELEASE WINDOW meldung
  RETURN

  *---- Ende meldung() ----------------------------
```

Sie sollten sich speziell die Berechnung der Variablen *breit* und die SAY-Befehle anschauen. Beachten Sie auch, daß ein SAY-Befehl sehr lang sein kann. Wie Sie inzwischen wissen, können Befehle in der nächsten Zeile fortgesetzt werden, wenn Sie die unterbrochenen Zeilen mit einem Semikolon abschließen.

Die Funktion benötigt mindestens die Parameter für die Koordinaten und eine Textzeile. Ein Aufruf mit zwei Textzeilen könnte wie folgt aussehen:

```
  t1 = "Theorie ohne Praxis ist leer,"
  t2 = "Praxis ohne Theorie ist blind."
  ? meldung(7,15,t1,t2)
```

Diese Funktion finden Sie auch in unserer Beispielanwendung und auf der Diskette im Verzeichnis \FUNKTION.

Bitmap-Grafiken mit SAY ausgeben

Für die Wiedergabe von Bitmap-Grafiken verfügt SAY über die Optionen BITMAP, CENTER, ISOMETRIC und STRETCH. Grafiken können entweder aus einem GENERAL-Feld oder aus einer Datei entnommen werden. Ein erstes Beispiel:

```
@ 3,3 say "c:\windows\winlogo.bmp" BITMAP CENTER
```

Diese Zeile plaziert das Windows-Logo in die Mitte des Bildschirm- oder Fensterbereichs, der unterhalb der vorgegebenen Koordinaten verbleibt. Bei Verwendung einer SIZE-KLausel erscheint die Grafik mitten im mit SIZE definierten Bereich. Um das Beispiel nachvollziehen zu können, muß die Pfadangabe an Ihre Konfiguration angepaßt werden. Bitte beachten Sie auch die Anführungszeichen für den Dateinamen. Möglich sind auch eckige Klammern oder einfache Anführungszeichen.

Die Bitmap-Grafik wird, unabhängig von der Größe des Fensters oder des SIZE-Bereichs, in Originalgröße angezeigt. Sind Fenster oder SIZE-Bereich zu klein, wird die Grafik beschnitten. Mit den Klauseln ISOMETRIC und STRETCH läßt sich das jedoch ändern.

ISOMETRIC vergrößert oder verkleinert die Bitmap-Grafik unter Beibehaltung der Proportionen. STRETCH verändert auch die Proportionen, wenn Fenster- oder SIZE-Bereich ein abweichendes Höhe/Breite-Verhältnis haben. Die Grafik wird dann gestaucht oder gestreckt.

13.3   Die Dateneingabe mit GET und READ

Der GET-Befehl bildet die Grundlage der Dateneingabe in allen xBase-Dialekten. Die Optionen für die Eingabe sind unter FoxPro für Windows an die grafische Oberfläche angepaßt worden.

Die Syntax:

```
@ <row, column> GET <memvar> | <Feld>
                [FUNCTION <AusdrZ1>]
                [PICTURE <AusdrZ2>]
                [FONT <AusdrZ3> [, <AusdrN1>]]
                [STYLE <AusdrZ4>]
                [DEFAULT <Ausdr1>]
                [ENABLE | DISABLE]
                [MESSAGE <AusdrZ5>]
                [[OPEN] WINDOW <window name>]
                [RANGE [<Ausdr2>] [, <Ausdr3>]]
                [SIZE <AusdrN2>, <AusdrN3>]
                [VALID <AusdrL1> | <AusdrN4>
```

```
[ERROR <AusdrZ6>]]
[WHEN <AusdrL2>]
[COLOR SCHEME <AusdrN5> |
COLOR <Farbpaarliste>|
COLOR RGB <Farbwertliste>]
```

Sie werden, wie üblich, den größten Teil dieser Klauseln selten benötigen.
Dennoch sind einige der als optional gekennzeichneten Klauseln in einer
Windows-Anwendung fast schon obligatorisch. Mit den simplen Zeilen

```
var = "              "
@ 5,5 GET var
READ
```

können Sie in einer DOS-Umgebung gelegentlich noch eine Eingabe aufbauen.
Unter Windows benötigen Sie regelmäßig auch SIZE, FONT, STYLE und andere
Klauseln. Wir wollen uns daher ein komplettes Beispiel anschauen und die
Besonderheiten bezüglich der Dateneingabe in den folgenden Abschnitten dis-
kutieren.

```
*-------------------------------------------------
* sample15
*
* Dateneingabe mit GET/READ
*-------------------------------------------------

   *--- Tabelle öffnen oder anwählen -------

IF USED("Adressen")
   SELECT adressen
ELSE
   USE adressen IN 0
   SELECT adressen
ENDIF

   *--- Fenster definieren ------------------

DEFINE WINDOW eingabe ;
      AT 5,5 ;
      SIZE 11,47 ;
      FONT "System", 10 ;
      TITLE " Eingabe " ;
      FLOAT ;
      NOCLOSE ;
      DOUBLE ;
      COLOR SCHEME 1
ACTIVATE WINDOW eingabe

   *-------------------------------------------------
```

```
      * Eingabevariablen definieren und
      * initialisieren.
      *-------------------------------------

m.Firma = SPACE(25)
m.Name  = SPACE(25)
m.Umsatz = 0

@ 1,3 SAY "Firma:"
@ 4,3 SAY "Name:"
@ 6,3 SAY "Umsatz:"

   *--- Eingabefelder definieren ----------

@ 1,12 GET m.Firma ;
   SIZE 2,31 ;
   DEFAULT " " ;
   PICTURE "@K"

@ 4,12 GET m.Name ;
   SIZE 1,31 ;
   DEFAULT " " ;
   PICTURE "@K!"

@ 6,12 GET m.Umsatz ;
   SIZE 1,31 ;
   DEFAULT 0 ;
   PICTURE "@K$ 999999.99" ;
   RANGE 100,100000

   *--- Schaltflächen definieren ----------

@ 8,19 GET wahl ;
   PICTURE "@*HNT Speichern;Abbruch" ;
   SIZE 1.5,11,2 ;
   DEFAULT 1 ;
   VALID dorepl()

   *-------------------------------------
   * Eingabefelder und Schaltflächen
   * aktivieren.
   *-------------------------------------

READ CYCLE

RELEASE WINDOW eingabe

*-------------------------------------------
PROCEDURE dorepl
*
* VALID-Funktion für Schaltfläche "Speichern"
*-------------------------------------------
```

```
IF wahl = 1
   APPEND BLANK
   REPLACE Firma WITH m.Firma
   REPLACE Name  WITH m.Name
ENDIF
RETURN .T.

*--- Ende sample15 ------------------
```

Das Programm kann auch als Muster für die Grundstruktur einer Eingabemaske dienen.

GET/READ und Fenster

Es ist nicht sehr sinnvoll, wenn auch weiterhin möglich, GET-Eingaben direkt in den Desktop (das Hauptfenster) zu setzen. Die Grundlage einer Ein- und Ausgabemaske bildet daher ein eigenes Fenster. Sobald GET-Felder in einem Fenster plaziert werden, kann dieses Fenster nicht mehr beliebig vergrößert oder verkleinert (ZOOM, GROW) werden. Es ist jedoch weiterhin frei beweglich. Ist ein Fenster aktiv, plaziert FoxPro ein nachfolgend aufgerufenes GET-Feld automatisch in dieses Fenster. Die mit GET definierten Koordinaten beziehen sich dann auf die linke obere Ecke des aktiven Fensters, nicht auf den Bildschirm. Die obere linke Ecke hat die Ausgangskoordinaten 0,0.

GET/READ, Fonts und SIZE

Fonts bestimmen auch die Darstellung von GET-Feldern. Sie können einen eigenen Font für jedes GET-Objekt wählen. Verzichten Sie auf diese Option, wird automatisch der Font des Fensters, in das Sie das GET-Objekt plazieren, benutzt.

Bei proportionalen Fonts läßt sich die Länge eines GET-Feldes für die Bildschirmausgabe nur noch als durchschnittliche Länge bestimmen. Eventuell reicht das nicht aus, alle Zeichen darzustellen. Sie sollten daher, wenn die Platzverhältnisse es zulassen, mit SIZE eine größere Feldbreite vorgeben, als sie eigentlich an Zeichen benötigen.

Unser Beispiel definiert SIZE mit einer Breite von 31 (SIZE 1,31), obwohl wir die Variable nur mit 25 Zeichen initialisiert haben. Trotzdem kann es vorkommen, daß die Eingabebreite nicht ausreicht. Dies wird der Fall sein, wenn Sie sehr viele Buchstaben mit großer Laufweite (Breite) eingeben. Natürlich wird dann horizontal gescrollt.

Mit der SIZE-Klausel läßt sich aber nicht nur die Breite, sondern auch wieder die Höhe des Eingabefeldes bestimmen. Die Zeilen

```
@ 1,10 GET m.Firma ;
   SIZE 2,31
READ
```

definieren ein Eingabefeld, das zwei Zeilen hoch und 31 (durchschnittliche!)
Zeichen breit ist.

Die indirekte Eingabe

In der xBase-Gemeinde ist die indirekte Eingabe über Speichervariablen sehr
verbreitet. Sie schreiben also nicht direkt in die Felder einer Datei, sondern editieren zunächst Variablen, deren Inhalt dann mit REPLACE-Befehlen in die
Datei geschrieben wird. Um die indirekte Eingabe zu erleichtern, kennt FoxPro
die beiden Befehle GATHER und SCATTER Die Syntax:

```
GATHER FROM <array> | MEMVAR
   [FIELDS <field list>]
   [MEMO]
```

und

```
SCATTER
   [FIELDS <field list>]
   [MEMO]
TO <array> | TO <array> BLANK | MEMVAR | MEMVAR BLANK
```

SCATTER schreibt den Inhalt des aktuellen Datensatzes der aktuellen Tabelle in
ein Array oder in Speichervariablen, die mit den Feldern der Tabelle gleichnamig
sind. Um Feldinhalt und Speichervariablen zu unterscheiden, kann die Speichervariable mit dem vorangestellten Buchstaben „m" und einem Punkt angesprochen werden. Aus dem Feld *Name* wird so die Speichervariable *m.Name*.

Ein Beispiel:

```
USE adressen
SCATTER MEMVAR
? Name        && Ausgabe des Feldinhalts
? m.Name      && Ausgabe des Inhalts der Speichervariablen
```

Da mit SCATTER auch eine Feldliste bestimmt werden kann, lassen sich Felder
auch gezielt in Speichervariablen schreiben. Das funktioniert auch mit einem
Array, nur daß Sie dann einen Array-Namen vorgeben müssen.

Wollen Sie leere Variablen erzeugen, beispielsweise um einen neuen Datensatz einzugeben, lautet der SCATTER-Befehl:

```
SCATTER MEMVAR BLANK
```

Für das Zurückschreiben editierter Variablen in die Tabelle mußten Sie früher den Befehl

```
REPLACE  <Feldname> WITH <Variable>
```

benutzen. Haben Sie die Variablen mit SCATTER erzeugt, genügt mit GATHER ein Befehl, um alle Felder einer Tabelle mit den Variableninhalten zu überschreiben. Unser Beispiel könnte dann wie folgt aussehen:

```
USE adressen

*-- Inhalt der Felder in Variablen schreiben und editieren --

SCATTER MEMVAR
@ 4,12 GET m.Name ;
    SIZE 1,31 ;
    DEFAULT " "
READ

*-- Inhalt der Variablen in Felder zurückschreiben --

GATHER MEMVAR
? Name          && Ausgabe des Feldinhalts
? m.Name        && Ausgabe des Inhalts der Speichervariablen
```

Wollen Sie einen neuen Datensatz erzeugen, ist vor GATHER noch der Befehl APPEND BLANK erforderlich. APPEND BLANK erzeugt einen leeren Datensatz und positioniert den Datensatzzeiger auf diesem Satz.

Die Eingabe beenden

Es sind hauptsächlich zwei Bereiche, in denen FoxPro eine Änderung der bisherigen Programmiertechnik begünstigt:

1. GET/READ-Anweisungen werden, kontrolliert durch Anwahl einer bestimmten Option, verlassen.

2. Befehle und Funktionen für die Eingabekontrolle sowie REPLACE-Kommandos (bzw. GATHER) können über die VALID-Funktion eines Steuerelements aufgerufen werden.

Für das kontrollierte Verlassen ist die Klausel CYCLE des READ-Befehls zuständig. Nur durch die Tastenkombinationen [Esc], [Strg]-[W] und [Strg]+[Ende] und durch definierte Steuerelemente (Buttons etc.) kann der Editiervorgang beendet werden. Die Steuerelemente werden wir im nächsten Hauptkapitel behandeln.

13.4 PICTURE und FUNCTION

Für die Validierung und Formatierung der Daten verwenden xBase-Sprachen PICTURE-Schablonen und FUNCTION-Codes. FUNCTION-Codes haben wir bereits bei der Behandlung der Datenausgabe mit SAY kennengelernt. Wird das Zeichen „@" in einer PICTURE-Schablone vorangestellt, können auch FUNCTION-Codes mit PICTURE verwendet werden. Die beiden folgenden Ausdrücke sind funktional gleichwertig:

```
@ 5,5 GET var FUNCTION "!"
@ 5,5 GET var PICTURE "@!"
```

Beide verwenden FUNCTION-Codes, und beide setzen die Eingabe in Großbuchstaben um. Mit

```
@ 5,5 GET var PICTURE "!!!!!!!"
```

benutzen Sie eine PICTURE-Schablone, die ungefähr die gleiche Funktion erfüllt. Durch die Verwendung verschiedener Schablonenzeichen kann die Eingabe aber besser kontrolliert werden. Die Zeile

```
@ 5,5 GET var PICTURE "!XXXXXX"
```

verwandelt nur den ersten Buchstaben in einen Großbuchstaben. Alle anderen Zeichen bleiben unverändert. Die folgende Tabelle zeigt einige häufig benötigte Schablonenzeichen. Die vollständige Liste finden Sie im Anhang des Buches.

!	Zeichen in Großbuchstaben verwandeln
9	Akzeptiert nur Ziffern und Vorzeichen
A	Ausgabe rechts ausrichten
X	Akzeptiert nur logische Werte
.	Bestimmt die Position des Dezimalzeichens

Tabelle: 13.3 Einige PICTURE-Schablonen für GET-Objekte

Unser Eingabebeispiel verwendet das Ziffernsymbol „9" und den Punkt, um die Eingabe für die Variable *m.Umsatz* zu kontrollieren und zu formatieren:

```
@ 6,12 GET m.Umsatz ;
   SIZE 1,31 ;
   DEFAULT 0 ;
   PICTURE "@K$ 999999.99" ;
   RANGE 100,100000
```

Zusätzlich haben wir die FUNCTION-Codes „K" für die Markierung des ganzes Feldes bei der Anwahl und „$" für die Darstellung des Währungszeichens in die Schablone eingebaut. Sie können also FUNCTION-Codes und Schablonenzeichen, durch ein Leerzeichen getrennt, in einer PICTURE-Schablone unterbringen.

Um nicht das Dollar-Zeichen, sondern „DM" als Währungssymbol zu erhalten, müssen Sie den Befehl

```
SET CURRENCY TO "DM   "
```

in Ihr Programm einbinden oder per Befehl eingeben. Beachten Sie die Leerzeichen hinter „DM". Damit schaffen Sie etwas Abstand zwischen dem Währungszeichen und dem nachfolgenden Betrag.

13.5   RANGE, VALID und WHEN

RANGE

Die Klausel RANGE kann einen Wertebereich vorgeben, der bei der Eingabe nicht unter- oder überschritten werden kann. In der Regel werden Sie numerische Werte damit überprüfen. RANG arbeitet aber auch mit Zeichen- und Datumsfeldern.

```
@ 6,12 GET m.Umsatz ;
   SIZE 1,31 ;
   RANGE 100,100000
```

Unser Beispiel akzeptiert nur Werte zwischen 100 und 100.000.

VALID

Die Klauseln PICTURE und RANGE erlauben nur eine sehr begrenzte Kontrolle
der Eingabe. Mit der VALID-Klausel hingegen verfügen Sie über eine umfassende Möglichkeit, die Eingabe auf logische Übereinstimmung mit einer vorgegebenen Bedingung zu überprüfen und so einem inkonsistenten Zustand der
Daten durch falsche Dateneingabe vorzubeugen. Insbesondere in Verbindung mit
einer Benutzerdefinierten Funktion kann VALID zu einem mächtigen Instrument
der Eingabekontrolle werden. Die Grundform einer GET...VALID-Anweisung:

```
@ x,y GET <Variable/Feld> VALID <Logische Bedingung>
```

Das GET kann nur verlassen werden, wenn die Bedingung wahr (.T.) ist. Die
logische Bedingung besteht daher in ihrer simpelsten Form aus einem schlichten
Vergleich:

```
@ x,y GET a VALID a = b
```

In diesem Fall erhält *a* nicht den Wert von *b* zugewiesen, sondern es wird überprüft, ob *a* mit *b* identisch ist. Sind die Werte beider Variablen identisch, dann
wird die Eingabe akzeptiert, und das Programm wird mit dem folgenden Befehl
weitergeführt. Liegt keine Identität vor, ist der Ausdruck „VALID a = b" also
logisch falsch, bleibt der Cursor im Eingabefeld stehen und wartet auf eine
korrigierte Eingabe, die dann wiederum beim Versuch, das Feld zu verlassen,
überprüft wird.

VALID-Funktionen

In der Regel werden Sie mit VALID eine Benutzerdefinierte Funktion aufrufen:

```
@ x,y GET a VALID funktion()
```

Unser Beispiel benutzt nur eine VALID-Funktion für die Schaltflächen, deren
Handhabung Sie im nächsten Kapitel kennenlernen werden. In einer VALID-
Funktion können alle FoxPro-Befehle und Funktionen verwendet werden. Sie
können also auch komplette Unterprogramme über eine VALID-Funktion aufrufen. Wichtig ist, daß die Funktion, eventuell nach mehreren Eingabeversuchen,
den Wahrheitswert .T. zurückliefert, da Ihr Programm sonst an dieser Stelle hän-
genbleibt.

Mit der Klausel ERROR kann eine eigene Meldung definiert werden, die erscheint, wenn die VALID-Funktion .F. zurückgibt.

WHEN

Die Klausel WHEN hat die gleiche Syntax und Wirkung wie VALID, nur wird
diesmal die logische Bedingung vor dem Eintritt in das betreffende Feld geprüft.

13.6   GET/READ in mehreren Fenstern

Der objektorientierte Anspruch erfordert, daß zwischen Fenstern (Objekten)
gewechselt werden kann und daß das jeweils angewählte Objekt auch sofort aktiv
ist. Der einfachste Fall in der Anwendungsentwicklung ist die Eingabe über
mehrere Masken. FoxPro unterstützt uns durch eine Fenstertechnik, die es
erlaubt, mit einem READ alle über verschiedene Fenster verteilten GETs zu
aktivieren.

Die Struktur eines Programms mit mehreren Eingabemasken zeigt folgendes
Beispiel:

```
*-----------------------------------------------------------------
* sample16
*
* GET/READ mit mehreren Fenstern
*-----------------------------------------------------------------

DEFINE WINDOW f1 FROM 2,05  TO 09, 40 FLOAT FONT "Arial", 10
DEFINE WINDOW f2 FROM 7,25  TO 14, 60 FLOAT FONT "Arial", 10
DEFINE WINDOW f3 FROM 12,45 TO 19, 78 FLOAT FONT "Arial", 10

    *-- Variablen definieren und initialisieren --------

v1 = SPACE(20)
v2 = SPACE(20)
v3 = SPACE(20)
v4 = SPACE(20)
v5 = SPACE(20)
v6 = SPACE(20)

    *-- Fenster und GET-Objekte aufrufen ---------------

ACTIVATE WINDOW f1
@ 1,1 GET m.v1
@ 3,1 GET m.v2

ACTIVATE WINDOW f2
@ 1,1 GET m.v3
@ 3,1 GET m.v4
```

```
@ 1,1 GET m.v3
@ 3,1 GET m.v4

ACTIVATE WINDOW f3

@ 1,1 GET m.v5
@ 3,1 GET m.v6

   *--- Alle GETs mit einem READ aktivieren ---

READ CYCLE

RELEASE WINDOW f1
RELEASE WINDOW f2
RELEASE WINDOW f3

*--- Ende sample16 --------------------------------
```

Zwischen den Fenstern kann per Mausklick, durch Drücken von `Strg`+`F1` oder auch durch Verlassen des letzten GETs eines Fensters gewechselt werden.

13.7   Weitere Klauseln und Funktionen

Die DEFAULT-Klausel

Jede Variable muß mit einem Wert initialisiert werden, wenn sie mit GET benutzt werden soll. Dies gilt jedoch nicht, wenn Sie DEFAULT verwenden. DEFAULT initialisiert die Variable und bestimmt damit auch ihren Typ.

SET READBORDER ON/OFF

Der Befehl SET READBORDER ON sorgt dafür, daß ein GET-Feld mit einer Umrandung aufgerufen wird, so daß die Grenzen des Feldes sichtbar werden.

VARREAD()

Die Funktion VARREAD() gibt den Namen der Variablen oder des Feldes zurück, das mit dem gerade aktiven GET aufgerufen wurde. Diese Funktion ist besonders sinnvoll in den VALID- und WHEN-Funktionen des READ-Befehls einzusetzen, weil damit das gerade aktive GET ermittelt werden kann.

CLEAR READ

FoxPro kann READs bis zu fünf Ebenen tief verschachteln. Um aus der Tiefe wieder ans Tageslicht zu gelangen, kann ein CLEAR READ gelegentlicht notwendig sein. Alle mit dem betreffenden READ aktivierten GETs werden natürlich ebenfalls gelöscht.

Mehr zum Thema READ bringt das folgende Kapitel.

14 Steuerelemente (Controls) mit GET/READ

14.1 Zu diesem Kapitel

FoxPro hat das GET/READ-Konzept erheblich ausgeweitet. Schon in der DOS-Version 2.0 war es möglich, Steuerelemente, sogenannte „Controls", über READ zu steuern. Die Umsetzung in die Windows-Version war für Fox dann kein Problem mehr. Dieses Kapitel ist als Fortsetzung und Ergänzung des vorhergehenden Kapitels zu sehen, wobei hauptsächlich die Steuerelemente und die erweiterten Optionen des READ-Befehls betrachtet werden sollen.

14.2 Controls mit GET/READ

Steuerelemente sind in der Regel nicht über zusätzliche Klauseln, sondern über sogenannte FUNCTION-Codes ansprechbar. Mit FUNCTION oder PICTURE versehene GETs erscheinen als Auswahlliste, Schaltfläche, Markierungsfeld etc. Um „objektorientiert" zu sprechen, könnte man sie eine eigene Objektklasse nennen, neben Fenstern, BROWSE-Tabellen und Menüs.

Steuerelement	Code	Syntax-Beispiel
Auswahllisten	&	`GET PICTURE "&" POPUP <Ausdr>`
Markierungsfelder	*C	`GET PICTURE "@*C <AusdrZ>"`
Popup-Menüs	^	`GET PICTURE "@^ <AusdrZ>"`
Radioknöpfe	*R	`GET PICTURE "@*R <AusdrZ>"`
Textknöpfe (Schaltflächen)	*	`GET PICTURE "@* <AusdrZ>"`
Texteditierbereiche		`EDIT`
Verdeckte Knöpfe	*I	`GET PICTURE "@*I"`
Spinner		`GET SPINNER`

Tabelle 14.1: Steuerelemente und GET-Befehle

Die Bezeichnungen in Tabelle 14.1 lassen schon auf die jeweilige Funktion schließen. Aufmerksame Leser werden das EDIT in der vorletzten Zeile bemerkt haben. Das ist kein Versehen des Autors. Dieses EDIT hat mit dem vertrauten, gleichnamigen, aber in Programmen wenig eingesetzten Befehl eigentlich nichts gemein. Unser EDIT ist eigentlich ein GET und wird auch als solches aufgerufen, mit den üblichen Konventionen. Man könnte es sogar als das einzige wirkliche GET dieser Liste bezeichnen, weil nur dieses EDIT eine regelrechte Eingabe zuläßt; alle anderen „sogenannten" GETs produzieren nur noch Steuerelemente.

Eine weitere Ausnahme bildet der neu hinzugekommene Spinner, der über eine reguläre Klausel aktiviert werden will. Die meisten Objekte benutzen FUNCTION-Codes. Die folgenden Zeilen demonstrieren den Unterschied bei der Verwendung der FUNCTION-Codes mit PICTURE- oder FUNCTION-Klausel.

```
var = 1
@ 5,5 GET var PICTURE "@* OK; Abbruch"
@ 9,5 GET var FUNCTION "* OK; Abbruch"
READ
```

Beide Zeilen erzeugen jeweils zwei Textknöpfe (Schaltflächen) mit den Bezeichnungen „OK" und „Abbruch". Wie schon bei „normalen" GETs üblich, fällt also der Klammeraffe (@) weg, wenn FUNCTION statt PICTURE verwendet wird.

Die Schaltflächen erscheinen vertikal angeordnet. Mit zusätzlichen FUNCTION-Codes kann auch eine horizontale Ausrichtung erzwungen werden. Die folgende Tabelle zeigt weitere FUNCTION-Codes, die für unsere Objekte relevant sein können.

T	Beendet ein READ CYCLE bei Auswahl
N	Beendet READ CYCLE nicht
V	Richtet Schaltflächen und Radioknöpfe vertikal aus
H	Richtet Schaltflächen und Radioknöpfe horizontal aus
K	Selektiert das ganze Feld, wenn dieses angewählt wird

Tabelle 14.2: Weitere FUNCTION-Codes für Steuerelemente

Wir wollen uns nachfolgend die Steuerelemente in kurzen Beispielen anschauen.

Schaltflächen (Buttons, Push-Buttons)

Das klassische Windows-Steuerelement ist die Schaltfläche (Button). Mehrere Schaltflächen können, wie in unserem Beispiel, mit einem GET erzeugt werden.

Abb. 14.1: Schaltflächen

Der folgende Quellcode zeigt in der PICTURE-Klausel die Schalter „H" für
horizontal und „T" für beenden (terminate).

```
@ 9.000,4.000 GET temp ;
    PICTURE "@*HT \<OK;\<Abbruch" ;
    SIZE 1.813,8.500,0.750 ;
    DEFAULT 1 ;
    FONT "MS Sans Serif", 10 ;
    STYLE "B"
READ CYCLE
```

Wir haben außerdem Hotkeys definiert. Mit der Zeichenkombination „\<" vor
dem jeweiligen Buchstaben ernennen wir diesen zum Hotkey. Die Betätigung der
Tasten „O" oder „A" führt also auch zur Auswahl und (wegen T = terminate) zur
Beendigung dieses Beispiels. Beachten Sie, daß wir die Variable *temp* nicht
initialisiert haben. FoxPro erledigt diese Aufgabe selbst, wenn wir einen
DEFAULT-Wert bestimmen. Andernfalls würden wir eine Fehlermeldung erhal-
ten (Variable nicht definiert!). Die Auswahloptionen werden, jeweils durch ein
Semikolon separiert, in der PICTURE-Schablone aufgelistet. Die Variable *temp*
übernimmt die Nummer der ausgewählten Option. Der dritte Parameter der SIZE-
Klausel bestimmt den Abstand der einzelnen Schaltflächen.

Markierungsfelder

Markierungsfelder ermöglichen das selektive Aktivieren und Deaktivieren von
Auswahloptionen, wobei sich die Optionen nicht gegenseitig ausschließen.

☒ **Auswahl 1**

☒ **Auswahl 2**   *Abb. 14.2: Markierungsfelder*

☒ **Auswahl 3**

Das Beispiel in Abbildung 14.2 ist eigentlich mit drei GETs aufgebaut, weil jedes
Feld separat definiert werden muß. Der folgende Quellcode produziert also nur
ein Markierungsfeld.

```
@ 2.000,48.000 GET temp ;
    PICTURE "@*C \<Auswahl 1" ;
    SIZE 1.063,12.250 ;
    DEFAULT 0 ;
```

```
      FONT "MS Sans Serif", 10 ;
        STYLE "BT"
READ CYCLE
```

Markierungsfelder kennen nur zwei Zustände (aktiv oder nicht-aktiv), weswegen für die Auswahl- oder Schaltvariablen (hier: *temp*) der logische Typ vorzuziehen ist. .T. (True)   bedeutet aktiv, .F. (False) steht für inaktiv. In unserem Beispiel haben wir den numerischen Typ, erkennbar am Default-Wert (0), gewählt. In diesem Fall steht 0 für inaktiv und jede andere Ziffer für aktiv. Auch Markierungsfeldern kann ein Hotkey zugewiesen werden (\<Auswahl = A).

Für Markierungsfelder und die nachfolgend besprochenen Radioknöpfe bekommt die STYLE-Klausel eine zusätzliche Bedeutung: Haben wir STYLE bisher nur für Schriftausprägungen wie „fett" oder „kursiv" benutzt, so kann jetzt auch bestimmt werden, ob der Hintergrund transparent (STYLE „T") sein soll. Ein Fensterhintergrund (Grafik oder Farbe) würde dann durch den Text des Feldes durchscheinen.

Radioknöpfe

Radioknöpfe gleichen den Markierungsfeldern, nur daß lediglich eine Auswahl möglich ist. Jede Aktivierung einer Option deaktiviert die zuvor aktive. Radioknöpfe kommen daher für beliebig viele Optionen mit einer Auswahlvariablen und folglich mit einem GET aus.

⦿ **Auswahl 1**
○ **Auswahl 2**   *Abb. 14.3:   Radioknöpfe*
○ **Auswahl 3**

Die Auswahlvariable (hier: *temp*) kann vom Typ Zeichen oder numerisch sein. Im ersten Fall werden die Namen der Auswahloptionen verwendet. Wir haben den numerischen Typ gewählt, der die Optionen einfach durchnumeriert. DEFAULT bestimmt die zweite Option als Voreinstellung und legt auch gleich den Datentyp fest. Entscheidend für die Generierung von Radioknöpfen ist das „R" in der PICTURE-Schablone. Ohne dieses Zeichen mutieren unsere Radioknöpfe zu simplen Schaltflächen.

```
@ 13.000,5.400 GET temp ;
    PICTURE "@*RVN Auswahl \<1;Auswahl \<2;Auswahl \<3" ;
    SIZE 1.063,11.750,0.250 ;
    DEFAULT 2 ;
```

```
     FONT "MS Sans Serif", 10 ;
     STYLE "BT"
READ CYCLE
```

Auch Hotkeys sind wieder möglich. Wir verwenden die Nummern der Auswahl-
texte als Hotkeys (Beispiel: Auswahl \<1).

Popup-Menüs

Popup-Menüs erlauben die Auswahl aus einer Liste von selbstdefinierten
Optionen oder aus Arrays. Die Auswahlvariable (hier: *temp*) kann vom numerischen Typ oder vom Typ Zeichen sein. Eine numerische Variable gibt die
Auswahlposition zurück, während der Charaktertyp den Namen der Option verwendet.

*Abb. 14.4:   Popup-Menü; die Abbildung zeigt das Menü
im geöffneten Zustand. Das Menü muß
normalerweise erst durch Mausklick auf die
Schaltfläche rechts oben geöffnet werden.*

Unser Beispiel bestimmt mit dem DEFAULT-Wert „Arial" den Charaktertyp für
die Auswahlvariable.

```
@ 8.000,16.400 GET temp ;
   PICTURE "@^ Arial;Times Roman;Courier;Symbol" ,
   SIZE 1.438,12.875 ;
   DEFAULT "Arial" ;
   FONT "MS Sans Serif", 10 ;
   STYLE "B"
READ CYCLE
```

Leider ist ein Popup-Menü nicht für die Ausgabe von Dateien oder Feldern vorgesehen. Diese Begrenzung läßt sich jedoch umgehen, wenn Dateien (Ver-
zeichnisinhalte) und Feldnamen zunächst in ein Array eingelesen werden. Da ein
Popup-Menü im geschlossenen Zustand wesentlich weniger Platz benötigt als die
nachfolgend besprochene Auswahlliste, kann es in Masken oft flexibler eingesetzt
werden.

```
=ADIR(inhalt)
@ 8.000,16.400 GET temp ;
   PICTURE "@^ " ;
```

```
      SIZE 1.438,15.875 ;
      DEFAULT inhalt(1) ;
      FROM inhalt ;
      FONT "MS Sans Serif", 10 ;
      STYLE "B"
READ CYCLE
```

Das vorstehende Beispiel liest den Inhalt des aktuellen Verzeichnisses in die Arrayvariable *inhalt* ein (=ADIR(*inhalt*)) und baut mit diesem Array ein Popup-Menü auf (GET... FROM *inhalt*).

Auswahllisten

Auswahllisten sind bezüglich der Datenquellen außerordentlich flexibel. Als Quelle können Listen, Arrays, Verzeichnisse, Datenbankfelder (auch mehrere Felder verknüpft) und die Feldstruktur einer Tabelle eingesetzt werden.

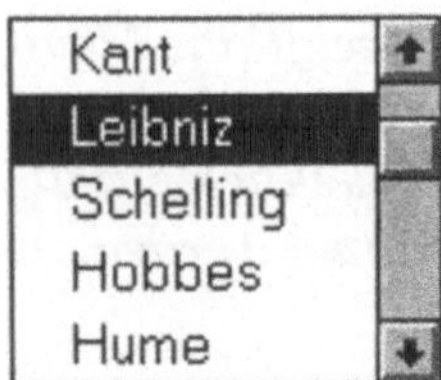

Abb. 14.5: Auswahlliste

Der Flexibilität entsprechend, ist auch der Quellcode etwas komplexer. Wir benötigen zunächst die Definition für ein Popup-Menü.

```
USE adressen
DEFINE POPUP _qcp0tq8aa ;
   PROMPT FIELD Adressen.name ;
   SCROLL ;
   MARGIN ;
   MARK "□

@ 3.769,19.400 GET temp ;
   PICTURE "@&N" ;
   POPUP _qcp0tq8aa ;
   SIZE 8.077,19.000 ;
   DEFAULT " " ;
   FONT "MS Sans Serif", 10 ;
   STYLE ""

READ CYCLE

RELEASE POPUPS _qcp0tq8aa
```

Erst auf der Grundlage dieses Menüs kann GET dann das Steuerelement erzeugen. Ein Aktivierungsbefehl (ACTIVATE POPUP) ist nicht erforderlich. Die Aktivierung der Menüstruktur erfolgt durch die POPUP-Klausel der GET-Anweisung.

Die Definition eines Popup-Menüs ist für Feldauswahl-, Feldstruktur- und Dateilisten erforderlich. Datenquelle kann aber auch ein Array sein. Die POPUP-Klausel entfällt dann. Der GET-Befehl muß dafür die Klausel

```
...FROM   <Arrayname>
```

verwenden. Das Array muß zuvor definiert worden sein. Auch eine einfache Aufzählung von Optionen ist wieder möglich. Diese Optionen müssen aber ebenfalls über ein Popup-Menü definiert werden.

Da unser Beispiel den Inhalt des Feldes *Namen* aus der Tabelle *Adressen* verwendet, muß auch diese Tabelle zunächst geöffnet werden.

Texteditierbereiche

Ein Editierbereich unterscheidet sich teilweise von den anderen Steuerelementen. Es ist das einzige Objekt, das wirklich noch Eingaben entgegennimmt. Das Schlüsselwort ist jedoch nicht GET, sondern EDIT. Wir haben also eine EDIT/READ-Konstruktion. In seiner Funktion ähnelt es dem Memofeldeditor. Memofelder und Variablen (Typ Charakter) sind dann auch die einzig zulässigen Datenobjekte. Wir verwenden in unserem Beispiel das Memofeld *Info* der Tabelle *Adressen*. Als Vorteil gegenüber dem Editor kann die vollständige Integration in Eingabemasken gelten. Dem stehen zwei Nachteile gegenüber: Es können keine Dateien editiert werden, und auch das Textmenü mit den Optionen für Schrift und Zeilenabstand steht nicht zur Verfügung.

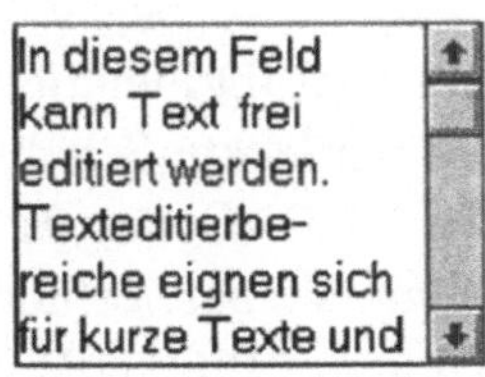

Abb. 14.6:   Texteditierbereich mit Memofeld

Die PICTURE-Klausel im folgenden Beispiel ist hier nicht erforderlich, da die Definition als Steuerelement durch das Schlüsselwort EDIT erfolgt. Sie sorgt

lediglich dafür, daß ein eventuell vorhandener Text bei der Anwahl des Elements
vollständig markiert (invers) dargestellt wird.

```
USE Adressen
@ 2.000,5.000 EDIT Adressen.info ;
   SIZE 6.000,19.000,0.000 ;
   PICTURE "@K" ;
   DEFAULT " " ;
   FONT "MS Sans Serif", 10 ;
   SCROLL
READ CYCLE
```

Die SCROLL-Klausel übernimmt die Darstellung der vertikalen Bildlaufleiste.
Ohne SCROLL bekommen Sie lediglich einen rechteckigen Editierbereich angezeigt, in dem aber dennoch „gescrollt" werden kann.

Verdeckte Knöpfe

Für diesen Abschnitt brauchen Sie etwas Phantasie. Wir wollten Ihnen keinen
leeren Rahmen zumuten und haben daher auf eine Abbildung verzichtet. Was
kann man auch mit Schaltflächen (oder Knöpfen) anfangen, die nicht zu sehen
sind? Nicht gerade wenig, wie ein Beispiel zeigen soll, das wir am Schluß dieses
Kapitels vorstellen wollen.

An dieser Stelle zeigen wir daher nur ein kleines Beispiel für die Umsetzung der
Syntax.

```
@ 21.462,46.000 GET temp ;
   PICTURE "@*IHN ;" ;
   SIZE 3.000,22.200,0.800 ;
   DEFAULT 0 ;
   FONT "MS Sans Serif", 8 ;
   VALID proc()
```

Das Beispiel ist nicht arbeitsfähig, da READ-Anweisung und VALID-Funktion
fehlen. Sie sollten aber erkennen können, daß wieder mehrere verdeckte Schaltflächen mit einem GET erzeugt werden können. Der FUNCTION-Code „H"
(=horizontal) in der PICTURE-Schablone hätte sonst keinen Sinn. Verantwortlich
für das Versteckspiel ist das Zeichen „I" hinter dem Sternchen in der PICTURE-
Schablone. Löschen Sie dieses Zeichen, bleibt wieder eine Schaltfläche, in
diesem Fall ohne Beschriftung. Wollen Sie mehrere verdeckte Knöpfe mit einem
GET erzeugen, müssen Sie, wie schon bei den Schaltflächen gezeigt, Semikolons
verwenden. Die PICTURE-Schablone für drei verdeckte Knöpfe hätte dann
folgende Form:

```
...PICTURE "@*IHN ;; "
```

Der dritte Parameter der SIZE-Klausel steht wieder für den Abstand der Schaltflächen.

Spinner

Der Spinner ist ein neues Steuerelement in FoxPro, dessen Sinn vielleicht etwas
zweifelhaft ist. Sie können damit numerische Werte eingeben oder per Mausklick
rauf- bzw. runterzählen.

Abb. 14.7: Spinner

Die filigranen Schaltflächen dieses Elements eignen sich jedoch gut für Ziel-
übungen mit der Maus.

Der Spinner benutzt zwar den GET-Befehl, seine Funktion wird jedoch nicht über
PICTURE (oder FUNCTION) gesteuert, sondern über die Klausel SPINNER.
Diese Klausel akzeptiert drei Argumente: Das erste Argument bestimmt den
Wert, um den sich die Anzeige bei jedem Mausklick erhöht oder verringert. Der
zweite und der dritte Wert bestimmen Minimum und Maximum der Eingabe-
werte.

```
@ 3.000,10.000 GET temp ;
   SPINNER 1.000, 5.000, 120.000 ;
   PICTURE "@K" ;
   SIZE 1.000, 8.000 ;
   DEFAULT 5.000 ;
   FONT "MS Sans Serif", 12 ;
   STYLE "B"
READ CYCLE
```

Die PICTURE-Klausel (K) hätten wir auch weglassen können. Sie sorgt nur
wieder für die Markierung des Wertes bei Aktivierung des Spinners.

GET-Objekte nachträglich manipulieren

GET-Objekte können abgeschaltet werden, so daß eine Anwahl durch den
Benutzer nicht möglich ist. Die Klausel DISABLE sorgt dafür, daß das betref-

fende GET-Objekt beim Aufruf zwar dargestellt wird, aber nicht angewählt werden kann. Mit dem Befehl

```
SHOW GET <var> [,<AusdrN> [PROMPT <AusdrC>] [ENABLE|DISABLE]
```

schalten Sie das Objekt ein oder aus und zeigen es erneut an. Dieser Befehl wird daher sinnvollerweise in einer VALID-Prozedur aufgerufen. Für Objekte mit mehreren Auswahloptionen (Schaltflächen, Radioknöpfe etc.) kann zusätzlich eine bestimmte Option vorgewählt werden. Auch der Prompt, beispielsweise das „OK" einer Schaltfläche, kann bei dieser Gelegenheit verändert werden. Der Befehl

```
SHOW GET var, 3 PROMPT "Abbruch"  ENABLE
```

zeigt das GET-Objekt mit der Variablen oder dem Feld *var* erneut an und schaltet es ein, wenn es beim Aufruf mit der Klausel DISABLE oder nachträglich mit dem Befehl

```
SHOW GET var DISABLE
```

abgeschaltet worden war. Gleichzeitig wird die dritte Option des Objekts aktiviert und der Prompt geändert. Die Programmzeile setzt natürlich voraus, daß es sich um ein Objekt (Schaltfläche oder Radioknopf) mit mindestens drei Optionen handelt.

14.3   Steuerelemente und VALID-Funktion

Im Kapitel über die Ein- und Ausgabe von Daten mit GET und READ haben wir bereits VALID- und WHEN-Funktionen kennengelernt. Bei der Dateneingabe dienen speziell VALID-Funktionen, wie schon der Name andeutet, überwiegend der Datenvalidierung. Für die gerade besprochenen Steuerelemente sind VALID-Funktionen das ideale Instrument zur Programmsteuerung. Die GET-Variable (Feldbezeichnung, Arrayelement), der in einer Eingabeanweisung die größte Bedeutung zukommt, hat lediglich noch Nebenfunktionen zu erfüllen: Sie dient der Aufnahme der Auswahl des Benutzers, wenn mehrere Optionen möglich sind. Wichtig ist oft nur noch die durch VALID aktivierte Funktion.

Steuerelemente und VALID-Funktionen müssen in FoxPro - fast immer - als Einheit gesehen werden.

Im folgenden Beispiel haben wir einige der bisher besprochenen Optionen zusammengefaßt.

```
*-------------------------------------------------------
* sample08
*
* GET-Objekte mit den Klauseln ENABLE/DISABLE und dem
* Befehl SHOW GET <var> ENABLE/DISABLE ein- und aus-
* schalten.
* Die Umschaltung erfolgt in einer VALID-Funktion.
*
* Programm mit ESC beenden!
*-------------------------------------------------------

DEFINE WINDOW _qcp1fwwtu ;
        AT 5.000, 15.000 ;
        SIZE 10.000,48.600 ;
        FONT "MS Sans Serif", 8 ;
        FLOAT ;
        NOCLOSE ;
        MINIMIZE ;
        SYSTEM ;
        COLOR RGB(0,0,0,255,255,255)

ACTIVATE WINDOW _qcp1fwwtu

   *--- Schaltvariable für Verwendung in VALID-Proc --

schalt = .T.

   *--- Popup-Menü definieren ----------------------

@ 1.000,2.400 GET schrift ;
   PICTURE "@^ Arial;Times Roman;Courier;Symbol" ;
   SIZE 1.438,12.875 ;
   DEFAULT "Arial" ;
   FONT "MS Sans Serif", 10 ;
   STYLE "B" ;
   DISABLE

   *--- Schaltflächen Ein/Aus definieren -----------

@ 1,30 GET wahl ;
   PICTURE "@*VN Ein" ;
   SIZE 1.813,8.500,0.750 ;
   DEFAULT 1 ;
   FONT "MS Sans Serif", 10 ;
   STYLE "B" ;
   VALID EinAus()

READ CYCLE
RELEASE WINDOW _qcp1fwwtu
```

```
*--------------------------------------------
PROCEDURE EinAus      && Aufruf durch GET-VALID
                      && des zweiten Objekts
*--------------------------------------------

   *------------------------------------------
   * Die Variable "schalt" wird bei jedem Aufruf
   * dieser Funktion umgeschaltet (von .F. auf .T.
   * und von .T. auf .F.
   * Sie bestimmt damit, welcher Zweig der If-An-
   * weisung ausgeführt werden soll.
   *------------------------------------------

IF schalt
   SHOW GET schrift ENABLE
   SHOW GET wahl , 1 PROMPT "Aus"
   schalt = .F.
ELSE
   SHOW GET schrift DISABLE
   SHOW GET wahl , 1 PROMPT "Ein"
   schalt = .T.
ENDIF
*--- Ende sample08 ------------------
```

Das Beispiel verwendet zwei GET-Objekte, wobei das erste durch das zweite
ein-, bzw. ausgeschaltet wird. Gleichzeitig ändert sich der Prompt des zweiten
Objekts. Die Umschaltung erfolgt mit Hilfe zweier SHOW GET-Befehle in einer
VALID-Funktion, die von der VALID-Klausel des zweiten GET-Objekts aufgerufen wird.

14.4   Erweiterte READ-Optionen

Wer nun glaubt, das ganze GET/READ-Konzept verstanden zu haben, hat die
Rechnung ohne READ gemacht. Auch READ ist schon in der DOS-Version 2.0
gründlich erneuert worden und kommt jetzt mit den folgenden Optionen daher:

```
[CYCLE]
[ACTIVATE <AusdrL1>]
[DEACTIVATE <AusdrL2>]
[SHOW <AusdrL3>]
[VALID <AusdrL4 | AusdrN1>]
[WHEN <AusdrL5>]
[OBJECT <AusdrN2>]
[TIMEOUT <AusdrN3>]
[SAVE]
[COLOR <Farbpaarliste> | COLOR SCHEME <Farbschema>|
 COLOR RGB(Farbliste)]
```

Einige Optionen (VALID, WHEN, COLOR) sind scheinbar identisch mit gleichnamigen GET-Klauseln. Sie wirken jedoch anders. WHEN, mit einem READ ausgegeben, entscheidet darüber, ob das READ ausgeführt wird. Ohne READ werden natürlich auch alle zugehörigen GETs nicht aktiviert.

Die gleiche Klausel bei einem GET hat hingegen nur Einfluß auf die Aktivierung dieses GETs. Der gleiche globale Anspruch gilt für VALID: Die zugehörige Funktion wird nur aufgerufen, wenn das READ beendet werden soll.

COLOR wirkt hingegen auch nur auf ein GET, aber in diesem Fall auf das gerade für die Editierung angewählte, also das, in dem der Cursor steht. Dadurch wird es möglich, für das angewählte GET eine andere Farbe zu vergeben.

READ CYCLE

Schauen wir uns zunächst die Klausel CYCLE an. Sie kennen vielleicht das leidige Problem, wenn ein Benutzer mit den Cursor-Tasten ganz schnell zu einem bestimmten Eingabefeld springen möchte und dabei über das Ziel (das letzte GET-Feld) hinausschießt. Die Eingabe ist unbeabsichtigt beendet, und der Editiervorgang muß neu gestartet werden. Natürlich fängt ein versierter Programmierer diese Möglichkeit dadurch ab, daß er den Editiervorgang in eine Endlosschleife verlegt, die nur nach Bestätigung einer Ja/nein-Abfrage verlassen werden kann. Eine entsprechende Programmstruktur könnte (als Pseudo-Code) wie folgt aussehen:

```
DO WHILE .T.
   1. GET
   2. GET
   usw.
   READ
   IF Beenden ja/nein
      REPLACE
      EXIT
   ENDIF
ENDDO
```

Mit dem neuen GET/READ Konzept sind Schleife und IF-Abfrage teilweise überflüssig geworden. Ein gleichwertiges Programm hätte folgende Struktur:

```
1. GET
2. GET
usw.
n. GET (Speichern/Abbruch) -> VALID-Prozedur mit REPLACE
READ CYCLE
```

Das letzte GET ersetzt unsere IF-Struktur und ist in diesem Fall eine Schaltfläche, wie wir sie schon bei der Darstellung der Steuerelemente kennengelernt haben. Die Endlosschleife wird durch die Klausel CYCLE ersetzt, die dafür sorgt, daß das READ nicht mit den Tasten ⬆, ⬅, ➡, ⬇, Bild↓, Bild↑ oder ⏎ verlassen werden kann. Wird das letzte GET verlassen, so landet der Cursor gleich wieder im ersten GET. Umgekehrt, wird das erste GET nach oben verlassen, so springt der Cursor in das letzte Feld. Der Ausstieg gelingt nur über ein Steuerelement, das mit dem FUNCTION-Code „T" (für terminate = beenden) versehen ist.

Allerdings so ganz richtig ist die Feststellung, daß READ CYCLE nur noch über ein terminierendes GET verlassen werden kann, nicht. Lediglich das unbeabsichtigte Verlassen durch Überschreiten der Feldgrenzen des ersten oder letzten Feldes ist nicht mehr möglich. Die in Tabelle 14.3 aufgelisteten Ereignisse können ein READ CYCLE beenden:

Ereignis	Quelle
ESC	Tastatur
Strg-W	Tastatur
Strg-Q	Tastatur
DEACTIVATE	READ-Klausel
TIMEOUT	READ-Klausel
CLEAR READ	Befehl
terminierendes GET	Wahl eines GET-Objekts

Tabelle 14.3: Befehle und Tastenkombination, die READ CYCLE beenden

Sollen auch die Tasten und Tastenkombinationen Esc, Strg+W usw. abgefangen werden, sind wir wieder auf die Einbindung des READ-Kommandos in eine Schleife verwiesen. Eine zweite Möglichkeit besteht darin, diese Tasten durch ON KEY LABEL-Befehle abzuschalten.

TIMEOUT

TIMEOUT setzt ein Zeitlimit (in Sekunden) , nach dessen Ablauf READ CYCLE automatisch beendet wird. Damit eignet es sich besonders für den Netzwerkeinsatz, da so verhindert werden kann, daß ein Benutzer einen Datensatz ewig sperrt. Nur der Inhalt des gerade editierten Feldes geht beim Abbruch durch TIMEOUT verloren, andere Felder (oder Variablen) behalten ihren Inhalt.

Modales READ

Ein READ hat nicht nur Auswirkungen auf die zuvor definierten GET-Objekte, sondern beeinflußt auch das Verhalten von Fenstern. Ein modales READ verhindert, daß Fenster, die nicht in dieses READ eingebunden wurden, aktiviert werden können. Auch der Zugriff auf die Popups des Hauptmenüs ist nicht mehr möglich. Sollen Dialogfenster nur definiert verlassen werden können, etwa durch Mausklick auf *OK-* oder *Abbruch*-Schalter, ist ein modales READ zu empfehlen. Die meisten Funktionen, die Sie in der Minibibliothek auf der beiliegenden Diskette finden, und auch viele Module der Beispielanwendung verhindern durch ein modales READ den gleichzeitigen Zugriff - per Mausklick oder $\boxed{\text{Strg}}$+$\boxed{\text{F1}}$ - auf andere Fenster. Der READ-Befehl muß dann folgende Form haben:

```
READ CYCLE MODAL
```

Die Option *Schließen*, die Sie normalerweise im Systemmenü des Fensters finden, wird nicht mehr angezeigt. Die Option *Wechseln zu ...* ist zwar noch sichtbar, hat aber keine Wirkung mehr. Natürlich können andere Module, die Fensterdefinitionen enthalten, noch über VALID- und WHEN-Funktionen aufgerufen werden.

Fenster, die normalerweise nicht in ein READ eingeschlossen sind, beispielsweise BROWSE oder der Memofeldeditor, können mit der Klausel WITH und der Angabe der Fenstertitel in ein modales READ eingebunden werden.

ACTIVATE/DEACTIVATE

Ein modales READ hat indirekte Auswirkungen auf die Verwendung von Fenstern. Die READ-Klauseln ACTIVATE und DEACTIVATE reagieren hingegen direkt auf das Aktivieren und Deaktivieren des betreffenden Fensters. Beide Klauseln erwarten einen logischen Ausdruck. Der Ausdruck von ACTIVATE wird beim Aktivieren, der von DEACTIVATE beim Verlassen eines zum READ gehörenden Fensters ausgewertet. Die Auswertung erfolgt in der Regel über eine BDF. Der Rückgabewert der mit ACTIVATE aufgerufenen Funktion muß .T. sein, wenn das READ überhaupt erst aktiviert werden soll. Ergibt der logische Ausdruck (oder der Rückgabewert der BDF) für DEACTIVATE den Wert .T., wird das READ beendet; .F. verhindert ein Terminieren des READs.

Das folgende Beispiel demonstriert einige der bisher besprochenen Klauseln. Es erzeugt drei Fenster, die alle zu einem modalen READ gehören. Im Fenster *Ausgabe* sehen Sie die jeweils aktivierte Klausel. Eventuell sollten Sie die

Anzeige des Editierbereichs zwischendurch löschen, da Sie sonst erst das Ausgabefenster anwählen und zum Ende der Ausgabe „scrollen" müssen. Jeder Wechsel des aktiven Fensters veranlaßt eine Änderung der Anzeige.

```
*-----------------------------------------------------------
* sample01       Drei Fenster mit einem modalen READ
*                Das Beispiel demonstriert die Funktion
*                der Klauseln ACTIVATE/DEACTIVATE, VALID
*                WHEN.
*-----------------------------------------------------------

CLEAR
CLEAR WINDOW

   *--- Fenster "ausgabe" für Anzeige der READ-Klauseln --

DEFINE WINDOW ausgabe FROM 5,40 SIZE 10,30 ;
     FONT "Arial", 10 ;
       CLOSE ;
       FLOAT ;
       TITLE "Ausgabe"
ACTIVATE WINDOW ausgabe

   *--- Variable für den Editierbereich definieren ----

ausgabe = SPACE(1000)

   *--- Editierbereich für Ausgabefenster -----------

@ 1,1 EDIT ausgabe SIZE 6,28 DEFAULT ""

   *--- Schaltfläche "Ende" für beenden -------------

@ 8,15 GET ende PICTURE "@*T Ende" ;
     SIZE 1,12 DEFAULT 1 ;
     VALID ende()

   *--- das erste Fenster definieren ---------------

DEFINE WINDOW fenster1 FROM 5,8 SIZE 6,35 ;
     FONT "Arial", 10 ;
       CLOSE ;
       FLOAT ;
       TITLE "Fenster1"
ACTIVATE WINDOW fenster1

@ 2,22 GET ende PICTURE "@*T Ende" ;
     SIZE 1,12 DEFAULT 1 ;
     VALID ende()

   *--- das zweite Fenster definieren ---------------
```

```
DEFINE WINDOW fenster2 FROM 16,8 SIZE 6,35 ;
       FONT "Arial", 10 ;
       CLOSE ;
       FLOAT ;
       TITLE "Fenster2"
ACTIVATE WINDOW fenster2

@ 2,22 GET ende PICTURE "@*T Ende" ;
       SIZE 1,12 DEFAULT 1 ;
       VALID ende()


    *----------------------------------------------------
    * Ein READ mit (fast) allen Klauseln. Die Funktion
    * WONTOP() gibt den Namen des obersten Fensters
    * zurück. Die Funktion WLAST() ermittelt den Namen
    * des zuvor aktiven Fensters.
    * Wir übergeben als zweites Argument den gewünschten
    * Rückgabewert der Funktion "p".
    *----------------------------------------------------


READ CYCLE BORDER MODAL ;
     VALID      p("VALID", .F.) ;
     WHEN       p("WHEN" , .T.) ;
     SHOW       p("SHOW" , .T.) ;
     ACTIVATE   p("ACTIVATE " + WONTOP()   , .T.) ;
     DEACTIVATE p("DEACTIVATE " + WLAST(), .F.)


  *----------------------------------------------------
  PROCEDURE p     && gibt die jeweils aktivierte READ-
                  && Klausel im Editierbereich des
                  && Ausgabefensters aus. Der Aufruf
                  && erfolgt nur über READ. Der erste
                  && Parameter zeigt die Klausel an,
                  && der zweite Parameter bestimmt den
                  && Rückgabewert.
  *----------------------------------------------------
  PARAMETER text, rt
  ausgabe = ausgabe + text + CHR(13)
  SHOW GET ausgabe
  RETURN rt


  *----------------------------------------------------
  PROCEDURE ende   && Aufruf über GET ende VALID ende()
  *----------------------------------------------------
  CLEAR READ
  CLEAR WINDOW

  *--- Ende sample01 ----------------------------------
```

Die VALID-Klausel wird nur aktiviert, wenn Sie, beispielsweise mit `Esc` oder
`Strg`+`W`, versuchen, das READ zu beenden. Die Wirkung der Klausel MODAL

erkennen Sie, sobald Sie eine Option des Hauptmenüs anwählen: FoxPro verweigert den Zugriff.

Die Funktion *p* ermittelt den im Editierbereich des Ausgabefensters angezeigten String und aktualisiert das Edit-Objekt.

14.5   Controls als Ersatz für Popup-Menüs

In diesem Kapitel werden wir schon etwas spezieller. Wir wollen ein kleines Modul aus der Beispielanwendung vorstellen, das dem Anwender auf Anforderung zusätzliche Auswahloptionen, beispielsweise für Blättern, Suchen, Löschen etc. zur Verfügung stellt. Durch einen Klick mit der kaum benutzten rechten Maustaste soll eine Art Popup-Menü erscheinen, das die genannten Optionen als Schaltflächen offeriert. Das Beispiel geht also über das begrenzte Thema diese Kapitels hinaus und demonstriert die Integration der Bereiche:

- Schaltflächen mit GET/READ

- modales READ

- Ermittlung der Position des Maus-Cursors

- Fensterpositionierung mit Maus-Koordinaten

- Funktionsbelegung der (rechten) Maustaste(n)

Wir haben die VALID-Funktionen nur mit der CASE-Struktur abgebildet. Auf der Diskette finden Sie aber das Original, das natürlich auch die Befehle und Funktionen innerhalb der CASE-Struktur enthält.

```
*--------------------------------------------------------------
* PROCEDURE LocalPop
* Erzeugt ein Fenster, das nur aus Schaltflächen besteht.
* Kann als Ersatz für ein lokales Popup-Menü verwendet
* werden.
*--------------------------------------------------------------

CLEAR GETS

    *-----------------------------------------------------
    * Rechte Maustaste abschalten, solange LocalPop
    * aktiv ist.
    *-----------------------------------------------------
ON KEY LABEL RIGHTMOUSE

    *-----------------------------------------------------
    * Fenster definieren und aktivieren. Die Koordinaten
```

```
      * werden mit den Funktionen MROW() und MCOL() berech-
      * net. Diese Funktionen geben die Position des Maus-
      * Cursors zurück. Das Fenster erscheint mit der
      * oberen linken Ecke an dieser Position.
      *-------------------------------------------------

DEFINE WINDOW _qbh1cv56k ;
        AT MROW(""), MCOL("") ;
        SIZE 16.4,24.4 ;
        FONT "MS Sans Serif", 8 ;
        FLOAT ;
        NOCLOSE ;
        NOMINIMIZE ;
        DOUBLE ;
        COLOR RGB(0,0,0,255,255,255)

ACTIVATE WINDOW _qbh1cv56k

   *--- Schaltflächen definieren ---------------------

@ 0.083,0.125 GET wahl1 ;
   PICTURE "@*HN <<;>>" ;
   SIZE 1.846,9.667,0.333 ;
   DEFAULT 1 ;
   FONT "MS Sans Serif", 8 ;
   STYLE "B" ;
   VALID wahl1()

@ 2.100,0.125 GET wahl2 ;
  PICTURE "@*VN Grafik einblenden;Suchen Firma;Suchen Name;"+;
             "Suchen PLZ;Löschen;Popup entfernen" ;
   SIZE 2.231,19.833,0.154 ;
   DEFAULT 1 ;
   FONT "MS Sans Serif", 8 ;
   STYLE "B" ;
   VALID wahl2()

READ CYCLE MODAL

RELEASE WINDOW _qbh1cv56k


*-------------------------------------------------
PROCEDURE wahl1   && Auswertung der Schaltflächen
                  && für das Blättern in Datei
                  && VALID wahl1()
*-------------------------------------------------

DO CASE

   CASE wahl1 = 1
   CASE wahl1 = 2
```

```
ENDCASE

*----------------------------------------------------
PROCEDURE wahl2   && Auswertung der übrigen Schalt-
                  && flächen.
                  && VALID wahl2()
*----------------------------------------------------

DO CASE

   CASE wahl2 = 1
   CASE wahl2 = 2
   CASE wahl2 = 3
   CASE wahl2 = 4
   CASE wahl2 = 5
   CASE wahl2 = 6  && rechte Maustaste aktivieren
        ON KEY LABEL RIGHTMOUSE DO LocalPop
        CLEAR READ

ENDCASE

*--- Ende LocalPop --------------------------------
```

In der Beispielanwendung reicht ein Klick auf die rechte Maustaste, um dieses Popup zu aktivieren. Dazu ist im Initialisierungsteil des Programms der Befehl

```
ON KEY LABEL RIGHTMOUSE DO LocalPop
```

erforderlich. Das Ergebnis entspricht ungefähr der folgenden Abbildung.

Abb. 14.8:   Ein lokales Popup mit Schaltflächen

Unsere Lösung hat gegenüber einem regulären Popup-Menü die folgenden Vorteile:

Ein Fenster mit GETs kann auf dem Bildschirm frei verschoben werden. Normale Popup-Menüs können ihre Bildschirmposition lediglich über Befehle ändern.

Unser „Popup" kann einfach und schnell mit dem Masken-Generator erzeugt werden.

14.6 GET/READ-Controls mit Bitmaps

Für Steuerelemente haben wir bisher nur Textbezeichnungen benutzt. FoxPro kann aber auch Bitmap-Grafiken für die Funktionsanzeige verwenden. Dies gilt für Schaltflächen, Markierungsfelder und Radioknöpfe.

Eigene Bitmaps mit Windows-Paintbrush erstellen

Controls können Grafiken nicht einpassen oder beschneiden. Die Bitmaps müssen daher passend vorliegen. Da Paint aber nur ganze Bildschirme als Grafikdateien speichert, muß (in Paint) mit der Option *Ausschneiden* der jeweilige Bildschirmbereich ausgeschnitten und mit *Kopieren nach...* abgespeichert werden. Normalerweise verwendet man für diesen Zweck Bitmaps mit einem Format von 32 * 32 Pixel. Sie werden also nur einen sehr kleinen Teil der Paintbrush-Arbeitsfläche verwenden.

FoxPro kommt jedoch mit einer ganzen Bibliothek von kleinen Bildchen, so daß Sie auf Ihre Kreativität und Paintbrush nicht unbedingt angewiesen sind. Sie finden diese Bibliothek nach der kompletten Installation im FoxPro Unterverzeichnis \GOODIES\BITMAPS.

Bitmaps verwenden

Um Bitmaps in Steuerelementen verwenden zu können, muß der FUNCTION-Code um das Zeichen „B" (= Bitmaps) erweitert werden. Die Klausel

```
... PICTURE "@* HN  OK; Abbruch"
```

definiert horizontal angeordnete Schaltflächen mit den Bezeichnungen „OK" und „Abbruch". Die Klausel

```
... PICTURE "@* BHN  Bild1; Bild2"
```

definiert zwei Schaltflächen mit den Bitmap-Grafikdateien „Bild1" und „Bild2".
Die Dateien müßten natürlich im aktuellen Verzeichnis enthalten sein. Andern-
falls sind komplette Pfadangaben erforderlich. Schaltflächen dürften für den
Einsatz von Bitmaps besonders prädestiniert sein.

Abb. 14.9: Schaltflächen (Buttons) mit Bitmap-Grafiken

Das Beispiel verwendet Bitmaps aus der FoxPro-Bibliothek. Sollten die Pfadangaben nicht mit Ihrer Konfiguration übereinstimmen, müssen Sie diese natürlich
ändern.

```
CLEAR
@ 8.000,24.200 GET temp ;
   PICTURE "@*BHN " + ;
           "\foxprow\goodies\bitmaps\industry\hammer.bmp;"+ ;
           "\foxprow\goodies\bitmaps\industry\rocket.bmp" ;
   SIZE 3.231,8.400,0.800 ;
   DEFAULT 1 ;
   FONT "MS Sans Serif", 8
READ CYCLE
```

14.7   Hinweise

READ MODAL

Verwenden Sie die Klausel MODAL, um zu verhindern, daß das jeweilige
Fenster durch Anwählen eines anderen Fensters verlassen werden kann. Dies gilt
speziell für Dialog-Fenster, die nur kontrolliert (über *OK* oder *Abbruch* etc.)
verlassen werden sollen.

SHOW GET

SHOW GET zeigt ein GET-Objekt erneut an. Dieser Befehl wird in VALID-
Funktionen eingesetzt, um aktualisierte Werte während eines aktiven READs
anzuzeigen.

SHOW OBJECT

Ermöglicht die Wiederanzeige von GET-Objekten, beispielsweise nach Änderung des Wertes einer GET-Variablen.

Die Anwendung wird im Kapitel über GETs und READs demonstriert.

Steuerelemente, Fenster und Fonts

In Fenstern mit berechneten Kontrollelementen sollten die Elemente den gleichen Font mit der gleichen Punktgröße verwenden, da sonst die Berechnungen nicht mehr korrekte (gewünschte) Ergebnisse liefern (Zeile nicht richtig zentriert, Elemente nicht korrekt plaziert etc.).

14.8 Beispiel mit verdeckten Schaltflächen

Das folgende Beispiel demonstriert die Verwendung von versteckten Schaltflächen. Das Grundfenster enthält eine Bitmap-Grafik, über die eine doppelte Lage von verdeckten Schaltflächen gelegt ist. Die einzelnen Objekte der Zeichnung sind mit Schaltflächen unterschiedlicher Größe abgedeckt. Über das ganze Bild, und damit auch über die bereits definierten verdeckten Schaltflächen, ist nochmals eine einzige große verdeckte Schaltfläche gelegt. FoxPro benutzt zunächst die untersten Schaltflächen, wenn ein Mausklick auf überlagerte Schaltflächen trifft. Nur dort, wo die große Schaltfläche keine einzelne Schaltfläche überdeckt, kommt erstere zum Zuge.

```
*----------------------------------------------------------------
* Hidden           - demonstriert die Funktion verdeckter
*                    Flächen (auch: Verdeckte Knöpfe)
*----------------------------------------------------------------


   *-------------------------------------------------------------
   * Fenster mit "Tapete" (Bitmap-Datei) definieren.
   * Die Bitmap-Datei muß im aktuellen Verzeichnis
   * enthalten sein. Andernfalls muß der Pfad angepaßt
   * werden.
   *-------------------------------------------------------------

DEFINE WINDOW _qcp17u92c ;
   AT 2.000, 8.000 ;
   SIZE 27.000,100 ;
   FONT "MS Sans Serif", 8 ;
   FLOAT ;
```

```
      NOCLOSE ;
      MINIMIZE ;
      SYSTEM ;
      FILL FILE "HIDDEN.BMP"

  ACTIVATE WINDOW _qcp17u92c

      *--- verdeckte Schaltflächen definieren -----------

  @ 2.769,6.200 GET temp ;
      PICTURE "@*IHN " ;
      SIZE 8.846,54.400,0.800 ;
      DEFAULT 0 ;
      FONT "MS Sans Serif", 8 ;
      VALID _qcp17ua91()

  @ 11.923,38.400 GET temp ;
      PICTURE "@*IHN " ;
      SIZE 8.923,29.400,0.800 ;
      DEFAULT 0 ;
      FONT "MS Sans Serif", 8 ;
      VALID _qcp17uaez()

  @ 13.923,69.400 GET temp ;
      PICTURE "@*IHN " ;
      SIZE 10.846,25.800,0.800 ;
      DEFAULT 0 ;
      FONT "MS Sans Serif", 8 ;
      VALID _qcp17uakd()

  @ 15.154,6.800 GET temp ;
      PICTURE "@*IHN " ;
      SIZE 2.154,26.200,0.800 ;
      DEFAULT 0 ;
      FONT "MS Sans Serif", 8 ;
      VALID _qcp17uapm()

  @ 21.462,46.000 GET temp ;
      PICTURE "@*IHN " ;
      SIZE 3.000,22.200,0.800 ;
      DEFAULT 0 ;
      FONT "MS Sans Serif", 8 ;
      VALID _qcp17uav6()

  @ 1.923,76.800 SAY "Ende" ;
      SIZE 1.000,5.000, 0.000 ;
      FONT "Times New Roman", 20 ;
      STYLE "BT" ;
      COLOR RGB(0,0,255,,,,)


      *---------------------------------------------------------
      * Verdeckte Schaltfläche mit Terminate-Code in PICTURE-
```

```
   * Schablone (T). Ein Mausklick auf diese Schaltfläche
   * beendet das READ CYCLE und damit das Programm.
   * Die anderen Schaltflächen terminieren das READ nicht.
   *------------------------------------------------------------

@ 1.846,75.600 GET temp ;
   PICTURE "@*IHT " ;
   SIZE 2.769,14.200,0.800 ;
   DEFAULT 0 ;
   FONT "MS Sans Serif", 8 ;
   VALID _qcp17ub45()


   *-----------------------------------------------
   * Die letzte versteckte Fläche überlagert
   * alle anderen. Sie wird aktiviert, wenn
   * keine andere Fläche getroffen wird.
   *-----------------------------------------------

@ 0.077,0.600 GET temp ;
   PICTURE "@*IVN " ;
   SIZE 26.5, 98, 0.308 ;
   DEFAULT 0 ;
   FONT "MS Sans Serif", 8 ;
   VALID _qcp17ub9c()

READ CYCLE MODAL

RELEASE WINDOW _qcp17u92c


*---------------------------------------------------------
FUNCTION _qcp17ua91      &&  temp VALID
*---------------------------------------------------------


t1 = "Hier können Informationen über die " + ;
     "Kundentabelle stehen."
= meldung(7,15,t1)


*---------------------------------------------------------
FUNCTION _qcp17uaez      &&  temp VALID
*---------------------------------------------------------


t1 = "Hier können Informationen über die " + ;
     "Rechnungstabelle stehen."
= meldung(7,15,t1)


*---------------------------------------------------------
FUNCTION _qcp17uakd      &&  temp VALID
*---------------------------------------------------------


t1 = "Hier können Informationen über die " + ;
     "Tabelle der Positionen stehen."
= meldung(7,15,t1)
```

```
*-----------------------------------------------------------
FUNCTION _qcp17uapm        &&   temp VALID
*-----------------------------------------------------------

t1 = "Hier können Informationen über die Verknüpfung"
t2 = "von Kunden- und Rechnungstabelle stehen."
= meldung(5,15,t1,t2)

*-----------------------------------------------------------
FUNCTION _qcp17uav6        &&   temp VALID
*-----------------------------------------------------------

t1 = "Hier können Informationen über die Verknüpfung"
t2 = "von Rechnungstabelle und Tabelle der " + ;
     "Positionen stehen."
= meldung(5,15,t1,t2)

*-----------------------------------------------------------
FUNCTION _qcp17ub45        &&   temp VALID
*-----------------------------------------------------------

t1 = "Hier endet die Demonstration"
= meldung(9,25,t1)

*-----------------------------------------------------------
FUNCTION _qcp17ub9c        &&   temp VALID
*-----------------------------------------------------------

t1 = "Das war leider daneben!"
= meldung(9,25,t1)

*----- Ende Hidden -------------------------------
```

Das Beispiel ist teilweise mit dem Screen-Generator erzeugt worden; daher auch die kryptischen Funktionsnamen. Sie sollten den Quellcode auch nicht abtippen, sondern der beiliegenden Diskette entnehmen. Beachten Sie bitte, daß Sie auch die Bitmap-Datei *hidden.bmp* und die BDF *meldung.prg* benötigen.

Sie starten das Programm als Prozedur mit

```
DO hidden
```

oder als Funktion mit

```
= hidden()
```

15   Kontrollstrukturen

15.1   Grundlagen

Kontrollstrukturen steuern den Programmfluß und strukturieren nebenbei ein Programm. Wir unterscheiden drei Arten von Kontrollstrukturen:

1. Sequenz

2. Selektion (Verzweigung)

3. Repetition

Eine Sequenz ist eine Folge von gültigen Programmanweisungen (Befehle, Prozeduraufrufe etc.), die jeweils durch einen Zeilenvorschub getrennt sind. Einige Sprachen, beispielsweise C und PASCAL, verwenden geschweifte Klammern (C) oder Schlüsselwörter wie BEGIN und END (PASCAL), um eine abgeschlossene Sequenz zu kennzeichnen. FoxPro verzichtet auf solche Besonderheiten; eine Anweisung folgt der vorhergehenden, lediglich getrennt durch Zeilenvorschub und Wagenrücklauf.

Die Sequenz sollte damit schon verstanden sein. Da FoxPro auch keine speziellen Sprachelemente dafür bietet, bleibt sie in diesem Kapitel unberücksichtigt.

Für die Selektion verfügen nahezu alle Hochsprachen über eine IF/ELSE-Konstruktion. Auch FoxPro kennt dieses universelle Sprachelement. Für die Mehrfach-Selektion steht aber auch ein CASE-Konstrukt zur Verfügung.

Die Repetition, oft auch nur Schleife genannt, wird zunächst durch DO WHILE repräsentiert. FoxPro kennt mit FOR aber auch eine zählergesteuerte Schleife und mit SCAN eine Schleifenkonstruktion, die besonders auf die Abarbeitung von Datentabellen spezialisiert ist.

C- und PASCAL-Programmierer sollten noch wissen, daß alle Selektions- und Repetitions-Konstrukte ein Schlüsselwort für den Abschluß benötigen; IF erfordert ENDIF, DO CASE benötigt ENDCASE und DO WHILE erfordert ENDDO. Hierin liegt wohl auch der Grund, warum FoxPro ohne Begrenzer für Code-Sequenzen auskommt.

Kontrollstrukturen können auch verschachtelt werden. FoxPro akzeptiert eine Verschachtelungstiefe von maximal 64 Ebenen.

15.2   IF / ELSE / ENDIF

Die IF / ELSE / ENDIF-Struktur ist eine der unverzichtbarsten Kontrollstrukturen. Da sie auch sehr einfach zu begreifen ist, soll sie hier nur recht kurz
abgehandelt werden. Die Syntax:

```
IF <AusdrL>
    <Anweisungen>
[ELSE
     <Anweisungen>]
ENDIF
```

Die Verzweigung erfolgt aufgrund des Wahrheitswertes des logischen Ausdrucks
(AusdrL). Ist der Ausdruck wahr (.T.), werden die Anweisungen des IF-Zweiges
ausgeführt; ist der Ausdruck falsch (.F.), wird nur der ELSE-Zweig ausgeführt.

Der ELSE-Zweig ist optional, muß also nicht verwendet werden. Ein simples
Beispiel:

```
USE adressen
IF .NOT. EMPTY(umsatz)
    ? firma + " ist bereits Kunde, Umsatz: " + STR(umsatz)
ELSE
    ? firma + " ist noch nicht Kunde"
ENDIF
```

Logische Ausdrücke verwenden

Der logische Ausdruck, der von IF ausgewertet wird, kann beliebig komplex sein.
Sie müssen jedoch die Grenze von 8000 Zeichen beachten, die FoxPro für jede
Programmzeile setzt. In einem Ausdruck können praktisch alle FoxPro-
Funktionen und eigene BDFs verwendet werden. Wichtig ist, daß der Ausdruck
einen logischen Wert liefert, also logisch wahr oder falsch ist. Die folgenden
Beispiele sind gültige IF-Ausdrücke:

```
IF .T.                          && ist immer wahr
....

var = .T.                       && Varaible var als Schalter
IF var
....

IF CTOD("11.11.92") = DATE()    && Vergleich mit Tagesdatum
....
```

Die Punkte deuten an, daß hier natürlich noch die Anweisungen und der
Abschluß der Struktur mit ENDIF fehlen. Beispiel eins und zwei sollten Sie sich
nochmals anschauen. Wir verwenden keinen Vergleich, etwa

```
IF var = .T. ,
```

sondern fragen direkt nach der Variablen. Da wir diese bereits mit einem logischen Wert initialisiert haben, wäre es unsinnig - wenn auch kein Syntax-Fehler -
nochmals auf logisch wahr oder falsch zu prüfen. Hinweise zu den im dritten
Beispiel verwendeten Datumsfunktionen (CTOD() verwandelt einen String in ein
Datum, DATE() liefert das Tagesdatum) finden Sie im Kapitel über Datentypen
und Stringmanipulation.

Ausdrücke können auch, wie das folgende Beispiel zeigt, mit den logischen
Operatoren AND und OR verknüpft werden:

```
var = .T.
IF var AND CTOD("25.01.93") = DATE()
 ? "Der Ausdruch ist wahr."
ELSE
 ? "Der Ausdruck ist nicht wahr."
ENDIF
```

Beachten Sie auch die Schreibweise der logischen Operatoren AND und OR. In
früheren dBase- und Fox-Versionen mußten Sie diese Operatoren zwischen
Punkte setzen (.AND. bzw. .OR.). Diese Schreibweise ist in FoxPro für
Windows noch zulässig, aber nicht mehr notwendig.

BDFs in logischen Ausdrücken

Auch selbstdefinierte Funktionen (BDFs) können in logischen Ausdrücken eingesetzt werden. Die Beispiele dieses Buches verwenden häufig die BDF
Ja_nein(), die Sie auch auf der Diskette finden. *Ja_nein()* liefert die Werte „J“
oder „N“ zurück. Wir benötigen daher einen Vergleich mit diesen Werten. Die
betreffende IF-Zeile könnte dann wie folgt aussehen:

```
IF ja_nein(5,5,"Programm beenden","","J")  = "J"
  Quit
ENDIF
```

Die Parameter der Funktion *Ja_nein()* sind hier nicht von Interesse. Wichtig ist
nur der Vergleich des Rückgabewertes mit dem vorgegebenen Wert (= „J“), der
den gesamten Ausdruck zu einem logischen Ausdruck macht.

IIF() - eine Alternative ?

Oft werden Sie eine IF-Konstruktion für die bedingte Wertzuweisung an eine Variable benutzen wollen. Viele unserer BDFs ermitteln die Breite eines Fensters in Abhängigkeit von der Länge einer übergebenen Zeichenkette. Unterschreitet die Länge einen bestimmten Wert, soll eine Mindestbreite gesetzt werden. Mit IF erhalten Sie dann die folgenden Zeilen:

```
breite = 50
IF breite < 40
   breite = 40
ENDIF
```

Für solche Fälle kann oft ein anderes Sprachelement benutzt werden, das eine kürzere Schreibweise ermöglicht. Die Funktion IIF() (keine Kontrollstruktur) liefert in Abhängigkeit des Wahrheitswertes eines logischen Ausdrucks einen von zwei Werten zurück. Die Syntax:

```
IIF(<AusdrL>,<Ausdr1>,<Ausdr2>)
```

Das IF-Beispiel kann so auf die folgenden zwei Zeilen verkürzt werden.

```
breite = 50
breite = IIF(breite < 40, 40, breite)
```

Ist der logische Ausdruck (hier: breite < 40) wahr, wird der Wert <Ausdr1> (hier: 40), ist er falsch, der Wert <Ausdr2> (hier: *breite*) zurückgegeben. Ausdrücke können Konstanten, Variablen, Funktionen oder Zusammensetzungen dieser Elemente sein, soweit sie einen Wert zurückliefern.

IIF() kann jedoch keine FoxPro-Befehle ausführen. Als Alternative für IF-Konstruktionen ist die Funktion daher nur bedingt geeignet.

Verschachtelte IF-Anweisungen

In einer IF-Konstruktion wird immer nur einer der Zweige ausgeführt. Ein dritte Möglichkeit gibt es nicht. Allerdings kann IF / ELSE / ENDIF für Mehrfachauswertungen auch verschachtelt werden. In der Regel ist die nachfolgend beschriebene CASE-Struktur für diesen Zweck aber übersichtlicher und schneller.

15.3   DO CASE / ENDCASE

DO CASE / ENDCASE ist die typische Kontrollstruktur für eine Menüauswahl.
Die Syntax ist ebenso simpel wie die der IF / ENDIF-Konstruktion:

```
DO CASE
   CASE <AusdrL1>
         <Anweisungen>
  [CASE <AusdrL2>
         <Anweisungen>
   CASE <AusdrLN>
         <Anweisungen>]
   [OTHERWISE
         <Anweisungen>]
ENDCASE
```

Es wird immer nur eine CASE-Anweisung ausgeführt und nur, wenn die Bedingung wirklich zutrifft. Erst durch Einbindung der optionalen Klausel
OTHERWISE bestimmen Sie eine generelle Verzweigung für nicht zutreffende
Bedingungen. Der logische Ausdruck (AusdrL) kann für jede CASE-Verzwei-
gung separat definiert werden. So lassen sich völlig unterschiedliche Bedingungen
in einer DO CASE-Struktur unterbringen. Es ist aber zu beachten, daß immer die
erste Verzweigung gewählt wird, für die der logische Ausdruck den Wert .T.
ergibt.

Die folgende Prozedur ist der Beispielanwendung entnommen. Sie ist daher nicht
alleine ausführbar.

```
*------------------------------------------------
*PROCEDURE sort
*------------------------------------------------

PARAMETER ordnung

DO CASE

   CASE UPPER(ordnung) = "NAME"
        SET ORDER TO TAG name

   CASE UPPER(ordnung) = "FIRMA"
        SET ORDER TO TAG firma

   CASE UPPER(ordnung) = "PLZ"
        SET ORDER TO TAG plz

ENDCASE
```

Der logische Ausdruck, der über die Verzweigung entscheidet, kann, wie schon in der IF / ENDIF-Konstruktion, Konstanten, Variablen, FoxPro-Funktionen und selbstdefinierte Funktionen (BDFs) enthalten.

15.4 DO WHILE / ENDDO

DO WHILE ist die klassische Schleife für xBase-Dialekte, einfach schon deshalb, weil sie lange Zeit die einzige Konstruktion dieser Art war. Anweisungen in einer Schleife werden solange wiederholt ausgeführt, wie die Schleifenbedingung wahr bleibt. Die Bedingung wird vor Eintritt in die Schleife geprüft. Ist der logische Ausdruck nicht wahr, setzt FoxPro die Befehlsausführung nach dem Schleifenende (ENDDO) fort.

```
DO WHILE <AusdrL>
    <Anweisungen>
    [LOOP]
    [EXIT]
ENDDO
```

Die Syntax läßt auch zwei Befehle erkennen, mit denen innerhalb einer Schleife Anweisungen übersprungen werden können (LOOP) bzw. der Abbruch der Schleife, trotz eines logisch wahren Ausdrucks, erzwungen werden kann (EXIT). DO WHILE-Schleifen bildeten früher regelmäßig die Hauptschleife eines Programms, aus der heraus alle anderen Funktionen aufgerufen wurden. Der objektorientierte Ansatz in FoxPro hat diese Funktion noch nicht ganz beseitigen können.

Das folgende Beispiel sollten Sie keinesfalls! ausprobieren:

```
DO WHILE .T.
    ? "Hallo"
ENDDO
```

Da die Bedingung immer wahr ist (.T.), kann diese Endlosschleife in der Regel nur noch durch den Abbruch des Tasks (Strg+Alt+Entf) beendet werden. Selbst die Abbruch-Option im Menü *Programm* wird Ihnen kaum helfen, aus dieser Falle herauszukommen. Es muß also im Schleifenkopf oder innerhalb der Schleife eine Abbruchbedingung geschaffen werden. Das folgende Beispiel zeigt eine stark vereinfachte Version der Hauptschleife unserer Beispielanwendung:

```
*---------------------------------------------------
* sample09                    DO WHILE-Schleife
```

```
*---------------------------------------------
CLEAR

   *--- Logische Variable für Schleifenausdruck ---

ende = .F.

   *--- Schleifenkopf --------------------

DO WHILE NOT ende

   @ 8.000,20.000 GET wahl ;
         PICTURE "@*HN OK;Ende" ;
         SIZE 2.077,12.833,1.667 ;
         DEFAULT 1 ;
         FONT "MS Sans Serif", 8 ;
         STYLE "B" ;
         VALID wahl()

   READ CYCLE
   CLEAR      && für einen sauberen Bildschirm

ENDDO

*-------------------------------------------------
PROCEDURE wahl    && Wert der Schleifenvariablen
                  && ändern
*-------------------------------------------------

IF wahl = 2
   ende = .T.      && Schleifenvariable
   CLEAR READ      && Beendet READ CYCLE
ENDIF

*--- Ende sample09 ----------------------------
```

Das Beispiel definiert eine logische Variable (*ende*), die im Kopf der Schleife das Abbruchkriterium bildet. Wir haben den logischen Operator NOT nur deshalb davorgesetzt, um einen „umgangssprachlichen" Ausdruck (DO WHILE NOT ende) zu erzeugen. NOT kehrt den Wahrheitswert um. Aus „ende = .F." wird „NOT ende = .T.".

READ CYCLE kann zwar durch ⎡Esc⎤ oder ⎡Strg⎤+⎡W⎤ beendet werden. Die Schleife sorgt jedoch dafür, daß die Schaltfläche wieder definiert und READ CYCLE erneut aufgerufen wird.

Erst durch Anklicken der Schaltfläche *Ende* erhält die Variable *ende* in der VALID-Funktion *wahl()* einen neuen Wert (.T.). CLEAR READ beendet READ

CYCLE, und die nächste Prüfung des logischen Ausdrucks im Schleifenkopf ergibt den Wert .F., was zum Abbruch der Schleife führt.

Noch ein Hinweis zu LOOP: Dieser Befehl kann nur innerhalb einer Schleife eingesetzt werden. Er überspringt alle folgenden Befehle, bricht aber die Schleife nicht ab. EXIT funktioniert ähnlich, nur daß hier auch die Schleife beendet wird.

15.5 FOR / ENDFOR

Zählschleifen mußten in früheren dBase-Versionen mit DO WHILE nachgebildet werden. Der Zähler wurde in der Schleife hochgezählt, bis die Abbruchbedingung erreicht war. Das folgende Beispiel demonstriert diese auch heute noch übliche Methode.

```
x = 1
DO  WHILE x <= 100
    ? x
    x = x + 1
ENDDO
```

Die Schleife wird durchlaufen, bis x den Wert 100 erreicht hat und dann abgebrochen. Ein vergessener Zähler erzeugt wieder eine Endlosschleife. Mit FOR / ENDFOR verfügen heute praktisch alle xBase-Dialekte über eine spezielle Zählschleife. Die Syntax:

```
FOR <Spei_var> = <AusdrN1> TO <AusdrN2> [STEP <AusdrN3>]
    <Anweisungen>
    [EXIT]
    [LOOP]
ENDFOR | NEXT
```

Die Umsetzung des DO WHILE-Beispiels in eine FOR / ENDFOR-Konstruktion könnte wie folgt aussehen:

```
FOR x = 1 TO 100 STEP 1
    ? x
ENDFOR
```

Der Vorteil gegenüber einer DO WHILE-Konstruktion besteht darin, daß die Bedingungen im Schleifenkopf erscheinen und nicht irgendwo im Schleifenkörper versteckt sind.

15.6   SCAN / ENDSCAN

Eine Spezialität von Datenbankanwendungen wie dBase IV und FoxPro ist die
SCAN / ENDSCAN-Konstruktion. Während IF / ENDIF, DO CASE und DO
WHILE durch eine vom Programmierer bestimmte logische Bedingung gesteuert
werden, verfügt SCAN über eine interne Kontrollinstanz: Anfang und Ende einer
Datentabelle. Die Syntax:

```
SCAN [NOOPTIMIZE] [<Bereich>] [FOR <AusdrL1>] [WHILE
<AusdrL2>]
      [<Anweisungen>]
      [LOOP]
      [EXIT]
ENDSCAN
```

SCAN / ENDSCAN erwartet eine geöffnete Datentabelle im aktuellen Arbeitsbereich. Bei jedem Durchlauf der Schleife wird der Datensatzzeiger um einen
Datensatz weitergeschaltet.

Zwei Abbruchkriterien

Die Schleife endet automatisch, wenn das Ende der Datei (EOF()) erreicht ist
oder die optionale WHILE-Bedingung den logischen Wert .F. annimmt. Wir
haben also zwei Abbruchkriterien, die quasi durch eine Oder-Bedingung verknüpft sind:

1. Ende der Tabelle (EOF() = .T.)

2. WHILE-Bedingung ist nicht länger wahr

Auch bei Verwendung der FOR-Klausel werden alle Datensätze durchlaufen. Die
Anweisungen des Schleifenkörpers werden aber nur dann ausgeführt, wenn die
FOR-Bedingung zutrifft, also den logischen Wert .T. liefert. FOR liefert daher
kein Abbruchkriterium. Einen ersten Eindruck vermittelt das nachfolgende
Beispiel, das lediglich die Datentabelle *Adressen* Satz für Satz durchgeht und die
jeweilige Satznummer ausgibt:

```
USE Adressen
SCAN
  ? recno()
ENDSCAN
```

LOOP überspringt den nachfolgenden Teil des Schleifenkörpers. Die Schleife
wird aber, soweit nicht bereits das Ende der Datei erreicht ist, mit dem nächsten

Datensatz erneut durchlaufen. EXIT bricht die Schleife ab und übergibt die Kontrolle an den auf ENDSCAN folgenden Befehl.

15.7 Anmerkungen

Selektions- und Schleifen-Konstruktionen sind im Prinzip redundant. Alles, was sich mit DO CASE machen läßt, ist auch mit verschachtelten IF / ELSE / ENDIF-Anweisungen möglich. Alle Schleifenkonstruktionen können eigentlich mit DO WHILE erzeugt werden. Für die Verwendung auch der anderen Sprachelemente lassen sich jedoch gute Gründe nennen:

1. Geschwindigkeit

2. Lesbarkeit des Programms

DO CASE ist bei Mehrfachverzweigungen schneller als eine verschachtelte IF / ENDIF-Konstruktion. Auch sind verschachtelte Konstruktionen weniger übersichtlich als lineare CASE-Strukturen. Das gilt auch für FOR / ENDFOR und DO WHILE / ENDDO. Die Abbruchkriterien sind bei einer FOR / ENDFOR-Konstruktion im Kopf der Schleife leichter erkennbar. SCAN / ENDSCAN zeigt an, ohne eine Vertiefung in den Quellcode zu erfordern, daß eine Datentabelle ausgewertet werden soll. Es ist daher zu empfehlen, die erweiterten Kontrollstrukturen auch zu nutzen.

16 Datentypen, Typkonvertierung und Stringmanipulation

16.1 Grundlagen

Datentypen bestimmen das Verhalten von Daten und die darauf ausführbaren Operationen. Die Werte 8 und 9 werden durch den Operator „+" addiert und ergeben den Wert 17. Die Zeichen „8" und „9" verknüpft der Operator „+" zur Zeichenkette „89".

Obwohl FoxPro als relationales Datenbanksystem auf formatierte Daten abgestellt ist, erfordert der Umgang mit diesen Daten dennoch oft Typkonvertierungen, Verkettungen, die Ermittlung von Teilstrings und andere Manipulationen. Die Konvertierung von Datentypen und die Manipulation von Zeichenketten gehören daher zu den Standardaufgaben eines Entwicklers. Schon die Ausgabe zweier Werte unterschiedlichen Typs mit einem Print-Kommando ist ohne Konvertierung nicht möglich.

Beispiel:

```
? 8 + "9"            && fehlerhafter Ausdruck
```

oder

```
? STR(kdnr) + Name   && kdnr (numerisch), Name (Charakter)
```

Die fehlerhafte oder auch nur unterlassene Konvertierung von Datentypen ist daher eine häufige Fehlerursache in eigenen Programmen. Anfällig sind hier speziell die Ausgabebefehle ?/?? und SAY.

Dieses Kapitel beschäftigt sich daher mit den Datentypen und den grundlegenden Funktionen, die von Foxpro zu deren Behandlung angeboten werden. Eine vollständige Darstellung aller FoxPro-Funktionen für die Manipulation von Daten ist jedoch nicht beabsichtigt.

16.2   Datentypen und Typkonvertierung

FoxPro kennt vier verschiedene Grundtypen:

- Zeichenkette (String, Charakter)
- Logisch
- Numerisch
- Datum

Den Typ *Float* (Fließkomma oder Gleitp.) haben wir aus Vereinfachungsgründen dem numerischen Typ zugeordnet, zumal Foxpro intern *Float* wie den normalen numerischen Typ behandelt. Den Datentyp *Memo* betrachten wir als String, obwohl das nur bedingt zutrifft. Memofelder können in FoxPro nicht nur reine Texte enthalten. FoxPro für Windows bietet zusätzlich den Typ *Objekt (General)*, der OLE-Objekte speichern kann. Dieser Typ ist nur schwer einem der vier Grundtypen zuzuordnen. Er kann bestenfalls noch mit dem Typ *Memo* verglichen werden.

Ziel der Konvertierung ist oft eine „Art Normalisierung" der Daten, um Ausgabe-operationen zu vereinfachen. Als „Standardtyp" erweist sich dabei die Zeichen-kette (String), in die praktisch alle anderen Datentypen überführt werden können.

Den Datentyp ermitteln

Um den Typ eines Ausdrucks zu bestimmen, kennt FoxPro die Funktion TYPE(), die einen speziellen Zeichencode für jeden Typ zurückgibt. Die Zuordnung der verschiedenen Datentypen zeigt Tabelle 16.1.

D	Datum
C	Zeichenkette (auch String oder Charakter genannt)
L	Logisch
M	Memo
N	Numerisch und Float
U	Typ nicht definiert
G	Objekt (General) für OLE-Objekte

Tabelle 16.1: Die Datentypen in FoxPro

TYPE(<Ausdr>) bewertet einen Ausdruck. Soll der Typ einer Variablen oder eines Feldes überprüft werden, so muß der Name der Variablen oder des Feldes in Anführungszeichen übergeben werden.

Das Beispiel

```
var = "123"
? TYPE(var)
```

würde den Typ U (= nicht definiert) zurückgeben. Erst die Zeile

```
? TYPE("var")
```

liefert den gewünschten Wert „N" für numerisch.

Der logische Datentyp

Der Typ „logisch" ist eigentlich nicht zu konvertieren. Sollte dennoch einmal eine Konvertierung erforderlich sein, hilft die vielseitige Funktion IIF(). Die Syntax:

```
IIF(<AusdrL>,<Ausdr1>,Ausdr2>)
```

Nehmen wir als Beispiel die Ausgabe einer Zeile mit dem Print-Kommando „?". Die Zeile soll einen Namen (= Zeichenkette) und einen logischen Wert ausgeben, der anzeigt, ob unser Kunde seine letzte Rechnung bezahlt hat. Es gelten die folgenden Wertzuweisungen:

```
Name = Schopenhauer
bezahlt = .F.            && für nicht bezahlt
```

Die Anweisung

```
? name + bezahlt
```

würde die Fehlermeldung „Operator/ Operand paßt nicht!" produzieren. Erst unsere „Konvertierung" wird von FoxPro akzeptiert:

```
? name + IIF(bezahlt,"J","N")
```

Der zweite und der dritte Parameter der Funktion können natürlich auch als numerische Werte bestimmt werden, womit wir einen logischen in einen numerischen Wert „konvertiert" hätten.

Der erfahrene Programmierer weiß natürlich, daß wir uns die „Konvertierung"
nur erschlichen haben. Die Funktion IIF() gibt lediglich in Abhängigkeit vom
Wahrheitswert des ersten Parameters (hier: *bezahlt*) den zweiten (wahr) oder den
dritten Parameter (falsch) zurück. Eine echte „Konvertierung" findet nicht statt.
Als Eingeständnis der Zweckentfremdung einer nützlichen Funktion mögen daher
die Anführungszeichen akzeptiert werden.

Numerische Werte in Strings konvertieren

Numerische Werte müssen sehr häufig in Zeichenketten konvertiert werden. Die
Standardfunktion STR() haben wir auch schon kennengelernt. STR() verwandelt
jeden numerischen Wert, auch einen Dezimalbruch, in einen String. Die Syntax
läßt erkennen, daß die Funktion gut an ihre Aufgabe angepaßt werden kann:

```
STR(<AusdrN1> [, <AusdrN2> [, <AusdrN3>]])
```

Unentbehrlich ist der Parameter <AusdrN1>, der die zu konvertierende Zahl
enthält. <AusdrN2> bestimmt die Länge des zurückzugebenden Zeichenstrings
und <AusdrN3> die Anzahl der Dezimalstellen. Interessant ist, daß STR() keine
Ziffern, sondern das Zeichen „*" zurückgibt, wenn die Zahl mehr Vorkommastellen enthält, als gemäß <AusdrN2> dargestellt werden dürfen. Dezimalstellen
werden jedoch einfach auf- oder abgerundet. Das Beispiel

```
? STR(123,2)
```

würde lediglich den String „**" erzeugen, da nicht genügend Vorkommastellen
für die Umwandlung bereitgestellt wurden. Der zweite Parameter muß daher auf
mindestens 3 erhöht werden. Der Befehl

```
? STR(123.54,4,2)
```

erzeugt den Ergebnisstring „124". Obwohl wir diesmal 4 Stellen zugelassen ha-
ben, werden die Dezimalstellen nicht angezeigt. Die vierte Stelle wird vom
Dezimalpunkt beansprucht. Dafür wird der Wert aber aufgerundet, da der
Dezimalwert größer als 0.5 ist. Eine echte Fehlausgabe, etwa die Verkürzung des
Wertes 120 auf 12, und damit eine Fehlinformation des Anwenders, wird so
vermieden.

Zeichenausdrücke in numerische Werte konvertieren

STR() kennt ein Pendant, die Funktion VAL(), die Zeichenausdrücke, sofern sie
Ziffern enthalten, in numerische Werte konvertiert. Die Anwendung ist noch einfacher, da lediglich ein Parameter, der zu konvertierende Zeichenausdruck,
übergeben werden kann. Das Beispiel

```
? VAL("123")
```

erzeugt eben das Ergebis *123.00* und nicht mehr. Die Anzahl der Dezimalstellen
ist abhängig von dem mit dem Befehl SET DECIMAL TO gesetzten Wert. Die
Voreinstellung ist 2, so daß unser Beispiel auch zwei Dezimalstellen liefert. Auch
VAL() rundet Dezimalstellen auf oder ab, wenn

```
SET DECIMAL TO 0
```

gesetzt, also die Ausgabe von Dezimalstellen unterdrückt wurde.

Den Datumstyp konvertieren

Nicht nur der numerische Wert, sondern auch der Datumswert muß regelmäßig
konvertiert werden. Dafür sind zunächst die beiden Grundfunktionen CTOD()
und DTOC() zuständig. CTOD() verwandelt einen Zeichenausdruck, der von
seinem Aufbau her einem gültigen Datumsausdruck entsprechen muß, in einen
Datumsausdruck. DTOC() verfährt umgekehrt und erzeugt aus einem Datum
einen Zeichenstring. Beispiel:

```
? CTOD("11.11.92")      && erzeugt ein Datum

? DTOC(DATE())          && erzeugt einen String
```

Die Umwandlung eines Zeichenstrings in ein Datum ist immer dann erforderlich,
wenn ein Datumsvergleich oder die Suche nach einem bestimmten Datum erfolgen soll. Die Zuweisung des Typs *Datum* an eine Variable kann nur durch
Zuweisung eines bestehenden Datums, etwa des Tagesdatums mit DATE(), eines
Feldes vom Typ *Datum* oder durch Konvertierung eines zulässigen Strings erfolgen. Beispiele:

```
var = DATE()            && direkte Zuweisung
var = datum             && Feldname vom Typ Datum
var = CTOD("00.00.00")  && Typkonvertierung bei Zuweisung
```

Da das Datum für Datenbankentwicklungen ein außerordentlich wichtiger Datentyp ist, stellt FoxPro eine Reihe weiterer Funktionen für die Manipulation und
Konvertierung zur Verfügung, die hier ebenfalls kurz vorgestellt werden sollen:

```
DAY(<Datum>)
```

DAY() ermittelt den Tag des Monats des übergebenen Datums als numerischen
Wert.

```
DAY(CTOD("11.11.92"))
```

gibt daher erwartungsgemäß den Wert 11 zurück. Da DAY() nur ein Datum
akzeptiert, muß unser Zeichenausdruck zunächst mit CTOD() in einen solchen
Typ konvertiert werden.

```
DOW()
```

DOW() erzeugt den Wochentag des übergebenen Datums als numerischen Wert.
FoxPro bestimmt dabei den Sonntag zum ersten Tag der Woche. Unser Beispiel

```
? DOW(CTOD("11.11.92"))
```

liefert den Wert 4 für Mittwoch. Das Ergebnis können wir gleich mit der folgenden Funktion überprüfen.

```
CDOW(<AusdrD>)
```

CDOW() erzeugt ebenfalls den Wochentag, nur diesmal gleich als Zeichenstring.

```
? CDOW(CTOD("11.11.92"))
```

gibt also den Zeichenwert „Mittwoch" zurück. Die gleiche Funktion, nur für den
Monat des Datums, erfüllt CMONTH().
```
? CMONTH(CTOD("11.11.92"))
```

erzeugt den Zeichenstring „November".

YEAR() erzeugt das Jahr des Datums als numerischen Wert. Wir haben in unseren Beispielen bisher die verkürzte Schreibweise vorgezogen, also auf die vollständige Angabe des Jahres verzichtet. Dennoch liefert YEAR() einen Wert. Wir
erhalten für alle bisher gezeigten Beispiele das Jahr *1992*.

Wollen Sie in etwa acht Jahren nicht plötzlich von unerwarteten Laufzeitfehlern Ihres Programms überrascht werden, wäre eventuell zu überlegen, schon jetzt auf die erweiterte Datumsdarstellung umzusteigen. Nehmen wir an, Sie wollen im Jahre 2001 die Differenz an Tagen zwischen dem 11.11.1999 und dem 11.11.2001 errechnen.

Die Zeile

```
? CTOD("11.11.01") - CTOD("11.11.99")
```

könnte diese Aufgabe erledigen. Das Ergebnis würde einen hohen Wert im Minusbereich ergeben, aber nicht die gewünschte Differenz. Zur Aufklärung kann die Funktion YEAR() eingesetzt werden, die dann folgende Ergebnisse liefert:

```
? YEAR(CTOD("11.11.01"))     = 1901
? YEAR(CTOD("11.11.99"))     = 1999
```

Erst durch Eingabe des vollständigen Datums erhalten wir die korrekten Werte:

```
? CTOD("11.11.2001") - CTOD("11.11.1999")
```

Um bei der Anzeige immer ein Datum mit vier Jahresziffern zu erhalten, beispielsweise für die Aus- und Eingabe mit SAY und GET, müssen Sie

```
SET CENTURY ON
```

setzen.

Zeichenstrings konvertieren

Da wir die Konvertierung von Zeichenstrings in numerische und Datumswerte schon in den vorhergehenden Abschnitten abgehandelt haben - siehe VAL() und CTOD() - wollen wir hier auf eine Wiederholung verzichten. Was sich mit Zeichenketten noch alles anstellen läßt, zeigen die folgenden Abschnitte.

16.3 Stringvergleich

Ein Stringvergleich zielt immer auf Übereinstimmung zweier Strings, also auf Identität. Die Identität kann sich auf den ganzen String oder nur auf einen Teil davon beziehen. Folglich unterscheiden wir die beiden Fälle:

- Volle Identität

- Teilidentität

Die volle Identität erhalten wir durch den einfachen Vergleich

```
string1 = "FoxPro"      && Zuweisung an Variable
string2 = "FoxPro"      && Zuweisung
? string1 = string2     && Vergleich mit Print-Befehl
```

oder ohne den Umweg über Variablen:

```
? "FoxPro" = "FoxPro"
```

In beiden Fällen erhalten wir den Wahrheitswert .T. zurück. Beachten Sie, daß
das Ergebnis eines Vergleichs immer ein Wahrheitswert ist, weswegen Vergleiche in Kontrollstrukturen ihren natürlichen Platz haben. Unser Beispiel sollte
dann wie folgt aussehen:

```
string1  = "FoxPro"
IF string1 = "FoxPro"
   <weitere Befehle>
ENDIF
```

Zu vergleichende Objekte sind Variablen- und Feldinhalte, Konstanten und Ausdrücke, die einen String zurückgeben. Groß- und Kleinschreibung werden dabei
unterschieden.

Exakt oder nicht exakt

Die bisherigen Beispiele machten die stille Voraussetzung, daß zuvor der Befehl

```
SET EXACT ON
```

ausgegeben wurde. Steht SET EXACT hingegen auf OFF, erhalten wir eventuell
auch dann eine Übereinstimmung angezeigt, wenn lediglich ein Teil der Strings
übereinstimmt.

Eine exakte Übereinstimmung erhalten wir auch mit dem Operator „= =", dem
doppelten Gleichheitszeichen. Die folgenden Programmzeilen demonstrieren den
Unterschied.

```
SET EXACT ON

? "FoxPro" = "Fox"      && Ergebnis .F.
```

```
? "Fox"     = "FoxPro"  && Ergebnis .F.

SET EXACT OFF

? "FoxPro" = "Fox"      && Ergebnis .T.    && Übereinstimmung!!
? "Fox"     = "FoxPro"  && Ergebnis .F.


? "FoxPro" == "Fox"     && Ergebnis .F.
? "Fox"    == "FoxPro"  && Ergebnis .F.
```

Der dritte Vergleich zeigt, daß auch bei Teilübereinstimmung der Wahrheitswert
.T. ausgegeben werden kann, vorausgesetzt, der Teilausdruck steht auf der
rechten Seite des Vergleichs, er stimmt mit dem Anfangsteil des linken Ausdrucks überein und SET EXACT ist ausgeschaltet (OFF).

Das sind natürlich keine guten Voraussetzungen um festzustellen, ob ein String in
einem anderen enthalten ist. Für die Feststellung von Teilidentität kennt FoxPro
daher spezielle Funktionen und Operatoren.

Teilidentität ermitteln

Die Standardfunktion für die Überprüfung auf Teilidentität ist keine Funktion,
sondern ein Operator, das Dollarzeichen „$". Seine Anwendung ist entsprechend
einfach:

```
<AusdrZ1> $ <AusdrZ2>
```

geprüft wird, ob <AusdrZ1> in <AusdrZ2> enthalten ist. Beide Ausdrücke können Variablen, Feldnamen, auch Memofelder, oder Konstanten enthalten. Die
Umsetzung in die Befehlszeilen

```
? "Fox" $ "FoxPro"   && Ergebnis .T.
? "xPr" $ "FoxPro"   && Ergebnis .T.
```

zeigt, daß es nicht auf die Position des Teilstrings im zu vergleichenden String
ankommt. Damit hätten wir schon eine brauchbare Basis für die freie Textsuche
in Memofeldern und langen Zeichenketten. FoxPro bietet dafür aber noch zwei
zusätzliche Funktionen:

```
AT (<AusdrZ1>, <AusdrZ2> [, <AusdrN>])
ATC(<AusdrZ1>, <AusdrZ2> [, <AusdrN>])
```

AT() und ATC() leisten alles, was schon der Dollar-Operator vermochte - und noch einiges mehr. <AusdrZ1> repräsentiert wieder den zu suchenden Teilstring und <AusdrZ2> den zu durchsuchenden String. Der optionale Parameter <AusdrN> gibt an, das wievielte Vorkommen von <AusdrZ1> in <AusdrZ2> gesucht werden soll. Ein weiterer Unterschied zum Dollar-Operator besteht darin, daß AT() und ATC() numerische Werte zurückliefern. Diese Werte stehen für die Position des Suchstrings im durchsuchten String.

```
? AT("Pro","FoxPro")
```

würde den Wert 4 zurückgeben. Natürlich können wieder Variablen, Feldnamen und Konstanten als Parameter übergeben werden. Für ATC() gelten die gleichen Bedingungen, nur daß diesmal nicht auf Groß- und Kleinschreibung geachtet werden muß. Schauen wir uns die beiden folgenden Beispiele an, dann sollte der Unterschied klar werden:

```
? AT("pro","FoxPro")    && = 0 (keine Übereinstimmung)
? ATC("pro","FoxPro")   && = 4 (Übereinstimmung ab 4. Zeichen)
```

Wird keine Übereinstimmung gefunden, geben beide Funktionen den Wert 0 zurück. Das ist in unserem Beispiel der Fall für die AT()-Funktion, die auf Groß- und Kleinschreibung reagiert und daher „pro" und „Pro" für nicht identisch erklärt. ATC() ignoriert diesen Unterschied und gibt als Zeichen der Übereinstimmung die Position des Suchstrings zurück.

16.4 Stringmanipulation

Die Manipulation von Zeichenketten umfaßt einen weiten Bereich der täglichen Programmierpraxis. Dieser Abschnitt will durch eine thematische Gliederung ein wenig Transparenz in die Vielzahl möglicher Optionen bringen. Die folgenden Themen sollen dabei unterschieden werden:

- Stringverknüpfung
- Teilstringermittlung
- Stringveränderung

Stringverknüpfung

Die auf den ersten Blick simpelste Form der Stringmanipulation, die Verknüpfung, ist schon durch einfache Addition von Teilstrings zu erreichen. Es können Variablen, Konstanten und beide auch beliebig gemischt verknüpft werden. Ein Beispiel:

```
Name      = "FoxPro"
Hersteller = "Microsoft"
? Name + " ist ein " + Hersteller + "-Produkt"
```

Das Beispiel ist sicher trivial und das Ergebnis daher leicht vorhersagbar. Einige Kleinigkeiten sollten dennoch beachtet werden. Gemeint sind Blanks (die Leerstellen) in der Konstante „*ist ein*", ohne die ein schwer verdaulicher Text herauskommen würde. Interessant wird die Textverknüpfung, wenn Teilstrings und andere Stringmanipulationen kombiniert werden. Auch FoxPro-Funktionen und BDFs sind in Stringverknüpfungen zulässig.

Teilstringermittlung

Um einen Ausschnitt aus einem String zu erhalten, verwendet FoxPro die Funktion SUBSTR(). Die Syntax:

```
SUBSTR(<AusdrZ>, <AusdrN1> [, <AusdrN2>])
```

SUBSTR() entnimmt einem <AusdrZ> einen Teilstring, beginnend ab der Zeichenpositon <AusdrN1> mit einer optionalen Länge <AusdrN2>. Wird <AusdrN2> nicht benannt, gibt SUBSTR() alle ab der Position <AusdrN1> folgenden Zeichen zurück. Einige Beispiele:

```
? SUBSTR("FoxPro",4)      && = "Pro"
? SUBSTR("FoxPro",4,1)    && = "P"
```

Eine etwas vereinfachte Variante von SUBSTR() ist LEFT(). LEFT kann mit der Teilstringermittlung nur beim ersten Zeichen eines Ausdrucks beginnen. Die Syntax enthält folglich auch nur zwei Argumente. Das zweite Argument bestimmt die Länge des Teilstrings.

```
LEFT(<AusdZ>,>AusdrN)
```

RIGHT() funktioniert wie LEFT(), nur daß der Teilstring beim letzten Zeichen beginnt.

Stringänderung

Strings enthalten oft unerwünschte führende oder nachfolgende Leerzeichen, die bei der Ausgabe die Positionierung erschweren. Für das Entfernen von Leerzeichen bietet FoxPro die folgenden Funktionen:

```
ALLTRIM()
LTRIM()
RTRIM()
TRIM()
```

Seit ALLTRIM() verfügbar ist, sollten die anderen Trim-Funktionen nur noch für Spezialfälle verwendet werden. ALLTRIM() entfernt sowohl führende wie folgende Leerzeichen und enthebt damit den Programmierer der Notwendigkeit, bei jedem String zu überlegen, ob nun mit LTRIM() alle führenden oder mit RTRIM() (identisch mit TRIM()) alle nachfolgenden Leerzeichen entfernt werden sollen.

Als Pendant zu den Trim-Funktionen können die folgenden drei Funktionen gelten.

```
PADL(<Ausdr>, <AusdrN> [, <AusdrZ>])
PADC(<Ausdr>, <AusdrN> [, <AusdrZ>])
PADR(<Ausdr>, <AusdrN> [, <AusdrZ>])
```

PADL() und Kollegen fügen zusätzliche Zeichen, auch Leerzeichen, an einen String an. Ein <Ausdr> kann in einem Bereich bestimmter Länge (<AusdrN>) links (PADL), zentriert (PADC) oder rechts (PADR) positioniert werden. Die Leerstellen können optional mit <AusdrZ> aufgefüllt werden. Beispiel:

```
? PADC("FoxPro",20,"-")
```

produziert den String „-------*FoxPro*-------".

Massive Stringveränderungen sind mit den Funktionen STRTRAN() und STUFF() möglich. Die Syntax:

```
STRTRAN(<AusdrZ1>,<AusdrZ2> [,<AusdrZ3>] [,<AusdrN1>]
        [,<AusdrN2>]

STUFF(<AusdrZ1>,<AusdrN1>,<AusdrN2>,<AusdrZ2>)
```

STRTRAN() ersetzt in einem <AusdrZ1> einen <AusdrZ2>, soweit vorhanden, mit dem optionalen <AusdrZ3>. Wird <AusdrZ3> nicht angegeben, benutzt die Funktion einen Leerstring für die Ersetzung. Der gesuchte String wird in diesem Fall praktisch ausgeschnitten. Die optionalen numerischen Ausdrücke bestimmen, mit dem wievielten Vorkommen die Ersetzung beginnen soll (<AusdrN1>) und wie viele Ausdrücke (<AusdrN2>) zu ersetzen sind. Werden keine Werte angegeben, beginnt die Funktion mit dem ersten Zeichen und ersetzt alle vorkommenden Ausdrücke (<AusdrZ2> mit dem Ausdruck (<AusdrZ3>). Ein Beispiel:

```
Anrede = "Prof. Dr. Schelling"
? STRTRAN("Sehr geehrter Herr Anrede!", "Anrede", Anrede)
```

STRTRAN() kann sehr effektiv für Textersetzungen mit den Inhalten von Variablen genutzt werden. Da Funktionen wie STRTRAN() und selbstdefinierte Variablen auch in Reports eingesetzt werden dürfen, lassen sich Reportausgaben damit „individualisieren".

STUFF() ist eine vereinfachte Version der STRTRAN()-Funktion. <AusdrZ1> ist der String, in dem die Ersetzung mit <AusdrZ2> erfolgen soll. Die numerischen Ausdrücke bestimmen lediglich die Startposition (<AusdrN1>) und die Anzahl (<AusdrN2>) der zu ersetzenden Zeichen.

Wir wollen weiter unten eine Benutzerdefinierte Funktion vorstellen, die STUFF() verwendet. Zuvor benötigen wir aber noch die Funktionen

```
ASCII(<AusdrZ>)
```

und

```
CHR(<AusdrN>)
```

ASCII() verwandelt ein Zeichen in den zugehörigen ASCII-Wert. Aus dem Zeichen „A" wird durch

```
? ASCII("A")
```

der Wert 65. Einsetzen läßt sich diese Funktion z.B. in einer BDF, die Texte, beispielsweise ein Paßwort, verschlüsselt. In Zusammenarbeit mit der Funktion CHR(), die genau den umgekehrten Weg geht, läßt sich ein beliebiges Zeichen nachvollziehbar in ein anderes Zeichen transformieren. Der Befehl

```
? CHR(65)
```

würde wieder das Zeichen „A" produzieren. Addieren wir vor der Rückwandlung einen bestimmten Wert (hier = 10), so erhalten wir schon die Basis für einen Verschlüsselungsalgorithmus:

```
? CHR(ASCII("A") + 10) = "K"
```

Die Rückwandlung erfolgt durch Subtraktion des Versatzwertes:

```
? CHR(ASCII("K") - 10) = "A"
```

Das folgende Beispiel setzt diesen Gedanken in eine Funktion um, die beliebige Zeichenketten, auch Memofelder, in einen verschlüsselten String verwandelt. Die zentrale Befehlszeile verwendet mehrere der oben vorgestellten Funktionen in einer etwas komplexeren Verschachtelung. Natürlich wird jeder „Experte" in der Lage sein, den simplen Code zu entschlüsseln. Für den durchschnittlichen Benutzer einer Datenbank sollte der verschlüsselte String aber ein Rätsel bleiben.

Leider verwendet FoxPro für den Umlaut „ü" den ASCII-Wert 252, so daß wir nicht mit einem größeren positiven Versatz als 3 arbeiten können. Da Werte über 255 von der Funktion CHR() nicht berücksichtigt werden, würden wir sonst eine Fehlermeldung erhalten.

```
*---------------------------------------------------------
* PROCEDURE krypt
*
* Eine Zeichenkette verschlüsseln. Die Rückwandlung erfolgt
* mit der BDF dekrypt().
*
* Parameter
* ---------
* string = beliebige Zeichenkette als Konstante, Variable
*          oder Memofeld
*
* Rückgabewert
* ------------
* string = verschlüsselte Zeichenketten,
*          bei Fehler = Nullstring
*---------------------------------------------------------

PARAMETER string

IF TYPE("string") = "C"
   PRIVATE lng, i
   i = 1
   lng = LEN(string)
   FOR i = 1 TO lng
       string = STUFF(string, i, 1, ;
                   CHR( ASC( SUBSTR(string,i,1))+3 ) )
   ENDFOR
```

```
ELSE
    WAIT "Die Funktion erfordert eine Zeichenkette!" WINDOW
    string = ""
ENDIF

RETURN string

*--- Ende krypt() -------
```

Da es uns um den Rückgabewert geht, ist nur ein Aufruf als Funktion (BDF) möglich. Beispiel:

```
? krypt("Peter")
```

Natürlich benötigen wir auch eine Funktion, die alles wieder rückgängig macht. Wie eine solche BDF aussehen könnte, zeigt die Funktion *dekrypt()*, die Sie ebenfalls auf der beiliegenden Diskette finden.

Eine spezielle Funktion, die sich besonders für die Behandlung von Sonderzeichen anbietet, ist CHRTRAN(). Die Syntax:

```
CHRTRAN(<AusdZ1>,<AusdrZ2>,<AusdrZ3>)
```

Die Funktion ersetzt in <AusdrZ1> alle Zeichen, die mit irgendeinem Zeichen in <AusdrZ2> übereinstimmen mit den an gleicher Stelle stehenden Zeichen in <AusdrZ3>. Besteht <AusdrZ2> aus den Zeichen „ab" und <AusdrZ3> aus den Zeichen „xy", wird also jedes „a" in <AusdrZ1> mit „x" und jedes „b" mit „y" ersetzt. Ein Beispiel:

```
? CHRTRAN("abcde-abb-cde", "abc" , "xyz")
```

Natürlich dürfen auch die Umwandlungsfunktionen UPPER() und LOWER() nicht fehlen. Die Syntax:

```
UPPER(<AusdrZ>)
LOWER(<AusdrZ>)
```

Die Funktionen verwandeln die Buchstaben beliebiger Zeichenketten in Groß- oder in Kleinbuchstaben. Speziell UPPER() haben wir bereits bei der Erzeugung von Indexausdrücken angesprochen. Im 4. Kapitel finden Sie daher praktische Beispiele.

Was noch zu sagen wäre

Welchem dBase/FoxBase-Programmierer sind sie nicht ständig gegenwärtig, die unseligen, weil langsamen und dennoch unerläßlichen Makrosubstitutionen mit dem Zeichen „&".

Namensausdrücke statt Makrosubstitution

Als Speed Leader konnte Fox dieser Art der Zeitverschwendung wohl nicht länger tatenlos zusehen. FoxPro kann fast vollständig auf Makrosubstitution verzichten. Der Ersatz erfolgt durch sogenannte Namensausdrücke, z.B.

```
temp = "Kunden"
USE (temp)
```

statt

```
USE &temp.
```

Fox empfiehlt die Benutzung von Namensausdrücken, wann immer dies möglich ist. Noch einen Schritt weiter geht die Funktion

```
EVALUATE(),
```

die komplette Ausdrücke auswertet und deren Wert zurückgibt.

Die folgende BDF zeigt die Verwendung der Funktionen. Als Beispiel dient die Berechnung eines neuen, eindeutigen Schlüsselausdrucks für numerische Felder, die regelmäßig bei der Neuanlage eines Datensatzes notwendig wird. Man sucht den maximalen Wert aller bisher in diesem Feld verwendeten Ausdrücke und addiert 1 hinzu. Die Funktion benötigt als Parameter den Namen des Feldes, für das der Schlüsselausdruck berechnet werden soll. Der Feldtyp muß numerisch sein. Unsere kleine Funktion übernimmt beide Aufgaben und kann, wenn ein falscher Feldtyp übergeben wurde, auch einen Fehlercode (0) generieren.

```
*-----------------------------------------------------------------
* FUNCTION key_new
*
* Neuen Schlüssel (für Kundennummer etc.) berechnen;
* neuer Schlüssel = alter maximaler Schlüssel + 1
*
* Parameter
* ---------
```

```
* feld (C) = Feldname, nur numerische Felder
*
* Rückgabewert
* ------------
* nr (N) = neuer Schlüssel
*          0, wenn kein numerisches Feld
*-------------------------------------------------------

PARAMETER feld

IF TYPE(feld) = "N"
    satz = RECNO()        && Datensatzzeiger sichern
    CALCULATE MAX(EVALUATE(feld)) TO nr
    nr = nr + 1
    GO satz   && Datensatzzeiger zurücksetzen
ELSE
    nr = 0       && Fehlercode, wenn kein numerisches Feld
ENDIF

RETURN nr

*--- Ende key_new()------------
```

Der Aufruf kann, wenn man sicher ist, den richtigen Feldtyp erwischt zu haben,
z.B. mit

```
m.KdNr = key_new("kdnr")
```

oder gleich mit

```
REPLACE kdnr WITH key_new("kdnr")
```

erfolgen. Wenn Sie den Feldtyp nicht wissen, müssen Sie den Fehlercode abfragen. In diesem Fall lautet der Aufruf

```
m.KdNr = key_new("kdnr")
IF  m.KdNr > 0
    REPLACE ....
ENDIF
```

17 Programmieren mit BROWSE

17.1 Die Optionen

Jedem dBase-Anwender ist dieses Kommando seit Jahren vertraut. Seine schon immer mächtige Funktionalität mußte dem Endbenutzer allerdings mangels hinreichender Kontrollmöglichkeiten oft vorenthalten werden. Das hat sich mit FoxPro 2.0 gründlich geändert. Für Programmierer bietet BROWSE nun die notwendige Unterstützung, um speziell die Dateneingabe nahezu vollständig kontrollieren zu können. Der wichtigste Kritikpunkt, die unkontrollierte Manipulation der Daten ist damit entfallen. Der Einsatz, nicht nur als Look-Up-Table, ist nun praktisch in jedem Programm sinnvoll. Die nachfolgende Liste der Optionen läßt erkennen, was den Entwickler erwartet.

```
BROWSE
      [FIELDS <Feld_liste>]
      [FONT <AusdrZ> [,<AusdrN>]]
      [STYLE <AusdrZ>]
      [FOR <AusdrL1>]
      [FORMAT]
      [FREEZE <Feld>]
      [KEY <Ausdr1> [, <Ausdr2>]]
      [LAST]
      [LEDIT] [REDIT]
      [LOCK <AusdrN1>]
      [LPARTITION]
      [NOAPPEND]
      [NOCLEAR]
      [NODELETE]
      [NOEDIT | NOMODIFY]
      [NOLGRID] [NORGRID]
      [NOLINK]
      [NOMENU]
      [NOOPTIMIZE]
      [NORMAL]
      [NOWAIT]
      [PARTITION <AusdrN2>]
      [PREFERENCE <AusdrZ1>]
      [REST ]
      [SAVE]
      [TIMEOUT <AusdrN3>]
      [TITLE <AusdrZ2>]
      [VALID [:F] <AusdrL2> [ERROR <AusdrZ3>]]
```

```
[WHEN <AusdrL3>]
[WIDTH <AusdrN4>]
[[WINDOW <Fenstername1>]
[IN [WINDOW] <Fenstername2> | IN SCREEN]]
[COLOR [<Farbpaarliste>]
| COLOR SCHEME <AusdrN5> ]
```

Für unsere Zwecke sollen einige Optionen reichen, die wir nachfolgend vorstellen wollen. Um die ganze Spannweite der Klauseln darzustellen, wäre schon fast ein eigenes Buch erforderlich. Der Leser sei deshalb auf die FoxPro-Hilfe und auf seine Experimentierlust verwiesen.

Filter mit FOR und KEY

BROWSE besitzt gleich zwei eigene Filteroptionen. Mit

```
USE Adressen
BROWSE FOR plz >= "8000"
```

werden nur Datensätze mit einer Postleitzahl ab *8000* angezeigt. Wird die FOR-Bedingung nicht eingesetzt, gelten natürlich die aktuellen Filter (SET FILTER TO) oder auch der Filterausdruck einer Indexdatei. Besteht bereits ein Filter, kann durch Verwendung der FOR-Bedingung nochmals ein Filter auf den bereits bestehenden gesetzt werden. Beispiel:

```
USE Adressen
SET FILTER TO plz >= "8000"
BROWSE FOR plz <= "8500"
```

Das Beispiel zeigt alle Datensätze, deren Postleitzahl zwischen 8000 und 8500 liegt. Die FOR-Klausel ist sehr praktisch, da sie wirklich nur temporär wirkt und mit dem zugehörigen BROWSE wieder verschwindet.

Für indizierte Felder kann auch mit KEY eine Art Filter gesetzt werden. Ist beispielsweise eine Datei mit einem Index auf das Feld *Namen* im aktuellen Arbeitsbereich geöffnet, zeigt der Befehl

```
BROWSE KEY "M"
```

alle Datensätze an, deren Eintrag im Feld *Namen* mit „M" beginnt. Der zweite Ausdruck kann für eine weitere Abgrenzung genutzt werden:

```
BROWSE KEY "M", "P"
```

bringt alle Datensätze mit einem Namenseintrag zwischen „M" und „P" zur Anzeige. Da sich die gleiche Funktionalität auch mit der FOR-Klausel erreichen läßt, besteht hier eine gewisse Redundanz. Ist schon ein Index auf das entsprechende Feld gesetzt und aktiviert (SET ORDER TO TAG), wird KEY in der Regel schneller sein. FOR kann hingegen immer eingesetzt werden, auch ohne Index, und dabei komplexe Ausdrücke verwenden, die mehrere Felder einschließen. FOR ist also wesentlich flexibler.

Änderungen automatisch sichern

FoxPro speichert automatisch alle Einstellungen über Feldlisten, Fenstergröße, Position etc. eines BROWSE-Fensters. Wird das BROWSE beim nächsten Aufruf mit der Klausel LAST gestartet, erscheint es mit den Änderungen des letzten Aufrufs. Leider funktioniert das nicht, wenn Sie BROWSE in einem selbstdefinierten Fenster aufrufen. Hier müssen Sie selbst die Koordinaten des Fensters sichern und für den nächsten Aufruf verwenden.

Tabellen teilen

Die BROWSE-Tabelle kann mit der Klausel PARTITION in zwei Hälften geteilt werden. Das ist sicher nicht sehr aufregend, zumal mit der Maus die Felder beliebig verschoben werden können, so daß eine völlig freie Darstellung der Tabelle durch den Endanwender möglich ist. Auch die Möglichkeit, in jedem Teilabschnitt mit der Option NOLINK separat zu scrollen, ist keine Offenbarung. Interessant wird die Option aber im Zusammenhang mit den Klauseln LEDIT und REDIT.

Das BROWSE-Kommando kann nicht nur eine Tabelle mit horizontal, sondern auch mit vertikal angeordneten Feldern erzeugen. Die Beschränkungen, die durch die Bildschirmbreite für bisherige BROWSE-Befehle kaum zu umgehen waren, sind damit obsolet geworden. Die Zeilen

```
USE Adressen
BROWSE PARTITION 50 REDIT
```

erzeugen eine geteilte BROWSE-Darstellung, die links die Tabellenform und rechts die maskenähnliche Form des EDIT- oder CHANGE-Modus zeigt. Wie beim BROWSE-Befehl üblich, kann mit den Cursor-Tasten aufwärts und abwärts gescrollt werden. Der Wert *50* bestimmt die Spalte, ab der die BROWSE-Darstellung aufgeteilt wird.

In beiden Fensterhälften kann gescrollt und editiert werden. Wird keine NOLINK-Klausel verwendet, reflektiert die jeweils andere Fensterhälfte die Änderungen des gerade aktiven Teils. Mit NOLINK kann in jedem Teil unabhängig vom anderen Teil gearbeitet werden.

17.2   Dateneingabe und Datenvalidierung

BROWSE arbeitet immer direkt auf eine Datentabelle. Die Dateneingabe mittels BROWSE widerspricht also unserem höchsten moralischen Grundsatz, der da lautet: keine direkte Dateneingabe. Moralische Grundsätze, auch dieser, gelten immer - mit Ausnahmen.

In einigen Fällen kann es sinnvoll sein, eine tabellarische Darstellung mit beliebig vielen Zeilen (Datensätzen) für die Dateneingabe zu verwenden, beispielsweise bei der Erfassung von Rechnungen.

Wer sein Gewissen beruhigen möchte, kann zu diesem Zweck eine temporäre Datei verwenden, deren Inhalt nach Abschluß des Editiervorgangs mit APPEND FROM an die Hauptdatei angehängt wird.

Optionen für einzelne Felder setzen

Wie in einer GET/READ-Anweisung, können auch in BROWSE-Tabellen Benutzerdefinierte Funktionen - z.B. für eine Picup-Liste - zur Validierung von Daten verwendet werden. FoxPro unterstützt Schalter, die der Datenvalidierung und der Eingabefilterung dienen für jedes Feld.

Felder können selektiv gegen Überschreiben gesichert werden. Wertebereiche für die Dateneingabe lassen sich definieren, und auch die Spaltentitel können mit eigenen Bezeichnungen versehen werden.

Die Tabelle 17.1 zeigt Schalter, die für jedes Feld einzeln gesetzt werden können.

Syntax	Funktion
`:<AusdrN1>`	für Spaltenbreite
`:R`	für READ(ONLY)
`:V = <Ausdr1>`	für Validierung (VALID)
`:P = <AusdrZ>`	für PICTURE
`:B = <Ausdr1>, <Ausdr2>`	für BOUND (Grenzen)

:H = <AusdrZ>	für Headings (Spaltentitel)
:W = <AusdrL>	für WHEN
:F	Erzwingt die Überprüfung mit .B und :V

Tabelle 17.1: Optionen für BROWSE-Felder

Der Schalter :V (für VALID) dürfte der wichtigste sein, da hiermit der Eingabewert unter Einsatz einer BDF überprüft werden kann.

:P steht für PICTURE und ist entsprechend anzuwenden. Beispiel:

```
BROWSE FIELDS firma, plz :P "9999"
```

„:B" bestimmt einen Wertebereich, der bei der Dateneingabe weder unter- noch überschritten werden darf.

Mit der zusätzlichen Option „:F" kann für die Schalter :V und :B die Validierung erzwungen werden, auch dann, wenn der Wert des betreffenden Feldes nicht geändert wurde.

Das nachfolgende Programm erzeugt ein BROWSE-Fenster mit den zuvor genannten Möglichkeiten. Die VALID-Funktion wird aufgerufen, wenn Sie den Code für das Land eingeben. Ein falscher Wert ruft das Auswahlmenü auf. Der Versuch, das Feld *Land* ohne Eingabe zu verlassen, hat die gleiche Wirkung.

```
*------------------------------------------------------------
* sample10        BROWSE mit FIELDS und VALID-Funktion
*------------------------------------------------------------

CLOSE ALL
USE Adressen

DEFINE WINDOW bro FROM 7,4 TO 22,70 ;
            FONT "Arial", 10 ;
            SYSTEM FLOAT GROW ;
            COLOR RGB(0,0,0,255,255,255)

BROWSE FIELDS firma   :12, ;
            name    :12, ;
            strasse :12, ;
            land    :V = pruef(land) :F, ;
            plz     :P = "9999" , ;
            ort     :12 ;
            WINDOW bro

RELEASE WINDOW bro
```

```
*------------------------------------------------------------
PROCEDURE pruef      && VALID-Funktion für das Feld Land
*------------------------------------------------------------

PARAMETER mpcode

USE pcode IN 0
SELECT pcode
SET EXACT ON

LOCATE FOR mpcode = pcode
IF .NOT. FOUND()

    DEFINE WINDOW postcode ;
        AT 5.000, 42.000 ;
        SIZE 12.000,41.800 ;
        TITLE "Postcode" ;
        FONT "MS Sans Serif", 8 ;
        FLOAT ;
        NOCLOSE ;
        SYSTEM ;
        COLOR RGB(0,0,0,255,255,255)

    &&--- Popup-Menü für Auswahlliste definieren ------

    DEFINE POPUP _qct0yvs8y ;
        PROMPT FIELD Pcode.pcode +   " " + Pcode.land ;
        SCROLL ;
        MARGIN ;
        MARK "

    ACTIVATE WINDOW postcode

     temp = pcode + " " + land

    &&-- Steuerelement für Auswahlliste definieren ----

    @ 0.846,1.600 GET temp ;
        PICTURE "@&T" ;
        POPUP _qct0yvs8y ;
        SIZE 9.000,24.143 ;
        DEFAULT " " ;
        FONT "Fixedsys", 9 ;
        STYLE "N" ;
        COLOR ,,,,,,,,RGB(0,0,0,255,255,255)

    READ CYCLE

    RELEASE WINDOW postcode

    RELEASE POPUPS _qct0yvs8y
```

```
ENDIF

SELECT Adressen

*--- Wertübergabe ist nur mit REPLACE möglich ----

REPLACE land WITH pcode.pcode
SELECT pcode
USE
SELECT adressen

RETURN .T.

*--- Ende sample10 ----------
```

Interessant ist nicht nur der Aufbau des BROWSE-Kommandos. Wer sich die Pruef-Funktion näher ansieht, wird bei den letzten Zeilen (SELECT ... REPLACE) bemerken, daß keine Datenübergabe per Parameter stattfindet, sondern mit REPLACE gearbeitet werden muß. Dies liegt in der Natur einer Feldvariablen, die eben nicht als Referenz, sondern nur als Wert übergeben werden kann. Der Klammeraffe in der VALID-Zeile

```
...land :V = pruef(@land) :F
```

würde eine Fehlermeldung generieren.

Natürlich hätte auch für die PicUp-Liste in der Pruef-Prozedur ein BROWSE verwendet werden können. Die „natürliche" Auswahltaste ⏎ kann aber ohne Klimmzüge (ON KEY LABEL) nicht für die Beendigung eines BROWSE-Fensters benutzt werden.

Wird statt der Option „V" die Option „W" (für WHEN) verwendet, prüft FoxPro, ob das betreffende Feld überhaupt editiert werden kann. Diese Funktion ist analog der GET-Option WHEN zu sehen und prüft daher die Eingangsbedingung. Bei Nichterfüllung der Bedingung (logisch .F.), kann der Cursor erst gar nicht im jeweiligen Feld positioniert werden.

Kontrolle auf Datensatzebene

Damit sind die Möglichkeiten der Validierung aber noch nicht abgeschlossen. FoxPro kann VALID und WHEN auch auf den ganzen Datensatz anwenden. VALID überprüft beim Verlassen des Datensatzes, ob eine definierte Bedingung erfüllt ist. WHEN verhindert den Wechsel zum vorhergehenden oder nachfolgenden Datensatz, wenn eine bestimmte Bedingung nicht erfüllt ist.

Generelle Klauseln

Einige Klauseln verhindern den Zugriff auf bestimmte Funktionen für alle Datensätze. Dazu gehören:

NOAPPEND   - Verhindert das Anhängen von Datensätzen

NODELETE   - Verhindert das Löschen von Datensätzen

NOEDIT   - Verhindert das Editieren von Datensätzen

Die Klausel NOMENU unterdrückt die Anzeige des Datenblatt-Menüs (das BROWSE-Menü) in der Menüleiste.

17.3   BROWSE und Fenster

Mit dem BROWSE-Kommando hat Fox ein Stück objektorientierte Programmierung möglich gemacht. Eine der Optionen, die eine solche Aussage rechtfertigen, ist die „Vererbung" der Eigenschaften eines Fensterobjekts auf die BROWSE-Tabelle.

BROWSE kennt zwei Fensterklauseln:

1. WINDOW

2. IN WINDOW

Sie werden vielleicht bei der Durchsicht der zahlreichen BROWSE-Optionen auf die seltsame Tatsache gestoßen sein, daß keine Koordinatenangaben möglich sind. Dieses Manko wird durch die Klausel WINDOW vollständig ausgeglichen. Mit dem Befehl

```
BROWSE WINDOW <Fenstername>
```

kann die Darstellung eines zuvor definierten Fensters bezüglich Größe, Position und Farbe auf die BROWSE-Tabelle übertragen werden. Auch die Eigenschaften *Vergrößern*, *Verkleinern* und *Positionieren* werden auf das BROWSE-Objekt „vererbt". Schon das Beispielprogramm des vorhergehenden Abschnitts zeigte die Anwendung:

```
DEFINE WINDOW bro FROM 5,5 TO 20,60 ;
                  FONT "Arial", 10 ;
                  GROW ZOOM FLOAT ;
                  COLOR SCHEME 1
BROWSE WINDOW bro
```

Die zweite Möglichkeit, eine BROWSE-Tabelle in ein Fenster zu setzen, wird durch die Klausel IN WINDOW geboten. Diese Klausel positioniert die BROWSE-Tabelle lediglich in der oberen linken Ecke des Fensters; die Eigenschaften des Fensters gehen aber nicht auf die BROWSE-Tabelle über. Innerhalb des Fensters kann die BROWSE-Tabelle beliebig vergrößert oder verkleinert, aber nicht verschoben werden.

Fast schon eine komplette kleine Anwendung zeigt das folgende Beispiel, das sich überwiegend auf die Funktionalität des BROWSE-Kommandos und die Fenstertechnik verläßt. Zur Abrundung wurde ein Fenster für die Bearbeitung von Memofeldern hinzugefügt.

```
CLEAR
USE Adressen
DEFINE WINDOW f1 FROM 2,2 TO 15,78 ;
                FONT "Arial", 10 ;
                FLOAT GROW CLOSE ;


DEFINE WINDOW f2 FROM 16,2 TO 26,78 ;
                FONT "Arial", 10 ;
                FLOAT GROW ;

BROWSE PARTITION 35 REDIT WINDOW f1 NOWAIT

MODIFY MEMO info WINDOW f2 NOWAIT
```

Zwischen den Fenstern kann mit der Maus oder mit der Tastenkombination [Strg]+[F1] gewechselt werden.

17.4   BROWSE und Hotkeys

Hotkeys sind für interaktive Programme unerläßlich. Sie sind aufgrund ihrer Vielseitigkeit aber auch ein mächtiges Werkzeug, das leicht zu unkontrollierten Programmreaktionen führen kann. Ihr Einsatz sollte daher sparsam geplant und sorgfältig programmiert werden.

Hotkeys im Zusammenhang mit BROWSE erfüllen drei Funktionen:

1. BROWSE aufrufen

2. Ersetzen der kryptischen [Strg]-Befehle ([Strg]+[N] = neuer Datensatz etc.)

3. Aufruf von Programmen aus einem aktiven BROWSE

FoxPro kennt die folgenden Hotkey-Routinen

```
ON KEY <Befehl>
ON KEY = <AusdN1> <Befehl>
ON KEY LABEL <Tasten-/Maus-Label> <Befehl>
```

Der erste Befehl reagiert auf eine beliebige Taste und sollte wegen seiner Umbestimmtheit nicht mehr eingesetzt werden. FoxPro beherbergt mehrere solcher inzwischen nutzlos gewordenen Befehle, die eigentlich nur noch aus Kompatibilitätsgründen mitgeschleppt werden.

Der Befehl ON KEY = kann zur gezielten Programmsteuerung während eines READs eingesetzt werden. Da er nur in einer offenen GET/READ-Anweisung wirkt, ist er eventuell dem mächtigeren und gefährlicheren Befehl ON KEY LABEL vorzuziehen.

ON KEY LABEL kann nahezu jede Taste bzw. Tastenkombination neu belegen. Die folgende Programmzeile setzt voraus, daß eine Datentabelle im aktuellen Arbeitsbereich geöffnet ist.

```
ON KEY LABEL F3 BROWSE
```

Nach Eingabe dieses Befehls löst jede Betätigung der Taste F3 ein BROWSE-Kommando aus. Die ursprüngliche Belegung der Taste ist damit aufgehoben. Sie können die Belegung rückgängig machen, wenn Sie einen anderen Befehl auf die Taste legen oder nur einfach

```
ON KEY LABEL F3
```

eingeben. Das folgende Beispiel zeigt die Zuordnung von Tasten zu BROWSE-Funktionen; in diesem Fall die Belegung der Taste Einfg mit der Funktion APPEND (neuer Datensatz).

```
*-------------------------------------------------
* sample11          BROWSE und Hotkeys
*-------------------------------------------------

SET SYSMENU OFF

   *--- Taste Einfg mit Prozeduraufruf belegen --

ON KEY LABEL INS DO satzneu

USE Adressen

   *-------------------------------------------------
```

```
    * Fensterdefinition
    * TITLE-KLausel für Anzeige der Tastenbelegung
    * "mißbraucht"
    *-----------------------------------------------

DEFINE WINDOW bro FROM 5,3 TO 22,75 ;
                  FONT "Arial", 10;
                  FLOAT GROW CLOSE ;
                  TITLE "Einfg = Neuer Datensatz"

BROWSE FIELDS firma    :15, name :15, ;
              strasse  :15, land, plz, ;
              ort      :15  WINDOW bro

RELEASE WINDOW bro

    *--- Alle ON KEY-Belegungen abschalten --

ON KEY

    *-----------------------------------------------
PROCEDURE satzneu
    *-----------------------------------------------

       *-----------------------------------------
       * Nicht an jede Tabelle neue Datensätze
       * anhängen, daher ALIAS()-Abfrage
       *-----------------------------------------

IF ALIAS() = "ADRESSEN"
  APPEND BLANK
ENDIF

*--- Ende sample11 ------------------
```

Wir haben hier die TITLE-Klausel des Fensters dazu benutzt, den Anwender auf die Funktion der Taste **Einfg** hinzuweisen. Sie müssen sich diese „Umwidmung" einer für andere Zwecke bestimmten Option aber nicht zum Vorbild nehmen.

17.5 Weitere Optionen

Mit den bereits behandelten Abschnitten sind die Möglichkeiten des BROWSE-Kommandos noch keinesfalls erschöpft. Einige kleine, aber feine Spezialitäten sollen an dieser Stelle vorgestellt werden. Dazu gehören:

- Kalkulierende Felder

- Das zweite BROWSE auf die gleiche Datei

- BROWSE und SET FORMAT TO
- BROWSE und Arrays

Kalkulierende Felder

FoxPro kann Felder in einem BROWSE anzeigen, die eigentlich nicht existieren. Haben Sie beispielsweise ein Feld *Nettoumsatz* in Ihrer Tabelle, können Sie das nicht vorhandene Feld *Bruttoumsatz* mit der Zeile

```
BROWSE FIELD bruttoumsatz = Nettoumsatz * 1.15
```

erzeugen, das Ihnen in einem nicht editierbaren Feld den Bruttoumsatz aus dem Ausdruck *Nettoumsatz * 1.15* für jeden angezeigten Datensatz berechnet.

Wir haben in unserer Adressentabelle vier logische Felder, die für Merkmalswerte herhalten müssen. In der Maskendarstellung verwenden wir dafür selbstgewählte Klartextbezeichnungen. In einem BROWSE sehen wir jedoch nur die logischen Werte (.T. oder .F.) und die wenig aussagefähigen Feldbezeichnungen *at1* (für Attribut 1) , *at2* etc.

Um auch im BROWSE-Modus sehen zu können, was mit jedem Merkmal gemeint ist, läßt sich ein berechnetes Feld erzeugen, das, abhängig vom Wahrheitswert des jeweils im Ausdruck verwendeten Feldes, einen Klartext ausgibt. Das folgende Beispiel erzeugt vier berechnete Felder:

```
USE Adressen

BROWSE FIELDS     firma      :15, ;
                  name       :15, ;
                  Merkmal1 = IIF(at1,"Freund","")  ,;
                  Merkmal2 = IIF(at2,"Feind","")   ,;
                  Merkmal3 = IIF(at3,"Denker","")  ,;
                  Merkmal4 = IIF(at4,"Dichter","")
```

Beachten Sie, daß die nicht editierbaren künstlichen Felder *Merkmal1* bis *Merkmal4* zwar die vorhandenen Felder *at1* bis *at4* für die Berechnung des Ausdrucks benutzen, nicht jedoch mit diesen identisch sind.

Das zweite BROWSE auf die gleiche Datei

Häufig kommt es vor, daß in einer Tabelle ein Eintrag überprüft werden soll, während gleichzeitig ein anderer Datensatz der gleichen Datei editiert wird. In FoxPro ist es nun möglich, die gleiche Datei mehrfach zu öffnen. Wir haben es aber nicht mit einer Option des BROWSE-Kommandos zu tun, sondern mit dem Befehl USE und dessen Klausel AGAIN.

```
USE <Datei> AGAIN
```

öffnet nochmals eine Datentabelle, die bereits zuvor in einem anderen Arbeitsbereich geöffnet wurde. Sinnvoll ist der Einsatz eines doppelten BROWSE beispielsweise für das manuelle Abgleichen von Datensätzen. Im nachfolgenden Beispiel wird nur das Grundgerüst für eine solche Abgleichroutine geboten. Um eventuell doppelte Einträge entfernen zu können, sollten noch ein Lösch-Kommando per Hotkey und die zugehörige Sicherheitsabfrage ergänzt werden.

```
CLOSE ALL
CLEAR
SELECT A
USE Adressen
DEFINE WINDOW br1 FROM 2,3 TO 14,70 ;
                  FONT "Arial", 10 ;
                  FLOAT GROW CLOSE
BROWSE WINDOW br1 NOWAIT

SELECT B
USE Adressen AGAIN
DEFINE WINDOW br2 FROM 15,3 TO 25,70 ;
                  FONT "Arial", 10 ;
                  FLOAT GROW CLOSE

BROWSE WINDOW br2 NOWAIT
```

Die beiden BROWSE-Fenster sind nicht synchronisiert. Jede Tabelle verwaltet also ihren eigenen Datensatzzeiger. Änderungen, beispielsweise das Setzen von Löschmarkierungen oder das Anfügen neuer Datensätze, werden aber in der jeweils anderen BROWSE-Darstellung angezeigt.

17.6   BROWSE und SET FORMAT TO

Einer der ersten Befehle für die Ausgabe von Bildschirmmasken war

```
SET FORMAT TO <Formatdatei>.
```

Schon unter dBase III verzichteten ernsthafte Entwickler auf diese zweifelhafte Option und bauten ihre Ein- und Ausgabemasken lieber mit Prozeduren auf. Eine Formatdatei ist eigentlich auch nur eine auf wenige Ein- und Ausgabebefehle beschränkte Prozedur. Lediglich SAY- und GET-Kommandos mit ihren Klauseln (VALID, WHEN, PICTURE etc.) sowie Befehle für die Erzeugung von Rahmen sollten in einer Formatdatei verwendet werden. Formatdateien können auch noch unter FoxPro für Windows erzeugt werden. Sie erhalten dann die Endung FMT.

Eine Formatdatei ist vor ihrer Verwendung mit SET FORMAT TO zu aktivieren. Eine simple Formatdatei könnte wie folgt aussehen:

```
*-- Formatdatei form.fmt ---
@ 3,0 GET name
@ 3,0 GET firma
```

Der aufmerksame Leser wird sicher bemerken, daß beide GET-Kommandos auf der gleichen Koordinate liegen, sich also überdecken müßten. Genau das aber tun Sie in diesem Fall nicht. FoxPro ignoriert die Koordinaten einer Formatdatei, wenn diese mit BROWSE FORMAT verwendet wird. Damit sollte auch klar sein, daß auf diese Art kein BROWSE mit einer „normalen" Bildschirmmaske möglich ist. Die in der Formatdatei benannten Felder erscheinen immer in der üblichen horizontalen Anordnung einer Standard BROWSE-Tabelle.

Das Programm, das diese Formatdatei benutzt hat folgende Form:

```
USE Adressen               && Enthält die Felder "name" und "firma"
SET FORMAT TO form.fmt
BROWSE FORMAT
```

Auf dem Bildschirm erscheint eine ganz ordinäre BROWSE-Tabelle, die lediglich die Felder *Name* und *Firma* enthält. Den gleichen Effekt könnten wir mit dem Befehl:

```
BROWSE FIELDS name, firma
```

erzielen. Was aber soll dann diese umständliche Lösung? Der Vorteil besteht darin, daß eine Formatdatei, trotz ihrer Einschränkungen, nicht nur Feldnamen enthalten kann, sondern auch Speichervariablen und Ausdrücke. Auch berechnete Felder sind damit wieder möglich.

Die Zusammenarbeit zwischen einer Formatdatei und dem BROWSE-Kommando geht aber noch weiter. BROWSE kann völlig zweckentfremdet für die Darstellung eines Arrays verwendet werden, ohne daß ein Feld der immer noch notwendigen Datentabelle erscheint.

Arrays mit BROWSE darstellen

Das nachfolgende Beispielprogramm verwendet zwar die Datei *Adressen*, zeigt aber kein einziges Feld dieser Datei an, sondern den Inhalt des aktuellen Verzeichnisses.

```
CLOSE ALL
max = ADIR(dat)
USE Adressen
SET FORMAT TO test.fmt
BROWSE FORMAT FOR RECNO() <= max
```

Die ADIR()-Funktion speichert die Verzeichniseinträge in das Array *dat*, das durch ADIR() automatisch dimensioniert wird. Statt *Adressen* könnte auch eine beliebige andere Datei geöffnet werden, da keines der definierten Felder Verwendung findet. Bevor wir die Rolle der für das BROWSE-Kommando erforderlichen DBF-Datei klären, wollen wir uns die Formatdatei anschauen, die mit SET FORMAT TO aufgerufen wird:

```
*------------------------------
*Formatdatei test.fmt
*------------------------------

@ 3,0 SAY dat(RECNO(),1)
@ 3,0 SAY dat(RECNO(),2)
@ 3,0 SAY dat(RECNO(),3)
@ 3,0 SAY dat(RECNO(),4)
@ 3,0 SAY dat(RECNO(),5)
```

Der versierte dBase-Programmierer sollte spätestens jetzt die Bedeutung der Datenbankdatei *Adressen* erkannt haben; die Lösung: Wir benötigen lediglich die automatisch von FoxPro vergebene Satznummer einer Datendatei als Index für unser Array. Die Datenbankdatei könnte also auch eine leere Datei sein, sie müßte jedoch genügend leere Sätze enthalten, um ausreichend Indexnummern liefern zu können. Ist unsere Kundendatei nur mit 10 Datensätzen bestückt, erhalten wir auch nur 10 Verzeichniseinträge angezeigt. Der zweite Index (Werte = 1-5) ist hier nur eingefügt, weil ADIR() ein zweidimensionales Array mit fünf Spalten erzeugt. Den Index für die Zeilen des Arrays liefert die Funktion RECNO(), die die Datensatznummer des aktuellen Datensatzes ermittelt.

Jedes Array kann auf diese Art in einer BROWSE-Tabelle dargestellt werden.

BROWSE und Arrays ohne Formatdatei

Noch einfacher gestaltet sich die gleiche Aufgabe mit Hilfe kalkulierender Felder. Das folgende Beispiel benötigt lediglich einen BROWSE-Befehl für die Darstellung des Inhaltsverzeichnisses.

```
CLOSE ALL
USE Adressen
= ADIR(dat)
BROWSE FIELDS ;
        Dateiname     = dat(recno(),1)  ,;
        Dateigroesse  = dat(recno(),2)  :H = "Dateigröße"  ,;
        Datum         = dat(recno(),3)  ,;
        Zeit          = dat(recno(),4)  ,;
        Attribut      = dat(recno(),5)
```

Natürlich muß auch hier die Datenbank genügend Sätze enthalten, um alle Zeilen des Arrays darstellen zu können. Da FoxPro als Feldnamen keine deutschen Sonderzeichen (Umlaute und ß) akzeptiert, haben wir die Möglichkeit genutzt, mit :H eine Spaltenbezeichnung zu vergeben. In Bezeichnungen werden auch Sonderzeichen angenommen.

18 Memofelder

18.1 Überblick

Memofelder können seit FoxPro 1.x beliebig viele Daten enthalten. Und wenn hier von Daten die Rede ist, nicht von Texten, dann meint das wirklich (fast) jede Art von Daten: Text, Programmcode aus EXE- und COM-Dateien, Grafikdateien und was sich sonst noch denken läßt. Selbst Fensterdefinitionen, Makros und Speichervariablen lassen sich in einem Memofeld ablegen und natürlich auch zurückgewinnen. FoxPro 2.5 behandelt Memofelder wie Strings (Zeichenketten). Stringmanipulationen mit Funktionen wie $, AT(), SUBSTR() usw. sind auch auf Memofelder anwendbar, allerdings mit einer Einschränkung: Die maximale Länge von 64 kB kann nicht überschritten werden. Längere Memofelder können aber mit REPLACE in andere Memofelder und mit COPY MEMO TO in eine Datei kopiert werden. Der Editor für Memofelder ist mit dem Programmeditor weitgehend identisch.

Die Blockgröße bestimmen

Einzigartig ist die Möglichkeit, die Blockgröße für die Speicherung auf der Festplatte zu bestimmen. dBase und auch noch FoxBase+ nutzten Blöcke konstanter Länge (256/512 Bytes). FoxPro kann die Blockgröße nahezu beliebig einstellen (ab 33 Bytes). Bis zu einem Wert von n = 32 wird die Blockgröße nach der Formel n * 512 Bytes ermittelt. Höhere Werte werden direkt als Blockgröße in Bytes interpretiert. Für memo-intensive Anwendungen kann dadurch sehr viel Speicherplatz auf der Festplatte eingespart werden.

Ein Beispiel: Sie verwenden Memofelder mit einer durchschnittlichen Länge von weniger als 100 Bytes. Dann benötigen Sie für 1000 Datensätzen bei einer Blockgröße von 512 Bytes ca. 512 kB Speicher auf der Festplatte. Reduzieren Sie die Blockgröße mit dem Kommando

```
SET BLOCKSIZE TO 100 ,
```

belegt Ihre Memodatei lediglich noch ca. 100 kB. Der Grund: Für jedes Memofeld bestimmt die Blockgröße den Mindestspeicherbedarf. Selbst, wenn nur ein

Zeichen (= 1 Byte) in das Memofeld geschrieben wird, werden im ersten Fall 512 Bytes belegt.

Der Befehl SET BLOCKSIZE TO sollte daher immer auf die Anwendung abgestimmt werden und schon in der CONFIG.FPW stehen.

Kleine Blockgrößen sind jedoch auch mit einem Nachteil behaftet: Bei Memos gleicher Größe verlängern sich mit kleiner werdenden Blockgrößen eventuell die Zugriffszeiten.

18.2   Speichern in Memofeldern

Der einfachste und wohl auch zweckmäßigste Befehl für den Aufruf eines Memofeldes ist sicher

```
MODIFY MEMO <Memofeld>.
```

FoxPro öffnet ein Standardfenster, das beliebig vergrößert, verkleinert und frei positioniert werden kann. Alle Optionen für die Bedienung des Editors können über Maus, Systemmenü oder Tastaturkürzel erreicht werden. Für die Fontwahl und die Einstellung des Zeilenabstands wählen Sie das Textmenü, das in die Menüleiste eingeblendet wird, sobald Sie den Memofeldeditor starten.

Beliebig viele Editierfenster können auf dem Bildschirm angezeigt, und zwischen diesen kann mit (Strg)+(F1) oder mit der Maus gewechselt werden. Ein Memofeld ist immer aktuell, d.h. es reflektiert immer den aktuellen Datensatz. Selbst dann, wenn das Memofeldfenster nicht aktiv ist, z.B. weil andere Fenster es überlagern, erhalten Sie eine aktualisierte Anzeige, sobald Sie zum nächsten Datensatz wechseln.

Eindrucksvoll ist dabei die Einfachheit der Programmierung. In der schlichtesten Form genügen die folgenden Zeilen:

```
USE Adressen
MODIFY MEMO info NOWAIT
BROWSE
```

Wer diese Minianwendung nachvollzieht, wird zunächst das Memofenster vermissen. Nehmen Sie einfach die Maus, klicken Sie auf den oberen Rand des BROWSE-Fensters und schieben Sie dieses mit gedrückt gehaltener Maustaste zur Seite. Darunter erscheint dann das Memofenster. Sobald Sie den Leuchtbalken im BROWSE zum nächsten Datensatz bewegen, verändert sich, vorausgesetzt es existieren schon Daten in den Memofeldern, auch der Inhalt des Memofensters. Um Daten in das aktuelle Memofeld einzutragen, klicken Sie auf das Memofenster und schreiben drauflos.

Natürlich stehen auch für Memofelder wieder die Fox-üblichen Optionen bereit. Eine haben Sie schon kennengelernt: MODIFY MEMO ist eigentlich ein Befehl, der auf eine Eingabe des Anwenders wartet, der folgende Befehl würde daher erst abgearbeitet werden, wenn die Eingabe zuvor abgeschlossen wurde. NOWAIT sorgt dafür, daß die Programmausführung nicht durch das Warten auf den Abschluß der Eingabe unterbrochen wird. BROWSE würde sonst erst nach Verlassen des Memofeldes aufgerufen werden. Weitere Optionen sind:

```
[NOEDIT]
[RANGE <AusdrN1>, <AusdrN2>]
[[WINDOW <Fenstername1>]
[IN [WINDOW] <Fenstername2> | SCREEN]]
[SAVE]
```

Die WINDOW-Klausel läßt schon vermuten, daß damit auch alle Möglichkeiten der Fenster-Programmierung, beispielsweise Farben, Größe, Positionierung, im Zusammenhang mit Memofeldern genutzt werden können. Schreiben wir also unser kleines Programm etwas um. Wir erhalten dann die folgenden Zeilen:

```
USE Adressen
DEFINE WINDOW text FROM 3,3 TO 22,40 ;
       FONT "System", 10 ;
       ZOOM FLOAT GROW CLOSE COLOR SCHEME 8
DEFINE WINDOW bro FROM 7,35 TO 18,70 ;
       FONT "System", 10 ;
       ZOOM FLOAT GROW CLOSE COLOR SCHEME 10
MODIFY MEMO info WINDOW text NOWAIT
BROWSE WINDOW bro
```

Bei der Fenterdefinition ist zu beachten, daß kein ACTIVATE WINDOW erforderlich ist, da lediglich die Definition benötigt wird. Die Aktivierung erfolgt durch den Aufruf MODIFY MEMO ... WINDOW <Fenstername>. Das Programm tut eigentlich nicht mehr als die erste Version, nur daß Sie die Bildschirmanordnung und die Farben nun selbst bestimmen können. Alles läßt sich nachträglich noch mit der Maus oder mit der Tastatur ändern. Auch ist es nicht notwendig, BROWSE zu verwenden; ein SKIP-Befehl hat die gleiche Wirkung auf ein offenes Memofeldfenster.

Die NOEDIT-Option verhindert, daß der Inhalt eines Memofeldes editiert werden kann. Damit sind Memofelder für die Programmierung eines Hilfe-Systems geeignet. Der Anwender kann die Texte zwar lesen, aber nicht verändern. Die FoxPro-Hilfefunktion (SET FOXHELP TO DBF) demonstriert das Potential von Memofeldern besser als jedes Beispiel.

Inhalt von Memofeldern

Memofelder dienen zunächst der Erfassung freier Texte. Wir hatten aber anfangs festgestellt, daß ein Memofeld nahezu alle Daten speichern kann. Das gilt auch für einige Fox-Strukturen, z.B. für Fensterdefinitionen (Windows), Makros und Speichervariablen.

Die erforderlichen Befehle:

```
APPEND MEMO <Memofeld> FROM <Datei>

SAVE TO  <Datei> | TO MEMO <Memofeld>
           [ALL LIKE | EXCEPT <Maske>]

SAVE MACROS TO <Dateiname> | TO MEMO <Memofeld>

SAVE WINDOW <Fensterliste> | ALL
            TO <Datei> | TO MEMO <Memofeld>
```

Die entsprechenden Befehle für die Wiederherstellung sind:

```
COPY MEMO <Memofeld> TO <Datei>

RESTORE FROM <Datei> | FROM MEMO <Memofeld>
            [ADDITIVE]

RESTORE MACROS [FROM <Datei> | FROM MEMO <Memofeld>]

RESTORE WINDOW <Fensterliste> | ALL
            FROM <Datei> | FROM MEMO <Memofeld>
```

Diese Optionen ersparen das Abspeichern in zusätzlichen Dateien, so daß weniger File-Handle und weniger Zugriffe auf das Dateiverzeichnis benötigt werden. Da solche Dateien durch ein RESTORE auch nicht automatisch gelöscht werden, vermindert der Einsatz von Memofeldern auch die Zahl unnötiger, weil nicht mehr benötigter Dateien. Der Programmierer kann beispielsweise sehr leicht Fensterdefinitionen für unterschiedliche Bildschirmauflösungen bereithalten.

18.3 Suchen in Memo-Feldern

FoxPro ist kein Text-Retrieval System, obwohl das Memo-Format Eingabe, Verwaltung und Manipulation unformatierter Daten in einem bisher nicht gekannten Maße unterstützt. Der Unterschied zu einem auf die Verwaltung von Massentexten ausgelegten System wird speziell beim Suchen in Memofeldern deutlich. FoxPro muß den ganzen Text Zeichen für Zeichen und Memofeld für Memofeld nach einem Suchstring abklappern. Da nahezu alle Kommandos zur Stringmanipulation auch auf Memo-Felder anwendbar sind, stehen aber zumindest die erforderlichen Werkzeuge in ausreichender Zahl zur Verfügung.

Die für die Suche in Memofeldern wesentlichen Funktionen sind

```
$
AT()
ATC()
```

und als Hilfsfunktion noch

```
UPPER()
LOWER()
```

Der einfachste Befehl (besser Operator) „$" prüft, ob ein Ausdruck in einem anderen Ausdruck enthalten ist. Die Syntax

```
<AusdZ1>$<AusdZ2>
```

ist etwas gewöhnungsbedürftig, sollte aber dBase-Programmieren vertraut sein. Sinnvoll wird der Ausdruck erst mit einem Print-Kommando oder durch Zuweisung an eine Variable.

Beispiel:

```
? "FoxPro" $ "Memofelder werden von FoxPro unterstützt"
```

oder:

```
enthalten = "FoxPro" $ "Memofelder werden von FoxPro
unterstützt"
```

Wird der erste Ausdruck im zweiten gefunden, so gibt das Printkommando den Wahrheitswert .T. zurück, bzw. weist der Variablen diesen Wert zu. Eine kleine Anwendung könnte wie folgt aussehen:

```
CLOSE ALL
USE Adressen          && Datenbank soll Memofeld "Info" enthalten
suchstr = "FoxPro"
SCAN FOR suchstr $ info          && Vergleich mit Memofeld
"info"
      ? RECNO()
ENDSCAN
```

Unser kleines Programm durchsucht das Memofeld *Info* in der ganzen Datei nach dem String „FoxPro" und gibt die Satznummer aus, wenn ein Treffer erzielt wird. Beachten Sie, daß Groß- und Kleinschreibung stimmen müssen. Mit der Funktion UPPER() läßt sich aber auch dieses Problem aus der Welt schaffen.

Die Funktionen AT() und ATC() gehen noch einen Schritt weiter, indem sie nicht nur einen Wahrheitswert retournieren, sondern gleich die Position angeben, an der <AusdZ1> in <AusdZ2> gefunden wurde. Bei ATC() muß auch nicht mehr auf Groß- und Kleinschreibung geachtet werden.

Die Syntax:

```
AT(<AusdrZ1>, <AusdrZ2> [, <AusdrN>])
ATC(<AusdrZ1>, <AusdrZ2> [, <AusdrN>])
```

Der optionale <AusdN> gibt an, das wievielte Vorkommen von <AusdZ1> in <AusdZ2> gesucht werden soll.

Soll unabhängig von Groß- und Kleinschreibung gesucht werden, so bleibt nur noch die Funktion ATC(). Die Umwandlung in Großbuchstaben verlangsamt bei „$" und AT() die Ausführung erheblich. Die SCAN-Struktur unseres Beispiels müßte dann wie folgt aussehen:

```
SCAN FOR ATC(suchstr, info) > 0
    ? RECNO()
ENDSCAN
```

Voraussetzung ist natürlich, daß eine Datenbank im angewählten Arbeitsbereich geöffnet ist und diese Datei ein Memo- oder Zeichenfeld *info* enthält. In diesem Beispiel wird im Memofeld *Info* des aktuellen Datensatzes nach dem Begriff „FoxPro" gesucht.

Das folgende Anwendungsbeispiel zeigt, daß auch eine verknüpfte Suche mit mehreren Suchbegriffen aufgebaut werden kann. Die Verknüpfungen (AND oder OR) lassen sich dabei frei wählen.

```
CLOSE ALL
USE Adressen
SCAN
    pos1 = ATC("foxpro",info)
    pos2 = ATC("dbf",info)
    IF  pos1 > 0 .AND. pos2 > 0
        ? "Beide Ausdrücke gefunden in Satz: " + STR(RECNO())
    ELSE
            ? "Ausdruck nicht gefunden, Satz: " + STR(RECNO())
    ENDIF
ENDSCAN
```

Da auch Suchbegriffe ausgeschlossen werden können, haben wir hier ein sehr flexibles Werkzeug. So könnte man z.B. für den zweiten Teilstring

```
pos2 = 0
```

schreiben. In diesem Fall würden alle Datensätze angezeigt, deren Memofeld *info* den Begriff „FoxPro", aber nicht den Begriff „dbf" enthält.

Um auch gleich den gefundenen Begriff anzeigen zu können, verfügt MODIFY MEMO noch über die Option RANGE, die mit ihren zwei Parametern einen bestimmten Bereich eines Memofeldes zur Anzeige bringen kann. Dieser Bereich wird zudem durch eine inverse Darstellung optisch hervorgehoben. Der Befehl

```
MODIFY MEMO info RANGE 30, 40
```

würde also ein Editierfenster öffnen und in diesem das Memofeld *Info* des aktuellen Datensatzes anzeigen, wobei der Text zwischen dem 30. und 40. Zeichen durch inverse Darstellung hervorgehoben wird. Ein Beispiel:

```
CLOSE ALL
USE adressen
pos1 = ATC("foxpro",info)
IF pos1 > 0
    MODIFY MEMO info RANGE pos1, pos1+10
ENDIF
```

Das Programm sucht nach einem String „FoxPro" und ruft, wenn dieser gefunden wurde, das Memofeld *Info* auf. Der gefundene Begriff wird bis zum 10. Zeichen invers dargestellt. In diesem Beispiel wird wohl auch noch ein Teil des nachfolgenden Strings hervorgehoben. Um lediglich den Suchbegriff zu erhalten, müßten wir etwas genauer sein und, statt einfach nur die Zahl 10, die tatsächliche Länge des Suchbegriffs addieren (LEN(„FoxPro")). Die betreffende Programmzeile hätte dann folgende Form:

```
MODIFY MEMO info RANGE pos1, pos1+LEN("FoxPro")
```

In diesem Fall könnten wir natürlich auch gleich den Wert „6" einsetzen. Wer aber Schwierigkeiten mit dem Zählen hat oder statt der Konstanten eine Variable verwendet, sollte die LEN()-Funktion für die Bestimmung der Länge des Suchstrings benutzen. Allerdings gilt unsere Längenberechnung nur für nicht-proportionale Fonts. Sollen, wie unter FoxPro für Windows durchaus üblich, auch proportionale Fonts eingesetzt werden, müssen Sie die Funktion TXTWIDTH() verwenden. Der Suchstring muß natürlich auch im Memofeld vorhanden sein. Andernfalls wird der Editor gar nicht erst aufgerufen.

Es sei nochmals darauf hingewiesen, daß die Suche in Memofeldern als freie Textsuche sehr zeitaufwendig sein kann und daher nicht unbedingt zu den Standardfunktionen einer Fox-Anwendung gehören sollte. Die benötigte Zeit ist abhängig von der Komplexität der Verknüpfung, der Geschwindigkeit des Rechners und natürlich von der Größe der Memodatei. Zu berücksichtigen ist auch die Häufigkeit des Suchbegriffs in den Memofeldern. FoxPro bricht die Suche nach dem ersten Treffer ab. Wird also ein Begriff gesucht, der oft gleich am Anfang eines Memofeldes erscheint, so muß nicht mehr der Rest durchsucht werden, und FoxPro meldet sich schneller zurück.

Auf einem 486er mit einer Memodatei von ca. 300 kB benötigte das Beispiel, das die ganze Datei absucht, weniger als 5 Sekunden, um alle Datensätze zu durchsuchen. Dieser Wert kann jedoch von System zu System erheblich differieren.

Weitere Suchfunktionen

FoxPro bietet zusätzlich noch die Funktionen ATLINE() und ATCLINE(), die, wie schon die Namen andeuten, mit AT() und ATC() verwandt sind. Der Unterschied besteht wieder darin, daß ATLINE() Groß- und Kleinschreibung beachtet, während ATCLINE() diese ignoriert. ATLINE() und ATCLINE() verwenden die gleichen Parameter wie AT()/ATC(), geben aber jeweils die Zeilennummer der Zeile zurück, in der ein gesuchter Ausdruck gefunden wurde. Diese Zeilennummer aber ist nicht konstant, sondern abhängig von der mit SET MEMOWIDTH eingestellten Ausgabebreite eines Memofeldes oder Textstrings.

Ein Beispiel:

```
SET MEMOWIDTH TO 30
string = "FoxPro für Windows ist eine neue, leistungsfähige
Datenbank"
such = "Daten"
? ATCLINE(such,string)
```

Als Ergebnis erhalten wir den Wert 3. ATCLINE() hat völlig korrekt den Suchbegriff in der dritten Zeile gefunden. Verändern wir aber den Wert von SET MEMOWIDTH TO auf 50, so erhalten wir von ATCLINE() die zweite Zeile als Fundstelle angezeigt. SET MEMOWIDTH TO 256 veranlaßt ATCLINE(), den Suchbegriff in der ersten Zeile zu finden. Diese Abhängigkeit von einer leicht zu ändernden Ausgabebreite macht das ganze Verfahren recht unzuverlässig. Wenn keine besondere Notwendigkeit für die Anwendung dieser Funktionen besteht, sollten in der Regel AT() und ATC() den Zuschlag erhalten.

18.4   Memos und indirekter Schreibzugriff

Wir haben ein kleines Problem mit Memofeldern: Der einfachste Zugriff erfolgt über den Befehl MODIFY MEMO, und er erfolgt direkt. Unser Paradigma des indirekten Schreibzugriffs fordert aber, daß keine direkten Schreibzugriffe auf die Datenbankdatei zulässig sein sollen. Wir haben daher zwei Optionen: Entweder ignorieren wir unsere guten Vorsätze, oder wir suchen nach einer Möglichkeit, ein Objekt zu editieren, das nicht unser Memofeld ist. Zwei Ersatzobjekte bieten sich an: Speichervariablen und temporäre Textdateien.

Speichervariablen verwenden wir immer, wenn „normale" Datenbankfelder indirekt manipuliert werden sollen. Leider ist das MODIFY-Kommando nicht in der Lage, den Inhalt einer Speichervariablen zu editieren. Uns bleibt zunächst nur die temporäre Textdatei. Mit

```
MODIFY FILE <Dateiname>
```

kann eine solche Datei erzeugt und editiert werden. Soll der Inhalt schließlich in das Memofeld übertragen werden, ist der Befehl

```
APPEND MEMO <feldname> FROM <Dateiname>
```

zu verwenden. Das Editieren eines bereits vorhandenen Memofeldes bedingt dann, daß der Inhalt des Feldes erst in die temporäre Datei übertragen werden muß. FoxPro stellt dafür eine Variante des COPY-Befehls zur Verfügung:

```
COPY MEMO <Feldname> TO <Dateiname>
```

Zu einem Beispiel verdichtet, ergeben sich folgende Programmzeilen:

```
USE Adressen
COPY MEMO info TO temp.txt
MODIFY FILE temp.txt
APPEND MEMO info FROM temp.txt
```

Dieses Beispiel würde den Inhalt eines bestehenden Memofeldes in eine temporäre Datei kopieren, diese zum Editieren öffnen und den geänderten Inhalt anschließend in das Memofeld zurückschreiben. Soll ein neues Memofeld angelegt werden, so entfällt der COPY-Befehl. Dafür muß jedoch mit APPEND BLANK ein neuer Datensatz bereitgestellt werden. Die temporäre Datei muß nicht schon zuvor angelegt worden sein. Sowohl COPY MEMO TO als auch MODIFY FILE erzeugen eine entsprechende Datei.

Probleme in Mehrplatzumgebungen

Diese Methode ist problemlos einsetzbar, solange eine Einzelplatzanwendung oder eine Multiuser-Anwendung mit wenigen Arbeitsstationen betrieben werden soll. Das Problem ist die temporäre Datei. Jeder Benutzer benötigt einen eigenen Dateinamen, der auch noch möglichst einmalig sein sollte, um das Überschreiben einer eventuell wichtigen gleichnamigen Datei zu verhindern.

In einer Multiuser-Umgebung könnten für die Generierung der Datei die Benutzernummer oder ein eindeutiges Namenskürzel verwendet werden. Da auch für andere Zwecke, beispielsweise temporäre Indexdateien, für einzelne Benutzer eigene Dateien erforderlich sein können, kann sich bei Anwendungen im Mehrplatzbetrieb das Problem stellen, genügend Dateinamen und, damit verbunden, genügend Filehandle bereitzustellen. Wir wollen daher einen zweiten Ansatz prüfen, der diese Probleme weitgehend vermeidet.

Der zweite Ansatz @...EDIT/READ

Der zweite Ansatz verwendet als Medium der Zwischenspeicherung des Memofeldinhalts eine Speichervariable. Das aber geht nicht mehr mit MODIFY MEMO/MODIFY FILE, sondern erfordert ein Sprachelement, das erst seit FoxPro 2.0 zur Vefügung steht: Den Texteditierbereich mit @ ...EDIT.

Dieses Kommando hat nichts mit dem noch aus alten dBase-Tagen bekannten EDIT zu tun, sondern ist eine Abart des GET-Kommandos. Die Aktivierung erfolgt dann konsequenterweise auch durch ein READ.

@...EDIT kann einen beliebigen Texteditierbereich auf dem Bildschirm oder auch in einem Fenster bereitstellen. Editiert werden, und das ist der Unterschied zum MODIFY-Befehl, Speichervariablen vom Typ „C" (Zeichenketten) und Memofelder. Der Datenaustausch zwischen der Speichervariablen und einem Memofeld erfolgt nach dem schon bekannten Schema durch Zuweisung:

```
<Speichervariable> = <Memofeld>
```

oder mit

```
STORE <Memofeld> TO <Speichervariable>
```

Zurückgeschrieben wird mit

```
REPLACE <Memofeld> WITH <Speichervariable>.
```

Nachteile: Ein arbeitsfähiger Editierbereich ist aufwendiger zu programmieren. Mit zwei oder drei Zeilen kommen wir nicht aus, zumal auch noch ein Fenster erzeugt werden muß, wenn unser Editierbereich nach getaner Arbeit wieder vom Bildschirm verschwinden soll. Der größte Nachteil dürfte jedoch das Fehlen des Textmenüs sein. Damit entfällt die Möglichkeit, Font, Schriftgröße und Zeilenabstand durch den Anwender bestimmen zu lassen.

Vorteile: Wir benötigen keine temporäre Datei. Das EDIT/READ-Konzept läßt zudem vermuten, daß GETs eingebunden werden und gleichzeitig aktiv sein können. Das trifft zu. Damit haben wir die Möglichkeit, Bedienelemente, etwa Schaltflächen (Buttons), zu verwenden.

Die Syntax:

```
@ <Zeile, Spalte> EDIT <Var>
          [FONT <AusdrZ>,<AusdrN>]
          [STYLE <Ausdrz>]
          [DEFAULT <Ausdr>]
          [SIZE <AusdrN3>, <AusdrN4> ]
          [COLOR SCHEME <AusdrN5> | COLOR <Farbpaarliste>]
```

Diese Syntax-Darstellung berücksichtigt nur die Basisoptionen, die wir für die nachfolgende Diskussion benötigen. @ ...EDIT kann nahezu alle Optionen nutzen, die auch für das Editieren von Zeichenketten mit GET verfügbar sind. Eine genauere Übersicht findet sich im GET/READ-Kapitel.

Die Umsetzung der Syntax:

```
m.Info = SPACE(1)
@ 5,5 EDIT m.Info SIZE 5,20
READ
```

Statt der Variablen *m.Info* hätte natürlich auch ein Memofeld verwendet werden können. Die Parameter der Klausel SIZE bestimmen die Anzahl und die Breite der Zeilen. Unser Beispiel erzeugt einen Editierbereich, der fünf Zeilen hoch und 20 Zeichen breit ist. Erst READ aktiviert diese Konstruktion. Einen wesentlichen Unterschied zu einer zunächst gleichwertig erscheinenden GET-Konstruktion erkennen Sie, sobald Sie den Textbereich editieren und dabei seine obere oder untere Grenze erreichen: Die GET-Konstruktion wird durch Überschreiten der Feldgrenzen verlassen. EDIT hingegen scrollt zur nächsten Zeile. Der auf dem Bildschirm angezeigte Bereich ist also nur der sichtbare Teil des gesamten Editierbereichs. Ein Verlassen ist daher, obwohl wir nur das einfache READ ohne die Klausel CYCLE verwendet haben, nur durch [Esc], [Strg]+[W] usw. möglich.

Ein Mini-Programm für den indirekten Schreibzugriff kann dann wie folgt aussehen:

```
USE Adressen
m.Info = Info                          && Memofeld "Info"
@ 5,5 EDIT m.Info SIZE 5,20
READ
REPLACE Info WITH m.Info
```

Der Speichervariablen *m.Info* wird zunächst der Inhalt des Memofeldes *Info* zugewiesen. Diese Variable wird dann mit EDIT/READ editiert, nicht das eigentliche Memofeld. Nach Verlassen des Editierbereichs mit [Strg]+[W] sorgt der REPLACE-Befehl für das Zurückschreiben des geänderten Textes. [Esc] würde trotz REPLACE keine Änderung zulassen. Was Ihnen negativ auffallen wird, ist das letzte Image des Editierbereichs, das zurückbleibt und daher „manuell" entfernt werden muß. Diese Mühe können wir uns sparen, wenn wir die ganze Konstruktion in ein Fenster setzen und noch Steuerelemente für die Bedienung hinzufügen. Dabei werden wir eine weitere Einschränkung hinnehmen müssen: Die Klauseln ZOOM und GROW sind nicht wirksam. Unser Fenster kann also nicht vergrößert, verkleinert oder auf volle Größe „gezoomt" werden. Was möglich ist, zeigt das nachfolgende Modul aus unserer Bibliothek.

```
*----------------------------------------------------------
* StrEdit()
*
* Die Funktion editiert eine Speichervariable, die dann,
* eventuell verändert, zurückgegeben wird. Da auch der
* Inhalt vo Memofeldern in Speichervariablen abgelegt
* werden kann, lassen sich Memofelder damit "indirekt"
* editieren.
*
* Parameter
* ---------
* x       (N) = Startposition, Zeile oben links
* y       (N) = Startposition, Spalte oben links
* m.Text (C) = Übergebene Variable mit dem Text des
*                Memofeldes
* Rückgabewert
* ------------
* die veränderte Variable m.Text (C)
*
* Wird keine Textvariable übergeben, erzeugt die Funktion
* diese selbst.
*----------------------------------------------------------
            -
PARAMETER x,y,m.Text

PRIVAT wahl, RetWert

    *----------------------------------------------------
    * Prüfen, ob ein Text übergeben wurde, sonst
    * wird Variable m.Text initialisiert.
    *----------------------------------------------------

IF PARAMETERS() < 3
   m.Text = ""
   RetWert = ""
ELSE                        &&-------------------------------
   RetWert = m.Text         && Übergebenen String für Rückgabe
ENDIF                       && speichern, falls Operation abge-
                            && brochen wird.
                            &&-------------------------------

    *--- Fenster definieren und aktivieren -----------

DEFINE WINDOW memoedit ;
        AT x,y ;
        SIZE 15.813,62.429 ;
        TITLE "Brief, Fax, Memo editieren" ;
        FONT "MS Sans Serif", 10 ;
        FLOAT ;
        NOCLOSE ;
        SYSTEM ;
        COLOR RGB(0,0,0,0,128,128)
```

```
ACTIVATE WINDOW memoedit

   *--- Editierbereich definieren --------------------

@ 0.625,1.857 EDIT m.text ;
   SIZE 11.647,58.571,0.000 ;
   DEFAULT " " ;
   FONT "Arial", 11 ;
   SCROLL ;
   COLOR ,RGB(,,,255,255,255)

   *--- Schaltflächen definieren ---------------------

@ 13.625,1.714 GET wahl ;
   PICTURE "@*HNT OK;Abbruch" ;
   SIZE 2.000,11.667,1.667 ;
   DEFAULT 1 ;
   FONT "MS Sans Serif", 8 ;
   STYLE "B"


   *-------------------------------------------------
   * Modales READ. Verlassen ist daher nur über
   * Schaltflächen möglich.
   *-------------------------------------------------

READ CYCLE MODAL

   *-------------------------------------------------
   * Zuweisung des editierten Textes an den Rückgabe-
   * wert nur, wenn mit OK (wahl = 1) abgeschlossen
   * wird.
   *-------------------------------------------------

IF wahl = 1
   RetWert = m.Text
ENDIF

RELEASE WINDOW memoedit

RETURN RetWert

*--- Ende StrEdit ----------------------------------
```

Diese BDF übernimmt eine Speichervariable, ein Memofeld oder eine Zeichen-
konstante, um sie in einem Editierfeld verändern zu können. Der Rückgabewert
ist der veränderte Text. Es wird jedoch nicht die Variable oder das Memofeld
selbst editiert. Die Schaltfläche *Abbruch* kann gewählt werden, wenn die Rückgabe einer Änderung unterbleiben soll. Die Funktion gibt dann den ursprünglich
übergebenen Wert zurück. Die folgenden Aufrufe sind möglich:

```
*-- Beispiel 1 --
USE Adressen
tempVar = stredit(6,6,info)
REPLACE info WITH tempVar
```

oder direkt in das REPLACE-Kommando eingebaut:

```
*-- Beispiel 2 --
USE Adressen
REPLACE info WITH stredit(6,6,info)
```

Beide Beispiele setzen voraus, daß unsere Tabelle *Adressen* über ein Memo- oder Charakterfeld mit der Bezeichnung *info* verfügt.

18.5　Bedienung und Tastenbelegung

Wird ein Memofeld ohne eigene Fensterdefinition oder in einem selbstdefinierten Fenster mit den Optionen CLOSE, FLOAT, GROW usw. aufgerufen, kann die Bedienung, inclusive Schließen des Editors, nahezu vollständig mit der Maus erfolgen. In dieser Hinsicht ist der Editor auf dem neuesten Stand der Softwaretechnologie. Nicht mehr akzeptabel aber ist die Bedienung des Memofeld-Editors mit der Tastatur: Es ist einem Anwender kaum zuzumuten, obskure Tastenkombinationen wie z.B. [Strg]+[W] zu betätigen, um etwa ein geändertes Memofeld zu speichern. Der Entwickler ist hier also gefordert, eine eigene Tastenbelegung, die sinnvollerweise die Funktionstasten berücksichtigt, vorzunehmen. Glücklicherweise ist FoxPro großzügig mit den erforderlichen Optionen versehen.

Ein kleines Beispiel demonstriert Flexibilität und Komfort einer geänderten Tastenbelegung:

```
SET FUNCTION F2 TO CHR(23)      && für Ctrl-W
USE Adressen
MODIFY MEMO info
```

In diesem Beispiel wird einfach ein Tastaturmakro verwendet, so daß der Benutzer nur noch [F2] statt [Strg]+[W] drücken muß, um die Änderung zu speichern und die Eingabe zu beenden. Die alte Tastenbelegung bleibt dabei ebenfalls erhalten; dBase-Kenner können die Tastatur daher weiterhin in gewohnter Weise bearbeiten.

Statt SET FUNCTION kann auch der Befehl ON KEY LABEL verwendet werden. Das Programm hätte dann folgenden Aufbau:

```
ON KEY LABEL F2 KEYBOARD CHR(23)      && für Ctrl-W
USE Adressen
MODIFY MEMO Info
```

18.6   Einschränkungen und Hinweise

Fox hat Memofelder zu einem außerordentlich flexiblen Instrument für die Anwendungsprogrammierung entwickelt. Dennoch ist ein Negativum geblieben, das schon unter FoxBase+ Probleme bereitete:

FoxPro speichert, wenn ein Memofeld editiert wurde, dieses komplett an das Ende der Memodatei. Das bisherige Memofeld bleibt aber als nicht mehr benötigtes und daher nicht mehr referenziertes Fragment in der Memodatei erhalten. Auf diese Art kann eine Memodatei innerhalb kürzester Zeit das Mehrfache ihres eigentlichen Umfangs erreichen.

Memofelder komprimieren

Um beim häufigen Editieren von Memofeldern ein Anwachsen der Memodatei über alle Maßen zu verhindern, ist in regelmäßigen Abständen der Befehl

```
PACK MEMO
```

anzuwenden. PACK MEMO entfernt alle unnötigen, weil nicht mehr benutzten, Textfragmente. Ähnliches passiert, wenn die Datentabelle, zu der die Memodatei gehört, mit dem Befehl

```
COPY TO <Dateiname>
```

kopiert wird. Die Zieldatei enthält danach nur noch den wirklich benutzten Memofeldinhalt. Sie ist also auf ihren relevanten Inhalt reduziert oder, wie das FoxPro-Menü sagt, komprimiert worden.

Soll PACK MEMO eingesetzt werden, muß die Datenbank zuvor exklusiv geöffnet worden sein (SET EXCLUSIVE ON). Da in einer Multiuser-Umgebung ein exklusives Öffnen während des normalen Betriebs nicht möglich ist, ist das System so einzurichten, daß vor oder nach der Tagesarbeit, eventuell im Zusam-

menhang mit anderen Sicherungsfunktionen, eine Komprimierung der Memo-
dateien erfolgen kann.

EMPTY()

Die Funktion EMPTY() prüft, ob ein Ausdruck leer ist, also keinen Wert enthält.
Diese Funktion ist auf alle Datentypen, auch auf Memofelder, anwendbar. Leider
reagiert EMPTY() auf leere Memofelder nicht korrekt. Die Zeile

```
? EMPTY("     ")
```

würde den Wahrheitswert .T. erzeugen. Auch wenn wir den Prüfstring in eine
Variable packen, erhalten wir .T. Der gleiche Ausdruck mit einem Memofeld, das
ebenfalls nur einige Leerzeichen, aber keinen sichtbaren Text enthält, Beispiel:

```
? EMPTY(info)          && Memofeld "Info",
```

würde den Wert .F. liefern, würde also anzeigen, daß unser Memofeld nicht leer
ist. Um auch in diesem Fall die gewünschte Auskunft zu erhalten, kann zusätzlich
die Funktion ALLTRIM() eingesetzt werden. Die vollständige Befehlszeile für
die Prüfung eines Memofeldes hat dann folgende Form:

```
? EMPTY(ALLTRIM(<Memofeld>))
```

19 Speichervariablen

19.1 Allgemeines

Warum ein Kapitel zum Thema Variablen? Jeder, der sich mit Programmierung beschäftigt, weiß, was Variablen sind. Die Verwendung von Variablen in FoxPro unterscheidet sich eigentlich auch nur wenig von anderen xBase-Sprachen. Dennoch sind einige Aspekte der Variablen-Nutzung in FoxPro gerade für den Um- und Einsteiger von Interesse.

Alle xBase-Sprachen unterscheiden zunächst zwei Arten von Variablen:

1. Feldvariablen

2. Speichervariablen

Feldvariablen

Feldvariablen, auch Feldnamen oder Feldbezeichnungen genannt, sind eigentlich keine richtigen Variablen. Sie werden mit der Struktur einer Tabelle erzeugt und sind nur zugänglich, wenn diese Tabelle geöffnet ist. Ihnen fehlt beispielsweise eine Speicheradresse, so daß sie bei der Parameterübergabe nicht wie eine „normale" Variable behandelt werden. Auch die Wertzuweisung, eine Grundoperation für jede Variable, ist mit Feldvariablen nicht möglich, da sie nicht auf der linken Seite einer Zuweisung erscheinen können. Zwar würde die Zuweisung: *Name* = „Müller" keine Fehlermeldung erzeugen, die Feldvariable *Name* hätte jedoch ihren ursprünglichen Wert behalten, und zusätzlich wäre eine Speichervariable *Name* mit dem Inhalt „Müller" erzeugt worden.

Andererseits ist ihr Verhalten durchaus mit dem von „normalen" Variablen vergleichbar. Sie können in Zuweisungen auf der rechten Seite und in nahezu beliebigen Ausdrücken erscheinen.

Hinweis: Bei Namensgleichheit haben Feldvariablen Vorrang vor Speichervariablen. Zuweisungen, Ausdrücke und Befehle, die den Namen einer Feldvariablen enthalten, verwenden den Inhalt des jeweiligen Feldes, nicht den Inhalt der gleichnamigen Speichervariablen.

Speichervariablen

Wir unterscheiden drei Typen von Speichervariablen:

- „Normale" Variablen

- Arrays (oder auch dimensionierte Variablen)

- Systemvariablen

19.2 Benennung von Variablen

Eine Variable braucht einen Namen, unter dem sie referenziert werden kann. Das wäre an sich noch kein Problem. Aber: Hundert Variablen brauchen eventuell auch hundert Namen und damit ist schon die Phantasie des Programmierers gefordert. Dies gilt besonders für xBase-, also auch für FoxPro-Programmierer, da lediglich die ersten 10 Stellen eines Namens von Fox als relevant, als signifikant, angesehen werden. Namen wie

```
"Dies_ist_meine_erste_Variable"    und
"Dies_ist_meine_zweite_Variable"
```

werden von FoxPro auf

```
"Dies_ist_m"
```

verkürzt, so daß letztlich nur eine Variable definiert wurde. Der Programmierer würde bei nächster Gelegenheit den Inhalt der ersten Variablen vermissen. Die Freiheit eines Pascal- oder C-Programmierers, für den solche engen Grenzen nicht existieren, gilt also für FoxPro-Entwickler nicht.

Bereichsnamen für Speichervariablen

Eine kleine Erleichterung bringt die Möglichkeit, eine Art Pseudo-Arbeitsbereich, einen Alias- oder Bereichsnamen, für Variablen, auch für Speichervariablen, zu verwenden. Für Feldnamen (Feldvariablen) kann der Arbeitsbereich oder der Name der Datei, oder auch ein freigewählter Aliasname, der beim Öffnen der Datei mit USE...ALIAS zugewiesen wurde, benutzt werden. Aus dem Feld *Firma* der Datei *Adressen* im Arbeitsbereich *A* wird eine der folgenden Bezeichnungen:

```
Firma
Adressen.Firma
A->Firma
```

Ist die Tabelle *Adressen* im aktuellen Arbeitsbereich geöffnet, sind alle drei
Bezeichnungen gleichwertig. Für Speichervariablen gelten analoge Konventionen:

```
Firma
m.Firma
M->Firma
```

Alle drei Ausdrücke sind jeweils gleichwertig; d.h. mit einer kleinen Einschränkung: Existiert eine offene Datei im aktuellen Arbeitsbereich mit dem Feldnamen *Firma*, so würde der Wert des Feldes im aktuellen Satz als Inhalt der
Variablen *Firma* gelten. Der Buchstabe „m" steht hier für den „Arbeitsbereich"
Memory.

Wie früher schon gesagt, ist es durchaus möglich, einen Feldnamen und eine
Speichervariable mit gleichem Namen zu verwenden. Bei der Ausgabe wird jedoch immer erst der Feldname berücksichtigt. Um also mit beiden gleichzeitig
arbeiten zu können, sollte möglichst immer ein Bereichs- oder Tabellenname
Verwendung finden:

```
m.Firma               && Speichervariable
Adressen.Firma        && Feldname
```

Damit hätten wir unsere erste Namenskonvention. Sie erhöhen damit nicht nur die
Lesbarkeit Ihrer Programme, sondern eliminieren damit auch eine Fehlerquelle.
FoxPro unterstützt diese Konvention mit den Befehlen SCATTER und GATHER.
SCATTER MEMVAR schreibt die Feldinhalte in gleichnamige Speichervariab-
len. Ein Beispiel:

```
USE Adressen
SCATTER MEMVAR
USE
? Firma + Name
```

Der Print-Befehl am Ende des Beispiels würde den Inhalt der Speichervariablen
ausgeben, da wir in der Zeile zuvor die Datei *Adressen* geschlossen und damit
den Zugriff auf die Feldinhalte verhindert haben. Das ist natürlich nicht immer
üblich. Soll die Datei offen bleiben, muß der Inhalt der Speichervariablen mit
Hilfe des Bereichsnamens wie folgt ausgegeben werden:

```
? m.Firma + m.Name
```

Der Befehl GATHER ist das Gegenstück zu SCATTER und sorgt mit der Option
MEMVAR dafür, daß die Inhalte von Speichervariablen in die Felder mit gleichnamigen Feldbezeichnungen zurückgeschrieben werden.

19.3 PUBLIC und PRIVATE

Variablen haben unterschiedliche Geltungsbereiche: Sie gelten entweder global
für das ganze Programm oder nur lokal im jeweiligen Unterprogramm. Die
Schlüsselworte sind PUBLIC für globale und PRIVATE für lokale Variablen.

Einmal definierte globale Variablen können in jedem Unterprogramm ausgewertet
und verändert werden. Mit PUBLIC definierte Variablen behalten ihre Geltung
selbst dann noch, wenn das Programm, in dem sie definiert wurden, beendet
worden ist. Erst ein CLEAR ALL, CLEAR MEMORY oder RELEASE <Variab-
le> entfernt globale Variablen aus dem Speicher.

Seiteneffekte

Die globale Verfügbarkeit macht PUBLIC-Variablen besonders anfällig für sogenannte Seiteneffekte, die unbeabsichtigte Veränderung ihres Inhalts. Globale
Variablen sollten daher nur dort zum Einsatz kommen, wo dies unvermeidlich ist,
wo also der Zugriff in nahezu allen Unterprogrammen erforderlich ist. Beispiele
wären:

- Login-Name

- Zugriffsberechtigung

- Farbschemata

- bestimmte Druckparameter

Die Definition von globalen Variablen erfolgt mit dem Befehl

```
PUBLIC <Variablenliste>.
```

Die einzelnen Variablen der Liste werden durch Kommata separiert. Beispiel:

```
PUBLIC m.Name, m.Firma, m.Ort
```

Von wenigen Ausnahmen abgesehen, sollten stets nur lokale Variablen Verwendung finden, da diese für Seiteneffekte weniger anfällig sind und damit zur

Vermeidung von Laufzeitfehlern beitragen. Lokale Variablen lassen sich mit dem Befehl

```
PRIVATE <Variablenliste>
```

erzeugen. Wir haben oben festgestellt, daß lokale Variablen nur in dem Unterprogramm gelten, in dem sie erzeugt wurden. Dies ist nicht ganz richtig.

Dynamischer Geltungsbereich für lokale Variablen

Lokale Variablen gelten auch in Unterprogrammen, die von diesem Unterprogramm aufgerufen werden. Sie haben folglich einen dynamischen Geltungsbereich. Der Aufruf einer Prozedur oder Funktion weitet den Geltungsbereich der lokalen Variablen der aufrufenden Prozedur oder Funktion aus. Die Beendigung der aufgerufenen Prozedur oder Funktion reduziert den Geltungsbereich wieder.

Ein Beispiel:

```
PRIVATE Name
Name = "Müller"
DO up
? Name                && Ergebnis  = "Maier"

PROCEDURE up
Name = "Maier"
RETURN
```

Die Änderung des Inhalts der Speichervariablen *Name* im Unterprogramm ist auch nach Rückkehr in das aufrufende Programm wirksam. Das Print-Kommando gibt daher den Namen „Maier" aus. Um dies zu verhindern, muß auch im Unterprogramm die Variable *Name* mit dem Befehl

```
PRIVATE Name
```

für lokal erklärt werden. Das geänderte Beispiel:

```
PRIVATE Name
Name = "Müller"
DO up
? Name                && Ergebnis = "Müller"

PROCEDURE up
PRIVATE Name
Name = "Maier"
RETURN
```

Die Variable *Name* existiert praktisch doppelt, nur daß aus der aufgerufenen Prozedur nicht auf die in der aufrufenden Prozedur verwendete Variable zugegriffen werden kann. Nach Verlassen der aufgerufenen Prozedur wird die hier als lokal definierte Variable aus dem Speicher entfernt. Lokale Variablen haben also einen weiteren Vorteil: Sie müssen nicht erst mit RELEASE <Variable> oder CLEAR MEMORY aus dem Speicher entfernt werden. Nach Verlassen der Prozedur, in der sie definiert wurden, ist ihre Existenz beendet.

Globale und lokale Variablen gleichen Namens

Globale und lokale Variablen können durchaus die gleiche Bezeichnung verwenden. Ein Unterprogramm, das eine bereits als global definierte Variable mit dem PRIVATE-Befehl als lokal definiert, kann auch nur auf diese (zweite) Variable zugreifen. Die globale Variable bleibt für das Unterprogramm unsichtbar. In allen anderen Unterprogrammen gilt jedoch die global definierte Variable.

Variablen initialisieren

Variablen, die mit PRIVATE oder PUBLIC definiert wurden, haben eigentlich noch keinen Inhalt. Ihnen muß folglich noch ein Wert zugewiesen werden. FoxPro initialisiert alle definierten und noch nicht initialisierten Variablen mit dem logischen Wert .F. für falsch.

Keine Typkontrolle

Variablen können alle in FoxPro verwendeten Datentypen enthalten. Der Inhalt von Memofeldern wird dabei als String betrachtet. Eine strenge Typkontrolle, wie sie besonders von Pascal-Programmierern befolgt werden muß, gilt nicht für FoxPro. Variablen können ihren Datentyp in einem Programm beliebig wechseln. Der aktuelle Wert einer Variablen bestimmt ihren Typ, nicht der ursprünglich zugewiesene Wert. Beispiel:

```
var = "Müller"        && Typ "C"
var = 123             && Typ "N"
var = DATE()          && Typ "D"
```

FoxPro akzeptiert diese Zuweisungen in beliebiger Reihenfolge ohne jede Beschwerde. Die erhalten Sie aber, sobald Sie versuchen, eine Variable in einem Ausdruck zu verwenden. Hat unsere Variable *var* zufällig den numerischen Wert 123 (numerisch), und wollen Sie die Zeile

```
? "Die Nummer ist: " + var
```

ausgeben, quittiert FoxPro diesen Versuch mit einer Fehlermeldung. FoxPro ist bei der Auswertung von Ausdrücken, die Variablen enthalten, nicht weniger pingelig als andere Sprachen. Die Typkontrolle bei der Zuweisung von Werten bleibt jedoch ganz allein dem Programmierer überlassen.

19.4 Arrays (dimensionierte Variablen)

Dimensionierte Variablen gehören zu den Sprachelementen, die noch dBase III-Programmierer besonders schmerzlich vermissen mußten. Der Clipper-Compiler führte erstmals Arrays ein, und Fox zog mit FoxBase+ nach. Arrays sind Variablen gleichen Namens, die über diesen Namen und eine fortlaufende Nummer, also über eine Art Indexbildung, angesprochen werden. Der Begriff „Index" hat in diesem Fall nichts mit der Erzeugung von Indexdateien zu tun, sondern deutet nur an, daß eine nach Nummern geordnete Liste verwendet wird. Die Möglichkeit, über einen Index auf eine Variable zugreifen zu können, vereinfacht Programmstrukturen. Arrays dienen der Zwischenspeicherung von Daten und ermöglichen damit einen schnelleren Zugriff. Die einzelnen Elemente eines Arrays werden über den Namen und einen Indexwert angesprochen.

Erzeugt wird ein Array in FoxPro alternativ mit den Befehlen DECLARE, DIMENSION oder PUBLIC. Beispiele:

```
DECLARE var(20)
DIMENSION var(20)
PUBLIC var(20)
```

Alle drei Beispiele erzeugen ein Array mit dem Namen *var*, das aus jeweils 20 Elementen besteht. In den beiden ersten Fällen (DIMENSION/DECLARE) kann jedoch nur dann auf die Elemente zugegriffen werden, wenn der Zugriff auf der Programmebene erfolgt, auf der auch das Array vereinbart wurde, oder auf einer tiefer liegenden Ebene. DECLARE und DIMENSION verhalten sich also wie einfache mit PRIVATE definierte lokale Variablen. Ein Array, das hingegen mit dem PUBLIC-Befehl erzeugt wurde, ist im ganzen Programm verfügbar. Anzumerken ist, daß mit dem PRIVATE-Befehl kein Array definiert werden kann. Arrays können also nicht wie „normale" Speichervariablen als „echte" lokale Variablen verwendet werden. Das hat zur Folge, daß das gleiche Array auf einer tiefer liegenden Programmebene nicht nochmals definiert werden darf.

Jedes einzelne Array-Element kann über den Namen des Arrays und einen Indexwert angesprochen werden. Beispiele:

```
var(1) = "Inhalt des ersten Array-Elements"
var(5) = 1000
var(8) = .T.
```

Wie aus diesem Beispiel ersichtlich, kann ein Array, anders als z.B. in Turbo-
Pascal, auch aus Elementen mit unterschiedlichen Datentypen bestehen. Grundsätzlich ist jedes Element des Arrays zunächst mit dem logischen Wert .F.
initialisiert, was Sie in FoxPro leicht mit dem Befehl DISPLAY MEMORY
überprüfen können. Arrays eignen sich vorzüglich für die Zwischenspeicherung
von Datensätzen. FoxPro verfügt zu diesem Zweck über die Befehle SCATTER
und GATHER, die wir weiter oben schon kennengelernt haben, und die einen
kompletten Datensatz in eine dimensionierte Variable schreiben (SCATTER)
bzw. aus einem Array in einen Datensatz zurückschreiben (GATHER).

Zweidimensionale Arrays

Bisher haben wir nur eindimensionale Arrays betrachtet. FoxPro verwaltet jedoch
auch zweidimensionale Arrays. Die Syntax der schon bekannten Befehle muß nur
minimal geändert werden:

```
DECLARE var(3,3)
DIMENSION var(3,3)
PUBLIC var(3,3)
```

Alle drei Befehle erzeugen ein Array mit jeweils neun (3*3) Elementen. Ein
solches Array ist einer Tabelle oder Matrix vergleichbar, deren Elemente über
einen Spalten- und einen Zeilenindex angesprochen werden. Mit lediglich neun
Elementen sind wir jedoch noch recht bescheiden geblieben. Bis zu 65.000
Elemente pro Array können Sie mit FoxPro für Windows verwalten. Diese Zahl
ist jedoch, wie viele Leistungskennzahlen im PC-Bereich, ein rein theoretischer,
sprich unrealistischer, Wert. Schon lange bevor Sie das letzte Element mit Daten
versorgt haben, dürfte Ihnen der Speicher ausgegangen sein.

Freie Typzuweisung

Interessant ist, daß jedem Element jeder Datentyp - einschließlich des Typs
MEMO - zugewiesen werden kann, auch wenn zuvor bereits ein Wert, und

damit ein Datentyp, vereinbart war. Der Inhalt von Memofeldern wird einem Array-Element als String (Typ „C") zugewiesen.

Die Zuweisung kann, wie bei einfachen Speichervariablen, vom Typ her beliebig wechseln. Die folgende Befehlssequenz ergibt deshalb keine Fehlermeldung (Datentypfehler):

```
CLEAR ALL
DIMENSION var(3)
var(2) = 123
var(2) = "Hallo"
```

Die Freiheit bei der Zuweisung verschiedener Datentypen zu einem Element wird jedoch mit einem erheblichen Speicherverbrauch erkauft. Jedes einzelne Element benötigt, ohne daß bereits ein Wert zugewiesen wurde, ca. 18 Bytes im Arbeitsspeicher. Mit der Anweisung

```
DIMENSION v(1000)
```

sind somit bereits ca. 18 kB des Arbeitsspeichers belegt. An dieser Stelle sei ein Hinweis auf die SYS-Funktionen von FoxPro gestattet. Mit diesen Funktionen verfügt der Programmierer u.a. über die Möglichkeit, diverse Systemparameter abzufragen. Uns interessiert hier die Funktion SYS(1016), die den durch Benutzerobjekte (Fenster, Menüs, Variablen, Arrays etc.) verbrauchten Arbeitsspeicher ermittelt.

Die folgende Befehlssequenz macht deutlich, wieviel Speicher von einem (leeren) Array belegt wird.

```
CLOSE ALL
CLEAR ALL           && entfernt Speichermüll
? SYS(1016)         && belegter Speicher ohne Array

DIMENSION v(2000)
? SYS(1016)         && belegter Speicher mit Array
```

Die Elemente eines Arrays können nun wie jede „normale" Speichervariable verwendet werden. Ihnen können wechselnde Werte zugewiesen, oder ihr aktueller Wert kann mit dem Printbefehl (?,??) bzw. mit SAY ausgegeben werden. Array-Elemente können damit auch beliebige Texte bis zu einer Länge von maximal 64 kB enthalten. Natürlich sind Arrays auch in Ausdrücken zulässig.

19.5 Systemvariablen

Seit FoxPro 1.x ist erstmals auch der Zugriff auf FoxPro-Systemvariablen möglich. Systemvariablen werden von FoxPro für die Speicherung verschiedener Systemzustände verwendet und beim Start immer neu initialisiert. Sie wirken wie globale Variablen, sind also in jedem Unterprogramm, auch innerhalb von Report- und Labeldateien, verfügbar. Teilweise kann ihr Wert durch SET-Befehle verändert werden. In der Regel ändern Sie den Wert einer Systemvariablen einfach durch Wertzuweisung.

Systemvariablen sind daher von FoxPro vordefinierte und initialisierte globale Variablen. Systemvariablen können jedoch zu PRIVAT-Variablen erklärt werden. Alle Systemvariablen beginnen mit einem Unterstrich.

Sie finden im Anhang eine Tabelle der Systemvariablen. An dieser Stelle wollen wir nur einige davon und ihre Anwendung vorstellen.

Systemvariablen für die Ausgabe

Ein großer Teil der Systemvariablen beschäftigt sich mit Ausgabeeinstellungen. Linker Rand (_lmargin_), rechter Rand (_rmargin_) und Seitennummer (_pageno_) können über Systemvariablen gesetzt werden. Um Seitennummern in Reports auszugeben, setzen Sie einfach die Systemvariable _pageno,_ die Sie über den Ausdrucksdialog wählen können, an die gewünschte Stelle Ihrer Reportdefinition.

Datenaustausch über eine Systemvariable

Eine besonders interessante Systemvariable ist _cliptext._ Diese Variable nimmt ASCII-Text auf, der über die Zwischenablage auch in anderen Windows-Anwendungen verfügbar ist. Das funktioniert auch umgekehrt: Kopieren Sie beispielsweise Text aus einer Windows-Textverarbeitung in die Zwischenablage (Menüoption _Kopieren_), steht dieser Text auch in FoxPro über die Menüoption _Einkleben_ oder die Systemvariable _cliptext_ zur Verfügung. Der Vorteil des Zugriffs über die Variable besteht darin, daß der Text per FoxPro-Anweisung in die Zwischenablage geschrieben werden kann. Er muß also nicht zuvor als zusammenhängender Text ausgeschnitten werden.

Wir können daher beliebige Feldinhalte, auch schon mit Zeilenumbrüchen formatiert, in die Zwischenablage schreiben, ohne den Text in dieser Form erst auf den Bildschirm zu bringen.

Der Business-Manager nutzt diese Möglichkeit, um eine Adresse für die weitere
Verwendung an andere Windows-Anwendungen zu übergeben. Die folgende
Prozedur schreibt die vorformatierte Adresse in die Systemvariable _cliptext und
damit auch in die Zwischenablage.

```
*--------------------------------------------------------
PROCEDURE Kopieren
*--------------------------------------------------------

_CLIPTEXT = adressen.firma    +   CHR(13) + ;
            IIF(EMPTY(Adressen.firma2), "", ;
              Adressen.firma2 + CHR(13)) + ;
            LTRIM(adressen.anrede + " ") + ;
            LTRIM(adressen.titel  + " ") + ;
            adressen.name    +   CHR(13)  + ;
            adressen.strasse +   CHR(13)  + ;
            LTRIM(adressen.Land + " ")    + ;
            LTRIM(adressen.PLZ  + " ")    + ;
            adressen.Ort     +   CHR(13)

*---- Ende Kopieren ----------------
```

Die Prozedur nimmt auch gleich die notwendigen Formatierungen für die Unter-
drückung von unnötigen Leerzeichen vor. Sie wird durch einen Menübefehl
aufgerufen und kopiert die Daten der gerade angezeigten Adresse über _cliptext
in die Zwischenablage.

19.6 Sichern von Speichervariablen

Der Inhalt von Speichervariablen kann auch in eine Datei oder ein Memofeld
gesichert werden. Mit

```
SAVE TO <file> | TO MEMO <memo field> [ALL LIKE | EXCEPT
<skel>]
```

sichern Sie alle oder ausgewählte Variablen und Arrays, und mit

```
RESTORE FROM <file> | FROM MEMO <memo field> [ADDITIVE]
```

stellen Sie die ursprünglichen Variablen wieder her. Achten Sie dabei auf den
Zusatz ADDITIVE des RESTORE-Befehls, ohne den alle gerade definierten
Variablen überschrieben werden.

Ein Beispiel:

```
SET SAFETY OFF
SAVE TO "att.mem"   ALL LIKE att*
SET SAFETY ON
```

Der SAVE-Befehl speichert alle Variablen, deren Name mit „att" beginnt in die Datei „att.mem". Die Endung wäre hier eigentlich nicht erforderlich; FoxPro vergibt automatisch die Extension MEM. Der SET SAFETY-Befehl soll dafür sorgen, daß wir nicht jedesmal gefragt werden, ob eine eventuell existierende Datei gleichen Namens überschrieben werden soll.

20 Farbgestaltung mit FoxPro

20.1 Zu diesem Kapitel

FoxPro 2.0 ermöglichte eine im xBase-Markt bisher nicht gekannte Kontrolle der Farben. Der Pferdefuß an der Geschichte: Der Lernaufwand und die potentiell fehlerhaften Farbzuordnungen waren gleichfalls enorm. Da Fox aus Kompatibilitätsgründen die alten dBase-Befehle (SET COLOR TO ..) weiterführen mußte, war die Farbgestaltung auch für geübte xBase-Programmierer zunächst der reine Frust.

Obwohl FoxPro für Windows noch eine weitere Stufe hinzufügt, vereinfacht sich die Farbgestaltung doch wieder, da jetzt einfach die voreingestellten Windows-Farben benutzt werden können. Programmierer, die sich mit dem Thema nicht beschäftigen wollen, können sich einfach auf die Farbeinstellungen durch den Anwender verlassen, die dieser in der Windows-Systemsteuerung vornimmt. Da auch der Screen-Generator Farben zuordnen kann, muß man nicht mehr unbedingt wissen, wie die Farbgestaltung in FoxPro funktioniert. Allen, die es dennoch wissen wollen, bietet der folgende Text einen ersten Einblick in das FoxPro-Farbkonzept.

20.2 Das FoxPro-Farbschema

Die Farbgestaltung in FoxPro für Windows basiert auf einem vierstufigen Farbkonzept, dessen einzelne Stufen eine Hierarchie bilden. Versuchen wir also, die Ordnung der Dinge zu begreifen. Die vier Ebenen des Konzepts sind:

1. Farbset
2. Farbschema
3. Farbpaar
4. Windows RGB-Farben

Die folgende Grafik zeigt den Aufbau dieses Konzepts.

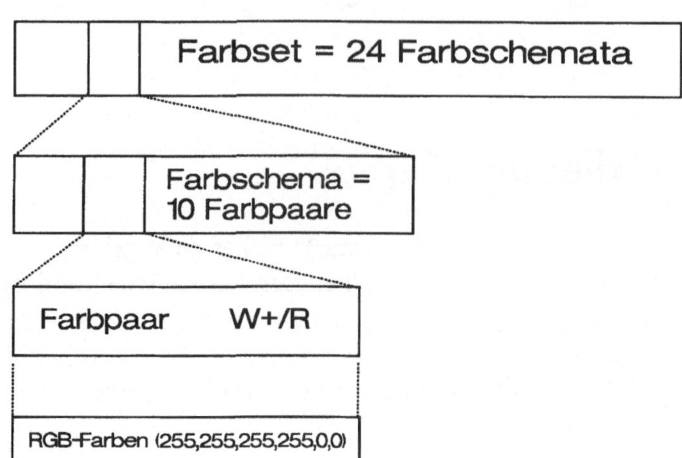

Abb. 20.1: Das Farbkonzept von FoxPro für Windows

Windows RGB-Farben

Bei der Besprechung der einzelnen Stufen wollen wir mit der untersten Einheit
beginnen. FoxPro für Windows kann die in der Windows-Systemsteuerung eingestellten Farben nutzen. Mit der RGB Klausel können auch eigene Farben nach
dem Windows-System aus Rot-, Grün- und Blauanteilen (=RGB) gemischt
werden. Eine RGB-Klausel bestimmt immer ein Farbpaar, das aus sechs Werten
besteht: drei Werte für den Vordergrund und drei Werte für den Hintergrund.

Die additive Farbmischung

Die Werte können zwischen 0 und 255 variieren. Das RGB-Modell funktioniert
nach dem Gesetz der additiven Farbmischung. Der Wert 0 bedeutet keine Farbe.
Setzen Sie alle drei Farbanteile auf 0, erhalten Sie keine Farbe = schwarz. Setzen
Sie alle drei Farben auf den höchsten Wert von 255, erhalten Sie die Farbe Weiß.
Die Farbwerte für Rot-, Grün- und Blauanteil stehen also für die Intensitätsgrade
dieser Farben. Sie könnten theoretisch ca. 16 Millionen Farben mischen. Als
Betreiber einer Standard VGA-Karte bleiben Ihnen davon aber nur 16 Farben.
Für mehr Farben benötigen Sie Grafikkarten mit größerer Farbtiefe und natürlich
den zugehörigen Windows-Bildschirmtreiber.

Die Klausel

```
RGB(0,0,0,255,255,255)
```

setzt für den Vordergrund (die ersten drei Werte: „0,0,0") die schwarze Farbe,
für den Hintergrund (die letzten drei Werte: „255,255,255") die Farbe Weiß. Die
RGB-Klausel ist kein eigenständiger Befehl. Der komplette Befehl könnte beispielsweise lauten:

```
SET COLOR TO RGB(0,0,0,255,255,255)
```

Normalerweise wird ein Farbwert bei der Definition eines Objekts vergeben. Sie
erzeugen also ein Fenster oder ein GET-Objekt und versehen das Objekt mit der
optionalen COLOR oder COLOR RGB()-Klausel. Beispiele:

```
DEFINE WINDOW FROM 5,5 TO 10,50 COLOR RGB(0,0,0,0,255,255)
```

oder

```
@ 4,20 GET Adressen.firma ;
   SIZE 1.000,47.800 ;
   DEFAULT " " ;
   FONT "MS Sans Serif", 8 ;
   COLOR ,RGB(255,255,0,255,0,0)
```

Die Definition des Fensters erzeugt einen schwarzen Vordergrund (0,0,0) und
einen hellblauen (Cyan) Hintergrund (0,255,255). Den Vordergrund werden Sie
nur sehen, wenn Sie auch Text in diesem Fenster ausgeben.

Das GET-Objekt verwendet einen gelben Vordergrund (255,255,0) und einen
roten Hintergrund (255,0,0). Beachten Sie bitte, daß beim GET-Objekt ein Komma vor dem RGB-Farbpaar erscheint. Das hat damit zu tun, daß FoxPro
eigentlich ein ganzes Farbschema für die verschiedenen Elemente des GET-
Objekts erwartet. Die für uns relevanten Werte beziehen sich auf die Eingabe-
schrift und den Hintergrund, die im zweiten Farbpaar codiert werden. Das erste
Farbpaar haben wir einfach unterschlagen und durch ein Komma separiert. Im
Abschnitt über das Farbschema erfahren Sie mehr zu diesem Punkt.

Die BDF, die Sie im letzten Abschnitt dieses Kapitels finden, erzeugt einen Farb-
einstelldialog, der Ihnen die Wirkung der verschiedenen Farbwerte im Zusam-
menspiel zeigt. Beachten Sie aber, daß nicht jede kleine Änderung eines
Farbwertes auf dem Bildschirm sichtbar wird. Benutzen Sie nur eine Standard-
VGA-Karte mit 16 Farben, werden Sie auch nur sprunghafte Veränderungen bei

größeren Wertdifferenzen erhalten. Erst mit einer Super-VGA Karte mit 256 oder gar 65.000 Farben sind Sie in der Lage, auch feinere Farbabstufungen darzustellen.

Farbpaar

Die folgende Tabelle zeigt die möglichen Farbwerte, wie sie seit FoxBase gelten. Diese Kombinationen können so auch in der Windows-Version anstatt der RGB-Farben eingesetzt werden. Farben lassen sich als Zahlenkombination und als Kombination von Buchstaben definieren.

Schwarz	N
Blank	X
Blau	B
Braun	GR
Cyan	BG
Grün	G
Inverse	I
Magenta	RB
Rot	R
Weiß	W
Gelb	GR+
Unterstrichen	U

Tabelle 20.1: Die Farbwerte

Ein Farbpaar setzt sich aus einer Vordergrund- und einer Hintergrundfarbe zusammen. Mit dem altbekannten Befehl

```
SET COLOR TO [[<Standard>] [, [<Erweitert>]
```

wird ein simples Farbpaar definiert, das aus einer Kombination für Vorder- und Hintergrund (Standard) für normale Textdarstellung (?, SAY, PROMPT) und aus einer Kombination für Vorder- und Hintergrund für „erweiterte Textdarstellung (GET, angewählte Menüoption) besteht. Beispiel:

```
SET COLOR TO N/W
```

Farbpaar und RGB-Farben

Eine RGB-Klausel entspricht einem Farbpaar, wobei die ersten drei Werte dem ersten Element des Farbpaares entsprechen (Vordergrund), und die letzten drei Werte für den Hintergrund gelten. Die beiden folgenden Befehle sind daher gleichwertig:

```
SET COLOR TO W+/R
SET COLOR TO RGB(255,255,255,255,0,0)
```

„W+" (weiß) entspricht also den RGB-Werten „255,255,255" und „R" den Werten „255,0,0".

Mit Farbpaaren war eine völlig hinreichende Farbgestaltung möglich, bis Fox komplexe Objekte wie Fenster, erweiterte Menüs, Dialogboxen etc. einführte. Die Vielzahl der einzelnen Elemente solcher Objekte war mit lediglich zwei Farbpaaren nicht mehr zu bewältigen. Die Antwort auf dieses Problem war das Farbschema.

Farbschema

Ein Farbschema setzt sich aus zehn (10) Farbpaaren zusammen, die Vorder- und Hintergrund einzelner Elemente eines Objekts (Fenster, Menü etc.) definieren. Die Zuordnung der einzelnen Farbpaare zu den Elementen eines Fensterobjekts zeigt die folgende Tabelle.

Farbpaar 1	Normaltext (?, ?? , SAY, Prompt)
Farbpaar 2	Textbox
Farbpaar 3	Rand
Farbpaar 4	Titel, aktiv
Farbpaar 5	Titel, nicht ak
Farbpaar 6	Gewählt. Text (GET, gewählte Menüoption)
Farbpaar 7	Hotkeys
Farbpaar 8	Schatten
Farbpaar 9	Aktiv. Ctrl.
Farbpaar 10	Deaktiv. Ctrl.

Tabelle 20.2: Farbschema für Fensterobjekte

Für andere Objekte ergeben sich abweichende Bedeutungen für die Zuordnung der Farbpaare. Menüobjekte (DEFINE MENU, DEFINE POPUP etc.) verwenden ein Schema, das Sie der folgenden Tabelle entnehmen können.

Farbpaar 1	Deaktiv
Farbpaar 2	Aktivierte Option
Farbpaar 3	Rand
Farbpaar 4	Menütitel
Farbpaar 5	Meldung
Farbpaar 6	Gewählte Option
Farbpaar 7	Hot keys
Farbpaar 8	Schatten
Farbpaar 9	Aktiv. Ctrl.
Farbpaar 10	Deaktiv. Ctrl.

Tabell 20.3: Farbschema für Menüobjekte

Die einzelnen Farbschemata weichen also etwas voneinander ab. Sie sind mit ihren Elementen auf die einzelnen Objekte abgestimmt. Die Farbpaare des Schemas können mit dem Kommando:

```
SET COLOR OF SCHEME <AusdrN1>TO ;
     [[<Farbpaarliste>]  |   [SCHEME <AusdrN2>]]
```

gesetzt werden. <AusdrN1> bestimmt die Nummer des zu ändernden Schemas. Insgesamt gehören 24 Schemata zu einem Farbset. <AusdrN1> kann deshalb Werte zwischen 1 und 24 annehmen. Die <Farbpaarliste> besteht aus maximal 10 Farbpaaren. Die einzelnen Farbpaare müssen nicht alle definiert werden. Nicht definierte Farbpaare behalten ihre ursprüngliche Farbe. Ein Beispiel: Das Farbschema 14 beinhaltet folgende Farbpaare

```
W+/B,W+/BG,GR+/B,GR+/B,R+/B,W+/GR,GR+/RB,N+/N,GR+/B,R+/B,+
```

Mit

```
SET COLOR OF SCHEME 14 TO W+/R,,,,,,B/W
```

erzeugen wir das geänderte Farbschema (1. und 7. Wert geändert):

```
W+/R,W+/BG,GR+/B,GR+/B,R+/B,W+/GR,B/W,N+/N,GR+/B,R+/B,+
```

Damit ist ein Farbschema definiert, aber noch nicht zugewiesen. Die Zuweisung erfolgt nicht mehr durch einen Befehl, sondern, da ein Farbschema sich immer auf ein Objekt bezieht, durch eine Klausel bei der Erzeugung des jeweiligen Objekts.

Objekte sind Fenster, Menüs, Popup-Menüs und Tabellen. Solche Objekte werden mit den Befehlen

```
BROWSE
DEFINE BAR
DEFINE MENU
DEFINE POPUP
DEFINE WINDOW
```

erstellt. Alle diese Befehle enthalten die Klausel

```
COLOR SCHEME <Nr>,
```

mit der dem Objekt ein Farbschema (Nr = 1 - 24) zugewiesen wird. Alternativ ist auch die direkte Angabe eines Schemas mit der Klausel

```
COLOR <Farbpaarliste>
```

möglich. Hier kann jedes einzelne Farbpaar, oder auch nur eine Teilmenge davon, direkt definiert werden. Beide Klauseln sind optional, d.h. sie müssen nicht angegeben werden. FoxPro benutzt in diesem Fall automatisch vordefinierte Schemata. Natürlich können Sie auch die RGB-Werte verwenden. Die COLOR-Klausel kann also die zwei folgenden Formen annehmen:

```
COLOR R/W+,,,,B/W+
COLOR RGB(255,0,0,255,255,255),,,, RGB(0,0,255,255,255,255)
```

Sie sehen, daß die Aufzählung von Farbpaaren sehr lang werden kann. In unserem Beispiel haben wir dabei nur zwei von zehn möglichen Farbpaaren definiert. Die einzelnen Farbpaare werden durch Kommata separiert. Wollen Sie ein bestimmtes Farbpaar nicht definieren, setzen Sie eben nur ein Komma. FoxPro benutzt dann einen Standardwert.

Hinweis: In FoxPro für Windows können nicht mehr alle Elemente eines Objekts aus Fox heraus manipuliert werden. Rahmenattribute, Systemfenster, Systemmenü etc. können nur noch durch die Windows-Systemeinstellungen geändert werden.

Farbsatz

Ein Farbsatz besteht aus insgesamt 24 Farbschemata und kann vollständig durch Programmierer oder Anwender definiert werden. Mit dem Befehl

```
CREATE COLOR SET <Farbsatz>
```

erzeugen Sie aus den gerade aktiven Farbdefinitionen (SET COLOR OF SCHEME TO) einen neuen Farbsatz. Dieser Farbsatz wird als Datei abgespeichert und kann mit dem Befehl

```
SET COLOR SET TO <Farbsatz>
```

erneut geladen werden. Da <Farbsatz> eine DOS-Datei meint, muß die Bezeichnung den DOS-Konventionen entsprechen.

20.3   Hinweise für den Einsatz von Farben

Für die Farbgestaltung unter FoxPro für Windows bieten sich zwei Strategien an.

1. Verzicht auf eigene Farbgestaltung

2. Eigene Farben

Im ersten Fall kann der Anwender seine eigenen Farben über die Windows-Systemsteuerung einstellen. Solche Änderungen wirken dann natürlich global auf alle Windows-Anwendungen.

Im zweiten Fall definieren Sie Farben in FoxPro und schließen damit Änderungen des Anwenders über die Windows-Systemsteuerung teilweise aus. Teilweise deshalb, weil die Farben einiger Objekte auch weiterhin nur über die Systemsteuerung geändert werden können.

Dies sind zwei konträre Strategien, die aber auch gemischt werden können. Der folgende Abschnitt präsentiert einen in FoxPro für Windows nicht mehr vorhandenen Farbauswahldialog, der auch in eigene Anwendungen eingebunden werden kann.

Ein Hinweis: Wollen Sie Ihren Anwendern weiterhin gestatten, eigene Farben zu definieren, sollten Sie unbedingt Standardwerte vorsehen, zu denen der Anwender leicht zurückkehren kann.

20.4 Eine BDF für RGB-Farben

Die folgende Funktion ermöglicht Ihnen die visuelle Kontrolle der RGB-Farbwerte. Alle sechs Farben werden in einem String als Rückgabewert zusammengefaßt. Jeder einzelne Wert belegt in diesem String drei Zeichen, so daß mit SUBSTR() jeder Wert ermittelt und mit VAL() wieder in einen numerischen Wert verwandelt werden kann.

```
*-------------------------------------------------------------
* Color()
*
* Farbwerte einstellen
*
* Parameter: keine
*
* Rückgabewert
* -----------
* String aus RGB-Farbwerten. Die Auswertung muß die Funktion
* SUBSTR() benutzen. Der erste Farbwert belegt die drei
* ersten Zeichen, der zweite Farbwert die Zeichen 4 bis 6
* usw.
* Der Wert muß dann noch in einen numerische Wert verwandelt
* werden. Beispiel für den dritten Farbwert:
* ? VAL(SUBSTR(color(),7,3))
*-------------------------------------------------------------

   *--- Variablen für Farbwerte initialisieren -------

PRIVATE farbe1, farbe2, farbe3, farbe4, farbe5, farbe6

farbe1 = 0
farbe2 = 0
farbe3 = 0
farbe4 = 255
farbe5 = 255
farbe6 = 255

SET READBORDER ON

   *--- Fenster definieren und aktivieren -------------

DEFINE WINDOW _qcx0r8gui ;
       AT 4.000, 10.000 ;
       SIZE 21.154,89.200 ;
       FONT "MS Sans Serif", 8 ;
       FLOAT ;
       NOCLOSE ;
       SYSTEM ;
       TITLE "Farbwerte einstellen" ;
       COLOR RGB(0,0,0,255,255,255)
```

```
ACTIVATE WINDOW _qcx0r8gui

    *--- Ausgabefenster mit Zeichenketten ---------------

@ 2.100,9.000 SAY "MS Sans Serif, 10 Punkte Fett" ;
    SIZE 11.9,24.100 ;
    FONT "MS Sans Serif", 10 ;
    STYLE "B" ;
    COLOR RGB(farbe1,farbe2,farbe3,farbe4,farbe5,farbe6)

@ 5.077,9.200 SAY "New Times Roman, 10 Punkte " ;
    SIZE 1,22.500 ;
    FONT "MS Sans Serif", 10 ;
    COLOR RGB(farbe1,farbe2,farbe3,farbe4,farbe5,farbe6)

@ 8.077,9.200 SAY "Arial, 10 Punkte " ;
    SIZE 1,22.500 ;
    FONT "Arial", 10 ;
    COLOR RGB(farbe1,farbe2,farbe3,farbe4,farbe5,farbe6)


    *--- Maske definieren -----------------------------

@ 1.615,6.600 TO 16.846,48.800 ;
    PEN 1, 8

@ 2.462,53.800 SAY "Rot" + CHR(13) + ;
        "" + CHR(13) + ;
        "" ;
    SIZE 2.000,3.125, 0.000 ;
    FONT "MS Sans Serif", 10 ;
    STYLE "BT"

@ 4.462,53.200 SAY "Grün" ;
    SIZE 1.000,4.125, 0.000 ;
    FONT "MS Sans Serif", 10 ;
    STYLE "BT"

@ 6.385,53.200 SAY "Blau" ;
    SIZE 1.000,4.000, 0.000 ;
    FONT "MS Sans Serif", 10 ;
    STYLE "BT"

@ 1.846,52.000 TO 8.308,81.800 ;
    PEN 1, 8

@ 10.385,51.800 TO 16.770,82.000 ;
    PEN 1, 8

@ 0.615,58.600 SAY "Vordergrund" ;
    SIZE 1.000,10.875, 0.000 ;
    FONT "MS Sans Serif", 10 ;
```

```
       STYLE "BT"

@ 11.000,54.600 SAY "Rot" ;
   SIZE 2.000,3.125, 0.000 ;
   FONT "MS Sans Serif", 10 ;
   STYLE "BT"

@ 13.000,54.000 SAY "Grün" ;
   SIZE 1.000,4.125, 0.000 ;
   FONT "MS Sans Serif", 10 ;
   STYLE "BT"

@ 14.923,54.000 SAY "Blau" ;
   SIZE 1.000,4.000, 0.000 ;
   FONT "MS Sans Serif", 10 ;
   STYLE "BT"

@ 9.000,58.000 SAY "Hintergrund" ;
   SIZE 1.000,10.125, 0.000 ;
   FONT "MS Sans Serif", 10 ;
   STYLE "BT"


   *--- Steuerelemente (Spinner) definieren ------------

@ 2.385,62.600 GET farbe1 ;
   SPINNER 1.000, 0.000, 255.000 ;
   PICTURE "@K" ;
   SIZE 1.063, 7.625 ;
   DEFAULT 0.000 ;
   FONT "MS Sans Serif", 10 ;
   STYLE "B";
   VALID farbe()

@ 4.385,62.600 GET farbe2 ;
   SPINNER 1.000, 0.000, 255.000 ;
   PICTURE "@K" ;
   SIZE 1.188, 7.625 ;
   DEFAULT 0.000 ;
   FONT "MS Sans Serif", 10 ;
   STYLE "B";
   VALID farbe()

@ 6.538,62.600 GET farbe3 ;
   SPINNER 1.000, 0.000, 255.000 ;
   PICTURE "@K" ;
   SIZE 1.063, 7.625 ;
   DEFAULT 0.000 ;
   FONT "MS Sans Serif", 10 ;
   STYLE "B" ;
   VALID farbe()

@ 11.000,63.000 GET farbe4 ;
```

```
      SPINNER 1.000, 0.000, 255.000 ;
      PICTURE "@K" ;
      SIZE 1.063, 7.625 ;
      DEFAULT 0.000 ;
      FONT "MS Sans Serif", 10 ;
      STYLE "B";
      VALID farbe()

 @ 13.000,63.000 GET farbe5 ;
      SPINNER 1.000, 0.000, 255.000 ;
      PICTURE "@K" ;
      SIZE 1.063, 7.625 ;
      DEFAULT 0.000 ;
      FONT "MS Sans Serif", 10 ;
      STYLE "B";
      VALID farbe()

 @ 15.000,63.000 GET farbe6 ;
      SPINNER 1.000, 0.000, 255.000 ;
      PICTURE "@K" ;
      SIZE 1.063, 7.625 ;
      DEFAULT 0.000 ;
      FONT "MS Sans Serif", 10 ;
      STYLE "B";
      VALID farbe()

      *--- Schaltflächen für OK und Abbruch -------

 @ 18.000,29.400 GET wahl ;
      PICTURE "@*HT OK;Abbrechen" ;
      SIZE 1.769,12.333,0.667 ;
      DEFAULT 1 ;
      FONT "MS Sans Serif", 8 ;
      STYLE "B"

      *--- Modales READ; Verlassen nur durch OK oder Abbruch --

 READ CYCLE MODAL

 RELEASE WINDOW _qcx0r8gui

      *--- Rückgabestring aus allen Farbwerten bilden ---

 RetWert = STR(farbe1,3)+STR(farbe2,3)+STR(farbe3,3) + ;
           STR(farbe4,3)+STR(farbe5,3)+STR(farbe6,3)

      *--- Rückgabe aller Farbwerte oder Leerstring -----

 IF wahl = 1
    RETURN RetWert
 ELSE
    RETURN ""
 ENDIF
```

```
*----------------------------------------------------------
PROCEDURE farbe
*
* VALID-Funktion für Spinner
* Ausgabe (SAY) mit Zeichenketten für verschiedene Fonts
* aufrufen
*----------------------------------------------------------

@ 2.100,9.000 SAY "MS Sans Serif, 10 Punkte Fett" ;
   SIZE 11.9,24.100 ;
   FONT "MS Sans Serif", 10 ;
   STYLE "B" ;
   COLOR RGB(farbe1,farbe2,farbe3,farbe4,farbe5,farbe6)

@ 5.077,9.000 SAY "New Times Roman, 10 Punkte " ;
   SIZE 1,22.500 ;
   FONT "MS Sans Serif", 10 ;
   COLOR RGB(farbe1,farbe2,farbe3,farbe4,farbe5,farbe6)

@ 8.077,9.000 SAY "Arial, 10 Punkte " ;
   SIZE 1,22.500 ;
   FONT "Arial", 10 ;
   COLOR RGB(farbe1,farbe2,farbe3,farbe4,farbe5,farbe6)

RETURN .T.

*--- Ende color() --------------------------------
```

Der Aufruf der Funktion kann einfach durch die Zeile

```
? color()
```

erfolgen. Wollen Sie aber auch den Rückgabewert nutzen, müssen Sie eine
Zuweisung vornehmen. Um beispielsweise alle sechs Farbwerte zu erhalten, sind
die folgenden Zeilen erforderlich.

```
CLEAR
temp = color()
farbe1 = VAL(SUBSTR(temp,1,3))      && Rotanteil,  Vordergrund
farbe2 = VAL(SUBSTR(temp,4,3))      && Grünanteil, Vordergrund
farbe3 = VAL(SUBSTR(temp,7,3))      && Blauanteil, Vordergrund
farbe4 = VAL(SUBSTR(temp,10,3))     && Rotanteil,  Hintergrund
farbe5 = VAL(SUBSTR(temp,13,3))     && Grünanteil, Hintergrund
farbe6 = VAL(SUBSTR(temp,16,3))     && Blauanteil, Hintergrund
? farbe1
? farbe2
? farbe3
? farbe4
? farbe5
? farbe6
```

21 Menüs und ihr Einsatz

21.1 Grundlagen

FoxPro kennt zahllose Befehle und Optionen, um Menüstrukturen zu generieren. Dieser zweifelhafte Reichtum ist die Folge der Bemühungen um vollständige Kompatibilität zu dBase III/IV und der vom Markt diktierten Notwendigkeit, eigene Spracherweiterungen anzubieten. FoxBase+ stellte erstmals spezielle Befehle für die effiziente Programmierung von Pulldown- und Popup-Menüs bereit. Ashton Tate zog mit dBase IV nach, allerdings mit einer anderen Syntax. Fox war deshalb gezwungen, sollte die Kompatibilität zu FoxBase und dBase erhalten bleiben, beide Strukturen zu integrieren. Der Versuch ist durchaus gelungen, allerdings um den Preis einer verwirrenden Vielfalt an Menüoptionen. Dieses Kapitel will daher versuchen, etwas Ordnung in den Dschungel der relevanten Sprachelemente zu bringen.

Menüs gehören zur Grundausstattung eines jeden Anwenderprogramms. Sie bestehen in ihrer einfachsten Form aus einer Liste mit Auswahloptionen und zugehörigen Auswahltasten.

Beispiel:

```
F2 - Neuer Datensatz
F3 - Datensatz editieren
F4 - Datensatz suchen
E  - Ende
```

Solche Auswahllisten sind schnell zu programmieren und einfach zu bedienen, aber unbrauchbar für die Programmierung moderner Oberflächen. Unbrauchbar sind sie, weil das geltende Paradigma eine optisch aufbereitete Oberfläche verlangt, die Pulldown- und Popup-Menüs voraussetzt.

Wir wollen deshalb gleich in die Programmierung „moderner" Benutzerschnittstellen einsteigen.

21.2   Die drei Grundtypen und ihre Syntax

Für die Programmierung von menügesteuerten Oberflächen haben sich drei
Grundtypen herausgebildet

1. Pulldown-Menüs

2. Popup-Menüs

3. Balkenmenüs

Pulldown-Menüs

Pulldown-Menüs enthalten oft die komplette Bedienungsschnittstelle eines Programms. Ihr Grundaufbau besteht aus einer Menüleiste mit Popup-Menüs zu
jeder Option der Menüleiste.

Das FoxPro-Systemmenü entspricht diesem Typ. FoxPro stellt zwei unterschiedliche Strukturen für die Generierung solcher Menüs bereit. Die Syntax der Basis-
befehle lautet:

a)
```
DEFINE MENU <Menüname>
        [BAR [AT LINE <AusdrN1>]]
        [IN [WINDOW] <Fenstername>]
        [KEY <Tastenlabel>]
        [MARK <AusdrZ1>]
        [MESSAGE <AusdrZ2>]
        [NOMARGIN]
        [COLOR <Farbpaarliste> | COLOR SCHEME <AusdrN2>]

DEFINE PAD ...

DEFINE POPUP ...

DEFINE BAR ...

ACTIVATE MENU <Menüname>
```

b)
```
READ MENU TO <Variable>
```

Die vorgestellte Syntax ist natürlich nicht vollständig, und sie beschreibt auch
nicht alle erforderlichen Schritte, um ein Menü zu erstellen. Aber sie deutet doch
an, daß Struktur (b) wesentlicher eleganter, weil übersichtlicher, zu programmieren ist. Leider muß dem Leser geraten werden, Struktur (a) zu verwenden, da

dies die aktuelle dBase IV - Syntax ist. Ashton Tate besaß seinerzeit noch die Macht, elegantere Lösungen der Konkurrenz zu ignorieren und an deren Stelle schwerverdauliche Sprachelemente als Standard zu etablieren.

In diesem Kapitel werden beide Strukturen in jeweils eigenen Abschnitten besprochen. Für den Programmierer ab gilt, daß Typ (b) keine Zukunft hat.

Wer das FoxPro-Systemmenü, oder eine Modifikation davon, in seine Applikation einbinden will, ist ohnehin auf die umständliche dBase-Syntax verwiesen. Auch der Menügenerator erzeugt nur Strukturen mit DEFINE-Befehlen.

Daher gilt: Für die Programmierung von Menüs sollten nur noch die DEFINE MENU/ DEFINE POPUP-Befehle verwendet werden. Die anderen Strukturen sind schon bei den verschiedenen Updates von FoxPro nicht mehr verbessert worden und dürften mit neuen Versionen weiter an Relevanz verlieren. In diesem Kapitel werden wir daher ausführlich auf die DEFINE-Befehle und ihr Umfeld eingehen, die übrigen Strukturen jedoch nur noch mit wenigen Beispielen abhandeln.

Popup-Menüs

Popup-Menüs gehören inzwischen zu den Standardelementen einer Benutzeroberfläche. Sie können an einer beliebigen Stelle des Bildschirms erscheinen und bieten in der Regel zusätzliche Optionen zu einer Menüoption. Für die Realisierung von Popups stellt FoxPro gleich drei verschiedene Strukturen bereit. Ihre Syntax:

a)
```
DEFINE POPUP <Popupname>
        [FROM <Zeile1>, <Spalte1>]
        [TO <Zeile2>, <Spalte2>]
        [IN [WINDOW] <Fenstername>]
        [FOOTER <AusdrZ1>]
        [KEY <Tastenlabel>]
        [MARGIN]
        [MARK <AusdrZ2>]
        [MESSAGE <AusdrZ3>]
        [MOVER]
        [MULTI]
        [PROMPT FIELD <Ausdr>
        | PROMPT FILES [LIKE <Maske>]
        | PROMPT STRUCTURE]
        [RELATIVE]
        [SCROLL]
        [SHADOW]
        [TITLE <AusdrZ4>]
        [COLOR  <Farbpaarliste> | COLOR SCHEME <AusdrN>]
```

```
ACTIVATE POPUP <PopupName>
```

b)

```
@ <Koord> MENU <Array>, <AusdrN1>
            [, <AusdrN2>] [TITLE <AusdrZ>] [SHADOW]
```

c)

```
MENU TO <Spei_var>
```

Auch hier gilt: Die Struktur (b) ist ein Relikt aus alten FoxBase-Zeiten und sollte trotz ihrer Klarheit nicht mehr eingesetzt werden. Die Zukunft gehört dem Typ (a), für den auch schon beim Übergang von FoxPro 1.x auf FoxPro 2.0 neue Klauseln eingeführt wurden.

Der Typ (c) wird im Zusammenhang mit dem außerordentlich flexiblen PROMPT-Befehl verwendet und hat seine Zukunft leider auch schon hinter sich.

Alle drei (Syntax-) Typen werden in einem eigenen Abschnitt vorgestellt.

Balken-Menüs

Balken-Menüs, auch Lotus-Style-Menüs genannt, gehören einer aussterbenden Gattung an. Wie der Alias bereits andeutet, sind sie einst von Lotus eingeführt und hauptsächlich auch in Kalkulationsprogrammen verwendet worden. Im Datenbankbereich hat Borland die Idee aufgegriffen und Balken-Menüs in Paradox, einem nicht xBase-kompatiblen Datenbanksystem, noch bis zur Version 3.5 eingesetzt. Mit der Version 4.0 ist aber auch Paradox auf Pulldown-Menüs umgestellt worden.

Balken-Menüs gehen recht ökonomisch mit der Bildschirmfläche um. Der Programmierer sollte aber an die einheitliche Erscheinung seiner Anwendung denken und sich möglichst für maximal zwei kombinierbare Menüformen entscheiden. Den Standard setzen heute Pulldown- und Popup-Menüs, die für einzelne Zwecke noch durch Dialogboxen ergänzt werden.

Wer dennoch Balken-Menüs verwenden will, hat zwei Möglichkeiten:

a)

```
DEFINE MENÜ <Menüname>
```

b)

```
@ ..PROMPT
   MENO TO <Variablenname>
```

DEFINE MENU ist uns schon von den Pulldown-Menüs her bekannt, weswegen hier auch der größere Teil der Syntax weggelassen wurde. Lediglich durch den Verzicht auf Untermenüs erhalten wir ein Balken-Menü.

@..PROMPT und MENU TO sind ebenfalls alte Bekannte. Für die Erzeugung von Balken-Menüs ist diese Variante überlegenswert. Ein Beispiel findet sich im Abschnitt über den PROMPT-Befehl.

21.3 Pulldown-Menü mit DEFINE MENU

Fox sah sich leider gezwungen, nach dem Erscheinen von dBase IV die dBase-Befehle für die Erzeugung von Menüs in FoxPro zu übernehmen. Was dabei herausgekommen ist, wollen wir nun etwas näher prüfen. Pulldown-Menüs lassen sich mit dem Kommando DEFINE MENU generieren. Die wichtigsten Klauseln sind:

```
...BAR [AT LINE <AusdrN1>]
```

AT LINE bestimmt die Bildschirm- oder Fensterzeile, in der die Menüleiste erscheint. BAR sorgt dafür, daß die Menüzeile in zwei Linien eingeschlossen wird. Aus der Syntax sollte klar werden, daß AT LINE die Verwendung von BAR voraussetzt.

```
KEY <Tastenlabel>
```

Mit KEY kann eine Taste oder Tastenkombination (Hotkey) festgelegt werden, bei deren Betätigung das Menü aufgerufen wird.

```
...[MESSAGE <AusdrZ2>]
```

Mit MESSAGE kann eine Nachricht ausgegeben werden, die für das ganze Menü gilt. Da für die einzelnen Untermenüoptionen ebenfalls jeweils eine Nachricht definiert werden kann, können die letzteren erstere natürlich überschreiben. Die Nachricht erscheint in der Statuszeile, was sich aber mit

```
SET MESSAGE TO <Zeile>
```

ändern läßt.

Eingeschränkte Farboptionen

COLOR oder COLOR SCHEME bestimmen die Farbzuordnung zu den einzelnen
Elementen eines Menüs. Die Farbzuweisung ist jedoch in der Windows-Version
eingeschränkt. Verwenden Sie das Systemmenü, werden die COLOR-Klauseln
unwirksam. Die Änderung der Farben ist dann nur noch über die Windows-
Systemsteuerung möglich.

Das erste Menü

Das folgende Beispiel definiert ein noch unvollständiges Menü mit dem Namen
Test.

```
DEFINE MENU test MESSAGE "Mein erstes Menü" COLOR SCHEME 1
```

Diese Anweisung ist alleine nicht ausreichend, um ein komplettes Menü zu
generieren. Alle wesentlichen Elemente fehlen noch. Als nächstes müssen daher
die einzelnen Optionen der Menüleiste definiert und eingebunden werden. Das
geschieht mit dem folgenden Befehl:

```
DEFINE PAD <Blockname> OF <Menüname> PROMPT <AusdrZ1>
        [AT <Zeile>, <Spalte>]
        [BEFORE <Blockname> | AFTER <Blockname>]
        [KEY <Tastenlabel> [, <AusdrZ2>]]
        [MARK <AusdrZ3>]
        [SKIP [FOR <AusdrL>]]
        [MESSAGE <AusdrZ4>]
        [COLOR <Farbpaarliste> | COLOR SCHEME <AusdrN>]
```

Wir vergessen zunächst die optionalen Klauseln in den eckigen Klammern und
produzieren ein einfaches Beispiel:

```
DEFINE PAD option1 OF test PROMPT "Option1"
```

Beachten Sie bitte, daß wir für den Namen der Option und für den Menütext
(PROMPT) die gleiche Bezeichnung verwendet haben (Option1). Das ist natürlich nicht notwendig.

Damit hätten wir schon ein komplettes Menü mit einem Auswahlpunkt definiert,
aber immer noch keine Zeile auf den Bildschirm gebracht. Erst mit dem Befehl

```
ACTIVATE MENU <Menü_name>
   [NOWAIT]
   [PAD <Block_name>]
```

wird unser Menü auch angezeigt. Wir fassen alle drei Befehle zusammen und fügen noch eine zweite Option hinzu, da ein Menü mit nur einem Auswahlpunkt wenig Sinn macht. Damit erhalten wir das folgende Programm:

```
DEFINE MENU test MESSAGE "mein erstes Menü" COLOR SCHEME 1
DEFINE PAD option1 OF test PROMPT "Option1"
DEFINE PAD option2 OF test PROMPT "Option2"
ACTIVATE MENU test
```

Diese Menüleiste, man kann es auch ein Balkenmenü nennen, ist arbeitsfähig und könnte problemlos auch aus dem Befehlsfenster aufgerufen werden. Um jetzt auch noch Untermenüs (Popups) in unsere Menüleiste einzuhängen, sind zwei weitere Befehle erforderlich.

```
DEFINE POPUP <PopupName>
```

und

```
DEFINE BAR <AusdrN1> | <System_options_name>;
           OF <Popup_name> PROMPT <AusdrZ1>
```

definieren das Untermenü (DEFINE POPUP) und dessen Optionen (DEFINE BAR). Die Bezeichnung „DEFINE POPUP" läßt schon vermuten, daß dieser Befehl auch für die Generierung von selbständigen Popup-Menüs Verwendung findet. Seine außerordentlich große Zahl an Klauseln, die wir später besprechen wollen, läßt die Vielseitigkeit dieses Befehls erkennen. Für das folgende Beispiel soll uns eine sehr bescheidene Untermenge der Optionen genügen. Das Beispiel erzeugt ein Popup, das sich automatisch in unsere oben definierte Menüleiste einklinkt:

```
DEFINE POPUP pop1
DEFINE BAR 1 OF pop1 PROMPT "1. Untermenüoption"
DEFINE BAR 2 OF pop1 PROMPT "2. Untermenüoption"
```

Aus Gründen der Anschaulichkeit haben wir gleich zwei Untermenüoptionen eingebaut. Das Popup wäre damit definiert. Seine Positionierung würde, da wir keine Parameter für die Position übergeben haben, durch die schon früher definierte Menüleiste erfolgen. Um dieser mitzuteilen, daß zu ihr ein Untermenü gehört, ist noch der folgende Befehl erforderlich:

```
ON PAD <Block_name> OF <Menü_name1> [ACTIVATE POPUP
    <Popup_name>]
```

Die Umsetzung mit den von uns gewählten Namen ergibt folgendes Beispiel:

```
ON PAD option1 OF test ACTIVATE POPUP pop1
```

Mit der Zusammenfassung aller bisher besprochenen Zeilen erhalten wir ein erstes arbeitsfähiges Pulldown-Menü:

```
DEFINE MENU test MESSAGE "mein erstes Menü" COLOR SCHEME 1
DEFINE PAD option1 OF test PROMPT "Option1"
DEFINE PAD option2 OF test PROMPT "Option2"
DEFINE POPUP pop1
DEFINE BAR 1 OF pop1 PROMPT "1. Untermenüoption"
DEFINE BAR 2 OF pop1 PROMPT "2. Untermenüoption"
ON PAD option1 OF test ACTIVATE POPUP pop1
ACTIVATE MENU test
```

Bitte beachten Sie, daß die Zeile, die das ganze Menü aktiviert, an das Ende des Programms gerutscht ist, was sicher auch verständlich ist, denn erst muß die Menüstruktur stehen, bevor sie aktiviert werden kann. Sie sollten sich auch die unterschiedliche Benennung für die Optionen der Menüleiste (PAD) und die Optionen der Untermenüs (BAR) merken. Diese Unterscheidung wird bei den Auswahlbefehlen wieder wichtig.

Das hier definierte Menü erscheint im Desktop-Fenster unterhalb des FoxPro-Hauptmenüs (Systemmenü) oder in einem gerade aktiven Fenster. Mit der Klausel IN oder IN WINDOW kann explizit ein Fenster für das Menü bestimmt werden. Das Hauptmenü wird nicht automatisch deaktiviert.

Das FoxPro-Systemmenü und eigene Pulldown-Menüs

Da das FoxPro-Systemmenü nicht automatisch durch ein eigenes Menü ersetzt wird, müssen Sie mit dem Befehl

```
SET SYSMENU OFF
```

selbst für die Deaktivierung sorgen. Ihr eigenes Menü rutscht dadurch eine Zeile höher, nimmt also die Position des bisherigen FoxPro-Menüs ein. Der Befehl

```
SET SYSMENU ON
```

schaltet das FoxPro-Systemmenü wieder ein.

Funktionen für die Menüauswertung

Sinnvoll wird die Verwendung eines Menüs nur dann, wenn auch die Auswahl des Benutzers ausgewertet werden kann. Zu diesem Zweck stellt FoxPro eine Reihe von Funktionen bereit, die entweder eine Menüposition oder den Namen einer Menüoption zurückgeben:

```
BAR()

MENU()

PAD()

POPUP()

PROMPT()
```

BAR() erzeugt die Nummer der aus einem Popup gewählten Option. Für unseren ersten Untermenüpunkt erhalten wir also eine 1. Den Wert für den zweiten Untermenüpunkt können Sie sich bestimmt denken. MENU() erzeugt den Namen des Menüs, in unserem Fall *test*. PAD() gibt den Blocknamen, der zu dem gewählten Menüpunkt gehört, zurück. Wir würden also die Namen *Option1* oder *Option2* erhalten. POPUP() erzeugt den Namen des Popupmenüs, hier, da unser Beispiel nur über ein Popup verfügt, *pop1*. PROMPT() ist ein Zwitter und produziert entweder den Text der Option auf der Menüleiste oder, wenn ein zugehöriges Untermenü (POPUP) existiert, den Text der angewählten Popup-Menüoption. Wir erhalten also drei verschiedene Typen von Rückgabewerten:

1. Die Position mit BAR() als numerischen Wert.

2. Den Namen des Menüs oder der Option mit MENU(), PAD() und POPUP() als Zeichenkette.

3. Den Text der Menüoptionen mit PROMPT() als Zeichenkette.

Hinzu kommt, daß MENU(), PAD() und POPUP() die Namen grundsätzlich in Großbuchstaben umwandeln, der mit PROMPT() abgefragte Menütext hingegen in seinem Originalzustand verbleibt. Die Frage

```
? MENU() = "test"     && der Name unseres Menüs
```

würde FoxPro mit einem klaren Nein (.F.) beantworten. Richtig muß es heißen:

```
? MENU() = "TEST".
```

Die Auswertung dieser Funktionen erfolgt dann in einer DO CASE-Struktur. Weiter unten finden Sie die letzte Ergänzung unseres Beispiels, das dann auch die Auswertungsfunktionen berücksichtigt.

Menüablaufsteuerung mit ON SELECTION / ON PAD / ON BAR

Wie Sie vielleicht schon bemerkt haben, ist nach ACTIVATE MENU nicht mehr viel los; Sie können mit dem Menü spielen, aber um es zu verlassen, müssen Sie schon die Esc-Taste bemühen. ACTIVATE MENU fängt praktisch wie eine Schleife die Tastatureingabe ab und verhindert zunächst die Ausführung weiterer Befehlszeilen. Um z.B. nach einem Return oder einem Mausklick das Menü verlassen zu können, ist ein weiterer Befehl erforderlich:

```
ON SELECTION POPUP <Popup_name> | ALL  [<Befehl>]
```

ON SELECTION POPUP besagt, daß bei Auswahl einer bestimmten Menüoption per Mausklick, Hotkey oder ↵ ein bestimmter Befehl ausgeführt werden soll. Eine mögliche Umsetzung für unser Beispiel zeigt die folgende Zeile:

```
ON SELECTION POPUP ALL DEACTIVATE MENU test
```

Dieser Befehl würde unser Menü bei jeder Auswahl beenden und den Hintergrund wieder restaurieren. Die Auswertung der gewählten Option könnte durch nachfolgende Programmzeilen mit den schon vorgestellten Auswahlfunktionen erfolgen. Wir können jedoch auch ein Unterprogramm aufrufen, das diese Auswertung übernimmt. Beispiel:

```
ON SELECTION POPUP ALL DO wahl
```

ON SELECTION POPUP ruft hier ein Unterprogramm mit dem Namen *wahl* auf. Wir haben jedoch noch ein kleines Problem: Lediglich für die erste Option unserer Menüleiste haben wir ein Popup definiert. Um auch die zweite Option der Menüleiste mit ↵ verlassen zu können, wäre eine Variante des ON SELECTION-Befehls erforderlich. Diese existiert tatsächlich; ON SELECTION kennt sogar vier Varianten:

```
ON SELECTION BAR    <Befehl>
ON SELECTION MENU   <Befehl>
ON SELECTION PAD    <Befehl>
ON SELECTION POPUP  <Befehl>
```

ON SELECTION BAR dient in der Regel dazu, einen FoxPro-Befehl oder eine Prozedur auszuführen, wenn eine bestimmte Untermenüoption gewählt wurde. Auch die anderen ON SELECTION-Befehle führen unmittelbar FoxPro-Befehle und Funktionen oder eigene Prozeduren aus.

FoxPro kennt aber auch noch die Befehle

```
ON BAR <Bar-Name> OF <Popup-Menü> [ACTIVATE ...]
ON PAD <PAD-Name> OF <Menüname> [ACTIVATE ...].
```

Diese Befehl aktivieren bzw. deaktivieren weitere Menüleisten und Untermenüs, können aber keine Befehle ausführen oder Prozeduren aufrufen. Die letzte Variante unseres Beispiels zeigt beide Optionen. Wir ergänzen das Menü zudem mit einem zweiten Popup (pop2).

```
*--------------------------------------------------------------
* sample13
*
* Menüstruktur mit DEFINE MENU/DEFINE POPUP und den
* Auswahlfunktionen.
*--------------------------------------------------------------

    *--- Menüleiste definieren -------------------------------

DEFINE MENU test MESSAGE "mein erstes Menü" COLOR SCHEME 1
DEFINE PAD option1 OF test PROMPT "Option1"
DEFINE PAD option2 OF test PROMPT "Option2"

    *--- Erstes Untermenü definieren -----------------

DEFINE POPUP pop1
DEFINE BAR 1 OF pop1 PROMPT "1. Untermenüoption"
DEFINE BAR 2 OF pop1 PROMPT "2. Untermenüoption"

    *--- Zweites Untermenü definieren -----------------

DEFINE POPUP pop2
DEFINE BAR 1 OF pop2 PROMPT "3. Untermenüoption"
DEFINE BAR 2 OF pop2 PROMPT "4. Untermenüoption"

    *--- Untermenüs aktivieren mit ON PAD -----------

ON PAD option1 OF test ACTIVATE POPUP pop1
ON PAD option2 OF test ACTIVATE POPUP pop2


    *-----------------------------------------------------
    * Prozedur "wahl" wird bei Auswahl jeder Menüoption
    * aufgerufen.
    *-----------------------------------------------------
```

```
ON SELECTION POPUP ALL DO wahl

   *-- ACTIVATE bringt das Menü auf den Bildschirm ----

ACTIVATE MENU test

   *-----------------------------------------------------------
   PROCEDURE wahl
   *
   * Ausgabe der Auswahloptionen mit den diversen FoxPro-
   * Funktionen.
   *-----------------------------------------------------------

   CLEAR
   @ 8,1
   ? "BAR     : " + STR(BAR(),2)
   ? "MENU    : " + MENU()
   ? "PAD     : " + PAD()
   ? "POPUP   : " + POPUP()
   ? "PROMPT  : " + PROMPT()

      *-- Menü deaktivieren ---------------
   DEACTIVATE MENU test

   *--- Ende sample13 --------------------------------------
```

Bitte beachten Sie die Reihenfolge der Befehlszeilen: ACTIVATE MENU ist wieder der letzte Befehl des Programms. Das Unterprogramm, die Prozedur *wahl*, wird mit ON SELECTION POPUP aufgerufen. Der Befehl zur Deaktivierung des Menüs wird im Unterprogramm gegeben und zwar als letzte Zeile. Würden wir DEACTIVATE MENU an den Anfang der Prozedur setzen, so würden die nachfolgenden Ausgabebefehle nicht mehr ausgeführt, da nach DEACTIVATE MENU der Rücksprung zum aufrufenden Programm erfolgt. In unserem Fall enthält das aufrufende Programm keine weiteren Zeilen, weshalb wir wieder im FoxPro-Befehlsfenster landen.

Das Unterprogramm sollte natürlich eine CASE-Struktur enthalten, die den jeweiligen Menüoptionen zugeordnete Befehle und Prozeduraufrufe ausführt.

Weitere Optionen

Wer tapfer bis hierher durchgehalten hat und zudem glaubt, die Grundstruktur verstanden zu haben, sollte, nach einer gehörigen Pause, das folgende, etwas komplexere Beispiel studieren. Zwar sind wir jetzt in der Lage, ein Menü zu erstellen, die ganzen Feinheiten, die Kontrollmöglichkeiten und unzählige Dinge mehr warten aber noch darauf, entschlüsselt zu werden. Dieser Aufgabe sind die folgenden Seiten gewidmet.

```
*-----------------------------------------------------------------
* sample14
*
* Weitere Optionen für die Menüdefinition
*-----------------------------------------------------------------

CLEAR

   *--- Systemmenü abschalten ------------------------------

SET SYSMENU TO

   *--- Menü definieren ------------------------------------

DEFINE MENU meinmenu ;
         COLOR ,,,,,GB+/B,,,RGB(0,0,255,255,255,255)

DEFINE PAD datei   OF meinmenu PROMPT "\<Datei"
DEFINE PAD edit    OF meinmenu PROMPT "\<Bearbeiten"
DEFINE PAD satz    OF meinmenu PROMPT "\<Satz"
DEFINE PAD program OF meinmenu PROMPT "\<Programm"

   *-----------------------------------------------------
   * Erstes Untermenü mit MESSAGE und KEY definieren
   *-----------------------------------------------------

DEFINE POPUP m_datei MARGIN SHADOW COLOR SCHEME 4
DEFINE BAR 1 OF m_datei PROMPT "\<Neue Datei " ;
       KEY CTRL+F1 ;
       MESSAGE "Diese Option öffnet eine neue Datei"
DEFINE BAR 2 OF m_datei PROMPT "\<Datei öffnen" ;
       KEY CTRL+F2 ;
       MESSAGE "Diese Option öffnet eine bestehende Datei"
DEFINE BAR 3 OF m_datei PROMPT "\-"

DEFINE BAR 4 OF m_datei PROMPT "\<Sichern" ;
       KEY CTRL+F3 ;
       MESSAGE "Diese Option löscht eine Datei"

   *--- Weitere Untermenüs definieren ----------------

DEFINE POPUP m_edit MARGIN SHADOW COLOR SCHEME 4
DEFINE BAR 1 OF m_edit PROMPT "\<Ausschneiden"
DEFINE BAR 2 OF m_edit PROMPT "\<Kopieren"
DEFINE BAR 3 OF m_edit PROMPT "\<Einfügen"
DEFINE BAR 4 OF m_edit PROMPT "\-"
DEFINE BAR 5 OF m_edit PROMPT "\<Löschen"

DEFINE POPUP m_satz MARGIN SHADOW COLOR SCHEME 4
```

```
DEFINE BAR 1 OF m_satz PROMPT "\<Anfügen"
DEFINE BAR 2 OF m_satz PROMPT "\<Ändern"
DEFINE BAR 3 OF m_satz PROMPT "\<Suchen..."

DEFINE POPUP m_program MARGIN SHADOW COLOR SCHEME 4
DEFINE BAR 1 OF m_program PROMPT "\<Ausführen..."
DEFINE BAR 2 OF m_program PROMPT "\-"
DEFINE BAR 3 OF m_program PROMPT "A\<bbrechen"

   *--- Untermenüs in Menüstruktur einhängen -------

ON PAD datei    OF meinmenu ACTIVATE POPUP m_datei
ON PAD edit     OF meinmenu ACTIVATE POPUP m_edit
ON PAD satz     OF meinmenu ACTIVATE POPUP m_satz
ON PAD program OF meinmenu ACTIVATE POPUP m_program

   *--- Auswahlprozedur aufrufen ----------------

ON SELECTION POPUP ALL DO wahl

   *--- Menü mit Option "Abbrechen" beenden ------

ON SELECTION BAR 3 OF m_program DEACTIVATE MENU meinmenu

   *--- Menü aktivieren -------------------------

ACTIVATE MENU meinmenu

   *--- Menü aus Speicher entfernen --------------

RELEASE MENU meinmenu

   *--- Systemmenü wieder aktivieren -------------

SET SYSMENU TO DEFAULT

*-------------------------------------------------
PROCEDURE wahl
*
* Menüoptionen auswerten
*-------------------------------------------------

@ 15,2 SAY "Sie haben die Option  >>" + ;
          PROMPT() + "<<  im Menü  >>" + ;
          PAD() + "<<  gewählt!                "

RETURN

*-------- Ende sample14 ---------------
```

Vielleicht ist Ihnen gleich der seltsame Menütext bei allen Optionen aufgefallen. FoxPro kann jeder Menüoption ein Zeichen aus dem Menütext zuordnen, mit dem die Option bei aktivem Menü aufgerufen werden kann.

Hotkeys im Menü

Das betreffende Zeichen wird durch die vorangestellte Zeichenkombination „\<" für seine Aufgabe bestimmt. In der Regel wird das der erste Buchstabe eines Menütextes sein. Es kann aber auch jedes beliebige andere Zeichen im Menütext sein. Beispiele:

```
"\<Datei"
"Da\<tei"
```

Das erste Beispiel benutzt den Anfangsbuchstaben unseres Textes (D), während die zweite Zeile das „t" verwendet. Im Menü werden diese Zeichen unterstrichen dargestellt, so daß sie für den Benutzer leicht zu erkennen sind. FoxPro unterscheidet bei der Auswahl durch den Anwender nicht zwischen Groß- und Kleinschreibung.

Hotkeys mit KEY

Mit der Klausel KEY definieren Sie Hotkeys, die auch dann wirksam sind, wenn das jeweilige Menü nicht aktiv ist. Diese Klausel wirkt wie der Befehl ON KEY LABEL. Es können daher alle Tasten und Tastenkombinationen verwendet werden, die auch mit ON KEY LABEL zulässig sind. Eine Tabelle mit den möglichen Kombinationen finden Sie im Anhang dieses Buches.

Der erstmalige Aufruf des Menüs aktiviert diese Tasten, die auch dann aktiv bleiben, wenn das Menü längst wieder vom Bildschirm verschwunden ist. In unserem Beispiel ruft jede Menüaktion die Prozedur *wahl* auf. Das wird nicht funktionieren, wenn das Menü nicht aktiv ist. Wollen Sie die Hotkey-Funktion testen, müssen Sie das Menü zunächst aufrufen und beenden und anschließend den Befehl

```
SET PROCEDURE TO sample14
```

eingeben, damit die darin enthaltene Prozedur *wahl* gefunden werden kann. Danach wirken die Hotkeys wie besprochen, nur daß der Name des Menüs, das ja inzwischen deaktiviert wurde, nicht erkannt wird. Sie erhalten also nur die gewählte Menüoption angezeigt.

Beim Aufruf des Menüs sollte Ihnen noch auffallen, daß FoxPro automatisch die Bezeichnungen der Hotkeys in den Menütext integriert.

Kommentare zu Menüoptionen mit MESSAGE

Mit der Klausel MESSAGE können Sie für jede Menüoption einen Text erstellen, der dann als Erläuterung in der Statuszeile erscheint.

Farben und Farbschemata

FoxPro erlaubt eine beliebige Farbgestaltung des Menüs. Sie können die Farben einzelner Elemente oder auch des ganzen Menüs ändern. Da sich ein eigenes Kapitel mit der komplexen Farbgestaltung in FoxPro beschäftigt, soll hier nicht weiter auf das Thema eingegangen werden, nur soviel: Benutzen Sie zunächst hauptsächlich das von FoxPro für eigene Menüs speziell bereitgestellte Farbschema 2. Die Zuweisung erfolgt mit der Klausel

```
DEFINE MENU ... COLOR SCHEME 2
```

Unser Beispiel verwendet eine Liste von Farbpaaren, die Sie mit der Klausel COLOR zuweisen. Die Zeile

```
DEFINE MENU meinmenue ;
       COLOR ,,,,,GB+/B,,,RGB(0,0,255,255,255,255)
```

erzeugt eine Menüleiste, die hellblaue (cyan) Zeichen auf blauem Grund darstellt (GB+/B). Die ausgewählte Option wird mit blauen Zeichen auf weißem Grund abgebildet (RGB(0,0,255,255,255,255).

Die Klausel MARGIN sorgt dafür, daß vor den Menütext und auch danach noch jeweils ein Leerzeichen eingefügt wird, dient also überwiegend kosmetischen Gesichtspunkten.

Hinweis: Die Farbgestaltung ist nur möglich, wenn Sie darauf verzichten, das Foxpro-Systemmenü in eigene Anwendungen einzubinden. Wie das nachfolgende Kapitel zeigt, würden Sie damit jedoch wesentliche Vorteile verschenken. Die Optionen des Systemmenüs können in ihrer Farbe nur über die Windows-Systemsteuerung beeinflußt werden.

Menüs und Fenster

Ein mit DEFINE erzeugtes Menü wird automatisch in das gerade aktive Fenster plaziert. Ist kein spezielles Fenster aktiv, muß das FoxPro-Hauptfenster (der Desktop) dafür herhalten. Mit der Klausel

```
IN [WINDOW] <Fenstername>
```

kann ausdrücklich ein bereits definiertes Fenster für das Menü bestimmt werden.

21.4   Das Systemmenü

Wer die vorhergehenden Kapitel nicht übersprungen hat, weiß es bereits: FoxPro ist ein Baukasten für den Programmierer. Fast alle Teile der FoxPro-Oberfläche lassen sich in eigene Anwendungen einbauen. Das Systemmenü macht da keine Ausnahme. Dabei muß es nicht als ganzes übernommen, sondern kann in Teile zerlegt und in eigenen Menüs genutzt werden. Auch eigene Menüoptionen lassen sich definieren und einbinden.

Das Systemmenü bietet die folgenden Vorteile:

- Volle Einbindung in eigene Programme

- Beliebig veränderbar

- Aufruf aus GET/READ-Anweisungen

- Aufruf während eines BROWSE

- Aufruf zwischen zwei Fox-Befehlen (Hotkey (F10) oder rechte Maustaste)

Das Systemmenü in eigenen Programmen verwenden

Bevor wir anfangen, mit dem Systemmenü zu experimentieren, sollten Sie sich den Befehl

```
SET SYSMENU TO DEFAULT
```

merken, mit dem Sie den ursprünglichen Zustand des Systemmenüs wiederherstellen. FoxPro stellt Ihnen das Systemmenü solange zur Verfügung, bis Sie es explizit mit

```
SET SYSMENU OFF
```

oder

```
SET SYSMENU TO
```

abschalten. SET SYSMENU OFF funktioniert nur in Programmen. SET
SYSMENU TO kann auch per Befehlsfenster ausgeführt werden. Das liegt daran,
daß SET SYSMENU TO eigentlich eine Liste von PAD- oder POPUP-Namen
verlangt, die es dann als Hauptmenüleiste installiert. Ohne Liste gibt es eben kein
Menü. Mit einer Liste könnte der Befehl wie folgt aussehen:

```
set sysmenu to _medit
```

_medit ist der Name des Bearbeiten-Popups des Systemmenüs. Der Befehl führt
dazu, daß nur noch das Bearbeiten- und, weil das Befehlsfenster aktiv ist, das
Textmenü angezeigt werden. Damit hätten wir auch den Schlüssel für den Zugriff
auf das Systemmenü und seine Optionen: Die FoxPro-Menü- und Optionsnamen.
Natürlich ist nicht nur das Systemmenü in seinen Einzelteilen zugänglich, auch
eigene Popups und Menüoptionen lassen sich einklinken.

Die Namen des Systemmenüs

Das FoxPro-Systemmenü trägt den Namen *_msysmenu*. Eine Neudefinition mit
diesem Namen erzeugt ein neues Systemmenü, das dann vollständig oder teilweise aus unseren eigenen Menüoptionen bestehen kann. Das folgende Beispiel
ist allerdings eine ausgesprochen sparsame Variante:

```
DEFINE MENU _msysmenu
DEFINE PAD option1 OF _msysmenu PROMPT "Option1"
ACTIVATE MENU _msysmenu
```

Für die einzelnen Optionen der Systemmenüleiste verwendet FoxPro die folgenden Namen

Datei	_MSM_FILE
Bearbeiten	_MSM_EDIT
Datenbank	_MSM_DATA
Datensatz	_MSM_RECRD
Programm	_MSM_PROG
Text	_MSM_TEXT
Fenster	_MSM_WINDO
Hilfe (?)	_MSM_SYSTM

Tabelle: 21.1: Die Namen der Optionen der Systemmenüleiste

Mit SET SYSMENU TO können wir eine Liste dieser Namen aufzählen und erhalten so einen Teil des Systemmenüs. Wollen wir eigene Untermenüs (Popups) hinzufügen, müssen wir erst ein PAD, eine zusätzliche Option in der Menüleiste, und das Popup definieren. Das folgende Programm demonstriert die einzelnen Schritte:

```
SET SYSMENU TO _msm_file, _msm_edit, _msm_windo

DEFINE PAD satz OF _msysmenu PROMPT "\<Satz"
ON PAD  satz    OF _msysmenu ACTIVATE POPUP m_satz

DEFINE POPUP m_satz MARGIN SHADOW COLOR SCHEME 4
DEFINE BAR 1 OF m_satz PROMPT "\<Anfügen"
DEFINE BAR 2 OF m_satz PROMPT "\<Ändern"
DEFINE BAR 3 OF m_satz PROMPT "\<Suchen..."
```

Die erste Zeile übernimmt ausgesuchte Optionen des Systemmenüs, in diesem Fall komplette Menüblöcke. Die Zeilen DEFINE PAD und ON PAD klinken das nachfolgend definierte Popup-Menü in das Systemmenü ein. Beachten Sie bitte, daß die einzelnen Zeilen nicht in dieser Reihenfolge über das Befehlsfenster eingegeben werden können. Nur in einem Programm findet FoxPro das zuletzt definierte Popup. Statt der PAD-Namen hätten wir auch die Popup-Namen des Systemmenüs verwenden können, beispielsweise *_mfile* für den Menüblock *Datei*. FoxPro kümmert sich allerdings nicht um die Reihenfolge in unserer Liste, sondern plaziert die einzelnen Optionen in seiner eigenen Ordnung. Auch die einzelnen Optionen der Systemmenüblöcke tragen Namen, über die die jeweilige Funktion aktiviert werden kann. Die folgende Tabelle listet einige der Namen des Untermenüs *Bearbeiten* auf.

Rückgängig	_MED_UNDO
Ausschneiden	_MED_CUT
Kopieren	_MED_COPY
Einfügen	_MED_PASTE
Löschen	_MED_CLEAR
Alles markieren	_MED_SLCTA
Suchen	_MED_FIND
Ersetzen und Weitersuchen	_MED_REPL
Alles ersetzen	_MED_REPLA

Tabelle 21.2: Einige Optionsnamen des Menüblocks „Bearbeiten"

Das folgende Programm zeigt nur eine kleine Abweichung gegenüber der vorhergehenden Variante:

```
SET SYSMENU TO _msm_file, _msm_edit, _msm_windo

DEFINE PAD satz OF _msysmenu PROMPT "\<Satz"
ON PAD satz      OF _msysmenu ACTIVATE POPUP m_satz

DEFINE POPUP m_satz MARGIN SHADOW COLOR SCHEME 4
DEFINE BAR 1          OF m_satz PROMPT "\<Anfügen"
DEFINE BAR _med_paste OF m_satz PROMPT "\<Einkleben"
DEFINE BAR 2          OF m_satz PROMPT "\<Suchen..."
```

Die zweite Option unseres Popups enthält jetzt den Namen einer Systemmenüoption. Das wäre eigentlich keine weltbewegende Neuerung. Interessant wird diese Variante durch die Funktionalität, die sich damit verbindet. Wir können die Funktion dieser Option (hier: *Einkleben*) sofort nutzen. Ohne ON SELECTION-Befehl oder eine Auswertung über CASE-Strukturen, ist die Option verfügbar. Wir können in diesem Fall den Inhalt der Zwischenablage in jeden Text einkleben.

Weitere Vorteile

Das Systemmenü bietet zudem mit Datenblatt- und Textmenü dynamische Menüblöcke, die nur erscheinen, wenn ein Text editiert wird oder ein BROWSE aktiv ist. Verwenden Sie den Menüblock für den Zugriff auf Fenster, erhalten Sie ein dynamisch wachsendes Popup, das für jedes während der Programmausführung definierte Fenster eine eigene Menüoption erzeugt.

Die Optionen des Systemmenüs, beispielsweise die Option *Einkleben*, werden von FoxPro automatisch deaktiviert, wenn sie in der aktuellen Programmsituation nicht sinnvoll einsetzbar sind. Sollen alle diese Optionen ständig in Ihrem Programm verfügbar sein, müssen Sie den Befehl

```
SET SYSMENU AUTOMATIC
```

in Ihr Programm einbinden.

Ein Systemmenü aktivieren

Das Systemmenü muß nicht aktiviert werden. Der Befehl ACTIVATE MENU... kann also unterbleiben, wenn Sie ein Menü mit dem Namen *_msysmenu*, dem Namen des Systemmenüs, erzeugen. Er muß sogar unterbleiben, wenn nach der

Menüdefinition weitere Befehle abgearbeitet werden sollen. Die Aktivierung erfolgt durch den Benutzer per Maus oder mit den Tasten ⌨F10 oder ⌨Alt.

21.5   Pulldown-Menü mit READ MENU

Wie eine klare, sparsame Struktur für Pulldown-Menüs hätte aussehen können, wenn Fox in der Lage gewesen wäre, die entsprechenden Sprachstandards zu setzen, soll das folgende Beispiel zeigen.

Hinweis: FoxPro für Windows unterstützt zwar noch immer diese von FoxBase+ übernommenen Befehle. Dennoch kann ihre Verwendung nur noch bedingt empfohlen werden, da seit FoxBase+ keine weiteren Optionen hinzugekommen sind, während die DEFINE-Befehle zusätzliche Klauseln erhalten haben, und auch der Menügenerator nur DEFINE-Befehle generiert.

Grundlage dieses Menüs sind mehrere dimensionierte Variablen. Stellen wir aber zunächst die erforderlichen Befehle vor:

```
MENU BAR <array>,<numAusd>
```

Beispiel:

```
MENU BAR haupt,4
```

Dieser Befehl installiert das horizontale Auswahlmenü, das die Menühauptpunkte enthält. Mit *array* ist der Name eines ein- oder zweidimensionalen Arrays gemeint, das zuvor definiert werden muß. Der numerische Ausdruck steht für die Anzahl der Optionen in der Menüleiste.

```
MENU <numAusd>,<array>,<numAusd>,<numAusd>
```

Beispiel:

```
MENU 2,untermenu1,3,3
```

Dieser Befehl weist einer Option der Menüleiste ein Untermenü (Pulldown) zu. Der erste numerische Ausdruck legt den Menühauptpunkt fest, dem dieses Untermenü zugewiesen werden soll. <array> ist ein eindimensionales Array, das die Auswahlpunkte des Untermenüs enthält. Der folgende numerische Ausdruck bestimmt die Anzahl der Menüpunkte, und der letzte numerische Ausdruck legt

die Zahl der auf dem Bildschirm auszugebenden Menüpunkte fest. Dieser Befehl
muß für jedes einzelne Untermenü einmal aufgerufen werden.

```
READ MENU BAR TO <var1>,<var2> [SAVE]
```

Erst dieser Befehl baut das komplette Menü auf. Die beiden Variablen bezeich-
nen die Auswahlposition der Menüoberpunkte (var1) und des Untermenüs (var2).
Gleichzeitig dienen diese Variablen der Vorpositionierung des Menüs beim
Aufbau.

Wer nachzählen will, kommt auf ganze drei Grundbefehle für ein vollständiges
Pulldown-Menü. Alle Hauptmenüpunkte und Menüoptionen werden als dimensionierte Variablen (Arrays) definiert.

Das folgende Beispiel zeigt die komplette Struktur:

```
*---------------------------------------------------------------
* sample12
*
* Pulldown_menü mit Arrays und READ MENU BAR
*---------------------------------------------------------------

SET TALK OFF
PRIVATE wahl1, wahl2
wahl1 = 1
wahl2 = 1

    *-----------------------------------------------------------
    * Array für Hautmenüoptionen; die Array-Elemente mit
    * dem zweiten Index = 2 enthalten die Kommentare zu
    * den Optionen und erscheinen in der Meldezeile
    * (SET MESSAGE TO)
    *-----------------------------------------------------------

DIMENSION array(3,2)
array(1,1) = " Dateien      "
array(1,2) = "Dateien erzeugen,öffnen oder löschen"
array(2,1) = "   Bearbeiten    "
array(2,2) = "Dateien ansehen, indizieren, drucken"
array(3,1) = "     Optionen       "
array(3,2) = "Textdateien anlegen und bearbeiten "

    *-- Erstes Untermenü definieren ----------------

DIMENSION item1(4)
item1(1) = " Datei erzeugen       "
item1(2) = " Datei öffnen         "
item1(3) = " Dateistruktur ändern  "
item1(4) = " Datei löschen        "
```

```
   *--- Zweites Untermenü definieren ----------------

DIMENSION item2(5)
item2(1) = " BROWSE                     "
item2(2) = " Satz anhängen (APPEND)     "
item2(3) = " Sätze anzeigen (LIST)      "
item2(4) = "\-                          "
item2(5) = " Feldliste bestimmen        "

   *--- Drittes Untermenü definieren --------------

DIMENSION item3(6)
item3(1) = " Labeldatei erzeugen        "
item3(2) = "\-                          "
item3(3) = " Ende                       "

   *-- Endlosschleife, kann nur mit ESC verlassen werden --

DO WHILE .T.

   *-- Menüstruktur aufbauen --------------------------

   MENU BAR ARRAY, 3
   MENU 1, item1, 4, 4
   MENU 2, item2, 5, 5
   MENU 3, item3, 3, 3
   READ MENU BAR TO wahl1, wahl2  && zwei Auswahlvariablen


   *-------------------------------------------------
   * Die CASE-Struktur berücksichtigt, daß zwei Auswahl-
   * Variablen auszuwerten sind. "wahl1" wertet die
   * Hauptmenüoption aus, "wahl2" die Untermenüoption.
   *-------------------------------------------------

   DO CASE

   CASE wahl1 = 1

        DO CASE
            CASE wahl2 = 1
            CASE wahl2 = 3
            CASE wahl2 = 4
        ENDCASE

   CASE wahl1 = 2

        DO CASE
            CASE wahl2 = 1
            CASE wahl2 = 2
            CASE wahl2 = 3
            CASE wahl2 = 4
            CASE wahl2 = 5
        ENDCASE
```

```
        CASE wahl1 = 3

              DO CASE
                    CASE wahl2 = 1
                    CASE wahl2 = 2
                    CASE wahl2 = 3
                          EXIT      && Abbruch mit letzter Menüoption
              ENDCASE

        CASE wahl1 = 0                    && Abbruch mit ESC
              EXIT

        ENDCASE
ENDDO
*--- Ende sample12 ------------
```

Das Beispiel enthält auch die komplette CASE-Struktur. Lediglich die entsprechenden Aufrufe für Unterprogramme und Prozeduren sind noch einzufügen.

Ausgabe von Hilfszeilen

Das erste (zweidimensionale) Array ermöglicht auch die Ausgabe von Hilfszeilen zu dem jeweils angewählten Menüpunkt. Eine Einschränkung: Solche Hilfszeilen können nur zu den Obermenüpunkten definiert werden.

Ausschluß von Menüpunkten

Es ist auch möglich, einen bestimmten Menüpunkt von der Wahl auszuschließen. Durch Voranstellen des Zeichens „\" innerhalb des Menüpunktes wird erreicht, daß zwar noch der Menüpunkt selber erscheint, dieser jedoch nicht mehr angewählt werden kann. Beispiel:

```
    item3(2) = "\Auswahl 2"
```

Fügen Sie noch ein Minuszeichen (-) hinzu, so erscheint statt des Auswahlpunktes nur noch ein durchgehender Strich im Menü, der vom Leuchtbalken übersprungen wird. Beispiel:

```
    item3(2) = "\-Auswahl 2"
```

Sobald Sie einen Menüpunkt durch Betätigen der RETURN-Taste ausgewählt haben, verschwindet das Menü, und der Hintergrund wird automatisch restauriert. Natürlich können noch weitere Untermenüs in das obige Beispiel eingefügt werden. Auf die Einhaltung der maximalen Bildschirmbreite für die Menüleiste muß der Programmierer dabei selbst achten.

Die Menüauswahltexte dürfen nicht breiter als 50 Zeichen sein, und pro Menü sind maximal 128 Menüpunkte möglich.

21.6   Popup-Menü mit DEFINE POPUP

DEFINE POPUP ist eigentlich ein Teil der Definition eines Pulldown-Menüs. Da wir bereits ein Pulldown-Menü erstellt haben, sollte die Programmierung eines Popups keine großen Probleme mehr bereiten. Wir wollen dennoch die notwendigen Zeilen Schritt für Schritt durchgehen.

Der Grundbefehl hat folgende Syntax:

```
DEFINE POPUP <Popupname>
            [FROM <Zeile1>, <Spalte1>]
            [TO <Zeile2>, <Spalte2>]
            [SHADOW]
            [MARGIN]
            [TITLE <AusdrZ4>]
            [COLOR SCHEME <AusdrN>]
```

Wir haben hier nur die Optionen berücksichtigt, die für das folgende Beispiel von Bedeutung sind. Weitere Klauseln werden weiter unten besprochen, wenn es um spezielle Popup-Menüs geht.

Die erste Befehlszeile lautet dann:

```
DEFINE POPUP datei MARGIN COLOR SCHEME 4
```

Natürlich reicht diese Zeile noch nicht für ein komplettes Menü. Auch haben wir noch nicht definiert, an welcher Stelle des Bildschirms unser Popup erscheinen soll. Bei der Definition des Pulldown-Menüs konnten wir uns die Positionierung auch sparen, da FoxPro die Popups als Untermenüs automatisch in der Menüleiste verankerte. Verzichten wir bei unserem einfachen Popup auf Koordinatenangaben, so plaziert FoxPro das Menü in die linke obere Ecke des Bildschirms oder, wenn zuvor ein Fenster definiert und aktiviert wurde, in die obere linke Ecke des Fensters. Um selber über die Position entscheiden zu können, fügen wir noch die notwendigen Koordinatenangaben hinzu:

```
DEFINE POPUP datei FROM 6,6 MARGIN COLOR SCHEME 4
```

In obiger Befehlszeile haben wir nur die Startposition des Menüs bestimmt. Zwar kann mit der TO-Klausel auch die rechte untere Ecke des Menüs definiert werden, FoxPro weiß aber sehr genau, wie breit das Menü werden muß, um alle Optionen korrekt anzuzeigen. Nur wenn ein Menü viele Optionen enthält, sollte die TO-Klausel eingesetzt werden, weil damit indirekt die Anzahl der anzuzeigenden Optionen bestimmt werden kann. Nicht sichtbare Optionen werden dann gescrollt.

Wir wollen unser Menü aber nun vervollständigen. Dazu benötigen wir den bereits bekannten Befehl

```
DEFINE BAR <AusdrN1> | <System_options_name>
        OF <Popup_name> PROMPT <AusdrZ1>
```

Bei der Umsetzung in eine Anweisung erhalten wir dann folgende Befehlszeile

```
DEFINE BAR 1 OF datei PROMPT "Neue Datei "
```

Statt des Wertes „1" hätten wir auch einen Optionsnamen verwenden können, beispielsweise *option1*. Der Befehl hätte dann folgende Form:

```
DEFINE BAR option1 OF datei PROMPT "Neue Datei "
```

Fassen wir die einzelnen Zeilen zusammen und ergänzen noch einige Menüoptionen nach dem bekannten Muster, so erhalten wir das folgende schon nahezu vollständige Programm:

```
DEFINE POPUP datei MARGIN COLOR SCHEME 4
DEFINE BAR 1 OF datei PROMPT "Neue Datei "
DEFINE BAR 2 OF datei PROMPT "Datei öffnen"
```

Eigentlich fehlt nur noch der Aktivierungsbefehl. Den erhalten wir mit

```
ACTIVATE POPUP <Popup_name> [AT <Zeile>, <Spalte>]   [BAR
<AusdrN>]
```

oder als arbeitsfähige Umsetzung mit

```
ACTIVATE POPUP datei
```

Das nachstehende Programm erzeugt ein funktionsfähiges Popup-Menü:

```
DEFINE POPUP datei MARGIN SHADOW COLOR SCHEME 4
DEFINE BAR 1 OF datei PROMPT "Neue Datei "
```

```
DEFINE BAR 2 OF datei PROMPT "Datei öffnen"
ACTIVATE POPUP datei AT 5,5
```

Natürlich benötigen wir auch noch die Möglichkeit, die vom Benutzer gewählte Option abzufragen. Dazu verwenden wir den inzwischen ebenfalls bekannten Befehl

```
ON SELECTION POPUP datei ? BAR()
```

In dieser Form besagt der Befehl, daß bei einer Wahl die Positionsnummer der angewählten Option mit dem Print-Kommando (?) ausgegeben werden soll. Für die Ermittlung dieser Position ist die Funktion BAR() zuständig. Natürlich hätten wir auch in ein Unterprogramm verzweigen können, um darin die Auswahl mit einer CASE-Struktur auszuwerten. ON SELECTION POPUP ist aber nur eine unter vielen Möglichkeiten, die Wahl des Benutzers auszuwerten. Durchaus sinnvoll wäre auch die Verwendung des Befehls ON SELECTION BAR:

```
ON SELECTION BAR 1 <Befehl>
ON SELECTION BAR 2 <Befehl>
```

Eine vergleichbare Möglichkeit bietet der Befehl ON SELECTION PROMPT, der ebenfalls für jede Option eine Befehlszeile benötigt, nur daß nicht die Menüposition, sondern der Menütext ausgewertet wird. Da wir bei ON SELECTION POPUP für unser Beispiel mit nur einer Zeile auskommen, wollen wir unser Programm auch damit abrunden.

```
DEFINE POPUP datei MARGIN SHADOW COLOR SCHEME 4
DEFINE BAR 1 OF datei PROMPT "Neue Datei "
DEFINE BAR 2 OF datei PROMPT "Datei öffnen"

ON SELECTION POPUP datei ? BAR()
ACTIVATE POPUP datei
```

Auch hier ist wieder zu beachten, daß der Befehl ACTIVATE POPUP an das Ende unseres Programms gerutscht ist. Der ON SELECTION-Befehl könnte sonst nicht wirksam werden. Ein kleiner Hinweis: Das Menü kann nur durch [Esc] verlassen werden.

Die Grundstruktur eines Popup-Menüs sollte damit geklärt sein. DEFINE POPUP bietet dem Entwickler aber noch wesentlich mehr Möglichkeiten. Dazu gehören:

- Dateilisten

- Feldlisten

- Darstellung des Feldinhalts einer Tabelle

- Markierungen

- Tastenaufrufe

und noch einiges mehr. Mit diesen Optionen soll sich der Rest dieses Abschnitts beschäftigen. Da die Definitionselemente eines Popups lediglich eine Untermenge der entsprechenden Elemente eines Pulldown-Menüs ausmachen, gelten die nachfolgenden Aussagen und Beispiele natürlich auch für Pulldown-Menüs.

Dateiliste

Eine Dateiliste ist mit DEFINE POPUP leichter, d.h. mit weniger Zeilen, zu definieren als ein „normales" Popup-Menü. Alle DEFINE BAR-Befehle entfallen, so daß schon die folgenden zwei Zeilen genügen, um eine Dateiauswahlliste zu generieren:

```
DEFINE POPUP datei FROM 6,6 TO 20,21 PROMPT FILES MARGIN
ACTIVATE POPUP datei
```

Beachten Sie, daß in diesem Fall auch die Koordinaten für die rechte untere Ecke definiert wurden. Da eine Dateiliste in der Regel nicht auf einer Bildschirmseite unterzubringen ist, würde FoxPro das Ende unseres Menüs auf die letzte Bildschirmzeile setzen. Aus kosmetischen Gründen haben wir daher selber eine Grenze gesetzt. Natürlich können alle Dateien durch Scrollen erreicht werden. Auch für unsere Dateiliste benötigen wir eine Auswertungsmöglichkeit mit dem Befehl

```
ON SELECTION POPUP datei ? PROMPT()
```

Auf BAR() als Indikator der getroffenen Wahl müssen wir hier verzichten, da es keinen Sinn macht, die Position der ausgewählten Datei in der Dateiliste zu erfahren. PROMPT() gibt uns den Menütext zurück; in einer Dateiliste also den Namen der gewählten Datei. Als komplettes Programm erhalten wir:

```
DEFINE POPUP datei FROM 6,6 TO 20,21 PROMPT FILES MARGIN
ON SELECTION POPUP datei ? PROMPT()
ACTIVATE POPUP datei
```

Die Dateiliste kann auch mit einer Suchmaske versehen werden, so daß nur bestimmte Dateien im Popup erscheinen. Sollen beispielsweise nur alle Dateien

mit der Endung DOC angezeigt werden, hätte der DEFINE-Befehl die folgende
Form:

```
DEFINE POPUP datei FROM 6,6 TO 20,21 PROMPT FILES LIKE *.DOC
```

Leider ist die Dateiliste in einem Programm nur mit Vorsicht einzusetzen, da der
Zugriff nicht nur auf alle noch vorhandenen Unterverzeichnisse erfolgen kann,
sondern auch auf alle von FoxPro entdeckten Laufwerke, inklusive Laufwerk A:
und B:. Befindet sich keine formatierte Diskette in den Diskettenlaufwerken, führt
der Zugriff zu einer DOS-Fehlermeldung.

Feldlisten anzeigen

Eine Feldliste kann auf die gleiche Art erzeugt werden. In unserem Programm ist
lediglich eine Klausel zu ändern. Natürlich muß auch eine Datei im aktuellen
Arbeitsbereich geöffnet sein. Das Programm für die Feldliste:

```
CLOSE ALL
USE Adressen
DEFINE POPUP datei FROM 6,6 TO 20,21 PROMPT STRUCTURE MARGIN
ON SELECTION POPUP datei ? PROMPT()
ACTIVATE POPUP datei
```

Die einzige Änderung betrifft die PROMPT-Klausel, die jetzt das Schlüsselwort
STRUCTURE enthält.

Anzeige des Feldinhalts

Einen Ersatz für BROWSE, soweit es nur um die Darstellung von Feldinhalten
geht oder nur um die Wahl eines Datensatzes, kann auch durch ein Popup erfolgen. Wiederum sind nur minimale Änderungen an der Struktur unseres Programms erforderlich:

```
CLOSE ALL
USE Adressen
DEFINE POPUP datei FROM 6,6 TO 12,30 PROMPT FIELD name MARGIN
ON SELECTION POPUP datei ? PROMPT()
ACTIVATE POPUP datei
```

In diesem Beispiel würden alle Namen der Datei *Adressen* angezeigt werden.
Dieses Programm hat aber auch eine Wirkung auf die geöffnete Datei: Nach

Verlassen des Menüs steht der Datensatzzeiger, analog zum BROWSE-Kommando, auf dem zuletzt angewählten Feld.

Mehrere Felder in einer Liste

Entgegen der Syntax-Beschreibung von Microsoft kann auch ein ganzer Ausdruck, also beispielsweise eine Feldliste, angegeben werden:

```
DEFINE POPUP datei FROM 6,6 PROMPT FIELD name + " " + ;
                              plz + " " + ort
```

Der Befehl

```
ON SELECTION POPUP datei ? PROMPT()
```

würde in diesem Fall auch den Inhalt der ganzen Zeile zurückgeben. Ein Popup, das den Feldinhalt anzeigt, eignet sich besonders für sogenannte Picup-Listen, die den Benutzer bei der Dateneingabe durch die Bereitstellung einer Auswahlliste unterstützen.

Popups und Steuerelemente

Popup-Menüs mit PROMPT-Klausel sind die Grundlage von sogenannten Auswahllisten, die Sie mit einer GET/READ-Konstruktion erstellen. Im Kapitel „Steuerelemente mit GET/READ" finden Sie ein Beispiel für die Anwendung. Da Steuerelemente flexibler sind (Einbindung in READ), sollten Sie diese Option bevorzugen.

Weitere Klauseln und Optionen

Microsoft hat Popups mit einer Unzahl weiterer Klauseln versehen, die teilweise wenig sinnvoll erscheinen. Einige dieser Klauseln können jedoch in speziellen Anwendungsfällen sehr hilfreich sein. Dazu zählen insbesondere die Optionen KEY, MESSAGE und MOVER, deren Wirkungen nachfolgend betrachtet werden sollen.

KEY haben wir bereits beim Pulldown-Menü kennengelernt. Ist das Popup-Menü definiert, kann der Aufruf nahezu an jeder Programmstelle, beispielsweise zwischen zwei Programmzeilen, aber auch während eines READs erfolgen. Die Zuordnung einer Taste zum Menü ersetzt damit den ACTIVATE-Befehl.

```
DEFINE POPUP datei FROM 6,6 TO 20,25 PROMPT FILES MARGIN ;
              KEY Ctrl+A COLOR SCHEME 1
ON SELECTION POPUP datei ? PROMPT()
```

In unserem Beispielprogramm wird ein Popup definiert, aber nicht aktiviert. Der Aufruf des Programms erzeugt also kein Ausgabe auf dem Bildschirm. Erst nach Betätigen der Tastenkombination ⌨Strg+⌨A erscheint das Menü. Die Menüstruktur wird also im Speicher aufgebaut und wartet darauf, durch Tastendruck aktiviert zu werden.

Menüoptionen markieren

Mit dem Befehl

```
SET MARK OF BAR <AusdrN> OF <Popup_name>TO <AusdrZ4> |
<AusdrL4>,
```

kann ein Markierungszeichen ein- oder ausgeschaltet werden. Das folgende Programm nutzt diese Option:

```
DEFINE POPUP m_edit MARGIN SHADOW COLOR SCHEME 4
DEFINE BAR 1 OF m_edit PROMPT "\<Ausschneiden"
DEFINE BAR 2 OF m_edit PROMPT "\<Kopieren"
DEFINE BAR 3 OF m_edit PROMPT "\<Einfügen"
DEFINE BAR 4 OF m_edit PROMPT "\<Löschen"

ON SELECTION POPUP m_edit DO wahl

SET MARK OF BAR 1 OF m_edit TO .T.
SET MARK OF BAR 3 OF m_edit TO .T.

ACTIVATE POPUP m_edit
```

Der SET-Befehl

```
SET MARK OF POPUP <Popup_name> TO <AusdrZ3> | <AusdrL3>
```

kann gleich den ganzen Block mit Markierungszeichen versehen. Die einzelnen Markierungen der Optionen lassen sich dann wieder mit SET MARK OF BAR an- oder ausschalten. Ein Popup, das mit der PROMPT-Klausel eine Datei oder eine Feldliste ausgibt, kann nicht markiert werden.

MESSAGE

Zu jedem Menü, zu jedem Popup und zu jeder Menüoption kann eine Nachricht
ausgegeben werden. Für unser Popup ist es natürlich zweckmäßiger, die Nachricht zu jeder einzelnen Option anzubringen, statt eine einzige Nachricht für das
ganze Menü vorzusehen. Unser Beispiel könnte dann wie folgt aussehen:

```
DEFINE POPUP m_edit MARK "*" MARGIN SHADOW COLOR SCHEME 4
DEFINE BAR 1 OF m_edit PROMPT "\<Ausschneiden" ;
           MESSAGE "Sie haben die erste Option gewählt"
DEFINE BAR 2 OF m_edit PROMPT "\<Kopieren" ;
           MESSAGE "Sie Haben die zweite Option gewählt"
ACTIVATE POPUP m_edit
```

Die Nachricht wird auf die Statuszeile gesetzt.

MOVER

MOVER ist eine etwas exotische Option. Sie ermöglicht es dem Benutzer, die
Reihenfolge der Menü-Optionen selbst zu ändern.

```
DEFINE POPUP m_edit MARGIN MOVER
DEFINE BAR 1 OF m_edit PROMPT "\<Ausschneiden"
DEFINE BAR 2 OF m_edit PROMPT "\<Kopieren"
DEFINE BAR 3 OF m_edit PROMPT "\<Einfügen"
DEFINE BAR 4 OF m_edit PROMPT "\<Löschen"

SET MARK OF BAR 1 OF m_edit TO .T.
SET MARK OF BAR 3 OF m_edit TO .T.

ACTIVATE POPUP m_edit AT 7,7
```

Das vorstehende Programm bewirkt, daß den einzelnen Menüoptionen eine
Schaltfläche vorangestellt wird. Durch Anklicken dieser Fläche - nicht des Menütextes - und Verschieben bei gedrückt gehaltener Maustaste kann die jeweilige
Menüoption auf eine andere Position verschoben werden. Die Positionierung
bleibt auch dann erhalten, wenn das Menü deaktiviert wird. Erst die Entfernung
aus dem Speicher mit RELEASE POPUP hebt die Einstellung auf.

SCROLL

SCROLL erzeugt rechts neben dem Menü einen Rollbalken. Für Menüs mit mehr
Optionen als auf dem Bildschirm dargestellt werden können und für Datei- und

Feldlisten läßt sich an der Position eines Gleiters ungefähr erkennen, wo im Gesamtmenü der Cursor zur Zeit steht.

21.7 Der PROMPT-Befehl

Der PROMPT-Befehl ist quasi der Vagabund unter den Menübefehlen. Die einzelnen Menüoptionen können völlig frei über den Bildschirm verstreut werden. PROMPT eignet sich daher für Pulldowns wie auch für Balkenmenüs. Allerdings gilt auch für den Prompt-Befehl, daß seine Zeit abgelaufen ist. FoxPro unterstützt diese Option nur noch aus Kompatibilitätsgründen.

Die Grundstruktur eines Menüaufbaus mit PROMPT zeigt unser erstes Beispiel:

```
wahl = 1
@ 5,10 PROMPT "Neuer Datensatz     "
@ 7,10 PROMPT "Datensatz editieren"
@ 9,10 PROMPT "Datensatz suchen    "
MENU TO wahl
```

Das ist schon alles; ein simples, schnell programmiertes Popup-Menü. Die ganze Steuerung wird von FoxPro übernommen. Durch einfaches Umpositionieren der PROMPTs können wir auch ein Balkenmenü erzeugen.

Die Auswahlvariable *wahl* nimmt nicht nur das Ergebnis Ihrer Wahl auf, sondern bestimmt durch ihren Vorgabewert auch die Startposition des Menüs. Setzen Sie in unserem Beispiel den Wert von *wahl* auf 3 (wahl = 3), so wird beim Aufruf des Menüs der dritte Menüpunkt vorgewählt.

Eine kleine Einschränkug: Nach der Auswahl mit RETURN bleibt das Bild des Menüs auf dem Bildschirm oder im Fenster zurück. Entweder muß mit SAVE SCREEN vor Aufruf und mit RESTORE SCREEN nach Beendigung des Menüs der ursprüngliche Bildschirm wiederhergestellt oder das ganze Menü gleich in einem Fenster untergebracht werden. Ist ein Fenster aktiv, wirkt der PROMPT-Befehl automatisch auf dieses Fenster.

Auch PROMPT kann mit der Klausel MESSAGE zu jedem angewählten Menüpunkt eine passende Mitteilung ausgegeben. Das erweiterte Beispiel berücksichtigt auch diese Option.

```
SET TALK OFF
SET STATUS OFF
wahl = 3

@ 0,0  PROMPT " Datei    " MESSAGE " Datei öffnen,       "
```

```
@ 0,10 PROMPT " Edieren " MESSAGE " Datei bearbeiten "
@ 0,21 PROMPT " Drucken " MESSAGE " Datei drucken     "
@ 0,32 PROMPT " Optionen" MESSAGE " Optionen wählen   "
@ 0,44 PROMPT " ENDE "    MESSAGE " Programm beenden  "

SET MESSAGE TO 2
MENU TO wahl
```

Natürlich lassen sich mit PROMPT auch vertikale Menüs erzeugen. Die Koordinaten können innerhalb der Bildschirmgrenzen frei gewählt werden. Auch ein diagonal über den Monitor verlaufendes Menü ist, wenn auch nicht sehr sinnvoll, denkbar.

Die Steuerung der Menüs erfolgt über die Cursortasten und RETURN oder alternativ über die Anfangszeichen der Menüauswahlpunkte. Soll das Menü ohne Auswahl eines Menüpunktes verlassen werden, kann das mit Esc geschehen. In diesem Fall schreibt Fox den Wert 0 in die Auswahlvariable.

Der Wert der Variablen wird dann sinnvollerweise für die Steuerung einer CASE-Struktur verwendet.

Hinweis: Nur ein PROMPT-Menü kann jeweils aktiv sein. Verschachtelte PROMPT-Menüs sind nicht möglich. Soll ein zweites Prompt-Menü aufgerufen werden, beispielsweise über eine ON KEY-Routine, erzeugt FoxPro eine Fehlermeldung.

21.8 Menüoptionen auswerten

FoxPro bietet grundsätzlich drei Möglichkeiten, die gewählte Menüoption zu identifizieren und in Programmaktionen umzusetzen. Einige der Desktop-Hilfsmittel (Kalender, Taschenrechner etc.) können zudem über einen eigenen Namen aufgerufen werden:

1. Aufruf durch Angabe des Objekt- oder Menünamens

2. Aufruf durch ON SELECTION ...

3. Auswertung und Aufruf durch eine DO CASE - Struktur

Die erste Option dürfte auch die einfachste sein; lediglich der Name des Objekts muß in der Menüoption genannt werden. Leider können so nur von FoxPro zur Verfügung gestellte Objekte und Optionen aktiviert werden. Eigene Prozeduren lassen sich so nicht aufrufen.

Die zweite Option arbeitet mit dem ON SELECTION-Befehl. Dieser Befehl ruft normalerweise eine Prozedur oder ein ganzes Programm auf. Da sich so auch leichter ereignisgesteuerte Programme realisieren lassen, sollte diese Option der dritten Möglichkeit vorgezogen werden.

Diese dritte Möglichkeit stellt quasi die klassische Form der Programmsteuerung über ein Menü dar. Die vom Anwender aktivierte Menüoption wird mit speziellen Funktionen abgefragt und anschließend in einer Verzweigungsstruktur (CASE) ausgewertet. Diese Steuerung ist zwar aufwendig in der Programmierung, dafür aber recht übersichtlich und leicht nachzuvollziehen. Für die Auswertung von Menüoptionen stellt FoxPro die Funktionen BAR(), CNTPAD(), GETPAD(), POPUP() etc. bereit, die wir teilweise bereits vorgestellt haben.

Das Hauptmenü der Beispielanwendung

Das Hauptmenü unserer Beispielanwendung setzt auf die erste und die zweite Option und nutzt intensiv den ON SELECTION-Befehl. Einige Optionen werden mit ihrem Systemnamen aufgerufen. Auf eine CASE-Struktur haben wir vollständig verzichtet. Das Ergebnis ist ein ereignisgesteuertes Menüsystem, dessen Optionen weitgehend unabhängig von der augenblicklichen Programmsituation aufgerufen werden können.

```
*----------------------------------------------------------
*PROCEDURE mainMenu
*----------------------------------------------------------

SET SYSMENU TO

SET SYSMENU AUTOMATIC

    *--- Menüleiste definieren ---------------------------

DEFINE PAD _datei      OF _MSYSMENU PROMPT "\<Datei"
DEFINE PAD _satz       OF _MSYSMENU PROMPT "\<Satz"
DEFINE PAD _edit       OF _MSYSMENU PROMPT "\<Edit"
DEFINE PAD _kontakte   OF _MSYSMENU PROMPT "\<Kontakte"
DEFINE PAD _filter     OF _MSYSMENU PROMPT "\<Filter"
DEFINE PAD _sort       OF _MSYSMENU PROMPT "Sor\<tieren"
DEFINE PAD _drucken    OF _MSYSMENU PROMPT "D\<rucken"
DEFINE PAD _msm_systm  OF _MSYSMENU PROMPT "\<Utilities"
DEFINE PAD _system     OF _MSYSMENU PROMPT "S\<ystem"

    *--- Popup-Aufrufe definieren ----------------------

ON PAD _datei      OF _MSYSMENU ACTIVATE POPUP datei
ON PAD _satz       OF _MSYSMENU ACTIVATE POPUP satz
ON PAD _edit       OF _MSYSMENU ACTIVATE POPUP edit
ON PAD _kontakte   OF _MSYSMENU ACTIVATE POPUP kontakte
ON PAD _filter     OF _MSYSMENU ACTIVATE POPUP filter
ON PAD _sort       OF _MSYSMENU ACTIVATE POPUP sort
ON PAD _drucken    OF _MSYSMENU ACTIVATE POPUP drucken
```

```
ON PAD _msm_systm OF _MSYSMENU ACTIVATE POPUP _msystem
ON PAD _system    OF _MSYSMENU ACTIVATE POPUP system

    *--- Das erste Popup definieren ---------------------

DEFINE POPUP datei MARGIN RELATIVE SHADOW COLOR SCHEME 13
DEFINE BAR 1         OF datei PROMPT "\<Tabellendarstellung"
DEFINE BAR _mda_copy OF datei PROMPT "\<Exportieren"
DEFINE BAR 3         OF datei PROMPT "\<Programminfo"
DEFINE BAR 4         OF datei PROMPT "\<Beenden"

    *--- Auswahl für das erst Popup ---------------------

ON SELECTION BAR 1 OF datei DO ListeAdr
ON SELECTION BAR 3 OF datei DO PrgInfo
ON SELECTION BAR 4 OF datei DO Ende

    *--- Das zweite Popup definieren --------------------

DEFINE POPUP satz MARGIN RELATIVE SHADOW COLOR SCHEME 13
DEFINE BAR 1   OF satz PROMPT "\<Neu"
DEFINE BAR 2   OF satz PROMPT "\<Editieren"
DEFINE BAR 3   OF satz PROMPT "\<Löschen"
DEFINE BAR 4   OF satz PROMPT "\-"
DEFINE BAR 5   OF satz PROMPT "\<Suchen Firma"
DEFINE BAR 6   OF satz PROMPT "\<Suchen Name"
DEFINE BAR 7   OF satz PROMPT "\<Suchen PLZ"
DEFINE BAR 8   OF satz PROMPT "\<Suchen Frei"
DEFINE BAR 9   OF satz PROMPT "\-"
DEFINE BAR 10  OF satz PROMPT "\<Grafik einlesen"
DEFINE BAR 11  OF satz PROMPT "\<Grafik zeigen"
DEFINE BAR 12  OF satz PROMPT "\<Grafik löschen"
DEFINE BAR 13  OF satz PROMPT "\-"
DEFINE BAR 14  OF satz PROMPT "\<Adressen kopieren"
DEFINE BAR _med_paste OF satz PROMPT "\<Einkleben"
DEFINE BAR 16 OF satz PROMPT "\<Inhalt Zwischenablage zeigen"
DEFINE BAR 17 OF satz PROMPT "\-"
DEFINE BAR 18 OF satz PROMPT "\<Kontaktliste"

    *--- Auswahl für Menü "satz" ------------------

ON SELECTION BAR 1  OF satz DO AdrGets WITH .T.
ON SELECTION BAR 2  OF satz DO AdrGets WITH .F.
ON SELECTION BAR 3  OF satz DO AdrDel
ON SELECTION BAR 5  OF satz DO such1
ON SELECTION BAR 6  OF satz DO such2
ON SELECTION BAR 7  OF satz DO such3
ON SELECTION BAR 11 OF satz DO showgraf
ON SELECTION BAR 14 OF satz DO Kopieren
ON SELECTION BAR 16 OF satz DO showclpb
ON SELECTION BAR 18 OF satz DO KtListe
```

Das Hauptmenü ist aus Platzgründen nicht vollständig abgedruck. Die weiteren Popup-Definitionen unterscheiden sich nur minimal, so daß dieser Teil genügen sollte. Wichtig ist, daß wir keine CASE-Struktur und keine Auswahlfunktionen verwendet haben, sondern die Auswertung des Menüs ausschließlich über ON SELECTION-Befehle und Menüsystemnamen erfolgt.

21.9 Verschachtelte Menüs

Grundsätzlich sollte es vermieden werden, Menüstrukturen aufzubauen, die den Benutzer zwingen, sich durch drei oder vier Ebenen bis zur gewünschten Funktion durchzukämpfen. Gelegentlich ist eine Verschachtelung aber unvermeidlich und, zumindest für selten benötigte Funktionen, auch zu vertreten. FoxPro kann mit Hilfe des DEFINE POPUP-Befehls nahezu beliebig viele Menüebenen erzeugen. Der Schlüssel zum nächsten Untermenü verbirgt sich hinter der unscheinbaren Klausel „OF" im Kommando ON BAR ... OF.

Das folgende Beispiel wird Ihnen auf den ersten Blick recht vertraut erscheinen. Bereits im Abschnitt über das Pulldown-Menü fanden Sie einen ähnlichen Aufbau. Der Unterschied wird aber deutlich, wenn Sie das Programm aufrufen. Es sind nicht mehr vier Auswahlpunkte in der Menüleiste vorhanden, sondern nur noch zwei. Dennoch werden auch in diesem Beispiel vier Untermenüs aktiviert.

```
*------------------------------------------------------------
* sample19
*
* Verschachtelte Popup-Menüs
*------------------------------------------------------------

CLEAR

SET SYSMENU TO
DEFINE MENU meinmenu COLOR SCHEME 3

DEFINE PAD datei OF meinmenu PROMPT "\<Datei"
DEFINE PAD edit  OF meinmenu PROMPT "\<Bearbeiten"


*-- Popup-Menüs der ersten Stufe aufrufen -------

ON PAD datei OF meinmenu ACTIVATE POPUP m_datei
ON PAD edit  OF meinmenu ACTIVATE POPUP m_edit

DEFINE POPUP m_datei MARGIN SHADOW COLOR SCHEME 4
DEFINE BAR 4 OF m_datei PROMPT "\<Neue Datei "
DEFINE BAR 2 OF m_datei PROMPT "\<Datei öffnen"
DEFINE BAR 3 OF m_datei PROMPT "\<Satz"
```

```
DEFINE BAR 1 OF m_datei PROMPT "Sichern"

DEFINE POPUP m_edit MARGIN SHADOW COLOR SCHEME 4
DEFINE BAR 1 OF m_edit PROMPT "\<Ausschneiden"
DEFINE BAR 2 OF m_edit PROMPT "\<Kopieren"
DEFINE BAR 3 OF m_edit PROMPT "\<Einfügen"
DEFINE BAR 4 OF m_edit PROMPT "\<Programm"
DEFINE BAR 5 OF m_edit PROMPT "\<Löschen"

DEFINE POPUP m_satz MARGIN SHADOW COLOR SCHEME 4
DEFINE BAR 1 OF m_satz PROMPT "\<Anfügen "
DEFINE BAR 2 OF m_satz PROMPT "\<Ändern "
DEFINE BAR 3 OF m_satz PROMPT "\<Programm "

DEFINE POPUP m_program MARGIN SHADOW COLOR SCHEME 4
DEFINE BAR 1 OF m_program PROMPT "\<Ausführen..."
DEFINE BAR 2 OF m_program PROMPT "\-"
DEFINE BAR 3 OF m_program PROMPT "A\<bbrechen"

*-- Hier erfolgt der Aufruf der tieferen Untermenüs ----

ON BAR 3 OF m_datei ACTIVATE POPUP m_satz
ON BAR 3 OF m_satz ACTIVATE POPUP m_program

   *-- Auswertungsprozedur aufrufen ---------------

ON SELECTION POPUP ALL DO wahl
ACTIVATE MENU meinmenu

RELEASE MENU meinmenu
SET SYSMENU TO DEFAULT

*------------------------------------------------
PROCEDURE wahl
*------------------------------------------------

@ 5,10 SAY "Sie haben die Option " + ;
          PROMPT() + " im Menü " + ;
          POPUP() + " gewählt!"

RETURN

*---- Ende sample15 ---------------
```

Die Lösung des Rätsels findet sich in den beiden Zeilen

```
ON BAR 3 OF m_datei ACTIVATE POPUP m_satz
```

und

```
ON BAR 3 OF m_satz ACTIVATE POPUP m_program.
```

Diese Zeilen sorgen dafür, daß *m_satz* und *m_program* nicht in die Menüleiste eingehängt werden, sondern in Unterpunkte der Untermenüs *m_datei* und *m_satz*. Da *m_satz* bereits ein Untermenü des Untermenüs *m_datei* ist und *m_program* ein Untermenü zu *m_satz*, haben wir hier also eine dreifach verschachtelte Menüstruktur. FoxPro unterstützt verschachtelte Menüstrukturen noch durch die automatische Anzeige einer Markierung für das Vorhandensein eines weiteren Untermenüs.

Dennoch gilt: Das Beispielprogramm demonstriert lediglich das Potential von FoxPro. Wer wirklich glaubt, drei oder mehr Verschachtelungsebenen zu benötigen, sollte seinen Entwurf und seinen Programmierstil überprüfen.

21.10   Aktive Menüs manipulieren

Menüoptionen sollen nicht in jeder Programmsituation aktiv sein. Eventuell können sie sogar Schaden anrichten. Früher war es üblich, dem Anwender durch Meldungen klarzumachen, daß die gerade gewählte Aktion in diesem Programmteil nicht ausführbar ist. Heute gibt es moderne Mittel, dem Anwender schon vor der Auswahl mitzuteilen, daß diese oder jene Menüoption zur Zeit nicht angewählt werden kann: Menüoptionen werden durch besondere Darstellungsweise als nicht aktiv gekennzeichnet. Windows verwendet dafür eine unscharfe graue Abbildung der betreffenden Option. Mit den Befehlen

```
SET SKIP OF MENU <Menüname> <AusdrL>

SET SKIP OF PAD <Pad-Name> OF <Menüname> <AusdrL>

SET SKIP OF POPUP <Popup-Name> <AusdrL>

SET SKIP OF BAR <AusdrN> | <Systemoptionsname>
   OF <Popup-Name> <AusdrL>
```

können ganze Menüs, Popups oder einzelne Menüoptionen deaktiviert werden. Die folgenden Programmzeilen sind der Beispielanwendung (wv.prg) entnommen. Sie deaktivieren bestimmte Menüoptionen und aktivieren diese wieder beim Verlassen des Unterprogramms.

```
*--- Menüoptionen deaktivieren -------------

SET SKIP OF BAR 1         OF datei .T.
SET SKIP OF BAR _mda_copy OF datei .T.
```

```
SET SKIP OF POPUP satz      .T.
SET SKIP OF POPUP Kontakte .T.
SET SKIP OF POPUP filter    .T.


*--- Menüoptionen wieder aktivieren ---------

SET SKIP OF BAR 1          OF datei .F.
SET SKIP OF BAR _mda_copy OF datei .F.

SET SKIP OF POPUP satz      .F.
SET SKIP OF POPUP Kontakte .F.
SET SKIP OF POPUP filter    .F.
```

22   SQL und RQBE

22.1   Zu diesem Kapitel

SQL (Structured Query Language) ist eine Hochsprache, die speziell für den Datenbankzugriff und die Manipulation von Daten entworfen wurde. Ursprünglich von IBM für die Großrechnerwelt entwickelt, hat sich SQL als eine Art Standard im Bereich der auf UNIX basierenden mittleren Datentechnik durchgesetzt. Im Zusammenhang mit der Client-Server-Diskussion wird SQL immer häufiger auch als Standardabfragesprache für Datenbankserver genannt, die sich auf PC-Netzwerke stützen. Beispiele für diese Entwicklung sind Microsofts SQL-Server und Gupta's SQLBase.

SQL ist eine nicht-prozedurale Sprache. Das meint, daß eine Operation auf eine Datenbank nicht Schritt für Schritt durch den Programmcode beschrieben wird, sondern der Programmierer oder Anwender eher das gewünschte Ergebnis einer Abfrage definiert. Den Weg, der zu diesem Ergebnis führt, muß die Software selber finden.

FoxPro für Windows ist kein SQL-Server und kein SQL-Frontend. Auf FoxPro-Dateien kann also nicht von anderen Programmen, die über SQL verfügen, zugegriffen werden. Genausowenig kann FoxPro auf SQL-Datenbanken anderer Hersteller zugreifen. Die SQL-Kommandos in FoxPro sind nur eine Erweiterung des normalen Befehlsumfangs.

22.2   SQL - Befehle

Die SQL-Kommandos in FoxPro repräsentieren lediglich eine Untermenge des SQL-Sprachumfangs, eine sehr bescheidene zudem. Dennoch erweitern diese wenigen Befehle die Möglichkeiten von FoxPro ganz erheblich. Die Auswahl ist geglückt. Insbesondere der Befehl SELECT, nicht zu verwechseln mit dem FoxPro-SELECT-Kommando für die Anwahl eines Arbeitsbereichs, war die Mühe wert. Damit wird es möglich, komplexeste (man beachte den Superlativ) Abfragen in wenigen Zeilen zu kodieren.

Mit den Befehlen

```
CREATE  CURSOR
CREATE  TABLE
INSERT
SELECT
```

ist es möglich, Datentabellen mit beliebiger Struktur direkt aus einem Programm zu erstellen (CREATE TABLE) oder komplexe Abfragen über mehrere Tabellen, die noch nicht einmal indiziert sein müssen, zu erzeugen (SELECT). Im Zusammenhang mit dem von Microsoft „Rushmore" genannten Zugriffsverfahren und mit der Möglichkeit, Abfragen menü- und mausgesteuert zu erstellen (RQBE), dürfte hiermit ein hervorragendes Werkzeug für den Entwickler bereitliegen.

CREATE CURSOR

Dieser Befehl ist neu in FoxPro für Windows. CREATE CURSOR erzeugt eine temporäre Datentabelle, die nur solange existiert, bis sie geschlossen wird. Der Programmierer, der CREATE CURSOR einsetzt, muß sich nicht mehr darum kümmern, seine temporären Tabellen auch wieder zu löschen. Die Syntax:

```
CREATE CURSOR <Tabellenname>
(<Feldname1> <Typ> [(<Feldbreite>
[, <Dezimalstellen>])
[, <Feldname> ...]])
| FROM ARRAY <Array>
```

Eine mit CREATE CURSOR erzeugte temporäre Datei hat also einen Namen und kann beispielsweise auch mit dem FoxPro-Befehl SELECT angewählt und indiziert werden. Die einzelnen Felder lassen sich mit ihrem Namen ansprechen. Die ganze Tabelle kann mit BROWSE, EDIT oder CHANGE editiert werden. Die Umsetzung in eine Programmzeile zeigt das folgende Beispiel:

```
CREATE CURSOR temp ;
    (firma C(25), name C(25), ;
    ort C(25), telefon C(20), ;
    umsatz N(10,2), datum D)
```

Beachten Sie bitte die für xBase-Programmierer etwas ungewöhnliche Syntax. Die Definition der Felder erfolgt in einer Klammer. Die komplette Beschreibung eines Feldes wird durch Kommata getrennt (firma C(20), umsatz N(10,2)). Die Länge des Feldes und eventuell die Anzahl der Dezimalstellen werden quasi als Argumente des Typs behandelt.

In die so erstellte Tabelle können beliebige Daten eingegeben oder aus Arrays oder anderen Tabellen angehängt (APPEND FROM) werden. Wollen Sie die Daten der temporären Tabelle nicht verlieren, sichern Sie diese mit COPY TO in eine „normale" Tabelle.

Die temporäre Tabelle selber verschwindet unwiederbringlich mit dem nächsten USE-Kommando oder mit CLOSE ALL/CLOSE DATABASE.

CREATE TABLE

Häufig ist es notwendig, eine leere Datenbanktabelle zu erzeugen, sei es für temporäre Zwecke oder als Datenbasis für ein neu zu installierendes Anwenderprogramm. Normalerweise muß bereits eine Datei vorhanden sein, von der dann mit COPY STRUCTURE eine Kopie erzeugt werden kann. Aus einem Programm heraus konnte früher keine Datenbankdatei generiert werden. Seit FoxPro 2.0 ist dieser Mangel behoben. CREATE TABLE erzeugt beliebige DBF-Dateien, so daß nun die Definition der Felder, Feldtypen und Feldlängen in einem Programm codiert werden kann.

Die Syntax des Befehls ist recht einfach:

```
CREATE TABLE | DBF <Datenbankname>
(<Feld_name1> <Typ> [(<Feldbreite>
[, <Dezimalstellen>])
[, <Feld_name2> ... ]])
| FROM ARRAY <Array_name>
```

Eine Datentabelle kann entweder direkt durch Parameterübergabe erzeugt werden oder indirekt durch Verweis auf ein Array, das die Definition der Tabelle enthält:

```
CREATE TABLE test (name C(10), firma C(10))
```

oder:

```
DIMENSION dat(2,3)
dat(1,1) = "name"
dat(1,2) = "C"
dat(1,3) = 10
dat(2,1) = "firma"
dat(2,2) = "C"
dat(2,3) = 10
CREATE TABLE test FROM ARRAY dat
```

Die indirekte Methode scheint zunächst etwas aufwendiger zu sein. Soweit nur die reinen Programmzeilen zählen, trifft das auch zu. Bei aufwendigen Tabellen wird die direkte Methode aber zu einer sehr unübersichtlichen und damit schwer zu pflegenden Darstellung führen. Dem Programmierer sei daher die indirekte Definition per Array empfohlen. Alle Datentabellen, soweit sie nicht schon vom Programmierer mit Daten gefüllt werden müssen, sollte das Programm beim ersten Start selbst erzeugen. Damit läßt sich eine weitere Fehlerquelle ausschalten.

Für unser Beispiel haben wir lediglich ein Array mit drei Spalten generiert. Sollen numerische Felder mit Dezimalstellen verwendet werden, muß das Array um eine vierte Spalte erweitert werden, die die Anzahl der Dezimalstellen als numerischen Wert enthält.

CREATE TABLE ist jedoch mit Vorsicht einzusetzen, da bereits bestehende Dateien gleichen Namens ohne Fehlermeldung überschrieben werden. Auf diese Weise kann recht einfach, aber leider auch ungewollt, der Inhalt einer Datentabelle mit tausenden von Datensätzen gelöscht werden. Das CREATE TABLE-Kommando sollte daher, wie im folgenden Beispiel gezeigt, in eine Sicherheitsabfrage eingebettet werden:

```
IF .NOT. FILE("test.dbf")
   CREATE TABLE test (name C(10), firma C(10))
ENDIF
```

Da Arrays natürlich auch zur Laufzeit eines Programms gefüttert werden können, lassen sich Tabellen auch durch den Anwender oder programmgesteuert erstellen.

INSERT

INSERT fügt lediglich einen neuen Datensatz an das Ende einer bestehenden Tabelle an. Da die gleiche Funktionalität auch mit den bekannten Befehlen APPEND BLANK und REPLACE oder SCATTER zu erreichen ist, macht diese zusätzliche Option in einer xBase-Umgebung eigentlich wenig Sinn. Vielleicht können alte SQLer sich für dieses Kommando erwärmen. Die Syntax:

```
INSERT INTO <Datenbank> [(<Feld_name1 [,<Feld_name2[,...]]))]
        VALUES (<Ausdr1>[,<Ausdr2>[,...]])
```

oder

```
INSERT INTO <Datenbank> FROM ARRAY <array>|FROM MENVAR
```

SELECT (SQL)

Der SELECT-Befehl dürfte das sinnvollste SQL-Kommando sein, das FoxPro aus
dem SQL-Pool entliehen hat. Abfragen über mehrere Tabellen mit diversen
Konditionen sind für Kenner des SELECT-Befehls in kürzester Zeit erstellbar.
Auch wer keine Lust hat, sich die zahlreichen Klauseln des Befehls anzueignen,
kommt mit dem dialoggesteuerten Abfragemodul „RQBE" schnell zu beein-
druckenden Ergebnissen. Der Abfragedialog setzt die Aktionen des Anwenders
unmittelbar in SQL-SELECT-Befehle um. SELECT ist zudem schnell, da es
automatisch die neue Zugriffstechnologie von FoxPro (Rushmore) nutzt und
selbständig temporäre Indexdateien erstellt, soweit dies erforderlich ist.

Die Syntax des SELECT-Befehls entspricht seiner Leistungsfähigkeit und ist aufgrund ihrer Komplexität sicher nicht jedermanns Sache:

```
SELECT [ALL | DISTINCT] [<Alias>.]<Selektions_begriff>
       [, [<Alias>.]<Selektions_begriff> ...]
       FROM <Datenbank> [<Lokaler_Alias>] [, <Datenbank>
       [<Lokaler_Alias>] ...]
       [[INTO <Ziel>]
       | [TO FILE <Datei> [ADDITIVE] | TO PRINTER]]
       [NOCONSOLE]
       [PLAIN]
       [NOWAIT]
       [WHERE <Join_bedingung> [AND <Join_bedingung> ...]
       [AND | OR <Filter_bedingung> [AND | OR
       <Filter_bedingung> ...]]]
       [GROUP BY <Gruppenspalte> [, <Gruppenspalte> ...]]
       [HAVING <Filter_bedingung>]
       [UNION [ALL] <SELECT_Befehl>]
       [ORDER BY <Ordnungs_Begriff> [ASC | DESC]
       [, <Ordnungs_Begriff> [ASC | DESC]...]]
```

Wem das nun alles zuviel ist, der kann sich das weitere Lesen durchaus verknei-
fen, ohne auf die Vorteile dieses Befehls verzichten zu müssen. Die Funktionalität, die hier besprochen werden soll, findet er, ohne sich um die Syntax kümmern zu müssen, auch im schon vorgestellten RQBE-Dialog. Auch Programmierer können davon profitieren, da FoxPro gleich den SELECT-Code generiert,
der nur noch kopiert und in eigene Programme eingefügt werden muß.

Wer sich aber die Mühe macht, tiefer einzusteigen, findet ein mächtiges Werkzeug für die Generierung von Abfragen und als Vorstufe für die Reportgenerierung. Auch nimmt SELECT dem Programmierer eine Menge Arbeit ab. Eigene
Prozeduren, die die gleiche Funktion erfüllen, erfordern erheblich mehr Programmzeilen und sind in der Regel wesentlich langsamer.

SELECT erwartet keine vorbereitete Arbeitsumgebung, keine geöffneten Dateien, keine Indizes, keine Verknüpfungen. SELECT benötigt keinen Alias-Namen, um Felder in unterschiedlichen Datentabellen anzusprechen. Relationen werden durch SELECT erstellt und müssen nicht zuvor definiert werden.

Schauen wir uns zunächst ein kleines Beispiel an

```
SELECT Adressen.firma, Adressen.name, ;
       Adressen.land, Adressen.ort,;
       Adressen.telefon1;
  FROM Adressen;
 WHERE Adressen.land = "F";
    OR (Adressen.land = "D")
```

Der SELECT-Befehl listet zunächst alle Feldnamen auf, die in der Antworttabelle erscheinen sollen. In diesem Beispiel verwenden wir nur die Tabelle *Adressen*. Es wäre daher nicht unbedingt erforderlich, den Namen der Tabelle (oder den Alias) vor die Feldnamen zu setzen. Sollen aber mehrere Tabellen in einer Abfrage vorkommen, und das dürfte die Regel sein, verwenden Sie besser die Tabellennamen.

Die Klausel FROM bezeichnet die Liste der verwendeten Tabellen, die durch Kommata separiert werden.

WHERE hat zwei Bedeutungen: Zum einen bestimmt WHERE die Verknüpfungsbedingungen zwischen mehreren Tabellen (Join-condition). In unserem Beispiel haben wir nur eine Tabelle verwendet. Damit entfällt hier diese Funktion. Wir benutzen WHERE in seiner zweiten Funktion als Selektions- oder Filterkriterium. Beliebig viele Kriterien können durch AND oder OR verknüpft werden. WHERE läßt sich in dieser Funktion mit der FOR-Klausel in vielen FoxPro-Befehlen vergleichen.

Das folgende Beispiel verwendet zwei Tabellen für die Abfrage.

```
SELECT Adressen.firma, Adressen.name, ;
       Adressen.land, Kontakte.datum,;
       Kontakte.typ, Kontakte.inhalt, ;
       Kontakte.text;
  FROM Adressen, Kontakte;
 WHERE Kontakte.kdnr = Adressen.kdnr;
   AND Adressen.land IN ("D","F");
 GROUP BY Adressen.land;
 ORDER BY Adressen.firma, Adressen.name
```

In diesem Beispiel sorgt die WHERE-Klausel zunächst für die Verknüpfung der beiden Tabellen über das Feld *kdnr*. Diese Verknüpfung ist unbedingt erforderlich, wenn nicht unerwartet große Ergebnistabellen erzeugt werden sollen. Zusätzlich erhalten wir die Daten der Ergebnistabelle nach dem Feld *Land* gruppiert (GROUP BY) und nach den Feldern *Firma* und *Name* sortiert (ORDER BY) ausgegeben.

SELECT-Abfragen und Variablen

Den Programmierer dürfte interessieren, daß SELECT-Abfragen nicht nur Konstanten, sondern auch Variablen enthalten können. Es muß also nicht für jede einzelne Abfrage neu programmiert werden. Eine Abfrage kann folglich in einer Prozedur mit Parametern ausgestattet werden, deren Werte sich zur Laufzeit eines Programms auch ändern dürfen. Ein Beispiel:

```
*-------------------------------------------------
* sample06                 SQL-SELECT und Variablen
*-------------------------------------------------

x1 = .T.
x2 = .T.
x3 = .F.
x4 = .F.

SELECT adressen.firma, adressen.name, ;
       adressen.at1, adressen.at2, ;
       adressen.at3, adressen.at4 ;
  FROM adressen ;
  WHERE (adressen.at1 = x1  OR adressen.at2 = x2) ;
    AND (adressen.at3 = x3)

*--- Ende sample06 ------------
```

Das Beispiel verwendet die Variablen *x1* bis *x4*, um unterschiedliche Werte für die Abfrage vorzugeben. Die Variablen können natürlich auch in einer PARA-METER-Anweisung stehen.

22.3 Hinweise und Einschränkungen

BDFs

In SQL-Abfragen sollten nach Möglichkeit keine BDFs (UDFs) verwendet werden. Microsoft nennt hauptsächlich Performance-Gründe. SQL-Abfragen sind optimiert und können durch eigene Funktionen ausgebremst werden. Da eine SQL-Abfrage die benötigten Dateien selbst öffnet, kann auch nicht genau gesagt werden, welcher Arbeitsbereich gerade aktiv ist und welche Felder gerade bearbeitet werden. Eine Benutzerdefinierte Funktion dürfte daher keine Annahmen über die jeweilige Arbeitsumgebung machen.

Große Ergebnistabellen bei unsachgemäßer Handhabung

Da eine unsachgemäße Anwendung des RQBE-Dialogs oder des SELECT-Kommandos zu außerordentlich großen Ergebnistabellen führen kann, sollten diese Optionen nur sehr sorgfältig eingesetzt werden. Vergessen Sie beispielsweise eine Join-Bedingung (WHERE) zu definieren, kann eine Abfrage mit zwei Tabellen von jeweils 1000 Datensätzen zu einer Ergebnistabelle mit 1.000.0000 Datensätzen führen. FoxPro verknüpft in diesem Fall jeden Datensatz aus der ersten mit jedem Datensatz aus der zweiten Tabelle.

Auch Verknüpfungsfelder mit leeren Einträgen können Probleme bereiten, weil FoxPro diese mit leeren Verknüpfungsfeldern in einer zweiten Tabelle gleichsetzt, so daß wiederum ungewollt viele Datensätze in der Ergebnistabelle erzeugt werden.

23 Datenaustausch mit Clipboard, OLE und DDE

23.1 Zu diesem Kapitel

Der Datenaustausch unter Windows-Applikationen verlief bisher weitgehend über die Clipboard-Funktionen *Copy* und *Paste* (Kopieren und Einfügen). Die Effektivität dieser Funktionen krankte aber in der Regel an den unterschiedlichen Dateiformaten der verschiedenen Anwendungen. Änderungen der Quelldaten mußten zudem mit dem separat aufzurufenden Quellprogramm durchgeführt und dann erneut mit *Kopieren* und *Einfügen* in das Zieldokument übernommen werden.

Der Anwender durfte daher schon zufrieden sein, wenn er wenigstens Bilder oder Texte aus anderen Windows-Anwendungen in sein Zieldokument einbinden konnte.

Schon Windows 3.0 stellte ein weiteres Verfahren zur Verfügung: DDE (Dynamic Data Exchange). Windows 3.1 bietet zusätzlich OLE (Object Linking and Embedding). Dieses Kapitel will einen Eindruck von den Möglichkeiten dieser neuen Techniken des Datenaustausches zwischen Windows-Applikationen vermitteln. Speziell das recht komfortable OLE, für das FoxPro einen eigenen Feldtyp geschaffen hat, soll etwas ausführlicher behandelt werden.

Client-Server-Prinzip

Allen Datenaustauschverfahren unter Windows ist gemeinsam, daß sie nach dem Client-Server-Prinzip arbeiten. Der Client übernimmt Daten, die von einem Server bereitgestellt werden. Wollen Sie beispielsweise eine Grafik aus Windows Paint in eine FoxPro-Anwendung übernehmen, ist FoxPro der Client und Paint der Server. Die Kommunikation geht in der Regel vom Client aus; der Server beschränkt sich weitgehend auf eine dienende Funktion.

23.2   Die Zwischenablage (Clipboard)

Das wohl älteste und immer noch gebräuchlichste Datenaustauschverfahren unter Windows ist sicher das Kopieren und Einfügen über die Zwischenablage (Clipboard). FoxPro kann, wie nahezu alle Windows-Applikationen, Daten in die Zwischenablage kopieren und auch daraus übernehmen. Diese Funktion ist jedoch praktisch auf Daten beschränkt, die als Text vorliegen. Befinden Sie sich in einem mit MODIFY COMMAND|FILE oder MODIFY MEMO geöffneten Editierfenster, stehen Ihnen die Optionen *Ausschneiden*, *Kopieren* und *Einkleben* des Menüs *Bearbeiten* zur Verfügung.

Reine Texte, also Texte, die keine Steuerzeichen (< ASCII 32) enthalten, können so mit anderen Applikationen, die in der Lage sind, Texte zu verarbeiten, ausgetauscht werden.

Der FoxPro-Programmierer nutzt diese Funktion - unbewußt - immer dann, wenn ein Teil des Quellcodes kopiert oder verschoben werden soll. (Strg)+(C) (kopieren) und (Strg)+(X) (ausschneiden) befördern einen markierten Textabschnitt in die Zwischenablage und (Strg)+(V) fügt diesen an der Cursor-Position wieder in den Text ein. Diese Tasten funktionieren so auch in anderen Windows-Anwendungen, beispielsweise in Word für Windows.

Natürlich kann auch ein Anwender diese Tastenkombinationen nutzen, etwa beim Editieren von Memofeldern, und damit Datenaustausch innerhalb einer FoxPro-Anwendung und mit anderen Windows-Applikationen betreiben.

Die Systemvariable _cliptext

Foxpro übernimmt den (Text-)Inhalt der Zwischenablage zusätzlich in die Systemvariable *_cliptext*, so daß deren Inhalt - und damit der Inhalt der Zwischenablage - mit einem einfachen Print-Kommando ausgegeben werden kann:

```
? _cliptext
```

Die folgende Funktion aus unserer Beispielanwendung verwendet eine @...EDIT /READ-Konstruktion, um den Inhalt der Zwischenablage einsehen und direkt editieren zu können.

```
*---------------------------------------------------------------
* showclpb
*
* Zeigt den Inhalt der Systemvariablen _cliptext
* (Zwischenablage)und ermöglicht das Editieren dieser
```

```
* Variablen. Der editierte Text steht dann unmittelbar auch
* in der Zwischenablage bereit.
*-------------------------------------------------------------

CLEAR GETS

   *--- Editieren zunächst nicht möglich -------------

edit = .F.

   *--- Fenster definieren und aktivieren -------------

DEFINE WINDOW clpb ;
       AT 5.154, 14.000 ;
       SIZE 17.000,93.600 ;
       TITLE "Zwischenablage" ;
       FONT "MS Sans Serif", 8 ;
       FLOAT ;
       NOCLOSE ;
       NOMINIMIZE ;
       SYSTEM ;
       COLOR RGB(0,0,0,255,255,255)

ACTIVATE WINDOW clpb

   *--- Editierbereich und Schaltflächen definieren -----

@ 1.385,3.800 EDIT _cliptext ;
   SIZE 11.688,45.286,0.000 ;
   PICTURE "@K" ;
   DEFAULT " " ;
   FONT "MS Sans Serif", 10 ;
   SCROLL ;
   WHEN edit

@ 1.385,70.200 GET wahl ;
   PICTURE "@*VN Inhalt editieren;Inhalt löschen;Ende" ;
   SIZE 2.231,17.000,0.769 ;
   DEFAULT 1 ;
   FONT "MS Sans Serif", 8 ;
   STYLE "B" ;
   VALID _qbn1fcd3w()

   *--- Modales READ ---------------------------

READ CYCLE MODAL

RELEASE WINDOW clpb

*-------------------------------------------------------------
FUNCTION _qbn1fcd3w        &&  wahl VALID
*-------------------------------------------------------------
```

```
DO CASE

   *--- Editieren ermöglichen ----------------------

   CASE wahl = 1
        edit = .T.
        RETURN .F.

   *--- Inhalt löschen und Objekt neu anzeigen -----

   CASE wahl = 2
        _CLIPTEXT = ""
        SHOW OBJECT 1      && Editierfeld erneut anzeigen
        RETURN .F.

   CASE wahl = 3
        CLEAR READ         && READ beenden
        RETURN .T.

ENDCASE

*--- Ende showclpb -------------------------------
```

Wie die Editier-Option schon vermuten läßt, kann dieser Variablen auch Text zugewiesen werden, der dann über die Zwischenablage wieder in anderen Applikationen verfügbar ist. FoxPro speichert also auch umgekehrt den Inhalt der Systemvariablen *cliptext* in die Windows-Zwischenablage. Für unsere Anwendung ergibt sich so die Möglichkeit, einen Text in die Zwischenablage zu transferieren, ohne diesen zuvor als Textblock ausschneiden zu müssen. Im Kapitel über Speichervariablen finden Sie ein passendes Beispiel dazu.

Der Aufruf obiger Funktion erfolgt, da keine Parameter und kein Rückgabewert zu berücksichtigen sind, wahlweise als Prozedur oder als Funktion:

```
DO showclpb
```

Als Funktion:

```
= showclpb()
```

Jede geeignete Windows-Anwendung (Write, WordPerfect für Windows, Excel etc.) kann den mit *showclpb* erstellten Text aus der Zwischenablage in eigene Dokumente einfügen.

23.3   OLE (Object Linking and Embedding)

OLE kann als Weiterentwicklung des Clipboard-Verfahrens betrachtet werden. In der Regel findet der Datenaustausch auch zunächst über die Zwischenablage statt. OLE beseitigt jedoch einige mißliche Einschränkungen dieses Verfahrens, die besonders dann hinderlich sind, wenn nicht mehr nur unformatierter Text ausgetauscht werden soll. Das Ändern einer per Zwischenablage eingebundenen Grafik machte es früher erforderlich, die Grafik aus dem Zieldokument zu löschen, die Änderungen im Grafikprogramm durchzuführen und die geänderte Grafik erneut über die Zwischenablage zu transferieren. Mit OLE ist es jetzt möglich, Datenobjekte aus der Client-Applikation heraus zu verändern.

Ein Doppelklick mit der Maus auf das verknüpfte (Linking) oder eingebettete (Embedding) Objekt startet die zugehörige Server-Applikation mit dem Objekt.

Nur Client

FoxPro für Windos fungiert jedoch ausschließlich als OLE-Client. FoxPro kann also nur Informationen übernehmen, beispielsweise Grafiken aus Paintbrush, Tabellen aus Excel oder Texte aus Word für Windows. FoxPro-Daten können hingegen nicht als OLE-Objekte an andere Applikationen übergeben werden.

Verknüpfen oder Einbetten

OLE steht eigentlich für zwei unterschiedliche Verfahren. Object Linking erzeugt eine Verknüpfung, einen Verweis auf ein Datenobjekt. Eine Änderung des verbundenen Quellobjekts wird daher immer auch im Zieldokument sichtbar.

Ein eingebettetes (Embedding) Objekt wird hingegen in das FoxPro-Objekt übernommen. Eine Verbindung zum ursprünglichen Objekt besteht nicht mehr. Änderungen des Quell- und Zielobjekts beeinflussen sich nicht gegenseitig, da es sich tatsächlich um physikalisch selbständige Objekte handelt.

„Embedding" ist also dem „normalen" Clipboard-Verfahren sehr ähnlich. Sie ersparen sich jedoch den Aufwand, ein geändertes Objekt erneut in das Clipboard kopieren und in die Zielanwendung einkleben zu müssen.

Einbetten sollte immer dann zur Anwendung kommen, wenn ein Programm und seine Daten portabel sein müssen, da eine Verknüpfung zerstört wird, wenn Ziel- oder Quelldokument verlagert werden.

In beiden Fällen kann das Objekt aus FoxPro heraus geändert werden. Die Änderung erfolgt jedoch durch die Applikation, mit der das Quellobjekt erzeugt wurde. Das setzt voraus, daß auch bei Verlagerungen von eingebetteten Objekten die Serverapplikation auf dem Zielsystem vorhanden ist.

Das Objekt- (General-) Feld

Um eine Verbindung herzustellen oder ein Quellobjekt einzubetten, benutzt FoxPro einen speziellen Feldtyp, das General-Feld. Dabei handelt es sich um „eine Art" Memofeld, das aber keine Texte, sondern Grafik-, Sound- und andere Daten aufnehmen kann. Ein General-Feld ist erforderlich, wenn Sie eine Verknüpfung zu einem Objekt herstellen oder ein Objekt einbetten wollen. Ein General-Feld erzeugen Sie bei der Definition einer Tabelle. Bei der Darstellung mit BROWSE oder GET wird ein leeres General-Feld durch die Bezeichnung *obj* dargestellt. Sobald das Feld ein Objekt enthält, wechselt die Bezeichnung zu *Obj*.

Ein General-Feld kann wie ein Memofeld durch einen Mausdoppelklick oder die Tastenkombination $\boxed{\text{Strg}}+\boxed{\text{Bild↓}}$ aufgerufen werden. Der Cursor muß dabei auf dem General-Feld stehen.

Was kann verknüpft oder eingebettet werden?

Anders gefragt: Was sind OLE-Objekte? OLE-Objekte sind Informationen, die Teile von Datendateien oder auch komplette Dateien enthalten, die mit OLE-fähigen Windows-Applikationen erstellt wurden. Wesentlich ist, daß OLE-Objekte die Verbindung zu den Anwendungen aufrechterhalten, mit denen Sie erzeugt wurden. Ein in FoxPro eingebettetes Paintbrush-Objekt „weiß" also, daß es mit Paintbrush erzeugt wurde. Windows verfügt über einen speziellen Editor, der Ihnen alle notwendigen Informationen über die auf Ihrem Rechner installierten OLE-Clients und Server liefert. Sie erreichen diesen Editor über den Programm-Manager. Im Menü *Datei* wählen Sie die Option *Ausführen* und geben dann die Zeile „regedit" oder „regedit /V" ein.

Wie verknüpfen und einbetten

Für die Verknüpfung oder Einbettung von Objekten bietet FoxPro vier Wege an:

1. Zwischenablage
2. Aufruf der Serverapplikation
3. Datei
4. FoxPro-Befehle

Die ersten drei Wege nutzen Optionen aus dem Menü *Bearbeiten*. Diese Optionen können Sie auch Ihren Anwendern zur Verfügung stellen. Dazu müssen Sie die Menüoptionen in Ihr Hauptmenü integrieren. Wie das funktioniert, können Sie im Kapitel über die Programmierung von Menüs nachlesen.

Eine Verknüpfung herstellen

Erfolgt der Austausch über das Clipboard, muß zunächst das Objekt in der Server-Applikation, beispielsweise Paintbrush, geladen worden sein. In der Server-Applikation kopieren Sie das Objekt, ganz oder als Ausschnitt, in die Zwischenablage.

Über die Option *Objekt einfügen* des Bearbeiten-Menüs wird das Objekt dann mit einer FoxPro-Tabelle verknüpft.

Die folgenden Schritte sind für die Verknüpfung unter FoxPro erforderlich:

1. Das gewünschte Objekt in der Serverapplikation (beispielsweise Paintbrush) erstellen oder laden.

2. Das Objekt ganz oder als Ausschnitt in die Zwischenablage kopieren.

3. Die Client-Applikation (FoxPro) aufrufen und eine Datei mit einem General-Feld öffnen (USE).

4. Das General-Feld mit MODIFY GENERAL oder mit BROWSE und Doppelklick auf das General-Feld aktivieren.

5. Mit der Menüoption *Objekt einfügen* des Bearbeiten-Menüs die Verknüpfung herstellen.

Das Ergebnis zeigt die folgende Abbildung. Wir haben hier das BROWSE-Kommando benutzt und das General-Feld mit einem Mausdoppelklick auf *obj* geöffnet.

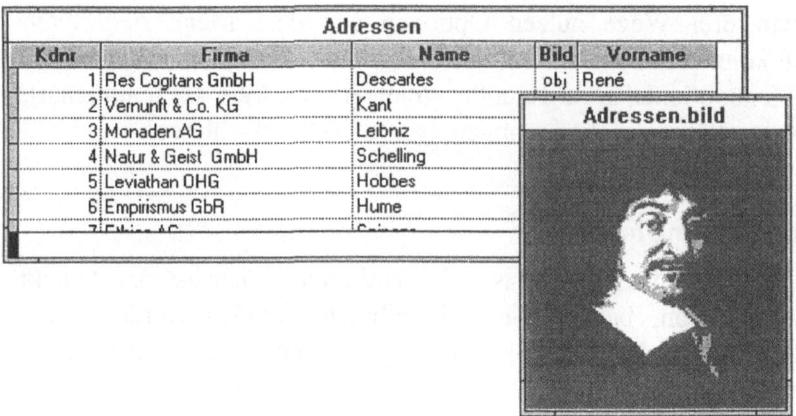

Abb. 23.1: BROWSE und General-Feld mit verknüpftem Objekt

OLE in eigenen Programmen

Sie können die ganze Arbeit dem Anwender überlassen, wenn Sie nur das General-Feld und die notwendigen Optionen des Systemmenüs bereitstellen. FoxPro bietet aber auch einige Befehle, mit denen sich eine Anwendung maßschneidern läßt. Ein erstes Beispiel:

```
USE adressen              && Enthält das General-Feld "bild"
MODIFY GENERAL bild
```

Diese zwei Zeilen bringen schon unsere Grafik auf den Bildschirm. Allerdings gilt dies nur für bestimmte Grafikformate. Andere Objekte, beispielsweise Word - Dokumente, werden nur mit ihrem Icon abgebildet. Der Vorteil des MODIFY GENERAL-Befehls besteht darin, daß ein separates Fenster angezeigt wird und damit automatisch auch die zugehörigen Optionen des Systemmenüs aktiv sind, mit denen die Verknüpfung oder Einbettung manipuliert werden kann. Auch können Sie in diesem Fall mit Doppelklick auf das Objekt die Server-Applikation aufrufen. Eine bloße Darstellung erreichen Sie auch mit dem SAY-Befehl:

```
USE Adressen
@ 5,5 SAY bild SIZE 10,30 ISOMETRIC
```

Mit SIZE bestimmen Sie die Größe der Abbildung. Die optionale Klausel ISOMETRIC sorgt für die Anpassung an die vorgegebene Größe, wobei das Seitenverhältnis erhalten bleibt. Die ebenfalls optionale Klausel STRETCH würde die Anpassung ohne Berücksichtigung des Seitenverhältnisses vornehmen.

Weitere OLE-Befehle

FoxPro stellt aber auch Befehle zur Verfügung, die Ihnen mehr Kontrolle über die Aktivitäten des Anwenders lassen. Den Befehl

```
MODIFY GENERAL <General-Feld>[,<General-Feld2>...]
```

haben Sie bereits kennengelernt. Wie aus der Syntax ersichtlich, können mehrere General-Felder gleichzeitig geöffnet werden. Sollen komplette Dateien als OLE-Objekte übernommen werden, kann der Befehl

```
APPEND GENERAL <General-Feld>
FROM <Datei>
[LINK]
[CLASS <OLE-KLasse>]
```

zur Anwendung kommen. In diesem Fall ist es nicht erforderlich, zuvor ein General-Feld zu aktivieren. Lediglich eine Datei mit General-Feld muß im aktuellen Arbeitsbereich bereitstehen.

Beispiel:

```
USE adressen
APPEND GENERAL bild FROM "D:\DOC\test.doc" LINK
MODIFY GENERAL bild
```

Unser Beispiel öffnet die Datei *Adressen* mit dem General-Feld *bild*. Der APPEND-Befehl stellt für den aktuellen Datensatz eine Verknüpfung zur Datei „test.doc" her. MODIFY zeigt schließlich das Ergebnis der Verknüpfung. Da es sich in unserem Beispiel um eine WinWord-Datei handelt, werden wir nur die Start-Ikone von WinWord zu sehen bekommen. Da eine WinWord- oder auch eine Excel-Datei, anders als eine Paintbrush-Datei, nicht in FoxPro dargestellt werden kann, zeigt uns das Editor-Fenster eines General-Feldes nur das zugehörige Starticon der Serverapplikation.

Wir haben im vorstehenden Beispiel eine Verknüpfung hergestellt. Hierfür ist die Klausel LINK zuständig. Ohne diese Klausel hätten wir das Objekt eingebettet.

23.4 DDE (Dynamic Data Exchange)

OLE ist ein Datenaustauschverfahren, das wesentlich einfacher zu handhaben ist als DDE. Für die meisten Applikationen sollte die Leistungsfähigkeit von OLE auch völlig ausreichen. Der Entwickler kann sich aufwendige Programmierarbeit ersparen und den größten Teil der Arbeit dem Anwender überlassen. Für komplexere Aufgaben bietet sich der dynamische Datenaustausch an.

DDE wurde von Microsoft mit Windows 3.0 eingeführt und hat sich unter Anwendern und Programmierern bisher nicht besonders beliebt gemacht. Wir werden hier auch nur kurz die Syntax vorstellen, da ausführliche Beispiele auf eine bestimmte Konfiguration angewiesen sind, die wir nicht bei jedem Leser voraussetzen können.

DDE ist ein ausgesprochen komplexes Verfahren, das jedoch als Entschädigung eine hohe Flexibilität bietet. FoxPro kann nach diesem Verfahren sowohl als Client wie auch als Server fungieren.

DDE kann nicht nur Daten austauschen, sondern auch zur Steuerung anderer Applikationen eingesetzt werden. DDE-Server bedienen Clients also nicht nur mit Daten, sondern stellen diesen auch einen Teil ihrer Funktionalität zur Verfügung. DDE-Applikationen können daher regelrecht miteinander kommunizieren, also Daten und Anweisungen in einer Art Dialog austauschen.

Die Befehle

FoxPro verfügt über eine ganze Reihe von Befehlen für die Kommunikation mit DDE:

```
DDEAbortTrans()
DDEAdvise()
DDEEnabled()
DDEExecute()
DDEInitiate()
DDELastError()
DDEPoke()
DDERequest()
DDESetOption()
DDESetService()
DDESetTopic()
DDETerminate()
```

Die Kommunikation muß zunächst initialisiert werden. Dazu dient die Funktion

```
DDEInitiate(<ServiceName>,<Topic>)
```

Mit der Zeile

```
handle = DDEInitiate("WinWord","System")
```

öffnen Sie einen Kommunikationskanal zur Applikation Word für Windows. Die Nummer diese Kanals, die Sie in der Variablen *handle* erhalten, wird für die weitere Kommunikation benötigt.

Service-Namen

In der Syntaxbeschreibung der Funktion finden Sie die Bezeichnung <Service-Name>. Damit sind Namen von Windows-Applikationen gemeint, die DDE unterstützen. FoxPro trägt beispielsweise den Service-Namen „FoxPro" und Word für Windows den Namen „WinWord".

Topic

Topic bezeichnet den Gegenstand der Kommunikation. Das können Dokumente sein, also Dateien, die dann in der Regel mit ihrer Extension angesprochen werden. Für WinWord wäre das z.B. die Bezeichnung „DOC". Als Gegenstand für allgemeine Informationen verwenden einige Applikationen aber auch die Bezeichnung „System".

24 FoxPro im Netzwerk

24.1 Grundlagen

Ein PC ist nicht mehr der typische Einzelplatzrechner. Diese Rolle hat er im Laufe seiner Entwicklung abgelegt und macht nun den Multiuser-Systemen der mittleren Datentechnik Konkurrenz. Sobald in einem Büro zwei oder mehr PCs betrieben werden, stellt sich automatisch die Frage nach der Kommunikation und der Nutzung gemeinsamer Ressourcen. Die Softwareindustrie hat sich auf diese Entwicklung eingestellt und bietet ihre Programme zunehmend auch als Mehrplatzversionen an. Datenbanken sind typische Anwendungen für den Multiuser-Betrieb.

Da die Programmierung von Multiuser-Anwendungen zu den Standardaufgaben eines FoxPro-Entwicklers zählt, ist dieses Kapitel der Programmierung netzwerkfähiger Programme gewidmet.

24.2 Welche Netzwerke

Grundsätzlich sollte FoxPro mit jedem Netzwerk zusammenarbeiten können. Dies gilt für Highend-Netze wie den LAN-Manager von Microsoft ebenso wie für die inzwischen sehr leistungsstarken Peer-to-Peer Netze, etwa LANtastic. FoxPro läuft auch auf Novell-Netware. Der auf OS/2 basierende LAN-Manager ist für Datenbankanwendungen jedoch vorzuziehen, da hier ein echtes Multitasking-System dafür sorgt, daß die einzelnen Anwendungen (Tasks) vollständig gegeneinander abgeschirmt werden.

24.3 Der indirekte Schreibzugriff im Netz

Der einfachste Weg, Daten in eine DBF-Datei zu schreiben, führt über die Befehlssequenz GET <Feldvariable> READ. FoxPro schreibt in diesem Fall direkt in die Felder der Datenbank. Da ein PC in den Anfangsjahren nicht immer zu den zuverlässigsten Arbeitsgeräten zählte, konnte es vorkommen, daß sich ein

Rechner während eines Schreibzugriffs verabschiedete. Oft zerstörte ein solcher Abgang auch noch die Datei, in die gerade geschrieben wurde. Ob Hardware und Software heute wesentlich sicherer geworden sind, soll hier nicht diskutiert werden. Aus diesen „dunklen Zeiten" aber haben professionelle dBase-Programmierer die Gewohnheit übernommen, Schreibzugriffe auf Dateien möglichst kurz zu halten. Der Anwender bekommt daher nicht den eigentlichen Inhalt eines Datensatzes zum Editieren vorgesetzt, sondern lediglich eine Kopie. Der Schreibzugriff nach Abschluß des Editiervorgangs erfolgt dann mit REPLACE-Befehlen in Bruchteilen von Sekunden, ohne daß der Anwender darauf noch Einfluß nehmen könnte.

Unter dBase und damit auch unter FoxPro verfügen Sie also grundsätzlich über zwei verschiedene Möglichkeiten, Daten neu in eine Datei aufzunehmen oder zu verändern.

1. Die direkte GET...READ Anweisung

Die direkte GET...READ Anweisung schreibt unmittelbar in die entsprechenden Feldvariablen. Beispiel:

```
USE datei
APPEND BLANK
@ 5,5 GET Name
READ
```

Nach der Ausführung dieser Befehlssequenz steht der eingegebene Name sofort in der Datei; ein REPLACE ist nicht mehr erforderlich. Solange der Anwender die Eingabe nicht abschließt, bleiben Datei und Datensatz im Zugriff. FoxPro sperrt in diesem Fall automatisch den betreffenden Datensatz.

2. Die indirekte GET...READ Anweisung

Bei der indirekten GET...READ Anweisung wird nicht in Feldvariablen, sondern in entsprechende Speichervariablen geschrieben. Dazu müssen diese Variablen jedoch zunächst definiert werden. Um das gleiche Resultat wie im Beispiel des direkten Schreibzugriffs zu erzielen, ist die folgende Befehlssequenz erforderlich:

```
USE datei
m.Name = Name        && Feldinhalt in Speichervariable kopieren
@ 5,5 GET mName
READ
APPEND BLANK
REPLACE name WITH mName  && Variableninhalt in Feld schreiben
```

Der eigentliche Feldinhalt wird in eine Speichervariable kopiert, und nur diese Variable wird dem Anwender zum Editieren überlassen. Sie sehen, daß die Methode des indirekten Schreibzugriffs mehr Programmzeilen erfordern kann.

Dennoch sollten Sie diese Methode, die unter erfahrenen dBASE-Programmierern auch für Einzelplatzanwendungen selbstverständlich ist, verwenden. An dieser Stelle sei aber bereits auf die Befehle GATHER und SCATTER hingewiesen, die den Datenaustausch zwischen Feld- und Speichervariablen erheblich vereinfachen.

Direkter Schreibzugriff für Einzelplatzanwendungen ?

In der Regel sind die heute üblichen Datenbanken so sicher geworden, daß eine Beschädigung der gesamten Datei während des Schreibzugriffs nicht mehr zu befürchten ist. Sie können deshalb durchaus den direkten Schreibzugriff anwenden, solange Ihre Anwendung nur für den Single-User-Betrieb konzipiert ist.

Für Netzwerkanwendungen gelten jedoch andere Regeln!

Kann ein Einzelplatzanwender unbedenklich seinen Arbeitsplatz verlassen und den Computer in einer offenen GET...READ Anweisung warten lassen, so kollidiert ein solches Verhalten im Netzwerkbetrieb leicht mit den Interessen anderer Netzteilnehmer. Ein Datensatz, auf den mittels eines direkten GET/READs zugegriffen wird, bleibt solange für alle anderen Teilnehmer gesperrt, bis das letzte GET abgearbeitet ist oder die ganze GET...READ Anweisung über [Esc] verlassen wird. Ein Datensatz könnte in diesem Fall vom Anwender stundenlang gesperrt werden, einfach dadurch, daß die Eingabe nicht abgeschlossen wird. Die letzte Entscheidung, wann ein solcher Datensatz wieder freigegeben wird, liegt also beim Anwender und damit genau bei der falschen Person. Hier gilt ein wichtiger Grundsatz für vernetzte Datenbanken:

Eine Datei oder ein Datensatz darf nur solange gesperrt werden, wie dies
für eine Operation unbedingt erforderlich ist.

Diese Forderung erfüllt nur der indirekte Schreibzugriff über Speichervariablen und REPLACE-Anweisungen oder, in der neueren Variante, mittels SCATTER- und GATHER-Befehlen. Das folgende Beispiel demonstriert den indirekten Schreibzugriff mit von SCATTER MEMVAR erzeugten Speichervariablen. Erst der Befehl GATHER MEMVAR schreibt den Inhalt der editierten Variablen in die Felder zurück.

```
*-----------------------------------------------------------------
* sample17
*
* Indirektes Editieren mit Speichervariablen
*-----------------------------------------------------------------

DEFINE WINDOW temp FROM 6,25 SIZE 9,47 ;
                   FONT "System", 10 ;
                   FLOAT TITLE "Sample 17"
ACTIVATE WINDOW temp

CLOSE ALL
USE adressen IN 0

    *-------------------------------------------------------------
    * SCATTER MEMVAR erzeugt aus den Feldern des aktuellen
    * Datensatzes gleichnamige Speichervariablen. Diese
    * Variablen können mit dem Vorsatz "m." angesprochen
    * werden.
    *-------------------------------------------------------------

SCATTER MEMVAR

    *-------------------------------------------------------------
    * Die in den GETs verwendeten Variablen "m.Firma" und
    * "m.Name" wurden mit SCATTER MEMVAR automatisch dekla-
    * riert und initialisiert.
    *-------------------------------------------------------------

@ 1.500,2 SAY "Firma: " GET m.firma ;
    SIZE 1.000,34.571 ;
    FONT "System", 10 ;
    STYLE "B" ;
    PICTURE "@K"
@ 3.500,2 SAY "Name: " GET m.name ;
    SIZE 1.000,34.571 ;
    DEFAULT " " ;
    FONT "System", 10 ;
    STYLE "B" ;
    PICTURE "@K"

    *--- Schaltflächen "Speichern" und "Abbruch" definieren -

@ 6,12 GET wahl ;
    PICTURE "@*HT OK;Abbruch" ;
    SIZE 2,13.333,1.667 ;
    DEFAULT 1 ;
    FONT "MS Sans Serif", 8 ;
    STYLE "B"

    *-------------------------------------------------------------
    * Schleife mit READKEY()-Auswertung sorgt dafür, daß
    * der Editiervorgang nicht mit ESC abgebrochen werden
```

```
    * kann.
    *------------------------------------------------------

DO WHILE .T.
    READ CYCLE

    IF READKEY() # 12 AND READKEY() # 268
        EXIT
    ENDIF
ENDDO

    *------------------------------------------------------
    * GATHER MEMVAR schreibt den Inhalt der mit SCATTER
    * erzeugten und mit GET/READ editierten
    * Speichervariablen wieder in die Datenfelder zurück.
    *------------------------------------------------------

IF wahl = 1         && wenn OK gewählt wurde
    GATHER MEMVAR
ENDIF

RELEASE WINDOW temp

*--- Ende sample17 -----------------------------------
```

Weitere Hinweise zum Thema „indirekte Dateneingabe" finden Sie im Kapitel „Ein- und Ausgabe mit SAY, GET und READ".

24.4 Automatische Satz- und Dateisperren

Im Multiuser-Betrieb können mehrere Anwender gleichzeitig auf eine Datenbank zugreifen. Kritisch wird es jedoch, wenn derselbe Datensatz von zwei oder mehr Anwendern verändert werden soll. Solche konkurrierenden Zugriffe müssen vom Datenbanksystem erkannt und durch entsprechende Algorithmen abgefangen werden. FoxPro für Windows ist grundsätzlich netzwerkfähig und sperrt daher Datensätze oder Dateien nicht nur dann, wenn dies ausdrücklich mit speziellen Funktionen und Befehlen vom Programmierer erzwungen wird. Einige der wichtigsten Befehle von FoxPro sperren automatisch einzelne Dateibereiche oder die ganze Datei.

Mit Wirkung auf die gesamte Datei sperren:

```
APPEND
APPEND FROM
DELETE <Bereich>
RECALL <Bereich>
```

```
REPLACE <Bereich>
UPDATE
```

Einzelne Sätze werden gesperrt durch:

```
APPEND MEMO
DELETE
GATHER
READ
RECALL
REPLACE
SHOW GETS
```

Den Dateikopf sperren:

```
APPEND BLANK
APPEND FROM ARRAY
INSERT (SQL)
```

Folgen wir unserem Paradigma, daß nur indirekt in Dateien geschrieben werden darf, schreibende Zugriffe also nur über APPEND und REPLACE oder GATHER erfolgen, dann sind Satzsperren nicht unbedingt notwendig. FoxPro sorgt während der kurzen Zugriffszeiten dieser Befehle selber für die Sperrung von Datensatz und, falls notwendig, Dateikopf und hebt die Sperren gleich wieder auf, wenn der Zugriff beendet ist. Werden keine kritischen Daten verarbeitet oder werden nur selten bestehende Datensätze verändert, könnte man FoxPro die ganze Arbeit überlassen. Eine physische Beschädigung des jeweiligen Datensatzes oder der Datei ist schon allein aufgrund der automatischen Sperrfunktionen ausgeschlossen.

Die Datenintegrität auf physikalischer Ebene wäre damit abgedeckt. Der einzige unverzichtbare Befehl in einer Multiuser-Umgebung ist daher SET EXCLUSIVE OFF. Erst dieser Befehl ermöglicht auch anderen Netzteilnehmern, auf die gemeinsame Datenbank zuzugreifen.

Leider sind die meisten Anwendungen etwas komplexer. Die wirklichen Risiken, die durch den Multiuser-Betrieb entstehen, drohen auf der semantischen Ebene. Was ist damit gemeint?

Die Situation:

Zwei Benutzer editieren den gleichen Datensatz. Den gleichen? Sie erinnern sich: Wir schreiben (editieren) nie direkt in eine Datenbank. Beide Benutzer haben also den Inhalt des gleichen Datensatzes in Speichervariablen kopiert (ein Lesezugriff) und jeder editiert nun seine eigenen Speichervariablen.

Nach Abschluß des Editiervorgangs sichern beide ihre Daten und jetzt wird wirklich in die Datei geschrieben (mit REPLACE- oder GATHER-Befehlen). Wir unterstellen, durchaus realistisch, daß nicht absolut zeitgleich, sondern mit minimaler zeitlicher Differenz geschrieben wird. In der Regel sollten Bruchteile von Sekunden reichen, um einen Satz zu sperren, zu schreiben und die Sperrung wieder aufzuheben. Beide haben also erfolgreich ihre geänderten Daten in den gleichen Datensatz geschrieben.

Sie merken schon, daß hier etwas nicht stimmen kann. Was also ist passiert?

Zunächst hat der etwas schnellere von beiden den Originaldatensatz mit seinen geänderten Daten überschrieben, und anschließend hat der langsamere den gerade geänderten Datensatz mit seinen Daten nochmals überschrieben, ohne, und das ist wesentlich, die Änderungen seines Vorgängers je gesehen zu haben. Die Arbeit des ersten ist also völlig untergegangen. Da die zufällige Vernichtung von Informationen sicher nicht Sinn einer Multiuser-Anwendung sein kann, besteht für den Entwickler Handlungsbedarf.

Wir lernen daraus: Anwendungen, deren Komplexitätsgrad über den einer simplen Adressenverwaltung hinausgeht, können sich nicht auf die automatischen FoxPro-Sperrfunktionen verlassen, sondern müssen eigene Satzsperren oder andere Methoden des Konflikthandlings vorsehen.

24.5 Explizite Satz- und Dateisperren

In einer Multiuser-Umgebung kann es vorkommen, daß mehrere Benutzer zur selben Zeit auf den gleichen Datensatz zugreifen wollen. Um eventuell auftretende Kollisionen zu verhindern, kann es notwendig sein, einen Datensatz oder auch die ganze Datei gegen konkurrierende Zugriffe zeitweise zu sperren.

Bei den expliziten Satz- und Dateisperren lassen sich grundsätzlich drei Ebenen unterscheiden:

1. Satz   (nicht exlusive)

2. Datei   (nicht exklusiv)

3. Datei   (exklusiv)

Sätze oder Dateien, die nicht exklusiv gesperrt werden, können von anderen Netzwerkteilnehmern noch gelesen, aber nicht mehr verändert werden. Die letzte

Stufe schließt jede gleichzeitige Benutzung der gesperrten Datei, auch den nur lesenden Zugriff, aus.

Befehle und Funktionen

FoxPro kennt im wesentlichen fünf Funktionen und Befehle, die unmittelbar für den Einsatz in Netzwerken gedacht sind:

```
LOCK([<AusdrN> | <AusdrZ1>] | [<AusdrZ2>, <AusdrN> |
    <AusdrZ1>])

RLOCK()              && gleichwertig mit LOCK()

FLOCK([<AusdrN> | <AusdrZ1>])

UNLOCK [IN <AusdrN> | <AusdrZ> | ALL]

SET EXCLUSIVE ON/OFF
```

Die Funktion LOCK() (bzw. RLOCK()) sperrt einen Datensatz, soweit dieser nicht bereits durch einen anderen Netzwerkteilnehmer gesperrt ist. Abhängig vom Erfolg des Sperrversuchs wird ein logischer Wert (.T. oder .F.) zurückgegeben. Ohne Parameter würde LOCK() versuchen, den gerade aktuellen Datensatz im angewählten Arbeitsbereich zu sperren. LOCK() verfügt aber über optionale Parameter, die es erlauben, Datensätze in einem anderen Arbeitsbereich als dem gerade gewählten zu sperren. Auch können mehrere Sätze gleichzeitig gesperrt werden.

Der Befehl:

```
? LOCK()
```

sperrt den aktuellen Datensatz im aktuellen Arbeitsbereich.

```
? LOCK("2,3,4", "Adressen")
```

versucht, die Sätze 2,3 und 4 der Datentabelle *Adressen* zu sperren. Wobei es unwichtig ist, ob die Tabelle *Adressen* im gerade gewählten Arbeitsbereich oder in einem beliebigen anderen Bereich geöffnet wurde. Der Sperrversuch wäre wohl auch nur bedingt erfolgreich. Vermutlich würde nur der 4. Datensatz gesperrt. LOCK() benötigt eine spezielle Erlaubnis, wenn mehrere Datensätze zur gleichen Zeit gesperrt werden sollen. Diese Erlaubnis wird mit dem SET-Kommando

```
SET MULTILOCK ON
```

erteilt. Ein Programm, das alle notwendigen Befehle berücksichtigt, könnte wie folgt aussehen:

```
SET REPROCESS TO 3
SET EXCLUSIVE OFF      && Zugriff für mehrere Benutzer erlauben
SET MULTILOCK ON
USE Adressen
IF LOCK("2,3,4","Adressen")
    ? "gesperrt"
ELSE
    ? "nicht gesperrt"
ENDIF
```

Natürlich macht es wenig Sinn, nur den Erfolg oder Mißerfolg eines Sperrversuchs zu vermelden. In einer Anwendung müßte nach erfolgreichem Sperren statt des Printbefehls der Aufruf eines Editiermoduls erfolgen.

FLOCK() funktioniert ähnlich wie LOCK(), nur wird bei Anwendung dieser Funktion die ganze Datei gesperrt. Diese beiden Funktionen sperren für die anderen Teilnehmer im Netz jeden Zugriff, der die Datei verändern würde. Ein nur lesender Zugriff bleibt weiterhin für alle Netzwerkteilnehmer möglich. Zu diesen lesenden Zugriffen zählen auch die Auswertungsbefehle CACULATE, COUNT, SUM und TOTAL.

LOCK() und FLOCK() versuchen eventuell mehrmals, einen Datensatz oder eine Tabelle zu sperren. Für die Wiederholung der Sperrversuche ist der Befehl

```
SET REPROCESS TO <AusdrN> [SECONDS]
```

zuständig, der entweder die Anzahl der Wiederholungen oder die Zeitspanne dafür vorgibt. Die Standardeinstellung ist 0 und steht für eine unbegrenzte Zahl von Sperrversuchen. Der Benutzer kann die Versuche jedoch mit Esc abbrechen.

Satz und Dateisperren aufheben

Der Befehl UNLOCK (ein Befehl, keine Funktion) hebt eine Datei- oder Satzsperre wieder auf. UNLOCK wirkt auf den aktuellen Arbeitsbereich. In Verbindung mit der Option „ALL" werden aber alle Sperren in allen Arbeitsbereichen aufgehoben.

```
UNLOCK ALL
```

Mit der Klausel „IN" kann ein Arbeitsbereich oder ein Alias benannt werden, für den die Aufhebung der Sperren gelten soll.

Datentabellen exklusiv öffnen

SET EXCLUSIVE ON ist das schärfste Mittel der Zugriffsbeschränkung und sollte daher im Netzwerkbetrieb eigentlich gar nicht eingesetzt werden. SET EXCLUSIVE ON ermöglicht es, eine Datei oder mehrere Dateien für die ausschließliche Nutzung durch einen Anwender zu öffnen. In diesem Modus ist für andere Netzwerkteilnehmer jeder Zugriff, auch das bloße Lesen, ausgeschlossen.

SET EXCLUSIVE ON geht also in seiner Wirkung noch über die Dateisperre mit FLOCK() hinaus, da andere Anwender in keiner Weise auf eine derart gesperrte, d.h. exklusiv geöffnete, Datei zugreifen können. Eine Datei, die gleichzeitig auch von anderen Netzwerkteilnehmern genutzt werden soll, muß „nicht-exklusiv" geöffnet werden.

Der wichtigste Befehl für den Einsatz einer Multiuser-Anwendung ist daher SET EXCLUSIVE OFF, da sonst schon der zweite Benutzer nicht mehr in der Lage wäre, die Datenbank zu öffnen.

Wenn immer möglich, sollte auf exklusives Öffen - und damit auf das vollständige Sperren einer Datei - verzichtet werden. Leider erfordern einige FoxPro-Befehle das exklusive Öffnen von Dateien. Dazu gehören:

```
MODIFY STRUCTURE
PACK
REINDEX
ZAP
```

Der PACK-Befehl ist immer notwendig, wenn zum Löschen markierte Datensätze auch physikalisch gelöscht oder Memofelddateien komprimiert werden sollen. REINDEX reorganisiert Indizes. Beide Befehle sind auch in Mehrplatzumgebungen nicht vollständig zu vermeiden. Ihre Ausführung sollte jedoch dem Datenbankadministrator überlassen bleiben. Nur dann, wenn alle anderen Benutzer nicht mehr auf die Datenbank zugreifen, also außerhalb der üblichen Betriebszeiten, ist ihre Ausführung möglich.

Einzelne Tabellen exklusiv/nicht-exklusiv öffnen

Unabhängig von der mit SET EXCLUSIVE getroffenen generellen Einstellung können einzelne Tabellen exklusiv oder nicht-exklusiv geöffnet werden. Mit der Anweisung

```
USE adressen SHARE
```

öffnen Sie die Tabelle *Adressen* für die gemeinsame Nutzung (nicht-exklusiv). Die Anweisung

```
USE adressen EXCLUSIVE
```

öffnet die gleiche Tabelle für die ausschließliche Benutzung durch einen Anwender (exklusiv).

Fehlerabfangroutine für das exklusive Öffnen einer Datentabelle

Ist zur Laufzeit der exklusive Gebrauch einer Datei nicht ausgeschlossen, muß zumindest eine Fehlerabfangroutine vorgesehen werden. Leider existiert keine Funktion, die meldet, ob eine Datei bereits von einem anderen Netzwerkteilnehmer geöffnet wurde. Lediglich durch Versuch und Irrtum kann festgestellt werden, ob eine Datei noch geöffnet werden kann. FoxPro generiert im Fehlerfall eine Fehlermeldung, die wir mit dem Befehl

```
ON ERROR <Anweisung>
```

in eine eigene Routine umleiten können. Da mit der Umleitung gleichzeitig die FoxPro-Fehlermeldung unterdrückt wird, bietet sich die Gelegenheit, ein Programm kontrolliert fortzusetzen, auch wenn ein Fehler aufgetreten ist.

Die folgende Benutzerdefinierte Funktion zeigt den prinzipiellen Aufbau einer solchen Routine.

```
*----------------------------------------------------------------
* sample18
*
* Versucht eine Datei im angegebenen Arbeitsbereich zu
* öffnen und gibt zurück, ob der Versuch erfolgreich
* war.
*
* Parameter
* ---------
* <Datei>      (C) = zu öffnende Datei ohne Extension
* <Bereich>    (N) = Arbeitsbereich 1 - 25
```

```
*
* Wird kein Bereich vorgegeben, bestimmt die Funktion den
* nächsten freien Arbeitsbereich.
*
* Rückgabewert
* -----------
* Wenn erfolgreich  = 0  (N)
* nicht erfolgreich = >0 (N) (= Fox-Fehlercode)
*------------------------------------------------------------

PARAMETERS Datei,Bereich

   *-- Variable "fehler" definieren und initialisieren ---

PRIVATE fehler
fehler = 1

   *--------------------------------------------------------
   * Nur, wenn Datentabelle vorhanden ist, sonst auch
   * Fehlermeldung mit Rückgabewert >0
   *--------------------------------------------------------

IF FILE(ALLTRIM(Datei)+".DBF")
    fehler = 0
    Bereich = IIF(EMPTY(bereich), 0, Bereich)

   *--------------------------------------------------------
   * Fehlercode in Variable "fehler" schreiben.
   * Gleichzeitig wird eine FoxPro-Fehlermeldung
   * unterdrückt.
   * Die FoxPro-Funktion ERROR() erzeugt den Fehlercode.
   *--------------------------------------------------------

   ON ERROR fehler = ERROR()

   *--------------------------------------------------------
   * Kann die Tabelle nicht geöffnet werden, wird die
   * zuvor definierte ON ERROR Routine aufgerufen, die
   * einen FoxPro-Fehlercode (1705) in die Variable
   * "fehler" schreibt.
   *--------------------------------------------------------

   USE (Datei) IN (Bereich)
ENDIF

   *--- Fehlerroutine abschalten ---------------------------

ON ERROR

RETURN fehler

*--- Ende sample18 ---------
```

Die Funktion versucht eine Datei zu öffnen, wobei durch entsprechende Parameter bestimmt werden kann, in welchem Arbeitsbereich dies geschehen soll.

Ein Beispielaufruf könnte wie folgt aussehen:

```
SET EXCLUSIVE ON
IF sample18("Adressen",1) = 0
    ? "Datei erfolgreich geöffnet!"
ELSE
    ? "Datei konnte nicht geöffnet werden."
ENDIF
```

Unser Beispiel versucht die Datei *Adressen* im ersten Arbeitsbereich zu öffnen. Die Funktion gibt den numerischen Wert 0 zurück, wenn die Datei erfolgreich geöffnet werden konnte. Jeder andere Wert zeigt an, daß ein Fehler aufgetreten ist. Wird der Fehler, wie vorgesehen, dadurch ausgelöst, daß FoxPro die Datei nicht öffnen kann, erhalten Sie die FoxPro-Fehlernummer 1705 zurück.

Nachteil dieser Funktion ist, daß sie auch dann einen Fehler meldet, wenn dieser nicht durch einen Zugriff auf eine bereits exklusiv geöffnete Datei verursacht wurde. Da aber die ON ERROR-Umleitung nur kurze Zeit aktiv ist, sollte das Risiko gering sein.

24.6 Programmierung von Sperrfunktionen

Sperrfunktionen haben den Sinn, einen konsistenten Zustand der Datenbank zu erhalten. Ohne Satz- und Dateisperren würde in kürzester Zeit der Datenbestand durch ungeregelte Schreibzugriffe unbrauchbar werden. Leider garantieren Sperrfunktionen alleine noch keinen logisch widerspruchsfreien Datenbestand. Die durch den gleichzeitigen Zugriff entstehenden Probleme müssen durch programmtechnische Lösungen aufgefangen werden.

Bei der Programmierung mehrplatzfähiger Datenbankanwendungen sind grundsätzlich zwei Situationen zu unterscheiden:

1. Der Nur-Lese-Zugriff

2. Der verändernde Zugriff

Nicht-verändernde (lesende) Zugriffe sind eigentlich immer unproblematisch; kritisch sind alle Zugriffe, die Datensätze verändern. Ein Anwenderprogramm, das auf schreibende Zugriffe und auf exclusives Öffnen (SET EXCLUSIVE ON) verzichtet, braucht weder Fehlerabfangroutinen noch Sperrfunktionen zu berücksichtigen. Solche Programme dürften aber die Ausnahme sein.

Der schreibende Zugriff

Besonders kritisch hinsichtlich der Datensicherheit im Netzwerk sind Schreibzugriffe oder Operationen, die auf eine andere Art eine Datei verändern. Obwohl, wie oben gezeigt, die meisten Befehle, die eine Veränderung der Datei bewirken, diese automatisch sperren, ist es regelmäßig notwendig, eigene Zugriffs- bzw. Sperrprozeduren zu programmieren. Dabei ist zu beachten, daß ein Schreibzugriff in der Regel mehrere Felder betrifft und zur Aufrechterhaltung der Datenkonsistenz alle Veränderungen in die Datei geschrieben werden müssen (Transaktionsprinzip). Bei der Implementierung von Sperrprozeduren sind deshalb wiederum zwei Fälle zu unterscheiden:

1. Der Schreibzugriff betrifft nur eine Datei

2. Der Schreibzugriff betrifft mehrere Dateien

Der Schreibzugriff auf nur eine Datei erfordert einen relativ geringen Programmieraufwand. In der Regel genügt eine Fehlerroutine, die es ermöglicht, bei einer Kollision, den Zugriffsversuch zu wiederholen oder den Versuch abzubrechen. Auch die häufig verwendeten Befehle READ und REPLACE erfordern keine ausdrückliche Satzsperre. Das folgende Schema verdeutlicht die notwendigen Schritte für den Editiervorgang mit lediglich einer Datei. Das Feld *Name* der aktuellen Datei soll editiert und zurückgeschrieben werden:

Speichervariable definieren	PUBLIC m.Name
Feldinhalt einlesen	m.Name = Name
Speichervariable editieren	GET m.Name
Satz sperren (wenn möglich)	LOCK()
Feldinhalt ersetzen	REPLACE Name WITH m.Name
Satz freigeben	UNLOCK

Sind Felder in verschiedenen Dateien von einem (unteilbaren) Schreibvorgang betroffen, so müssen zunächst die entsprechenden Bereiche (Datensätze) in beiden Dateien gesperrt werden, bevor mit dem Rückschreiben der veränderten Feldinhalte begonnen werden kann. Würde zunächst nur ein Datensatz gesperrt und verändert, so ginge für den Fall, daß auf den zweiten Datensatz nicht mehr zugegriffen werden kann, die Konsistenz der Datenbasis verloren.

Beispiel:

Eine Rechnung ist zu schreiben. Dazu muß ein Satz in der Rechnungsdatei erzeugt werden. Gleichzeitig sind in der Kundendatei die Felder *Umsatz* und *OP* (offene Posten) zu aktualisieren. Kann nach dem Verändern der Rechnungsdatei nicht mehr auf die Kundendatei zugegriffen werden, weil ein anderer Netzwerkteilnehmer den betreffenden Satz oder die ganze Datei gesperrt hat, so muß die Aktualisierung der Kundendatei eventuell unterbleiben. Die Datenbasis wäre in diesem Fall nicht mehr korrekt. Ein Zurückschreiben darf folglich nur dann erfolgen, wenn gewährleistet ist, daß die zu ändernden Datensätze in beiden betroffenen Dateien zuvor gesperrt werden konnten.

Das Transaktionsprinzip

Eine Aktion auf eine Datenbank, die nur vollständig oder gar nicht durchgeführt werden darf, nennt man eine Transaktion. Transaktionen, die mehrere Datensätze verändern, müssen das folgende Schema berücksichtigen

Speichervariablen definieren	PUBLIC m.Name, m.Betrag
Feldinhalt einlesen	m.Name = Name m.Betrag = Betrag
Speichervariablen editieren	GET/READ m.Name und m.Betrag
Satz in 1. Tabelle sperren (wenn möglich)	LOCK()
Satz in 2. Tabelle sperren (wenn möglich)	LOCK()
Feldinhalte in beiden Dateien ersetzen	REPLACE Name WITH m.Name REPLACE betrag WITH m.Betrag
Datensätze freigeben	UNLOCK ALL

Gelingt es nicht, den zweiten Arbeitsbereich zu sperren, muß die Transaktion noch vor dem ersten Schreibzugriff abgebrochen werden. Wichtig ist also, daß alle zu ändernden Datensätze gesperrt werden, bevor mit dem Schreiben begonnen wird. Kann der zweite Datensatz nicht gesperrt werden, weil beispielsweise ein anderer Anwender diesen Satz bereits gesperrt hat, muß die Sperrung des ersten Satzes wieder aufgehoben werden. Das hier vorgestellte Ablaufschema entspricht noch nicht einem strengen Transaktionsprinzip; es ist immer noch möglich, daß der Schreibzugriff im zweiten Arbeitsbereich nicht gelingt, obwohl bereits in den ersten Arbeitsbereich geschrieben wurde. Dies ist beispielsweise dann der Fall, wenn aus irgendeinem Grunde der Rechner abstürzt, oder der Benutzer diesen während einer Transaktion abschaltet. Für diesen Fall sehen viele Datenbanken einen Mechanismus vor, den man *Transaction Processing* nennt. Ein späterer Abschnitt dieses Kapitels zeigt, wie solche Problemfälle mit FoxPro gehandhabt werden können. Die Datei wäre in diesem Fall nicht mehr konsistent. Auch müßte an dieser Stelle noch sichergestellt werden, daß der Anwender nicht unendlich lange versuchen kann, den Datensatz im zweiten Arbeitsbereich zu sperren.

Deadlock-Erkennung und Beseitigung

Die Notwendigkeit, eventuell mehrere Datensätze für einen Benutzer sperren zu müssen, konfrontiert uns mit einem Problem, das insbesondere Betriebssystementwickler intensiv beschäftigt: die Deadlock-Situation. Eine solche Situation liegt vor, wenn zwei Benutzer (oder Prozesse) auf eine Systemressource zugreifen wollen, die bereits vom jeweils anderen Benutzer gesperrt wurde. Unter einer Ressource lassen sich Systemdienste, Endgeräte wie Drucker oder auch Dateien und Datensätze verstehen. Jeder Benutzer wartet nun darauf, daß der andere seine Ressource freigibt. Ist im System kein Mechanismus für die Handhabung solcher Situationen vorgesehen, warten beide Benutzer eventuell bis zu ihrer Pensionierung.

FoxPro erkennt Deadlock-Situationen nicht automatisch und kann sie auch nicht selbst auflösen. Wer sich jedoch an das im vorhergehenden Abschnitt vorgestellte Schema hält und dabei den Grundsatz beachtet, daß jeder fehlgeschlagene Versuch, einen Datensatz zu sperren, alle anderen Satzsperren des jeweiligen Anwenders aufhebt, sollte Deadlock-Situationen vermeiden können.

Der Anwender kann den Sperrversuch dann mehrmals wiederholen. Ein solches Vorgehen ist für ein Betriebssystem nicht unbedingt tauglich. Unsere Datenbankanwendung dürfte damit aber auskommen, da das Editieren von Datensätzen nicht ganz so zeitkritisch sein sollte.

Ein Beispiel, das unsere bisherigen Erkenntnisse zusammenfaßt, zeigt die folgende BDF:

```
*----------------------------------------------------------
* NetLock()
*
* Sperrt jeweils einen Datensatz in zwei Tabellen. Die
* BDF ja_nein() muß im aktuellen Verzeichnis verfügbar
* sein.
*
* Parameter
* ---------
* Tabelle1   (C) = Name der ersten Tabelle
* satz1      (N) = Nummer des ersten Datensatzes
* Tabelle2   (C) = Name der zweiten Tabelle
* satz2      (N) = Nummer des zweiten Datensatzes
*
* Rückgabewert
* ------------
* .T. = beide Sätze gesperrt
* .F. = Sätze nicht gesperrt
*----------------------------------------------------------

PARAMETER tabelle1, satz1, tabelle2, satz2

   *-- Rückgabewert definieren und initialisieren ---

PRIVATE RetWert
RetWert = .F.

   *-- Sperrfunktionen in Endlosschleife einbetten --

DO WHILE .T.

   *----------------------------------------------------
   * Ersten Satz sperren; Satznummer mit STR() in
   * String verwandeln.
   *----------------------------------------------------

   IF LOCK(STR(satz1), tabelle1)

      *-------------------------------------------------
      * Zweiten Satz nur sperren, wenn der erste
      * Satz gesperrt werden konnte. Return-Wert
      * auf .T. setzen.
      *-------------------------------------------------

      IF LOCK(STR(satz2),tabelle2)
         RetWert = .T.
```

```
            EXIT
        ELSE

            *------------------------------------------
            * Alle Sperren aufheben, wenn der zweite
            * Satz nicht gesperrt werden konnte.
            *------------------------------------------

            UNLOCK ALL
            IF ja_nein(5,5,"Der zweite Satz konnte nicht"+ ;
                " gesperrt werden; wiederholen?,"","J")="N"
                EXIT
            ENDIF
        ENDIF

    ELSE
        IF ja_nein(5,5,"Der erste Satz konnte nicht " + ;
            "gesperrt werden; wiederholen?","","J")= "N"
            EXIT
        ENDIF
    ENDIF

ENDDO

RETURN RetWert

*--- Ende NetLock()  -------------------------------
```

Als wirklich universelle Funktion kann *netlock()* sicher nicht dienen. In bestimmten Situationen vereinfacht sie jedoch den Umgang mit Datensatzsperren. Soll in zwei Tabellen jeweils ein Datensatz gesperrt werden, ermitteln Sie lediglich die Datensatznummern und rufen unsere Funktion wie folgt auf:

```
? netlock("Adressen",5,"Kontakte",3)
```

Dieses Beispiel sperrt, soweit möglich, den fünften Satz der Tabelle *Adressen* und den dritten Satz der Tabelle *Kontakte*. Natürlich können Sie statt der Konstanten auch Variablen verwenden. Um die aktuellen Datensätze in beiden Tabellen zu sperren, ermitteln Sie mit der FoxPro-Funktion RECNO() die Datensatznummer.

```
satz1 = RECNO("Adressen")
satz2 = RECNO("Kontakte")
? netlock("Adressen",satz1,"Kontakte",satz2)
```

Oder Sie ermitteln die Datensätze gleich beim Aufruf der Funktion:

```
? netlock("Adressen",RECNO("Adressen"),;
        "Kontakte",RECNO("Kontakte"))
```

In der Regel werden Sie speziell an die jeweilige Situation angepaßte Sperrfunktionen schreiben müssen. Die Funktion *netlock()* mag dafür als Beispiel
dienen.

Strategien für die Erzeugung neuer Datensätze

Ein weiteres Problem stellt sich beim Erzeugen neuer Datensätze. Neue Datensätze erfordern eigentlich einen mit APPEND BLANK erzeugten leeren Datensatz. APPEND BLANK sperrt kurzfristig den Dateikopf, weil auch dieser durch
das Anhängen eines Datensatzes verändert wird. In der Branche haben sich vier
Grundstrategien für die Erzeugung neuer Datensätze herausgebildet:

1. APPEND BLANK für jeden neuen Datensatz

2. Erzeugung von leeren Datensätzen auf Reserve durch den DBS-
   Administrator

3. Verwendung (Überschreiben) von zum Löschen markierten Sätzen

4. Temporäre Dateien

Datensätze mit APPEND BLANK bei Bedarf erzeugen

Die erste Strategie wird für Netzanwendungen von vielen Programmierern abge-
lehnt. In Anbetracht der inzwischen recht soliden Komponenten eines Datenbanksystems ist eine solche Haltung aber nur noch bedingt zu rechtfertigen. Eine
Beeinträchtigung anderer Teilnehmer im Netzwerkbetrieb ist dadurch nicht zu
erwarten. Auch ist für die Integrität der Datenbank während des kurzen, von
FoxPro kontrollierten Sperrvorgangs keine Gefahr erkennbar. Die erste Strategie
kann daher für weniger kritische Anwendungen auch für den Netzwerkeinsatz
empfohlen werden. Für Einzelplatzlösungen ist diese Methode ohnehin genau
richtig.

Datensätze auf Reserve erzeugen

Die zweite Strategie unterstellt, daß jeder Schreibvorgang, wozu natürlich auch
die Veränderung der Datenbank durch Anhängen neuer Datensätze gehört, eine
Gefährdung der Datenbank bedeutet. Da sich die Generierung neuer Datensätze
nun einmal nicht vermeiden läßt, sollte der Datenbankadministrator in einer stillen
Stunde leere Datensätze anfügen, die dann von den Anwendern lediglich mit
Daten gefüllt werden. Der Administrator muß natürlich ungefähr abschätzen
können, wieviel neue Datensätze für den täglichen Betrieb erforderlich sind. Der

mit dieser Strategie verbundene Aufwand ist eigentlich nur zu rechtfertigen, wenn anders das gute Gewissen nicht befriedigt werden kann. Der Aufwand verringert sich jedoch, wenn eine FoxPro-Routine dafür vorgesehen wird, die auf Tastendruck die notwendigen Sätze generiert. Für kritische Anwendungen kann der Einsatz einer solchen Strategie durchaus empfohlen werden.

Da das zentrale Element eines Datensatzes der (künstliche) Primärschlüssel, beispielsweise die Kundennummer, ist, muß eine Anwendung durch Prüfen des betreffenden Feldes feststellen, ob der Datensatz leer ist.

Beispiel:

```
IF EMPTY(KdNr)                  && KdNr = Feld für Kundennummer
   <in Datenfelder schreiben>
ENDIF
```

Zum Löschen markierte Sätze verwenden

Die dritte Strategie verwendet zum Löschen markierte Datensätze und löst damit gleichzeitig ein permanentes Problem im Multiuser-Betrieb: das endgültige Löschen von Datensätzen. Der DELETE-Befehl kann Datensätze nicht wirklich löschen, sondern benötigt für diesen Zweck den PACK-Befehl. PACK aber kann nur eingesetzt werden, wenn eine Datei exklusiv geöffnet wurde.

Das exklusive Öffnen von Dateien, eine im Mehrplatzbetrieb immer problematische Operation, könnte also entfallen. Allerdings ist es nicht hinreichend, sich darauf zu verlassen, daß immer genügend zum Löschen markierte Datensätze verfügbar sind. Die dritte Strategie kann daher nur in Kombination mit der ersten oder zweiten Strategie zur Anwendung kommen. Ist ein zum Löschen markierter Datensatz vorhanden, wird dieser benutzt. Andernfalls muß mit APPEND BLANK ein neuer Datensatz erzeugt werden.

Die folgende Funktion erledigt die Suche nach einem zum Löschen markierten Satz und fügt, wenn ein solcher nicht gefunden werden kann, einen neuen Datensatz an:

```
*-----------------------------------------------------------
* PROCEDURE Rec_New
*
* Sucht einen zum Löschen markierten Datensatz oder
* erzeugt, wenn ein solcher nicht gefunden wird,
* einen neuen Datensatz.
*-----------------------------------------------------------

LOCATE FOR DELETED()
```

```
IF .NOT. FOUND()
   APPEND BLANK
ENDIF

RETURN

*--- Ende Rec_New ----
```

Natürlich können die drei vorgestellten Strategien auch kombiniert werden.

Temporäre Tabellen verwenden

Die letzte Methode ist sicher die umständlichste. Für Anwendungen, die höchste Sicherheit verlangen, kann so ein schreibender Zugriff durch den Anwender überhaupt verhindert werden. Die neu erstellten Datensätze werden nur durch den Datenbankadministrator an die Originaltabelle angehängt.

Eine Tabelle nicht exklusiv sperren

Für einige Operationen kann es sinnvoll sein, eine oder mehrere Tabellen nicht exklusiv zu sperren. Wollen Sie beispielsweise Auswertungen vornehmen, sollten die Daten während des Auswertungslaufs möglichst nicht geändert werden. In diesem Fall sperren Sie die Tabelle nicht-exklusiv. Andere Benutzer können dann weiterhin lesend auf die Tabelle zugreifen.

Der Aufbau einer Funktion für die Dateisperre gleicht, wie das folgende Beispiel zeigt, dem Aufbau der Prozedur für eine Satzsperre.

Die Funktion prüft, ob die Datei gesperrt werden kann. Das Setzen einer Dateisperre ist bereits dann nicht mehr möglich, wenn die Datei, oder auch nur ein Datensatz, schon durch andere Benutzer gesperrt ist. Ist die Datei nicht gesperrt, wird sie mit dieser Prozedur gesperrt. Ist die Datei bereits gesperrt, kann der Benutzer den Versuch wiederholen oder abbrechen. Diese Prozedur sollte nur verwendet werden, wenn keine andere Möglichkeit besteht, die anstehenden Dateioperationen durchzuführen.

```
*-------------------------------------------------------------
* filelock()
*
* Sperrt eine Tabelle
*
* Parameter
* ---------
* Tabelle  (C) = Name der Datentabelle
*
```

```
* Rückgabewert
* ------------
* .T. = erfolgreich gesperrt
* .F. = abgebrochen, Tabelle nicht gesperrt
*-------------------------------------------------------------

PARAMETER tabelle

    *--------------------------------------------------------
    * Variable für Rückgabewert definieren und
    * initialisieren
    *--------------------------------------------------------

PRIVATE RetWert
RetWert = .F.

    *--- SET REPROCESS auf drei Versuche setzen -----

SET REPROCESS TO 3

    *--------------------------------------------------------
    * Endlosschleife für beliebig viele Wiederholungen
    * des Sperrversuchs. Abbruch der Schleife bei
    * Erfolg oder auf Wunsch des Anwenders. Rückgabe-
    * wert auf .T. setzen.
    *--------------------------------------------------------

DO WHILE .T.
   IF FLOCK(tabelle)
      RetWert = .T.
      EXIT
   ELSE
      IF ja_nein(5,5,"Datei konnte nicht gesperrt werden!", ;
                 "Versuch wiederholen?","J") = "N"
         EXIT
      ENDIF
   ENDIF
ENDDO

RETURN RetWert

*--- Ende filelock() --------------------
```

Ein Aufruf muß lediglich den Namen der Tabelle übergeben, die gesperrt werden
soll. Beispiel:

```
IF filelock("Adressen")
   <Operationen ausführen>
ENDIF
```

Wie das Aufrufbeispiel schon andeutet, gibt die Funktion den Wahrheitswert .T. zurück, wenn der Sperrversuch erfolgreich war. Beachten Sie bitte auch den Befehl SET REPROCESS TO 3, der bestimmt, daß FoxPro lediglich dreimal versucht, die Datei zu sperren. Diese Einstellung gilt für jeden Aufruf der FoxPro-Funktion FLOCK(). Unser Benutzer kann den Sperrversuch natürlich beliebig oft wiederholen.

24.7   Transaction Processing

Transaction Processing ist ein Systemdienst, der von vielen relationalen Datenbanksystemen angeboten wird. Leider gehört FoxPro nicht dazu. Da es sich um einen sehr komplexen Vorgang handelt, werden wir die Versäumnisse von Microsoft an dieser Stelle nicht aufarbeiten können. Aufgrund der Komplexität scheidet eine simple Benutzerdefinierte Funktion als Lösung aus. Lediglich eine Problemskizze und ein generelles Lösungsschema sollen daher im folgenden Text vorgestellt werden.

Zum Begriff:

Transaction Processing soll sicherstellen, daß Änderungen der Datenbank, die unbedingt zusammen gehören, vollständig oder gar nicht durchgeführt werden. Ein Standardbeispiel: Ein Kunde bezahlt eine Rechnung. Bei der Buchung eines Zahlungseingangs sind in der Regel mindestens zwei Konten und damit zwei Datentabellen betroffen. Dem einen Konto (z.B. Kasse) wird der Betrag gutgeschrieben, während ein Debitoren-Konto um den gleichen Betrag vermindert wird. Würde der Rechner aus einem beliebigen Grund abstürzen, nachdem die Gutschrift erfolgte, aber noch bevor das Debitoren-Konto entlastet werden konnte, befände sich die Datenbank nicht mehr in einem konsistenten Zustand. Ohne entsprechende Vorkehrungen würde der Kunde nach einiger Zeit eine Mahnung erhalten, obwohl er längst gezahlt hat.

Eine Betriebsstörung (Absturz, Abschalten des Rechners während eines Schreibzugriffs, Stromausfall etc.) läßt sich leider nicht antizipieren. Wir müssen daher notfalls in der Lage sein, unvollständig durchgeführte Änderungen der Datenbank zurückzunehmen (ROLLBACK). Dazu sind zwei Dinge erforderlich:

1. Eine unvollständige Transaktion muß erkannt werden können.

2. Der ursprüngliche Zustand der Datenbank muß bekannt sein.

Datenbanken auf Großrechnern und auf UNIX-Systemen verfügen in der Regel über entsprechende Mechanismen und Kommandos für die Sicherung und Wiederherstellung des ursprünglichen Zustands. Auch dBASE IV kennt die notwendigen Befehle: BEGIN TRANSACTION, END TRANSACTION und ROLLBACK. FoxPro überläßt die Implementierung eines analogen Systems der Kunst des Programmierers.

Systeme, die über *Transaction Processing* verfügen, gehen wie folgt vor: Die zwischen BEGIN TRANSACTION und END TRANSACTION zu ändernden Datensätze werden vor der Veränderung in eine separate Datei gesichert. Kann die Transaktion vollständig durchgeführt werden, löscht das System die nicht benötigten Sicherungsdateien wieder. Tritt während der Transaktion aber eine Störung auf, so daß die Transaktion nicht ordnungsgemäß beendet werden kann, wird der ursprüngliche Zustand der Datenbank durch Rückschreiben der zuvor gesicherten Sätze wiederhergestellt.

Für die Selbstimplementierung bietet sich das folgende Schema an:

1. Alle betroffenen Datensätz sperren

2. Sichern aller von einer Transaktion betroffenen Datensätze in temporäre Dateien

3. Ändern der Daten in den Originaltabellen

4. Bei Fehler: Zurückschreiben der gesicherten temporären Daten in die Datentabellen

5. Löschen der temporären Dateien

Was noch fehlt: Wir benötigen ein Erkennungsmerkmal, das uns sagt, wann eine Transaktion abgeschlossen ist oder ein ROLLBACK erforderlich wird. Ein solches Merkmal nennt man ein Flag. Die Existenz oder Nichtexistenz einer temporären Datei ist als Indikator für eine vollständige oder nicht vollständige Transaktion leider nicht hinreichend. Was allein von einer vollständig durchgeführten Transaktion zurückbleiben sollte, ist eine geänderte Datenbank in einem konsistenten Zustand. Wir können daher in dieser Datenbank ein Kennzeichen (Flag) für eine solche Transaktion setzen. Das Transaktions-Flag sollte mit den logischen Werten .T. und .F. auskommen.

Der bisher skizzierte Weg scheint zunächst umständlich, aber nicht sonderlich schwierig zu sein. Denken Sie aber daran, daß in einem Netz mehrere Benutzer zur gleichen Zeit Transaktionen durchführen können. Das macht eventuell die Verwaltung mehrerer temporärer Dateien erforderlich.

24.8 Regeln für die Programmierung

Datensatz- und Dateisperren sind im regulären Betrieb möglichst zu vermeiden. Die Sperrung einer wichtigen Datei kann für die Dauer der Sperrung die Arbeit im ganzen Netz stillegen. Speziell eine Dateisperre sollte wirklich nur dann vorgenommen werden, wenn dies unumgänglich ist.

Um zu vermeiden, daß ein Satz längere Zeit für andere Teilnehmer gesperrt ist, sollten GET-READ-Operationen nicht mit Feldvariablen duchgeführt werden. Für Änderungen sollte der komplette Datensatz in Speichervariablen eingelesen und nach der Änderung mit REPLACE oder SCATTER zurückgeschrieben werden.

Ist eine explizite Datensatzsperre erforderlich, kann diese mit einem TIMEOUT versehen werden, womit sich der Abschluß der Dateneingabe innerhalb einer vorgegebenen Zeitspanne erzwingen läßt.

Da eine Dateisperre grundsätzlich vermieden werden soll, müssen eventuell leere Datensätze zur Verfügung gehalten werden. Neue Datensätze können nach der regulären Arbeitszeit an eine bestehende Datentabelle angehängt werden.

24.9 Memofelder im Netzbetrieb

FoxPro bietet Memofeld-Optionen, die kein Programmierer und kein Anwender mehr missen möchte. Im Multiuser-Betrieb sind jedoch einige Dinge zu beachten, an die in Einzelplatzumgebungen keine Gedanken zu verschwenden wären.

Programmierer, die das Paradigma der indirekten Dateneingabe über Speichervariablen geschluckt haben, werden von der einfachen Möglichkeit, Memofelder zu editieren, doch wieder zu einer direkten Dateneingabe verleitet.

FoxPro 2.5 bietet jedoch einen zunächst etwas umständlich erscheinenden Ersatz für das Editieren von größeren Strings, der für Netzwerkanwendungen vorgezogen werden sollte.

Mit dem Befehl:

```
@ <zeile>,<spalte> EDIT <Variable> SIZE <Zeilen>,<Spalten>
```

öffnet FoxPro einen Editierbereich, in welchem praktisch alle Funktionen des Memofeld-Editors verfügbar sind. Allerdings ist etwas mehr Aufwand für die Programmierung erforderlich, da diese eine Befehlszeile natürlich nicht hinreicht.

Im Kapitel „Memofelder" finden Sie die Beschreibung der Benutzerdefinierten Funktion *StrEdit()*, die auch für das indirekte Editieren von Memofeldern geeignet ist.

Als Parameter muß der Name des Memofeldes einer bereits geöffneten Datei übergeben werden. *StrEdit()* kopiert, soweit vorhanden, den Inhalt des Memofeldes in eine Speichervariable, die dann mit dem EDIT-Befehl zum Editieren aufgerufen wird. Damit kann ein Anwender seine Memofelder stunden- und tagelang editieren, ohne direkt in die Datenbank zu schreiben.

Natürlich ist zu bedenken, daß zwei Benutzer zur selben Zeit das gleiche Memofeld editieren können. In diesem Fall würde die zuletzt gespeicherte Version die vorhergehende komplett überschreiben. Sollen wichtige Daten - und für einen Anwender sind alle Daten wichtig - gespeichert werden, kommen wir um eine Datensatzsperre nicht herum. Ein trödelnder Benutzer muß dann etwas nachhaltig darauf aufmerksam gemacht werden, daß er einen Datensatz nicht ewig blockieren darf (TIMEOUT).

24.10   Hinweise für den Netzwerkbetrieb

Zeitverhalten

FoxPro verhält sich für den Anwender im Netz zunächst nicht anders als in einer Single-User-Umgebung. Die Geschwindigkeit ist jedoch nicht mehr allein von der Zahl der offenen Dateien und dem vorhandenen Speicher abhängig. Die Qualität der Netzwerkkomponenten beeinflußt die Antwortzeiten nicht unerheblich. Bei hochwertiger Netzwerksoftware, einem schnellen Server und wenigen Arbeitsstationen kann es sogar zur Steigerung der Verarbeitungsgeschwindigkeit kommen. Negativ wirkt sich jedoch aus, daß bei Dateien, die für den gemeinsamen Zugriff geöffnete wurden (SET EXCLUSIVE OFF), die einzelnen Datensätze nicht mehr gepuffert werden. Um ständig über den aktuellsten Stand der Daten zu verfügen, werden neue oder veränderte Daten sofort zurückgeschrieben. Auch die Änderungen der Indexdateien müssen, um immer den aktuellen Stand zu reflektieren, nach jeder Operation auf die Festplatte des Servers geschrieben werden.

Lesezugriffe erfolgen aus Aktualitätsgründen ebenfalls immer direkt von der Festplatte (oder aus dem Cache des Netzwerkbetriebssystems). Je nach Intensität des Netzwerkbetriebs und der Zahl der gleichzeitig aktiven Arbeitsstationen können sich letztlich doch Einschränkungen des Zeitverhaltens ergeben.

Ein eigener Datenbankserver

Eine intensiv genutzte Datenbankanwendung sollte auch einen eigenen Server, den Datenbankserver, erhalten. Der normale Fileserver bliebe dann für andere Applikationen und Dokumente. Dadurch können Datensicherheit und Zugriffsgeschwindigkeit verbessert werden.

Festplatte regelmäßig defragmentieren

Für alle auf DOS aufsetzenden Netzwerke kann eine regelmäßige Defragmentierung der Festplatte sinnvoll sein.

25   Sonstiges

25.1   Zu diesem Kapitel

Alle wesentlichen Punkte der Programmierung mit FoxPro für Windows haben wir in den vorhergehenden Kapiteln besprochen. Dennoch sind sicher viele Fragen unbeantwortet geblieben. Den vollen Leistungsumfang von FoxPro werden Sie sich auch nur durch viel Übung erschließen können. Einige kleinere Themen, die uns kein eigenes Kapitel wert waren, sollen jedoch nicht vollständig unterschlagen werden. In diesem Kapitel finden Sie deshalb, in knapper Darstellung, Themen, die im Umfeld der Datenbankprogrammierung nicht immer ganz nebensächlich sind.

25.2   IMPORT/EXPORT

Für den Import von Fremdformatdateien stellt FoxPro zwei Befehle bereit:

```
IMPORT
APPEND FROM
```

IMPORT

Die Import-Funktion unterstützt Dateiformate wie Excel, Paradox, RapidFile, Framework usw. Die nahezu gleiche Funktionalität ist mit dem Befehl APPEND FROM zu erreichen. Ein wesentlicher Unterschied besteht lediglich hinsichtlich der DBF-Zieldatei: IMPORT erzeugt die Struktur der Zieldatei selbständig, während APPEND FROM erwartet, daß eine entsprechende Datei bereits existiert, notfalls also zuvor mit CREATE <Dateiname> erzeugt worden ist.

EXPORT

Auch für den Export, die Erzeugung von Fremdformatdateien, verfügt FoxPro über zwei Befehle:

```
EXPORT
COPY TO
```

COPY TO ist zu einem universellen Befehl für den Datenexport geworden. Ob Sie Memofelder in Textdateien kopieren oder Daten aus Tabellen in andere Formate transformieren wollen, FoxPro bietet dafür fast immer ein passendes Derivat des ursprünglich recht simplen COPY-Befehls. Da auch der EXPORT-Befehl vorhanden ist, bleibt dem Programmierer die Wahl. Die Klauseln

```
[FIELDS <Feld_liste>] [<Bereich>]
[FOR <AusdrL1>] [WHILE <AusdrL2>]
[[WITH] CDX] | [[WITH] PRODUCTION]
[NOOPTIMIZE]
[TYPE] [FOXPLUS | DIF | MOD | SDF | SYLK
| WK1 | WKS | WR1 | WRK | XLS
| DELIMITED [WITH <Begrenzer> | WITH BLANK | WITH
TAB]]
```

decken sich weitgehend mit denen des EXPORT-Befehls. Analog gilt für den APPEND FROM - Befehl, daß dieser durch den IMPORT-Befehl weitgehend substituiert werden kann.

Import- und Export-Dialog

Import und Export können auch über zwei Dialoge erfolgen, die Sie mit den Menüoptionen *Datenbank/Kopieren nach...* und *Datenbank/Anfügen aus...* aufrufen. Zwar stellen diese Dialoge nicht alle Optionen zur Verfügung, die Sie über die FoxPro-Befehle nutzen können, für die Konvertierung von Standardformaten sollte es aber reichen. Wollen Sie Daten per FoxPro-Dialog importieren, muß zuvor eine passende FoxPro-Datei geöffnet werden, da sonst die genannte Menüoption nicht angewählt werden kann.

25.3   Hotkeys und Funktionstasten

Hotkeys sind Tasten oder Tastenkombinationen, die in nahezu jeder Situation des Programms bestimmte Aktionen, beispielsweise den Aufruf eines Unterprogramms, auslösen können. Diese Situationen sind alle Zustände, in denen FoxPro auf eine Eingabe wartet, während eines READs, im Texteditiermodus, in einem aktiven BROWSE, aber auch zwischen der Ausführung von zwei FoxPro-Befehlen.

Wir haben Hotkeys „nebenbei" in mehreren Kapiteln angesprochen. Der Befehl

```
ON KEY LABEL <Tastenlabel> <Befehl>
```

sollte Ihnen daher schon halbwegs vertraut sein. Eine Liste der für Hotkeys zulässigen Tastenkombinationen finden Sie im Anhang.

Weitere Befehle für den Umgang mit Hotkeys

Hotkeys können in bestimmten Programmsituationen unerwünschte oder gar gefährliche Programmreaktionen auslösen. Es ist daher erforderlich, Hotkeys situationsbezogen zu aktivieren und zu deaktivieren. Sie können natürlich mit dem Befehl

```
ON KEY            && ohne weitere Parameter
```

alle zuvor definierten Hotkeys löschen. Sollen die gelöschten Hotkeys erneut verwendet werden, müssen Sie diese neu definieren. FoxPro kennt jedoch zwei recht elegante Befehle, die Ihnen diese Umstände ersparen:

```
PUSH KEY [CLEAR]
```

sichert aktive Hotkey-Definitionen auf einen von FoxPro verwalteten Stapel und

```
POP KEY [ALL]
```

holt diese wieder vom Stapel, aktiviert sie also erneut. PUSH KEY muß mit der optionalen Klausel CLEAR eingesetzt werden, um die definierten Hotkeys zu deaktivieren (nicht zu löschen).

Belegung der Funktionstasten

FoxPro belegt die Funktionstasten ⎯F1⎯ bis ⎯F10⎯ traditionell mit bestimmten Befehlen. Da in Programmen, speziell im Eingabemodus, diese Belegung zu Fehlern führen kann, muß der Programmierer die Vorbelegung abschalten. Dies kann mit dem SET-Befehl

```
SET FUNCTION <AusdrN> | <Tastenlabel> TO [<AusdrZ>]
```

erfolgen. Für <AusdrZ> muß, wie im folgenden Beispiel gezeigt, lediglich ein Leerstring eingesetzt werden.

```
SET FUNCTION F1 TO ""
SET FUNCTION F2 TO ""
SET FUNCTION F3 TO ""
SET FUNCTION F4 TO ""
```

```
SET FUNCTION F5 TO ""
SET FUNCTION F6 TO ""
SET FUNCTION F7 TO ""
SET FUNCTION F8 TO ""
SET FUNCTION F9 TO ""
SET FUNCTION F10 TO ""
```

Die Funktionstasten können mit SET FUNCTION oder ON KEY LABEL auch neu belegt werden.

25.4   Die SYS()-Funktionen

Bereits mit FoxBASE+ wurden Systemfunktionen eingeführt, die dem Programmierer den Zugriff auf Systemparameter und SET-Optionen erlauben. Auch die Windows-Version verfügt über diese etwas sonderbaren Sprachelemente. Die SYS-Funktionen werden über die Bezeichnung SYS und eine Indexnummer angesprochen. Ihre Verwendung unterscheidet sich im übrigen nicht von „normalen" FoxPro-Funktionen. Das erste Argument in der Klammer ist aber immer die Indexnummer der jeweiligen Funktion.
Sie werden die meisten SYS-Funktionen sicher nicht benötigen. Wir wollen daher nur wenige Vertreter dieser FoxPro-Spezialität vorstellen. Eine komplette Übersicht finden Sie im Anhang bei den FoxPro-Befehlen und -Funktionen.

```
SYS(15,<AusdZ1>,<AusdrZ2>)
```

Diese Funktion ist für die Umsetzung sogenannter diakritischer Zeichen in ASCII-Zeichen gedacht. Damit können Sonderzeichen, beispielsweise die deutschen Umlaute, in die entsprechenden „Normalzeichen" übersetzt werden. Ein Beispiel für die Anwendung finden Sie im Kapitel über die Verwendung von Indexdateien.

```
SYS(16)
```

SYS(16) ermittelt den Namen des gerade ausgeführten Programms. Diese Funktion eignet sich daher besonders für eine eigene Fehlerroutine.

```
SYS(20)
```

SYS(20) sorgt für die Umsetzung deutscher Sonderzeichen, so daß diese für die Sortierung nach Telefonbuchordnung verwendet werden können.

```
SYS(1016)
```

SYS(1016) ermittelt den Speicherverbrauch für eigene Objekte. Dazu gehören Variablen, Arrays, Fenster- und Menüdefinitionen.

```
SYS(2007)
```

SYS(2007) ermittelt die Checksumme für einen Zeichenausdruck.

25.5 Der RUN-Befehl

Die Kompatibilität zu dBase erstreckt sich auch auf die Schnittstellen zu anderen Programmen und zum Betriebssystem. FoxPro verfügt über die gleichen Möglichkeiten, die auch dBase-Programmierern die Arbeit erleichtern. Die Befehle

```
LOAD .. CALL

RUN
```

sind nicht nur in der Syntax identisch, sondern stellen auch die gleichen Leistungen zur Verfügung. Insbesondere sind nahezu alle mit LOAD und CALL aufzurufenden Hilfsprogramme auch unter FoxPro einsetzbar. Mit LOAD wird eine Binärdatei geladen, die spezielle, nicht bereits in FoxPro verfügbare Funktionen zur Verfügung stellt. Mit CALL wird eine zuvor mit LOAD geladene Binärdatei ausgeführt.

Ein dBase-Programm, das intensiv von externen Binärdateien Gebrauch macht, muß in der Regel nicht umgeschrieben werden, sondern kann direkt mit FoxPro weiterarbeiten. Zu beachten ist, daß eine Binärdatei nicht größer als 64 kB sein darf, und daß maximal 16 Binärdateien gleichzeitig geladen werden dürfen.

Schnittstelle zum Betriebssystem

Die Schnittstelle zum Betriebssystem wird mit dem Befehl RUN (oder einfach „!") realisiert. Mit RUN kann nahezu jedes DOS-Kommando und jedes externe Programm ausgeführt werden.

Hinweis: Es dürfen keine residenten Programme über RUN gestartet werden.

Der Kommandointerpreter COMMAND.COM muß im Wurzelverzeichnis oder über COMSPEC verfügbar sein. Nach der Ausführung eines DOS-Befehls oder der Beendigung eines externen Programms mit RUN kommen Sie automatisch wieder nach FoxPro zurück. Beispiel:

```
RUN copy test.dbf A:
```

In diesem Beispiel wird die Datei *Test.dbf* auf das Laufwerk A kopiert; eine durchaus sinnvolle Maßnahme, da der COPY-Befehl von DOS regelmäßig schneller arbeitet als der foxeigene COPY-Befehl. Sie können aber auch ein externes Programm, z.B. ein Textverarbeitungsprogramm, aufrufen.

Führen Sie DOS-Programme unter der Windows-Version von FoxPro aus, ohne eine Extension vorzugeben, benutzt FoxPro die Einstellungen der Datei FOXRUN.PIF. Natürlich können Sie auch eine DOS-Shell wie den COMMAND.COM aufrufen:

```
RUN COMMAND.COM
```

Der Rücksprung von der DOS-Ebene erfolgt durch Eingabe des MS/DOS-Befehls

```
EXIT.
```

25.6   Die C-Schnittstelle

Bis zum Erscheinen von FoxPro 2.0 war der Clipper-Compiler das einzige xBase-Produkt, das über eine offene Schnittstelle zu C verfügte. Die große Unterstützung, die Clipper durch die Anbieter von zusätzlichen Funktionsbibliotheken erfahren hat, veranlaßte Fox, ebenfalls für die Möglichkeit eigener Erweiterungen des Sprachumfangs zu sorgen. FoxPros API ist jedoch mit einigen Einschränkungen verbunden. So können bisher lediglich der Watcom C-Compiler und der Microsoft C-Compiler verwendet werden. Turbo-C von Borland wird nicht unterstützt.

In einem gewissen Sinne konnte man schon die Option, Binär-Module mit LOAD / CALL zu laden und zu starten, als offene Schnittstelle bezeichnen. Das FoxPro API kann als eine Weiterentwicklung dieses Prinzips gedeutet werden. Es ist daher nicht mit Clippers API zu vergleichen, das, anders als FoxPro, auch einen Zugriff auf interne Clipperstrukturen erlaubt.

Microsoft bietet ein „Library Development Kit" an, das versierten C-Programmieren die Möglichkeit gibt, den Befehlsumfang von FoxPro zu erweitern.

Der Befehl für die Einbindung einer eigenen Funktionsbibliothek lautet:

```
SET LIBRARY TO <Bibliotheksdatei>
```

25.7 FoxPro-Module einbinden

Viele Teile der FoxPro-Oberfläche können komplett in eigene Applikationen eingebunden werden. Einige dieser Objekte haben wir bereits kennengelernt, etwa BROWSE und EDIT sowie die Dialoge *Umgebung* und *Einstellungen*.

FoxPro bietet aber auch fertige Objekte für Dateisuche und Verzeichniswechsel, für die Auswahl von Fonts und die Erzeugung von Such- und Filterausdrücken. Auch Berichts- und Labelgenerator müssen hier genannt werden.

Den Schluß bilden die Utilities Dateimanager, Kalender und das für Fox schon unvermeidliche Puzzlespiel.

Die Bauteile

Wir haben FoxPro wiederholt einen Baukasten für den Programmierer genannt. Die folgende Tabelle listet einige Teile dieses Baukastens und die Optionen zu ihrer Einbindung in eigene Anwendungen auf.

| | Aufruf über | | |
Dialog	Funktion	Befehl	Systemmenü-Option
Dialog Datei-lesen	`GETFILE()`		
Dialog Datei-schreiben	`PUTFILE()`		
Dialog Verzeichniswechsel	`GETDIR()`		
Font-Dialog	`GETFONT()`		
Berichtsgenerator		`CREATE REPORT`	
Labelgenerator		`CREATE LABEL`	

Filer	FILER()	FILER oder ACTIVATE WINDOW FILER	MST_FILER
Utilities (Kalender etc.)		ACTIVATE WINDOW CALENDAR	MST_DIARY MST_CALCU
RQBE-Dialog		CREATE QUERY	

Tabelle 24.1: FoxPro-Dialoge in eigene Programme einbinden

In dieser Aufzählung haben wir einige Dialoge (Maskengenerator etc.) unterschlagen, die auch innerhalb eines Programms aufgerufen werden könnten. Wir gehen aber davon aus, daß es kaum eine sinnvolle Verwendung für diese Werkzeuge in Applikationen gibt, die nur für Endanwender bestimmt sind. Auch die in der Tabelle aufgeführten Dialoge sind nicht immer für Endanwender geeignet.

FoxPro-Dialoge einbinden

Die Einbindung erfolgt über Menüoptionen, Befehls- oder Funktionsaufrufe. Unsere Beispielanwendung demonstriert die Verwendung einiger FoxPro-Dialoge.

25.8 Preprozessor-Direktiven

Eine neue Option sind sogenannte Compiler-Direktiven. Diese Direktiven werden nicht zur Laufzeit eines Programms abgearbeitet, sondern für die Steuerung des Compilers verwendet. Damit lassen sich Konstanten definieren und bestimmte Codesequenzen nur bedingt compilieren. Compiler-Direktiven werden immer durch das Symbol „#" eingeleitet.

```
#DEFINE <Konstantenname> <Ausdr>
#UNDEF <Konstantenname>
```

Mit #DEFINE deklarieren Sie Konstanten, die vom Compiler durch die entsprechenden Werte ersetzt werden. Die Zeile

```
#DEFINE laenge 30
```

definiert die Konstante *laenge* mit einem Wert von 30. Im gesamtem Quelltext ersetzt der Compiler die Bezeichnung *laenge* durch den Wert 30. Natürlich dürfen Sie keine Namen von FoxPro-Befehlen oder Variablen als Konstanten verwenden. #UNDEF hebt eine Konstantendeklaration wieder auf.

```
#IF <AusdrN> | <AusdrL>
   #ELSE
#ENDIF
```

Mit #IF/#ENDIF-Direktiven bestimmen Sie Codesequenzen, die in Abhängigkeit vom Wert des numerischen oder logischen Ausdrucks compiliert (#IF-Zweig) oder nicht compiliert werden (#ELSE-Zweig).

25.9 Debugging

Die Fehlersuche in eigenen Programmen ist ein mühsames Geschäft, das FoxPro aber mit einigen Hilfen unterstützt. Debug- und Trace-Fenster, die wesentlichen Werkzeuge für größere Anwendungen, haben wir bereits im Kapitel „Die Entwicklungsumgebung" kennengelernt. In diesem Abschnitt wollen wir einige Hinweise für die erste Hilfe in kritischen Situationen geben.

Hinweise zur Fehlerbehebung

Größere Programme sind praktisch nie fehlerfrei und können es nach Meinung der meisten Programmierer auch nicht sein. Für die Programme und Funktionen auf der beiliegenden Diskette sei daher schon vorsorglich Absolution erbeten. Zwei Arten von Fehlern sind zu unterscheiden:

1. Syntaxfehler

2. Laufzeitfehler

Syntaxfehler werden von FoxPro automatisch erkannt. FoxPro unterbricht das laufende Programm und verzweigt an die Stelle des Quelltextes, an der es den Fehler bemerkt. In der Regel ist das auch die zutreffende Fehlerstelle, so daß der Fehler korrigiert und das Programm neu gestartet werden kann. Kritischer, weil schwerer aufzudecken, sind Laufzeitfehler, die nur in bestimmten Situationen auftreten. Die Beseitigung von Laufzeitfehlern ist die eigentliche Aufgabe des Debugging. FoxPro unterstützt den Entwickler durch die Möglichkeit, den Code Schritt für Schritt abzuarbeiten und dabei Programmlauf und Wertänderung der Variablen in eigenen Fenstern zu überwachen.

Zugriff auf die FoxPro-Oberfläche nach einem Fehler

Die Tücken des Objekts zeigen sich häufig dadurch, daß FoxPro Ihnen nach einer Fehlfunktion keine Möglichkeiten läßt, die Kontrolle über Ihr Programm oder die FoxPro-Oberfläche zu erlangen. Nicht selten werden Sie versucht sein, die hoffnungslose Lage durch einen Reset zu beheben. Eine solche Situation wird durch die folgenden Punkte beschrieben:

- kein Zugriff auf das eigene Menü

- kein Fenster oder nur noch tote Fenster

- kein Befehlsfenster

In diesem Fall hilft eventuell, soweit Sie noch auf das FoxPro-Systemmenü zugreifen können, die Menüoption *Programm/ Abbrechen*. Auch die Taste Esc kann gelegentlich die Situation retten. Möglicherweise verbirgt sich auch das Befehlsfenster hinter einem toten Fenster, dessen Steuerelemente (Schalter etc.) zwar keine Reaktionen mehr zeigen, das sich aber noch mit der Maus zur Seite schieben läßt.

Befehle für die Fehlersuche

Bei der Fehlersuche können auch die folgenden SET-Befehle recht hilfreich sein:

```
SET LOGERROR ON|OFF        && voreingestellt: ON
```

SET LOGERROR ON erzeugt beim Compilieren eine Datei, die Compilierungsfehler protokolliert. Diese Datei erhält den Namen der compilierten Programmdatei mit der Extension .ERR.

```
SET DEVELOPMENT ON|OFF        && Voreinstellung: ON
```

Dieser Befehl ist ausschließlich für den Programmierer von Interesse, da er lediglich bestimmt, ob Datums- und Zeitstempel von Quellcode- und compilierten Dateien verglichen werden sollen. Ist die Option auf ON (Standardeinstellung) gesetzt, werden Quellcode-Dateien compiliert, wenn sie jünger als gleichnamige compilierte Dateien sind. Ein Eintrag in der CONFIG.FPW des Entwicklers wäre durchaus sinnvoll, kann aber in der Regel unterbleiben, da die Voreinstellung ohnehin „ON" ist.

```
SET STEP OFF|ON        && Voreinstellung: OFF
```

SET STEP ON dient der Fehlerbeseitigung in Programmen. Der Befehl öffnet das Trace-Fenster und ermöglicht eine schrittweise Abarbeitung des Programms oder kritischer Teile desselben.

```
SET ECHO OFF|ON          && Voreinstellung OFF
```

SET ECHO ON öffnet das Trace-Fenster und zeigt den Quellcode eines ablaufenden Programms an. Da Programmierer in der Regel recht eigen mit ihrem Quellcode sind, ist es angebracht, den Befehl SET ECHO OFF, obwohl eigentlich schon Grundeinstellung, nochmals in ein weiterzugebendes Programm aufzunehmen.

```
TRBETWEEN ON|OFF         && Voreinstellung: ON
```

Diese Option erlaubt das An- und Abschalten von Break Points im Trace-Fenster.

Anhang A

Befehle und Funktionen

<AusdrN1> % <AusdrN2>

Modulo-Operator - Erzeugt den Restbetrag einer Division .

&<Var> [.<AusdrZ>]

Makro-Substitution

<AusdrZ1> $ <AusdrZ2>

Prüft, ob <AusdrZ1> in <AusdrZ2 enthalten ist.

= <Ausdr1> [, <Ausdr2> ...]

Berechnen einer Liste von Ausdrücken.

\ | \\ <Textzeile>

Ausgabe von Textzeilen.

?|?? [<Ausdr1> [PICTURE <AusdrZ1>]
[FUNCTION <AusdrZ2>]
[AT <AusdrN>]
[,<Ausdr2>] ...

Ausdrücke auswerten und ausgeben.

??? <AusdrZ>

Sendet Steuercodes an den Drucker

@ <Zeile,Spalte> SAY <Ausdr1>
[PICTURE <AusdrZ1>]
[FUNCTION <Fcodes1>]
[COLOR SCHEME <AusdrN1> |
COLOR <Farbpaarliste1>]

Ausgabe auf Bildschirm oder Drucker

@<Zeile>,<Spalte> GET <Var>
[PICTURE <AusdrZ2>]
[FUNCTION <Fcodes2>]
[DEFAULT <Ausdr2>]
[SPINNER]
[ENABLE | DISABLE]
[MESSAGE <AusdrZ3>]
[[OPEN] WINDOW <Fenstername>]

[RANGE [<Ausdr3>] [, <Ausdr4>]]
[SIZE <AusdrN2>, <AusdrN3>]
[VALID <AusdrL1> | <AusdrN4>
[ERROR <AusdrZ4>]]
[WHEN <AusdrL2>]
[COLOR SCHEME <AusdrN5> |
COLOR <Farbpaarliste2>]

Definiert Eingabefelder und Steuerelemente

@ <Zeile, Spalte> EDIT <Var>
FROM <Array> [RANGE
<AusdrN1> [, <AusdrN2>]]
| POPUP <Popup-Name>
[FUNCTION <AusdrZ1>] |
[PICTURE   <AusdrZ2>]
[DEFAULT <Ausdr>]
[SIZE <AusdrN3>, <AusdrN4>]
[ENABLE | DISABLE]
[MESSAGE <AusdrZ3>]
[VALID <AusdrL1>]
[WHEN <AusdrL2>]
[COLOR SCHEME <AusdrN5> |
COLOR <Farbpaarliste>]

Definiert einen Texteditierbereich

@ <Zeile1, Spalte1>, <Zeile2, Spalte2>
BOX [<AusdrZ>]

Zeichnet einen Rahmen

@ <Zeile1>, <Spalte1> [CLEAR | CLEAR
TO <Zeile2>, <Spalte2>]

Löscht einen Bildschirm- oder Fensterbereich

@ <Zeile1>, <Spalte1> FILL TO
<Zeile2>,<Spalte2>
[COLOR SCHEME <AusdrN> |
COLOR <Farbpaarliste>]

Ändert Farben in einem Bildschirmbereich

@ <Koord> MENU <Array>, <AusdrN1>

[, <AusdrN2>] [TITLE <AusdrZ>]
[SHADOW]

Erzeugt ein Popup-Menü

@ <Zeile>, <Spalte> **PROMPT** <AusdrZ1>
[MESSAGE <AusdrZ2>]

Erstellt ein Balkenmenü

@ <Zeile1>, <Spalte1> **TO** <Zeile2>,
<Spalte2>
[DOUBLE | PANEL | <Randfolge>]
[COLOR SCHEME <AusdrN> |
COLOR <Farbpaarliste>]

Zeichnet einen Rahmen

ABS(<AusdrN>)

Absoluten Wert eines numerischen
Ausdrucks ermitteln.

ACCEPT [<AusdrZ>] TO <memvar>

Speichert Tastatureingabe in Variable.

ACOPY(<Array1>, <Array2> [, <AusdrN1>[,
<AusdrN2> [, <AusdrN3>]]])

Kopiert Elemente eines Arrays in ein
anderes Array.

ACOS()

Rückgabe (in Radiant) des
Arkuskosinus eines numerischen
Ausdrucks.

ACTIVATE MENU <Menü_name>
[NOWAIT]
[PAD <Block_name>]

Aktiviert ein Balkenmenü.

ACTIVATE POPUP <Popup_name> [AT
<Zeile>, <Spalte>] [BAR
<AusdrN>] [NOWAIT]

Aktiviert ein Popup-Menü.

ACTIVATE SCREEN

Ermöglicht wieder den Zugriff auf den
Bildschirm.

ACTIVATE WINDOW [<Fenstername1>
[, <Fenstername2> ...]] | ALL
[IN [WINDOW] <Fenstername3> |
SCREEN]
[BOTTOM | TOP | SAME]
[NOSHOW]

Aktiviert ein Fenster.

ADEL(<Array>, <AusdrN> [, 2])

Löscht Element, Zeile oder Spalte aus
einem Array.

ADIR(<Array> [, <AusdrZ1> [, <AusdrZ2>]])

Dateien eines Verzeichnisses in ein
Array setzen.

AELEMENT(<Array>, <AusdrN1> [,
<AusdrN2>])

Rückgabe der Zahl der Elemente eines
Arrays aus Zeilen- und
Spaltensubscripten.

AFIELDS(<Array>)

Informationen der Datenbank-Struktur
in ein Array schreiben.

AINS(<Array>, <AusdrN> [, 2])

Fügt Array-Element ein.

ALEN(<Array> [, <AusdrN>])

Gibt die Anzahl der Elemente eines

Arrays zurück.

ALIAS([<AusdrN>])

Gibt den Alias des bezeichneten
Bereichs zurück.

ALLTRIM(<AusdrZ>)

Entfernt alle führenden und folgenden
Leerzeichen einer Zeichenkette.

APPEND [BLANK]

Fügt Leersätze an eine Datentabelle an.

APPEND FROM <Datei> | ?
[FIELDS <Feldliste>]
[FOR <AusdrL>]
[TYPE] [DELIMITED [WITH TAB
| WITH <Begrenzung> | WITH
BLANK]
| DIF | FW2 | MOD | PDOX | RPD |
SDF | SYLK
| WK1 | WK3 | WKS | WR1 | WRK |
XLS]

Fügt Datensätze aus einer Datei an.

APPEND FROM ARRAY <Array>

[FOR <AusdrL>]
[FIELDS <Feldliste>]

Datensätze aus Array anfügen.

**APPEND MEMO <Memofeld> FROM
<Datei> [OVERWRITE]**

Schreibt Dateiinhalt in ein Memofeld.

ASC(<AusdrZ>)

Rückgabe des ASCII-Code-Wertes des
links stehenden Zeichens eines
Zeichenausdruck.

**ASCAN(<Array>, <Ausdr> [, <AusdrN1>
[,<AusdrN2>]])**

Sucht in Variablenarrays nach einem
Ausdruck .

ASIN(<AusdrN>)

Rückgabe des Arkuskosinus.

**ASORT(<Array> [, <AusdrN1> [,
<AusdrN2> [, <AusdrN3>]]])**

Sortieren eines Variablenarrays.

**ASUBSCRIPT(<Array>, <AusdrN1>,
<AusdrN2>)**

Rückgabe des Zeilen- oder
Spaltenindizes eines Array-Elements.

AT(<AusdrZ1>, <AusdrZ2> [, <AusdrN>])

Rückgabe der Position eines
Zeichenausdrucks in einem anderen
Zeichenausdruck.

ATAN(<AusdrN>)

Rückgabe des Arkustangens eines
numerischen Ausdrucks.

ATC(<AusdrZ1>, <AusdrZ2> [, <AusdrN>])

Gibt die Position eines
Zeichenausdrucks in einem anderen
Zeichenausdruck ohne
berücksichtigung von Groß- und
Kleinschreibung zurück.

ATCLINE(<AusdrZ1>, <AusdrZ2>)

Rückgabe der Zeilennummer eines
Ausdrucks in einem anderen Ausdruck,

unabhängig von Groß-
/Kleinschreibung.

ATLINE(<AusdrZ1>, <AusdrZ2>)

Rückgabe der Zeilennummer eines
Zeichenausdrucks in einem anderen
Zeichenausdruck.

ATN2(<AusdrN1>, <AusdrN2>)

Berechnet Arkustangenswinkel für alle
vier Quadranten.

**AVERAGE [<Ausdr_liste>]
[<Bereich>]
[FOR <AusdrL1>]
[WHILE <AusdrL2>]
[TO <Spei_var_liste> | TO ARRAY
<Array>]
[NOOPTIMIZE]**

Mittelt einen numerische Ausdrücke.

BAR()

Rückgabe der Nummer der zuletzt
gewählten Option eines Popup-Menüs.

**BETWEEN(<Ausdr1>, <Ausdr2>,
<Ausdr3>)**

Bestimmt, ob ein Ausdruck zwischen
zwei anderen Ausdrücken liegt.

BOF([<AusdrN> | <AusdrZ>])

Prüft, ob Datensatzzeiger am Anfang
einer Datentabelle steht.

BROWSE
[FIELDS <Feld_liste>]
[FONT <AusdrZ> [,<AusdrN>]]
[STYLE <AusdrZ>]
[FOR <AusdrL1>]
[FORMAT]
[FREEZE <Feld>]
[KEY <Ausdr1> [, <Ausdr2>]]
[LAST]
[LEDIT] [REDIT]
[LOCK <AusdrN1>]
[LPARTITION]
[NOAPPEND]
[NOCLEAR]
[NODELETE]
[NOEDIT | NOMODIFY]
[NOLGRID] [NORGRID]
[NOLINK]
[NOMENU]
[NOOPTIMIZE]

[NORMAL]
[NOWAIT]
[PARTITION <AusdrN2>]
[PREFERENCE <AusdrZ1>]
[SAVE]
[TIMEOUT <AusdrN3>]
[TITLE <AusdrZ2>]
[VALID [:F] <AusdrL2> [ERROR
<AusdrZ3>]]
[WHEN <AusdrL3>]
[WIDTH <AusdrN4>]
[[WINDOW <Fenstername1>]
[IN [WINDOW] <Fenstername2> | IN
SCREEN]]
[COLOR [<Farbpaarliste>]
| COLOR SCHEME <AusdrN5>]

Datenbank in Tabellenform anzeigen.

BUILD APP <fxp_Datei> FROM <Projekt>

Erstellt eine Applikation (.FXP) aus
einer Projektdatei.

BUILD EXE <Exe-Datei> FROM <Projekt>

Erzeugt ausführbare EXE Dateien aus
Projekten (Zusatzpaket erforderlich).

BUILD PROJECT <Projekt_Datei>
[FROM <Programm> | <Menü> |
<Report> | <Etikett> | <Maske> |
<Library>
[, <Programm> | <Menü> |
<Report> |<Etikett> | <Maske>|
<Library>] ...]

Erstellen eines Projekts.

CALCULATE <Ausdr_liste>
[<Bereich>] [FOR <AusdrL1>]
[WHILE <AusdrL2>]
[TO <Spei_var_liste> | TO ARRAY
<Array>]
[NOOPTIMIZE]

Berechnungen ausführen

Ausdrucksliste:

AVG(<AusdrN>)
CNT()
MAX(<Ausdr>)
MIN(<Ausdr>)
NPV(<AusdrN1>, <AusdrN2> [,
<AusdrN3>])
STD(<AusdrN>)
SUM(<AusdrN>)
AR(<AusdrN>)

Die Funktionen der Ausdrucksliste
müssen durch Kommas getrennt
werden.

CALL <Datei>
[WITH <AusdrZ> |<Spei_var>]
[SAVE | NOSAVE]

Ruft ein Assemblerprogramm auf

CANCEL

Bricht Programmausführung ab.

CAPSLOCK([<AusdrL>])

Rückgabe des aktuellen Status der
CapsLock-Taste.

CDOW(<AusdrD>)

Rückgabe des Wochentags von einem
Datum.

CDX(<AusdrN1> [, <AusdrN2> |
<AusdrZ>])

Rückgabe der Namen von CDX-
Indexdateien

CEILING(<AusdrN>)

Rückgabe der nächsten Ganzzahl, die
größer oder gleich einem numerischen
Ausdruck ist.

CHANGE
[FIELDS <Feld_liste>]
[<Bereich>]
[FOR <AusdrL1>]
[WHILE <AusdrL2>]
[FREEZE <Feld>]
[KEY <Ausdr1> [, <Ausdr2>]]
[LAST]
[LEDIT] [REDIT]
[LPARTITION]
[NOAPPEND]
[NOCLEAR]
[NODELETE]
[NOEDIT | NOMODIFY]
[NOLINK]
[NOMENU]
[NOOPTIMIZE]
[NORMAL]
[NOWAIT]
[PARTITION <AusdrN1>]
[PREFERENCE <AusdrZ1>]
[SAVE]
[TIMEOUT <AusdrN2>]
[TITLE <AusdrZ2>]

```
[VALID [:F] <AusdrL3> [ERROR
<AusdrZ3>]]
[WHEN <AusdrL4>]
[WIDTH <AusdrN3>]
[[WINDOW <Fenstername1>]
[IN [WINDOW] <Fenstername2> | IN
SCREEN]]
[COLOR SCHEME <AusdrN4>] |
COLOR <Farbpaarliste>]
```

Datenbanksätze ändern.

CHR(<AusdrN>)

Gibt ASCII-Zeichens eines numerischen Ausdrucks zurück.

CHRSAW([<AusdrN>])

Prüft, ob ein Zeichen im Tastaturpuffer bereitsteht.

CHRTRAN(<AusdrZ1>,<AusdrZ2>, <AusdrZ3>)

Übersetzt die Zeichen eines Zeichenausdrucks unter Verwendung anderer Zeichenausdrücke als Übersetzungstabellen.

CLEAR
```
CLEAR ALL
CLEAR FIELDS
CLEAR GETS
CLEAR MACROS
CLEAR MEMORY
CLEAR MENUS
CLEAR POPUPS
CLEAR PROGRAM
CLEAR PROMPT
CLEAR READ
CLEAR TYPEAHEAD
CLEAR WINDOWS
```

Löscht das angegebene Objekt.

CLOSE ALL
```
CLOSE ALTERNATE
CLOSE DATABASE
CLOSE FORMAT
CLOSE INDEX
CLOSE PROCEDURE
```

Schließt verschiedene Dateitypen.

CLOSE MEMO <Memo_feld1>
```
[, <Memo_feld2> ... ] | ALL
```

Schließt Memo-Editierfenster.

CMONTH(<AusdrD>)

Gibt den Namen des Monats zurück, der dem Datumsausdruck entspricht.

CNTBAR(<AusdrZ>)

Gibt Anzahl der Optionen in einem Popup zurück.

CNTPAD(<AusdrZ>)

Gibt Anzahl der Blöcke in einem Menü zurück.

COL()

Gibt aktuelle Spaltenposition des Cursors zurück.

COMPILE <Datei> | <Maske>
```
[ENCRYPT] [NODEBUG]
```

Kompiliert eine Programmdatei.

CONTINUE

Weitersuchen mit LOCATE.

COPY FILE <Datei1> TO <Datei2>

Kopieren von Dateiten.

COPY INDEXES <Index_datei_liste>
```
| ALL [TO <.cdx datei>]
```

Kopiert einfache Indexdateien in eine zusammengesetzte Indexdatei.

COPY MEMO <Memo_feld> TO <Datei>
```
[ADDITIVE]
```

Kopiert den Inhalt eines Memo-Feldes in eine Datei.

COPY STRUCTURE TO <Datei>
```
[FIELDS <Feld_liste>]
[[WITH] CDX | [WITH]
PRODUCTION]]
```

Kopiert Datenbankstruktur in eine andere Datenbank.

COPY TO <Datei> STRUCTURE EXTENDED

Kopiert Datenbankstruktur in Sätze einer neuen Datenbank.

COPY TAG <Schlüssel_name> [OF
```
<.cdx_datei>]
TO <Index_datei>
```

Erstellt eine einfache Indexdatei aus
einem Schlüssel in einer
zusammengesetzten Indexdatei.

COPY TO <Datei>
    [FIELDS <Feld_liste>]
    [<Bereich>] [FOR <AusdrL1>]
    [WHILE <AusdrL2>]
    [[WITH] CDX] | [[WITH]
    PRODUCTION]
    [NOOPTIMIZE]
    [TYPE] [FOXPLUS | DIF | MOD |
    SDF | SYLK
    | WK1 | WKS | WR1 | WRK | XLS
    | DELIMITED [WITH <Begrenzer> |
    WITH BLANK | WITH TAB]]

Kopiert Daten einer aktuell gewählten
Datenbank in eine Datei.

COPY TO ARRAY <Array>
    [FIELDS <Feld_liste>]
    [<Bereich>]
    [FOR <AusdrL1>]
    [WHILE <AusdrL2>]
    [NOOPTIMIZE]

Daten eines Datenbanksatzes in ein
Array kopieren.

COS(<AusdrN>)

Gibt den Kosinus eines numerischen
Ausdrucks zurück.

COUNT [<Bereich>]
    [FOR <AusdrL1>]
    [WHILE <AusdrL2>]
    [TO <Spei_var>]
    [NOOPTIMIZE]

Datenbanksätzen zählen.

CREATE [<Datei> | ?]

Neue Datenbank erstellen.

CREATE COLOR SET <Farbsatz>

Einen neuen Farbsatz aus den aktuellen
Farbeinstellungen erstellen.

CREATE [<Datei1>] **FROM** [<Datei2>]

Eine Datenbank aus einer COPY
STRUCTURE EXTENDED-Datei
erstellen.

CREATE LABEL [<Datei> | ?]
    [[WINDOW <Fenstername1>]

    [IN [WINDOW] <Fenstername2> |
    IN SCREEN]]

Etikettenlayout-Fensters öffnen.

CREATE MENU [<Datei> | ?]
    [[WINDOW <Fenstername1>]
    [IN [WINDOW] <Fenstername2> |
    IN SCREEN]

Öffnet eine Menüentwurfsfensters.

CREATE PROJECT [<Datei> | ?]
    [WINDOW <Fenstername1>]
    [IN [WINDOW] <Fenstername2> |
    IN SCREEN]

Erstellt eine Projekt.

CREATE QUERY [<Datei> | ?]

Öffnet eine RQBE-Fenster.

CREATE REPORT [<Datei> | ?]
    [[WINDOW <Fenstername1>]
    [IN [WINDOW] <Fenstername2> |
    IN SCREEN]]

Öffnet eine Report in einem
Reportlayout-Fenster.

CREATE REPORT <Datei1> | ? FROM
    <Datei2>
    [FORM | COLUMN] [FIELDS
    <Feld_liste>] [ALIAS]
    [NOOVERWRITE] [WIDTH
    <AusdrN>]

Erstellen eines Reports

CREATE SCREEN [<Datei> | ?]
    [WINDOW <Fenstername1>]
    [IN [WINDOW] <Fenstername2> |
    IN SCREEN]

Maskenlayout-Fensters öffnen.

CREATE SCREEN <Datei1> | ? FROM
    <Datei2>
    [ROW | COLUMN] [FIELDS
    <Feld_liste>] [ALIAS]
    [NOOVERWRITE] [SIZE
    <AusdrN1>, <AusdrN2>]
    [SCREEN]]

Automatisches Erstellen einer
Standardmaske.

CREATE TABLE | DBF <Datenbankname>
    (<Feld_name1> <Typ> [(<Feldbreite>
    [, <Dezimalstellen>])
    [, <Feld_name2> ...]])

| FROM ARRAY <Array_name>

Datenbank erstellen.

CREATE VIEW <Datei>

Erzeugt eine Viewdatei für die FoxPro-Umgebung

CTOD(<AusdrZ>)

Zeichenausdrucks in einen Datumsausdruck umwandeln.

CURDIR([<AusdrZ>])

Ermitteln des aktuellen DOS-Verzeichnisses.

DATE()

Systemdatum ermitteln.

DAY(<AusdrD>)

Rückgabe des Tages aus Datumsausdruck.

DBF([<AusdrZ> | <AusdrN>])

Ermittelt den Datenbanknamen aus einem Arbeitsbereich oder aus Datenbankalias.

DDEAbortTrans( )
Bricht eine DDE-Transaktion ab.

DDEAdvise( )

Erzeugt eine automatische oder halbautomatische Verknüpfung.

DDEEnabled( )
Ermöglicht DDE und ermittelt den Status einer DDE Verbindung.

DDEExecute( )

Sendet einen Befehl an andere Anwendung.

DDEInitiate( )

Erzeugt einen Kanal für den Datenaustausch mit anderer Anwendung.

DDELastError( )

Erzeugt eine Fehlernummer für die letzte DDE-Funktion.

DDEPoke( )

Sendet Daten an andere Anwendung.

DDERequest( )

Fordert Daten von einer anderen Anwendung an.

DDESetOption( )

Ermittelt und ändert die DDE-Einstellungen.

DDESetService( )

Erzeugt, modifiziert oder löscht Service-Namen.

DDESetTopic( )

Erzeugt einen TOPIC-Namen oder gibt einen TOPIC-Namen frei.

DDETerminate( )
Schließt einen DDE-Kanal.

DEACTIVATE MENU

Deaktiviert und Entfernt ein Menü.

DEACTIVATE POPUP

Deaktiviert und Entfernt ein Popup.

DEACTIVATE WINDOW <Fenstername1> [, <Fenstername2>] | ALL

Deaktiviert und Entfernt ein Fenster.

DECLARE <Array1> (<AusdrN1> [, <AusdrN2>]) [, <Array2> (<AusdrN3> [, <AusdrN4>])]

Definiert eine Array.

DEFINE BAR <AusdrN1> | <System_options_name> OF <Popup_name> PROMPT <AusdrZ1> [BEFORE <AusdrN2> | AFTER <AusdrN2>] [KEY <Label> [, <AusdrZ2>]] [MARK <AusdrZ3>] [MESSAGE <AusdrZ4>] [SKIP [FOR <AusdrL>]] [COLOR <Farbpaarliste> | COLOR SCHEME <AusdrN2>]

Definiert eine Menüoption in einem Popup.

DEFINE BOX FROM <Spalte1> TO
     <Spalte2>
     HEIGHT <AusdrN1> [AT LINE
     <AusdrN2>]
     [SINGLE | DOUBLE | <Randfolge>]

Zeichnet einen Rahmen um gedruckten
Text.

DEFINE MENU <Menüname>
     [BAR [AT LINE <AusdrN1>]]
     [IN [WINDOW] <Fenstername>]
     [KEY <Tastenlabel>]
     [MARK <AusdrZ1>]
     [MESSAGE <AusdrZ2>]
     [NOMARGIN]
     [COLOR <Farbpaarliste> | COLOR
     SCHEME <AusdrN2>]

Menüleiste definieren.

DEFINE PAD <Blockname> OF
     <Menüname> PROMPT <AusdrZ1>
     [AT <Zeile>, <Spalte>]
     [BEFORE <Blockname> | AFTER
     <Blockname>]
     [KEY <Tastenlabel> [, <AusdrZ2>]]
     [MARK <AusdrZ3>]
     [SKIP [FOR <AusdrL>]]
     [MESSAGE <AusdrZ4>]
     [COLOR <Farbpaarliste> | COLOR
     SCHEME <AusdrN>]

Definiert einen Block in einer
Menüleiste.

DEFINE POPUP <Popupname>
     [FROM <Zeile1>, <Spalte1>]
     [TO <Zeile2>, <Spalte2>]
     [IN [WINDOW] <Fenstername>]
     [FOOTER <AusdrZ1>]
     [KEY <Tastenlabel>]
     [MARGIN]
     [MARK <AusdrZ2>]
     [MESSAGE <AusdrZ3>]
     [MOVER]
     [MULTI]
     [PROMPT FIELD <Ausdr>
     | PROMPT FILES [LIKE <Maske>]
     | PROMPT STRUCTURE]
     [RELATIVE]
     [SCROLL]
     [SHADOW]
     [TITLE <AusdrZ4>]
     [COLOR <Farbpaarliste> | COLOR
     SCHEME <AusdrN>]

Erstellt ein Popup-Menü.

DEFINE WINDOW <Fenstername1>
     FROM <Zeile1>, <Spalte1> TO
     <Zeile2>, <Spalte2>
     [FONT <AusdrZ>,<AusdrN>
     STYLE <AusdrZ>
     [IN [WINDOW] <Fenstername2> | IN
     SCREEN]
     [FOOTER <AusdrZ1>]
     [TITLE <AusdrZ2>]
     [DOUBLE | PANEL | NONE |
     SYSTEM | <Randfolge>]
     [CLOSE | NOCLOSE]
     [FLOAT | NOFLOAT]
     [GROW | NOGROW]
     [MINIMIZE]
     [SHADOW]
     [ZOOM | NOZOOM]
     [FILL <AusdrZ3>]
     [COLOR <Farbpaarliste>
     | COLOR SCHEME <AusdrN>]

Definiert ein Fenster.

DELETE [<Bereich>]
     [FOR <AusdrL1>]
     [WHILE <AusdrL2>]
     [NOOPTIMIZE]

Datensätze zum Löschen markieren.

DELETE TAG <Schlüssel_name1> [OF
     <.cdx_datei1>]
     [, <Schlüssel_name2> [OF ^
     <.cdx_datei2>]]

DELETE TAG ALL [OF <.cdx_datei>]

Löschen von Schlüsseln aus einer
zusammengesetzten .CDX-Indexdatei.

DELETED([<AusdrZ> | <AusdrN>])

Zeigt an, ob der aktuelle Satz zum
Löschen markiert ist.

DIFFERENCE(<AusdrZ1>, <AusdrZ2>)

Gibt eine relative phonetischen
Differenz zwischen zwei Zeichenfolgen
zurück.

DIMENSION <Array1> (<AusdrN1> [,
     <AusdrN2>])
     [, <Array2> (<AusdrN3> [,
     <AusdrN4>])]

Erstellt eine Variablenarray.

DIR | DIRECTORY [[ON] <Laufw:>]
     [[LIKE] [<Pfad>] [<Maske>]]

[TO PRINTER | TO FILE
<Datei>]

Zeigt das aktuelle
Laufwerksverzeichnis an.

DISKSPACE()

Rückgabe des auf dem
Standardlaufwerk verfügbaren
Speicherplatzes.

DISPLAY [[FIELDS] <Feldliste>]
[<Bereich>]
[FOR <AusdrL1>] [WHILE
<AusdrL2>] [OFF]
[TO PRINTER | TO FILE <Datei>]
[NOOPTIMIZE]

Zeigt Datenbanksätze oder Ausdrücken
an.

DISPLAY FILES
[ON <Laufw: | Verz>]
[LIKE <Maske>]
[TO PRINTER | TO FILE <Datei>]

Zeigt Informationen über Dateien an.

DISPLAY MEMORY
[ON <Laufw: | Verz>]
[LIKE <Maske>]
[TO PRINTER | TO FILE <Datei>]

Zeigt Inhalt von Variablen und Arrays
an.

DISPLAY STATUS
[TO PRINTER | TO FILE <Datei>]

Zeigt den Status der FoxPro-Umgebung
an.

DISPLAY STRUCTURE [IN <AusdrN> |
<AusdrZ>]
[TO PRINTER | TO FILE <Datei>]

Struktur einer Datenbank anzeigen.

DMY(<AusdrD>)

Konvertiert einen Datumsausdrucks in
das Format Tag/Monat/Jahr.

DO <Datei>
[WITH <Param_liste>]
[IN <Datei>]

Führt ein Programm oder eine
Prozedurdatei aus.

DO CASE
CASE <AusdrL1>
<Anweisungen>
[CASE <AusdrL2>
<Anweisungen>
CASE <AusdrLN>
<Anweisungen>]
[OTHERWISE
<Anweisungen>]
ENDCASE

Führt Befehle in Abhängigkeit vom
Wahrheitswert einer Bedingung aus.

DO WHILE <AusdrL>
<Anweisungen>
[LOOP]
[EXIT]
ENDDO

Befehlesausführung in einer Schleife,
solange eine logische Bedingung wahr
ist.

DOW(<AusdrD>)

Rückgabe des Wochentags (numerisch)
eines Datums.

DTOC(<AusdrD> [, 1])

Konvertiert einen Datumsausdruck in
einen Zeichenausdruck.

DTOR(<AusdrD> [, 1])

Umwandlung von Grad in Radiant.

DTOS(<AusdrD>)

Datumsausdruck in eine Zeichenfolge
umwandeln.

EDIT [FIELDS <Feldliste>]
[<Bereich>]
[FOR <AusdrL1>]
[WHILE <AusdrL2>]
[FREEZE <Feld>]
[KEY <Ausdr1> [, <Ausdr2>]]
[LAST]
[LEDIT] [REDIT]
[LPARTITION]
[NOAPPEND]
[NOCLEAR]
[NODELETE]
[NOEDIT | NOMODIFY]
[NOLINK]
[NOMENU]
[NOOPTIMIZE]
[NORMAL]

```
[NOWAIT]
[PARTITION <AusdrN1>]
[PREFERENCE <AusdrZ1>]
[SAVE]
[TIMEOUT <AusdrN2>]
[TITLE <AusdrZ2>]
[VALID [:F] <AusdrL3> [ERROR
<AusdrZ3>]]
[WHEN <AusdrL4>]
[WIDTH <AusdrN3>]
[[WINDOW <Fenstername1>]
[IN [WINDOW] <Fenstername2> |
IN SCREEN]]
[COLOR SCHEME <AusdrN4>] |
COLOR <Farbpaarliste>]
```

Datenbanksätze in einem Editierfenster
ändern.

EJECT

Seitenvorschub des Druckers auslösen.

EJECT PAGE

Bedingten Seitenvorschub auslösen.

EMPTY(<Ausdr>)

Stellt fest, ob ein Ausdruck leer ist.

EOF([<AusdrN> | <AusdrZ>])

Prüft, ob der Datensatzzeiger das Ende
der Datei erreicht hat.

ERASE <Datei> | ?

Löscht eine Datei.

ERROR()

Gibt Fehlernummer für einen durch ON
ERROR-Routine ausgelösten Fehler
zurück.

EVALUATE(<AusdrZ>)

Bewertet einen Ausdruck und gibt das
Ergebnis zurück.

EXIT

Beendet eine DO WHILE-, FOR- oder
SCAN-Schleife.

EXP(<AusdrN>)

Rückgabe des Wertes von e x. x ist ein
numerischer Ausdruck.

EXPORT TO <Datei>

```
[FIELDS <Feldliste>
[<Bereich>] [FOR <AusdrL1>]
[WHILE <AusdrL2>]
[NOOPTIMIZE]
[TYPE] DIF | MOD | SYLK | WK1 |
WKS | WR1 | WRK | XLS
```

Kopiert Daten aus einer FoxPro-
Datentabelle in eine Datei mit einem
anderen Format.

EXTERNAL ARRAY | LABEL | LIBRARY
| MENU | PROCEDURE | REPORT |
SCREEN <Datei_name |
Array_name>

Verweist den Projekt-Manager auf eine
undefinierte Referenz.

FCHSIZE(<AusdrN1>, <AusdrN2>)

Ändert die Größe einer mit Low-Level-
Funktionen geöffneten Datei.

FCLOSE(<AusdrN>)

Schließt eine mit Low-Level-
Funktionen geöffnete Datei.

FCOUNT([<AusdrN> | <AusdrZ>])

Ermittelt die Anzahl der Felder einer
geöffneten Datentabelle.

FCREATE(<AusdrZ> [, <AusdrN>])

Erzeugt und öffnet eine Datei.

FEOF(<AusdrN>)

Prüft, ob der Datensatzzeiger am Ende
der Datei steht.

FERROR()

Prüft, ob die letzte Low-Level-Datei-
funktion einen Fehler verursacht hat.

FFLUSH(<AusdrN>)

Schreibt eine mit Low-Level-
Funktionen geöffnete Datei auf die
Festplatte.

FGETS(<AusdrN1> [, <AusdrN2>])

Rückgabe von Bytes aus einer mit einer
Low-Level-Funktion geöffneten Datei
oder von einem Kommunikations-Port.

FIELD(<AusdrN1> [, <AusdrN2> | <AusdrZ>])

Feldnamen einer Datenbank zurückgeben.

FILE(<AusdrZ>)

Prüft, ob eine Datei im aktuellen Verzeichnis vorhanden ist.

FILER [LIKE <Maske>] [NOWAIT] [IN [WINDOW] <Fenstername> | SCREEN]

Öffnet den FoxPro-Dateimanager.

FILTER([<AusdrN> | <AusdrZ>])

Ermittelt einen mit SET FILTER definierten Filterausdrucks.

FIND <Zei_str>

Durchsucht eine indizierte Datenbankdatei.

FKLABEL(<AusdrN>)

Ermittelt die Funktionstastenbezeichnung.

FKMAX()

Ermittelt die Gesamtzahl der belegbaren Funktionstasten.

FLOCK([<AusdrN> | <AusdrZ>])

Versucht Datentabelle zu sperren; gibt bei erfolgreichem Versuch wahr (.T.) zurück.

FLOOR(<AusdrN>)

Ermittelt die nächste Ganzzahl, die kleiner oder gleich einem numerischen Ausdruck ist.

FLUSH

Speichert Datentabellen- und Index-änderungen auf Festplatte.

FOPEN(<AusdrZ> [, <AusdrN>])

Öffnet eine Datei oder einen Kommunikations-Port für Low-Level-Zugriffe.

FOR <Spei_var> = <AusdrN1> TO <AusdrN2> [STEP <AusdrN3>] <Anweisungen> [EXIT] [LOOP] ENDFOR | NEXT

Zählschleife; Anweisungen in der Schleife werden wiederholt ausgeführt, bis ein vorgegebener Wert erreicht ist.

FOUND([<AusdrN> | <AusdrZ>])

Meldet, ob eine Suche mit CONTINUE, FIND, LOCATE oder SEEK erfolgreich war.

FPUTS(<AusdrN1>, <AusdrZ> [, <AusdrN2>])

Schreibt einen Zeichenstrings plus CR und LF in eine Datei oder einen Kommunikations-Port, wenn diese mit Low-Level-Funktionen geöffnet wurden.

FREAD(<AusdrN1>, <AusdrN2>)

Rückgabe einer bestimmten Anzahl von Bytes aus einer Datei oder von einer Schnittstelle.

FSEEK(<AusdrN1>, <AusdrN2> [, <AusdrN3>])

Verschiebt den Dateizeiger in einer mit Low-Level-Funktionen geöffneten Datei.

FSIZE(<AusdrZ1> [, <AusdrN> | <AusdrZ2>])

Gibt die Größe eines Datenbankfeldes zurück.

FULLPATH(<Dateiname1> [, <AusdrN> | <Dateiname2>])

Ermittelt den vollständigen DOS-Pfad für eine Datei.

FUNCTION <Name>

Definiert den Beginn eines Unterprogramms.

FV(<AusdrN1>, <AusdrN2>, <AusdrN3>)

Rückgabe des zukünftigen Wertes einer Investition.

**FWRITE(<AusdrN1>, <AusdrC> [,
<AusdrN2>])**

Schreibt einen Zeichenstrings in eine
Datei oder einen Kommunikations-Port.

**GATHER FROM <Array> | MEMVAR
[FIELDS <Feld_namen_liste>]**

Kopiert den Inhalt von Variablen oder
Arrayelementen in Datenbankfelder.

GETBAR(<AusdrZ>, <AusdrN>)

Ermittelt die Nummer einer bestimmten
Popup-Position.

GETENV(<AusdrZ>)

Ermittelt den Inhalt einer DOS-
Umgebungsvariablen.

**GETEXPR [<AusdrZ1>] TO <Spei_var>
[TYPE <AusdrZ2> [; <AusdrZ3>]]
[DEFAULT <AusdrZ4>]**

Erstellt einen Ausdruck.

GETFILE([<AusdrZ1>] [, <AusdrZ2>])

Zeigt Dialogs "Datei öffnen" an.

GETPAD(<AusdrZ>, <AusdrN>)

Ermittelt den Blocknamen einer
Position auf der Menüleiste.

**GO [RECORD] <AusdrN1> [IN <AusdrN2>
<AusdrZ>]
GO TOP | BOTTOM [IN <AusdrN2>
|<AusdrZ>]**

**GOTO [RECORD] <AusdrN1> [IN
<AusdrN2> | <AusdrZ>]
GOTO TOP | BOTTOM [IN
<AusdrN2> | <AusdrZ>]**

Positioniert den Datensatzzeiger.

GOMONTH(<AusdrD>, <AusdrN>)

Rückgabe eines Datums, das eine
bestimmte Anzahl von Monaten vor
oder nach einem angegebenen Datum
liegt.

HEADER([<AusdrN> | <AusdrZ>])

Gibt die Größe eines Datenbankkopfes
zurück.

**HELP [IN [WINDOW] <Fenstername> |
SCREEN] [<Thema>]
[NOWAIT]**

Öffnet das Hilfe-Fenster.

**HIDE MENU <Menüname1>[,<Menüname2>
] | ALL [SAVE]**

Verdeckt eine Menüleiste.

**HIDE POPUP <Popup_name1>[,
<Popup_name2>] | ALL
[SAVE]**

Verdeckt eine Popup.

**HIDE WINDOW [<Fenstername1> [,
<Fenstername2>]] | ALL
[IN [WINDOW] <FensternameN> |
SCREEN] [SAVE]**

Entfernt ein Fenster vom Bildschirm.

**IF <AusdrL>
<Anweisungen>
[ELSE
<Anweisungen>]
ENDIF**

Ausführen von Befehlen in Ahängigkeit
vom Wahrheitswert einer Bedingung.

IIF(<AusdrL>, <Ausdr1>, <Ausdr2>)

Gibt <Ausdr1> oder <Ausdr2) in
Abhängigkeit des Wahrheitswerts des
logischen Ausdrucks zurück.

IMPORT FROM <Datei>

Importiert Daten mit einem anderen
Dateiformat in eine FoxPro-
Datentabelle.

**INDEX ON <Ausdr> TO <.idx_datei> | TAG
<Schlüsselname> [OF
<.cdx_datei>]
[FOR <AusdrL>]
[COMPACT]
[ASCENDING | DESCENDING]
[UNIQUE]**

Erzeugt einen Index oder eine
Indexdatei.

INKEY([[<AusdrN>] [, <AusdrZ>]])

Ermittelt einen ganzzahligen Wert, der
einer Tastenbetätigung oder einem
Maus-Klick entspricht.

INLIST(<Ausdr1>, <Ausdr2> [,<Ausdr3>]

Prüft, ob ein Ausdruck in einer Liste
von Ausdrücken vorhanden ist.

INPUT [<AusdrZ>] TO <Spei_var>

Daten in eine Variable eingeben.

INSERT [BEFORE] [BLANK]

Einfügen eines neuen Datensatzes.

INSERT INTO <Datenbank> [(<Feld_name1
[,<Feld_name2[,...]])]
VALUES
(<Ausdr1>[,<Ausdr2>[,...]])

oder

INSERT INTO <Datenbank> FROM
ARRAY <array>|FROM MENVAR

Fügt einen Datensatz an bestehende
Datenbank an.

INSMODE([<AusdrL>])

Setzt den Einfügemodus.

INT(<AusdrN>)

Ermittelt den ganzzahligen Teil eines
numerischen Ausdrucks.

ISALPHA(<AusdrZ>)

Prüft, ob ein Zeichenausdruck mit
einem Buchstaben beginnt.

ISCOLOR()

Gibt "wahr" zurück, wenn Farbanzeige
möglich ist.

ISDIGIT(<AusdrZ>)

Prüft, ob ein Zeichenausdruck mit einer
Zahl beginnt.

ISLOWER(<AusdrZ>)

Prüft, ob ein Zeichenausdruck mit
einem Kleinbuchstaben beginnt.

ISUPPER(<AusdrZ>)

Prüft, ob ein Zeichenausdruck mit
einem Großbuchstaben beginnt.

JOIN WITH <AusdrN> | <AusdrZ>

TO <Datei>
FOR <AusdrL>
[FIELDS <Feldliste>]
[NOOPTIMIZE]

Verbindet zwei Datentabellen.

KEY([<.cdx_datei>,] <AusdrN1> [,
<AusdrN2>| <AusdrZ>])

Rückgabe des Schlüsselausdrucks
einer Indexdatei.

KEYBOARD <AusdrZ> [PLAIN]

Daten in den Tastaturpuffer schreiben.

LABEL [FORM <Datei1> | ?]
[ENVIRONMENT]
[<Bereich>] [FOR <AusdrL1>]
[WHILE <AusdrL2>]
[NOCONSOLE]
[NOOPTIMIZE]
[PREVIEW]
[SAMPLE]
[TO PRINTER|TO FILE <Datei2>]

Erstellt Etiketten aus einer Datenbank.

LASTKEY()

Ermittelt den Wert der zuletzt
betätigten Taste.

LEFT(<AusdrZ>, <AusdrN>)

Ermittelt das ganz links stehende
Zeichen eines Zeichenausdrucks.

LEN(<AusdrZ>)

Ermittelt die Anzahl der Zeichen eines
Zeichenausdrucks.

LIKE(<AusdrZ1>, <AusdrZ2>)

Vergleicht zwei Zeichenausdrücke.

LINENO()

Ermittelt die relative Zeilennummer
eines ablaufenden Programms.

LIST [FIELDS <Ausdr_liste>]
[<Bereich>] [FOR <AusdrL1>]
[WHILE<AusdrL1>]
[OFF]
[TO PRINTER | TO FILE <Datei>]
[NOOPTIMIZE]

LIST FILES [ON <Laufw: | Verz>]
[LIKE <Maske>]

[TO PRINTER | TO FILE <Datei>]

LIST MEMORY [LIKE <Maske>]
[TO PRINTER | TO FILE <Datei>]

LIST STATUS [TO PRINTER | TO FILE <Datei>]

LIST STRUCTURE [TO PRINTER | TO FILE <Datei>]

Anzeigen von Datenbanksätzen, Datenstruktur, Variablen und Status.

LOAD <Datei>
[SAVE] [NOSAVE]

Laden von Assemblerprogrammen.

LOCATE FOR <AusdrL1>
[<Bereich>] [WHILE <AusdrL2>]
[NOOPTIMIZE]

Suchen nach einem Datenbanksatz.

LOCFILE(<AusdrZ1> [, <AusdrZ2>] [, <AusdrZ3>])

Suchen einer Datei auf der Festplatte

LOCK([<AusdrN> | <AusdrZ1>] |
[<AusdrZ2>, <AusdrN> |
<AusdrZ1>])

Sperrt einen oder meherere Datensätze.

LOG(<AusdrN>)

Berechnet den natürlichen Logarithmus eines numerischen Ausdrucks.

LOG10(<AusdrN>)

Berechnet den dekadischen Logarithmus (Basis 10) eines numerischen Ausdrucks.

LOOKUP(<Feld1>,<Ausdr>,<Feld2>
[,<AusdrZ>])

Durchsucht eine Datenbank.

LOWER(<AusdrZ>)

Verwandelt die Zeichen in einem Zeichenausdruck in Kleinbuchstaben.

LTRIM(<AusdrZ>)

Entfernt führende Leerzeichen aus einem Zeichenausdruck.

LUPDATE([<AusdrN> | <AusdrZ>])

Ermittelt, wann eine Datentabelle zuletzt aktualisiert wurde.

MAX(<Ausdr1>, <Ausdr2> [, <Ausdr3>])

Rückgabe des größten Ausdrucks aus einer Liste mit Ausdrücken.

MCOL([<AusdrZ>])

Gibt Bildschirm- oder Fensterspaltenposition des Mauszeigers zurück.

MDOWN()

Status der linken Maustaste.

MDX(<AusdrN1> [, <AusdrN2> |
<AusdrZ>])

Ermittelt die Namen von geöffneten zusammengesetzten .CDX-Indexdateien.

MDY(<AusdrD>)

Verwandelt ein Datum in das amerikanische Datumsformat.

MEMLINES(<Memo_feld>)

Gibt Zeilenanzahl in einem Memo-Feld zurück.

MEMORY()

Rückgabe des verfügbaren Speicherplatzes in Kilobytes.

MENU <AusdrN2>, <Array2>, <AusdrN3>
[,<AusdrN4>]

Mit MENU wird ein Popup in einer Menüleiste installiert.

MENU BAR <Array1>, <AusdrN1>

Mit MENU BAR wird die Menüleiste <Array1> auf der Menüleiste installieren.

READ MENU BAR TO <Spei_var1>, <Spei_var2> [SAVE]

Dieser Befehl aktiviert die Menüstruktur, die mit den beiden vorstehenden Befehlen definiert wurde.

MENU TO <Spei_var>

Popup-Menüs aufrufen.

MENU()

Gibt Namen der derzeit aktiven
Menüleiste zurück.

MESSAGE([1])

Gibt die aktuelle Fehlermeldung oder
den Inhalt der Zeile aus, die den Fehler
verursacht hat.

MIN(<Ausdr1>, <Ausdr2> [, <Ausdr3> .])

Ermittelt den kleinsten Ausdrucks einer
Liste von Ausdrücken.

MLINE(<Memo_feld>, <AusdrN1> [,
<AusdrN2>]

Ermittelt eine bestimmte Zeile des
angegebenen Memo-Feldes.

MOD(<AusdrN1>, <AusdrN2>)

Ermittelt den Restbetrag einer Division.

MODIFY COMMAND <Datei>| **MODIFY
FILE** [<Datei>]
[NOEDIT]
[NOWAIT]
[RANGE <AusdrN1>, <AusdrN2>]
[[WINDOW <Fenstername1>]
[IN [WINDOW] <Fenstername2> |
SCREEN]]
[SAVE]

Öffnet ein Texteditier-Fensters.

MODIFY GENERAL <general field1>[,
<general field2> ...]
[NOMODIFY]
[NOWAIT]
[[WINDOW <window name1>] [IN
[WINDOW] <window name2> | IN
SCREEN]]

Anzeige eines Objekt-Feldes in einem
Fenster.

MODIFY LABEL [<Datei> | ?]
[[WINDOW <Fenstername1>]
[IN [WINDOW] <Fenstername2> | IN
SCREEN]]
[NOENVIRONMENT]
[NOWAIT]
[SAVE]

Etikettenlayout-Fensters öffnen.

MODIFY MEMO <Memo_feld1> [,
<Memo_feld2> ...]
[NOEDIT]
[NOWAIT]
[RANGE <AusdrN1>, <AusdrN2>]
[[WINDOW <Fenstername1>]
[IN [WINDOW] <Fenstername2> |
SCREEN]]
[SAVE]

Inhalt eines Memo-Feldes ändern.

MODIFY MENU [<Datei> | ?]
[[WINDOW <Fenstername1>]
[IN [WINDOW] <Fenstername2> | IN
SCREEN]]
[NOWAIT]
[SAVE]

Menüentwurfsfensters öffnen.

MODIFY PROJECT [<Datei> | ?]
[[WINDOW <Fenstername1>]
[IN [WINDOW] <Fenstername2> |
SCREEN]]
[SAVE]

Öffnet ein Projektfenster.

MODIFY QUERY [<Datei> | ?]

Startet den Abfragedialog.

MODIFY REPORT [<Datei> | ?]
[[WINDOW <Fenstername1>]
[IN [WINDOW] <Fenstername2> |
SCREEN]]
[NOENVIRONMENT]
[NOWAIT]
[SAVE]

Öffnet ein Reportlayout-Fensters.

MODIFY SCREEN [<Datei> | ?]
[[WINDOW <Fenstername1>]
[IN [WINDOW] <Fenstername2> | IN
SCREEN]]
[NOENVIRONMENT]
[NOWAIT]
[SAVE]

Öffnet ein Maskenlayout-Fensters.

MODIFY STRUCTURE

Struktur einer Datenbank ändern.

MODIFY WINDOW <window name> |
SCREEN

```
[FROM <row1, column1> TO <row2,
column2> |
AT <row3, column3> SIZE <row4,
column4>]
[FONT <expC1>[, <expN1>]]
[STYLE <expC2>]
[TITLE <expC3>]
[HALFHEIGHT]
[DOUBLE | PANEL | NONE |
SYSTEM]
[CLOSE | NOCLOSE]
[FLOAT | NOFLOAT]
[GROW | NOGROW]
[MINIMIZE]
[ZOOM | NOZOOM]
[ICON FILE <expC4>]
[FILL FILE <bmp file>]
[COLOR SCHEME <expN2> |
COLOR <color pair list>]
```

Verändert die Attribute eines bereits definierten Fensters.

MONTH(<AusdrD>)

Gibt die Monatszahl (1 bis 12) eines Datumsausdrucks zurück.

MOVE POPUP <Popup_name> TO <Zeile>, <Spalte>
| BY <AusdrN1>, <AusdrN2>

Verschiebt ein Popup.

MOVE WINDOW <Fenstername> TO <Zeile>, <Spalte>
| BY <AusdrN1>, <AusdrN2>

Verschiebt ein Fensters an eine neue Position.

MRKBAR(<AusdrZ>, <AusdrN>)

Ermittelt, ob eine Popupleiste markiert ist.

MRKPAD(<AusdrZ1>, <AusdrZ2>)

Ermittelt, ob ein Menüblock markiert ist.

MROW([<AusdrZ>])

Gibt Bilschirm- oder Fensterzeilenposition des Mauszeigers zurück.

NDX(<AusdrN1> [, <AusdrN2> |
<AusdrZ>])

Gibt den Namens einer geöffneten .IDX-Indexdatei zurück.

NOTE | * | && [<Kommentare>]

Kennzeichnet eine Kommentarzeile.

NUMLOCK([<AusdrL>])

Ermittelt den aktuellen Status von NumLock und aktiviert oder deaktiviert NumLock.

OBJNUM(<Var> [, <AusdrN>])

Gibt Objektnummer eines GET-Feldes zurück.

OCCURS(<AusdrZ1>, <AusdrZ2>)

Gibt die Häufigkeit an, mit der ein Zeichenausdruck in einem anderen Zeichenausdruck vorkommt.

ON BAR <AusdrN> OF <Popup_name1>
[ACTIVATE POPUP <Popup_name2>
| ACTIVATE MENU <Menü_name>]

Aktiviert ein Popup oder eine Menüleiste bei Wahl einer Option.

ON ERROR [<Befehl>]

Dient der Fehlerbehandlung während der Programmausführung.

ON ESCAPE [<Befehl>]

Belegt ESC-Taste mit Anweisung.

ON KEY [<Befehl>]

Fängt Tastatureingaben während der Programmausführung ab.

ON KEY [= <AusdrN>] [<Befehl>]

Fängt Tastatureingaben während eines READ ab.

ON KEY [LABEL <Tastenlabel>] [<Befehl>]

Fängt bestimmte Tasten während der Programmausführung ab.

ON PAD <Block_name> OF <Menü_name1>
[ACTIVATE POPUP <Popup_name>
| ACTIVATE MENU
<Menü_name2>]

Aktiviert ein Popup-Menü oder eine Menüleiste.

ON PAGE [AT LINE <AusdrN> <Befehl>]

Führt eine Anweisung aus, wenn eine bestimmte Seite und Zeile in einem Report erreicht wird.

ON READERROR <Befehl>

Ausführen einer Routine nach Eingabefehler.

ON SELECTION BAR <AusdrN> OF <Popup_name> [<Befehl>]

Belegt eine Popup-Option mit einer Anweisung.

ON SELECTION MENU <Menü_name> | ALL [<Befehl>]

Belegt eine Menüleiste mit einer Anweisung.

ON SELECTION PAD <Block_name> OF <Menü_name> [<Befehl>]

Belegt einen Menüblock mit einer Anweisung.

ON SELECTION POPUP <Popup_name> | ALL [<Befehl>]

Belegt ein Popup mit einer Anweisung.

ON (<AusdrZ1> [,<AusdrZ2>])

Ermittelt den Befehl, den ON ERROR, ON ESCAPE, ON KEY, ON KEY LABEL, ON PAGE oder READERROR liefert.

ORDER([<AusdrN> | <AusdrZ>])

Ermittelt den Namen der Hauptindexdatei oder des Hauptschlüssels.

OS()

Gibt Namen und Versionsnummer des Betriebssystems zurück.

PACK [MEMO] [DBF]

Löscht zum Löschen markierte Sätzen und reduziert die Größe einer Memofeld-Datei.

PAD()

Ermittelt den zuletzt gewählten Blocknamen.

PADL(<Ausdr>, <AusdrN> [, <AusdrZ>])

oder

PADR(<Ausdr>, <AusdrN> [, <AusdrZ>])

oder

PADC(<Ausdr>, <AusdrN> [, <AusdrZ>])

Ausdruck mit Zeichen auffüllen.

PARAMETERS <Param_liste>

Definiert die formalen Parameter einer Prozedur.

PARAMETERS()

Ermittelt die Anzahl der übergebenen (aktuellen) Parameter.

PAYMENT(<AusdrN1>, <AusdrN2>, <AusdrN3>)

Ermittelt die jeweiligen Zahlungsbeträge für einen festverzinslichen Betrag.

PCOL()

Ermittelt die aktuelle Spaltenposition des Druckers.

PI()

Rückgabe der numerischen Konstanten Pi.

PLAY MACRO <Makro_name> [TIME <AusdrN>]

Führt Tastaturmakro aus.

POP KEY [ALL]

Holt ON KEY LABEL Befehle vom Stapel.

POP MENU <Menü_name>

Nimmt eine Menüleiste vom Stapel.

POP POPUP <Popup_name>

Nimmt ein Popup-Menü vom Stapel.

POPUP()

Ermittelt den Namen des aktiven
Popups.

PRINTJOB
<Anweisungen>
ENDPRINTJOB

Aktiviert die Druckjob-Einstellungen.

PRINTSTATUS()

Prüft, ob der Drucker bereit ist.

PRIVATE <Spei_var_liste>
PRIVATE ALL
[LIKE <Maske> | EXCEPT
<Maske>]

Definiert lokale Variablen und Arrays.

PRMBAR(<AusdrZ>, <AusdrN>**)**

Ermittelt den Text einer Popup-Option.

PRMPAD(<AusdrZ1>, <AusdrZ2>**)**

Ermittelt den Text einer
Menüblockoption.

PROCEDURE <Prozedur_name>

Definiert ein Unterprogramm.

PROGRAM([<AusdrN>]**)**

Ermittelt den Namen des aktuell
ausgeführten Programms oder des
Programms, das beim Auftreten eines
Fehlers ausgeführt wurde.

PROMPT()

Ermittelt den Text des gewählten
Menüblocks oder einer Menüoption.

PROPER(<AusdrZ>**)**

Verwandelt die ersten Buchstaben von
Wörtern eines Zeichenstrings in
Großbuchstaben.

PROW( )

Ermittelt die aktuelle Zeilenposition des
Druckers.

PUBLIC <Spei_var list>

PUBLIC [ARRAY] <Array1> (<AusdrN1> [,
<AusdrN2>])
[, <Array2> (<AusdrN3> [,
<AusdrN4>])]

Definiert globale Variablen und Arrays.

PUSH KEY [CLEAR]

Sichert ON KEY LABEL-Befehle auf
den Stapel.

PUSH MENU <Menü_name>

Legt eine Menüleiste auf den Stapel.

PUSH POPUP <Popup_name>

Legt Popup auf den Stapel.

PUTFILE([<AusdrZ1>] [, <AusdrZ2>] [,
<AusdrZ3>]**)**

Ruft den Dialog Sichern auf.

PV(<AusdrN1>, <AusdrN2>, <AusdrN3>**)**

Berechnet den aktuellen Wert einer
Investition.

QUIT

Beendet FoxPro.

RAND([<AusdrN>]**)**

Berechnet eine Zufallszahl zwischen 0
und 1.

RAT(<AusdrZ1>, <AusdrZ2> [, <AusdrN>]**)**

Ermittelt die Position eines Zeichenausdrucks in einem anderen Zeichenausdruck. Die Suche beginnt dabei
rechts.

RATLINE(<AusdrZ1>, <AusdrZ2>**)**

Ermittelt die Zeilennummer eines
Ausdrucks in einem anderen Ausdruck.

RDLEVEL()

Ermittelt die aktuelle READ-Ebene.

READ
[CYCLE]
[ACTIVATE <AusdrL1>]
[DEACTIVATE <AusdrL2>]
[SHOW <AusdrL3>]
[VALID <AusdrL4 | AusdrN1>]
[WHEN <AusdrL5>]

[OBJECT <AusdrN2>]
[TIMEOUT <AusdrN3>]
[SAVE]
[NOMOUSE]
[COLOR <Farbpaarliste> | COLOR
SCHEME <AusdrN4>]

Aktiviert Objekten, die mit @...GET
und @...EDIT erstellt wurden.

READ MENU TO <Spei_var> [SAVE]

Aktiviert ein Popup.

READKEY()

Ermittelt den ganzzahligen Wert der
Tastenkombination, die beim Verlassen
eines GET/READ gedrückt wurde.

RECALL
    [<Bereich>] [FOR <AusdrL1>]
    [WHILE <AusdrL2>]
    [NOOPTIMIZE]

Hebt die Löschmarkierung für
Datensätze auf.

RECCOUNT([<AusdrN> | <AusdrZ>])

Ermittelt die Anzahl der Sätze einer
Datentabelle.

RECNO([<AusdrN> | <AusdrZ>])

Gibt aktuelle Satznummer zurück.

RECSIZE([<AusdrN> | <AusdrZ>])

Ermittelt die Größe eines Datensatzes.

#REGION <Zahl>
    REGIONAL <Spei_var_liste>

Definiert regionale Variablen und
Arrays.

REINDEX   [COMPACT]

Reindiziert geöffnete Indexdateien.

RELATION(<AusdrN1> [, <AusdrN2> |
    <AusdrZ>])

Ermittelt relationale Ausdrücke für eine
Datenbank.

RELEASE <Spei_var_liste>

    RELEASE ALL
    [LIKE <Maske> | EXCEPT
    <Maske>]

RELEASE MENUS [<Menü_liste>]
[EXTENDED]

RELEASE PAD <Block_name> OF
<Menü_name>
| RELEASE PAD ALL OF
<Menü_name>

RELEASE POPUPS [<Popup_liste>]
[EXTENDED]

RELEASE BAR <AusdrN> OF
<Popup_name>
|RELEASE BAR ALL OF
<Popup_name>

RELEASE WINDOWS
[<Fenster_liste>]

Freigabe von Variablen, Menüs,
Blöcken, Popups, Popup-Optionen,
Fenstern und der von diesen Objekten
belegten Speicherbereiche.

RELEASE MODULE <Datei>

Gibt den von einem
Assemblerprogramm belegten
Speicherplatz frei.

RENAME <Datei1> TO <Datei2>

Benennt eine Datei um.

REPLACE
    <Feld1> WITH <Ausdr1>
    [ADDITIVE]
    [, <Feld2> WITH <Ausdr2>
    [ADDITIVE]]
    [<Bereich>] [FOR <AusdrL1>]
    [WHILE <AusdrL2>]
    [NOOPTIMIZE]

Aktualisiert Datenbanksätze.

REPLICATE(<AusdrZ>, <AusdrN>)

Erzeugt einen Zeichenstring durch
Wiederholung eines vorgegebenen
Zeichens.

REPORT [FORM <Datei> | ?]
    [ENVIRONMENT]
    [<Bereich>] [FOR <AusdrL1>]
    [WHILE <AusdrL2>]
    [HEADING <AusdrZ>]
    [NOEJECT]
    [NOCONSOLE]
    [NOOPTIMIZE]

[PLAIN]
[PREVIEW]
[TO PRINTER | TO FILE <Datei>]
[SUMMARY]

Erstellt einen Report.

RESTORE FROM <Datei>| FROM MEMO
<Memo_feld>
[ADDITIVE]

Entnimmt Variablen- und Array-
Definitionen aus einer Variablendatei
oder aus einem Memofeld.

RESTORE MACROS
[FROM <Datei> | FROM MEMO
<Memo_feld>]

Makros aus einer Datei oder einem
Memofeld laden.

RESTORE SCREEN [FROM <Spei_var>]

Bildschirm- oder Fenster-Image
aufrufen.

RESTORE WINDOW <Fenster_liste> | ALL
FROM <Datei> | FROM MEMO
<Memo_feld>

Fensterdefinitionen aus einer Datei oder
einem Memofeld laden.

RESUME

Setzt ein unterbrochenes Programm
fort.

RETRY

Wiederholt die Ausführung des
vorhergehenden Befehls.

RETURN [<Ausdr> | TO MASTER | TO
<Programm_name>]

Programmkontrolle an aufrufendes
Programm übergeben.

RIGHT(<AusdrZ>, <AusdrN>)

Ermittelt das ganz rechts stehende
Zeichen eines Zeichenausdrucks.

RLOCK([<AusdrN> | <AusdrZ1>] |
[<AusdrZ2>, <AusdrN> |
<AusdrZ1>])

Versucht, Datenbanksätze zu sperren.

ROUND(<AusdrN1>, <AusdrN2>)

Rundet einen numerischen Ausdruck
auf eine bestimmte Anzahl von
Dezimalstellen.

ROW()

Ermittelt die aktuelle Zeilenposition des
Cursors.

RTOD(<AusdrN>)

Verwandelt Radiant in Grad.

RTRIM(<AusdrZ>)

Entfernt nachfolgende Leerzeichen aus
einem Zeichenausdruck.

RUN [/N [K]] <DOS_Befehl |
Programm_name>
oder
!   [/N [K]] <DOS_Befehl |
Programm_name>

Externes Programm ausführen.

SAVE MACROS TO <Dateiname> | TO
MEMO <Memo_feld>

Sichert Tastaturmakros in eine Datei
oder in ein Memofeld.

SAVE SCREEN [TO <Spei_var>]

Sichert einen Bildschirm oder ein
Fenster-Image im Speicher oder in
Variable.

SAVE TO <Datei> | TO MEMO
<Memo_feld>
[ALL LIKE | EXCEPT <Maske>]

Variablen in eine Datei oder ein
Memofeld sichern.

SAVE WINDOW <Fensterliste> | ALL
TO <Datei> | TO MEMO
<Memo_feld>

Sichert Fensterdefinitionen in eine
Datei oder in ein Memofeld.

SCAN [NOOPTIMIZE]
[<Bereich>] [FOR <AusdrL1>]
[WHILE <AusdrL2>]
[<Anweisungen>]
[LOOP]
[EXIT]
ENDSCAN

Durchläuft eine Datentabelle und führt Befehle in Abhängigkeit von einer Bedingung aus.

SCATTER [FIELDS <Feldliste>] TO <Array> | TO <Array> BLANK | MEMVAR | MEMVAR BLANK

Daten aus einem Datensatz in ein Array oder eine Variablengruppe kopieren.

SCHEME(<AusdrN1> [, <AusdrN2>])

Farbpaar oder Farbpaarliste eines Farbschemas zurückgeben.

SCOLS()

Ermittelt Spaltenanzahl.

SCROLL <Zeile1, Spalte1>, <Zeile2, Spalte2>, <AusdrN1> [, <AusdrN2>]

Scrollt einen Bildschirm- oder Fensterbereich.

SECONDS()

Ermittelt die seit Mitternacht verstrichenen Sekunden.

SEEK <Ausdr>

Durchsucht ein indiziertes Tabellenfeld.

SEEK(<Ausdr>)

Daten in einem indizierten Feld suchen.

SELECT <AusdrN> | <AusdrZ>

Wählt einen Arbeitsbereich.

SELECT([0 | 1])

Ermittelt die Nummer des aktuellen Arbeitsbereichs oder des nächsten unbenutzten Bereiches.

SELECT [ALL | DISTINCT]
[<Alias>.]<Selektions_begriff>
[, [<Alias>.]<Selektions_begriff> ...]
FROM <Datenbank>
[<Lokaler_Alias>] [, <Datenbank>
[<Lokaler_Alias>] ...]
[[INTO <Ziel>]
| [TO FILE <Datei> [ADDITIVE] |
TO PRINTER]]
[NOCONSOLE]

[PLAIN]
[NOWAIT]
[WHERE <Join_bedingung> [AND
<Join_bedingung> ...]
[AND | OR <Filter_bedingung> [AND
| OR <Filter_bedingung>
...]]]
[GROUP BY <Gruppenspalte> [,
<Gruppenspalte> ...]]
[HAVING <Filter_bedingung>]
[UNION [ALL] <SELECT_Befehl>]
[ORDER BY <Ordnungs_Begriff>
[ASC | DESC]
[, <Ordnungs_Begriff> [ASC |
DESC]...]]

Abfragen für eine oder mehrere Datentabellen definieren.

SET

Öffnet den Umgebungs-Dialog.

SET ALTERNATE ON | OFF

SET ALTERNATE TO [<Datei>
[ADDITIVE]]

Bildschirm- oder Fensterausgaben in eine Datei umleiten.

SET ANSI ON | OFF

Bestimmt das Verfahren für den Zeichenkettenvergleich (SQL).

SET AUTOSAVE ON | OFF

Datenpuffer auf Diskette schreiben ein/aus.

SET BELL ON | OFF
SET BELL TO [<Frequenz>,
<Dauer>]

Akustisches Signal setzen / ein- und ausschalten.

SET BLINK ON | OFF

Definiert Bildschirmattribute und Farben.

SET BLOCKSIZE TO <AusdrN>

Blockgöße für die Speicheruung von Memofeldern bestimmen.

SET BORDER TO [SINGLE | DOUBLE |
PANEL | NONE
| <Randfolge1> [, <Randfolge2>]]

Rahmenattribute bestimmen.

SET BRSTATUS ON | OFF

   Statuszeile aktivieren/deaktivieren.

SET CARRY ON | OFF

SET CARRY TO [<Feldliste> [ADDITIVE]]

Daten aus dem vorhergehenden
Datensatz in neuen Datensatz
übertragen.

SET CENTURY ON | OFF

Bestimmt eine vierstellige Anzeige des
Jahresformats.

SET CLOCK ON | OFF

SET CLOCK TO [<Zeile>, <Spalte>]

Uhr anzeigen und Position bestimmen.

**SET COLOR OF NORMAL | MESSAGES|
TITLES | BOX | HIGHLIGHT
| INFORMATION | FIELDS TO
[<Standard>]**

Farben für benutzerdefinierte Objekte
setzen.

**SET COLOR OF SCHEME <AusdrN1>TO
[[<Farbpaarliste>] | [SCHEME
<AusdrN2>]]**

Definiert ein Farbschema.

SET COLOR SET TO [<Farb_satz_name>]

Definierten Farbsatz laden.

**SET COLOR TO [[<Standard>] [,
[<Erweitert>] [, [<Rand>]]]]**

Bestimmt die Farben
benutzerdefinierter Menüs und Fenster.

**SET COMPATIBLE FOXPLUS | DB4 | ON
| OFF**

Kompatibilität zu FoxBASE+ für
einige FoxPro-Befehle herstellen.

SET CONFIRM ON | OFF

Felder nur mit Abschlußtaste
(RETURN) verlassen.

SET CONSOLE ON | OFF

Schaltet die Bildschirmausgabe ein
oder aus.

SET CURRENCY TO [<AusdrZ>]

SET CURRENCY LEFT | RIGHT

Bestimmt das Währungssymbol und
dessen Position.

SET CURSOR ON | OFF

Schaltet die Anzeige des Cursors ein
oder aus.

**SET DATE [TO] AMERICAN | ANSI |
BRITISH | FRENCH
| GERMAN | ITALIAN | JAPAN |
USA | MDY | DMY | YMD**

Datumsformat bestimmen.

SET DEBUG ON | OFF

Aufruf von Debug- und Trace-Fenster
ermöglichen.

SET DECIMALS TO [<AusdrN>]

Anzahl der angezeigten Dezimalstellen
bestimmen.

SET DEFAULT TO [<AusdrZ>]

Bestimmt Standardlaufwerk und
Verzeichnis.

SET DELETED ON | OFF

Anzeige von zum Löschen markierten
Datensätzen an- oder ausschalten.

SET DEVELOPMENT ON | OFF

Erstellungsdaten von Programmdateien
prüfen.

**SET DEVICE TO SCREEN | TO PRINTER
| TO FILE <Datei>**

Leitet die Ausgabe auf Bildschirm,
Drucker oder oder in eine Datei um.

SET DOHISTORY ON | OFF

Aufzeichnung der Programmbefehle im
Befehlsfenster ein- und ausschalten.

SET ECHO ON | OFF

Trace-Fensters öffnen.

SET ESCAPE ON | OFF

Aktiviert/Deaktiviert die ESC-Taste.

SET EXACT ON | OFF

Bestimmt, ob Suchausdrücke exakt übereinstimmen müssen.

SET EXCLUSIVE ON | OFF

Exklusives Öffnen von Datentabellen ein- und ausschalten.

SET FIELDS ON | OFF
SET FIELDS TO [[<Feld1> [, <Feld2> ...]] | ALL]

Bestimmt, ob eine definierte Feldliste wirksam sein soll.

SET FILTER TO [<AusdrL>]

Setzt Filterbedingung für eine Datentabelle.

SET FIXED ON | OFF

Bestimmt, ob die Anzahl der Dezimalstellen in einer numerischen Anzeige fest sein soll.

SET FORMAT TO [<Datei> | ?]

Öffnet eine Formatdatei.

SET FULLPATH ON | OFF

Aktivieren/Deaktivieren der Anzeige der vollen Pfadangaben.

SET FUNCTION <AusdrN> | <Tastenlabel> TO [<Ausdr>]

Definiert eine Funktionsdatei.

SET HEADING ON | OFF

Aktiviert/deaktiviert die Anzeige von Feldüberschriften.

SET HELP ON | OFF

SET HELP TO [<Datei>]

On-line-Hilfe aktivieren/deaktivieren und Hilfedatei bestimmen.

SET HELPFILTER [AUTOMATIC] TO [<AusdrL>]

Untergruppe von Hilfe-Themen anzeigen.

SET HOURS TO [12 | 24]

Zeitformat einstellen.

SET INDEX TO [<Index_datei_liste> | ? [ORDER <AusdrN> | <.idx_index_datei> | [TAG] <Indexfeld> [OF <.cdx_datei>]] [ASCENDING | DESCENDING]

Indexdateien öffnen.

SET INTENSITY ON | OFF

Eingabefelder optisch hervorheben.

SET LIBRARY TO [<Dateiname> [ADDITIVE]]

Bestimmt eine externe Bibliothek.

SET LOCK ON | OFF

Aktiviert/Deaktiviert automatische Satz- und Dateisperren.

SET LOGERRORS ON | OFF

Kompilierfehler in einer Datei ablegen.

SET MACKEY TO [<AusdrZ>]

Tastenkombination für den Aufruf des Makrodialogs bestimmen.

SET MARGIN TO <AusdrN>

Bestimmt den linken Rand für den Ausdruck.

SET MARK OF MENU <Menü_name> TO <AusdrZ1> | <AusdrL1>

SET MARK OF PAD <pad name> OF <Menü_name> TO <AusdrZ2> | <AusdrL2>

SET MARK OF POPUP <Popup_name> TO <AusdrZ3> | <AusdrL3>

SET MARK OF BAR <AusdrN> OF <Popup_name>TO <AusdrZ4> | <AusdrL4>

Markierungszeichen für Menüblocks oder Popup-Menüs vorgeben.

SET MARK TO [<AusdrZ>]

Bestimmt die Trennzeichen für Datumsausgaben.

SET MEMOWIDTH TO <AusdrN>

Anzeigebreite von Memofeldern bestimmen.

SET MESSAGE TO [<AusdrZ>]

SET MESSAGE TO [<AusdrN> [LEFT | CENTER | RIGHT]]

Definieren einer in der Statuszeile anzuzeigenden Meldung ; Angabe der Position von Meldungen.

SET MOUSE ON | OFF

SET MOUSE TO [<AusdrN>]

Mausempfindlichkeit einstellen.

SET MULTILOCKS ON | OFF

Ermöglicht mehrfache Satzsperren.

SET NEAR ON | OFF

Satzzeiger nach erfolgloser Suche auf einen Wert setzen, der dem Suchausdruck möglichst nahe kommt.

SET NOTIFY ON | OFF

Anzeige von Systemmeldungen ein- oder ausschalten.

SET ODOMETER TO [<AusdrN>]

Bestimmt die Reportintervalle.

SET OPTIMIZE ON | OFF

Rushmore-Optimierung ein- oder ausschalten.

SET ORDER TO
[<AusdrN1> | <.idx Index_datei> | [TAG] <Schlüsselname> [OF <.cdx Datei>]
[IN <AusdrN2> | <AusdrZ>]
[ASCENDING | DESCENDING]]

Hauptindex bestimmen.

SET PATH TO [<Pfadliste>]

Definiert den Verzeichnispfad für die Dateisuche.

SET POINT TO [<AusdrZ>]

Ändert das Dezimalzeichen.

SET PRINTER ON | OFF

SET PRINTER TO
[<Datei> [ADDITIVE] | <Port>]

SET PRINTER TO
[\\<Maschinenname>
\<Druckername> = <Ziel>]

SET PRINTER TO
[\\SPOOLER [\NB]
[\F = <AusdrN>] [\B = <AusdrZ>]
[\C = <AusdrN>] [\P = <AusdrN>]]

Ausgabeport bestimmen und aktivieren.

SET PROCEDURE TO [<Datei>]

Öffnet eine Prozedurdatei.

SET READBORDER ON/OFF
Bestimmt, ob ein Rahmen um GET-Felder gezeichnet werden soll.

SET REFRESH TO <AusdrN>

Zeitintervall für die Anzeige von geänderten Daten im Netzwerkbetrieb vorgeben.

SET RELATION TO
[<Ausdr1> INTO <AusdrN1> |
<AusdrZ1>
[,<Ausdr2> INTO <AusdrN2> |
<AusdrZ2>]
[ADDITIVE]]

Verknüpfung zwischen Datentabellen herstellen.

SET RELATION OFF INTO <AusdrN> |
<AusdrZ>

Hebt die Verknüpfung zwischen zwei Tabellen auf.

SET REPROCESS TO <AusdrN>
[SECONDS] | TO AUTOMATIC

Zeitintervall oder Zahl der Wiederholungen für Sperrversuche bestimmen.

SET RESOURCE ON | OFF

SET RESOURCE TO [<Datei>]

Bestimmt oder aktualisiert eine
Ressourcendatei.

SET SAFETY ON | OFF

Schaltet die Sicherheitsabfrage beim
Überschreiben von Dateien ein oder
aus.

SET SEPARATOR TO [<AusdrZ>]

Trennsymbol für numerische Stellen
bestimmen.

SET SKIP TO [<Alias1> [, <Alias2>]]

Erzeugt eine "One-to-many"-
Verknüpfung zwischen Tabellen.

SET SKIP OF MENU <Menüname>
<AusdrL>

SET SKIP OF PAD <Padname>
OF <Menüname> <AusdrL>

SET SKIP OF POPUP
<Popupname> <AusdrL>

SET SKIP OF BAR <AusdrN>
| <Systemoptionsname>
OF <Popupname> <AusdrL>

Menüoptionen aktivieren/deaktivieren.

SET SPACE ON | OFF

Schaltet das Einfügen von Leerstelle
zwischen Feldern und Ausdrücken in
den Befehlen ? und ?? ein und aus.

SET STATUS ON | OFF

Ermöglicht die Anzeige von
Statusmeldungen.

SET STEP ON | OFF

Trace-Fensters öffnen.

SET SYSMENU ON | OFF| AUTOMATIC
| TO [<System_menüliste |
Block_liste>] | TO [DEFAULT]

System-Menüleiste ein- oder
ausschalten.

SET TALK ON | OFF | WINDOW
[<Fenstername>] | NOWINDOW

Befehlsablauf auf Bildschirm oder in
ein Fenster ausgeben.

SET TEXTMERGE
[ON | OFF]
[TO [<Datei>] [ADDITIVE]]
[WINDOW <Fenstername>]
[SHOW | NOSHOW]

Aktiviert/deaktiviert die Bewertung von
Datenbankfeldern.

SET TEXTMERGE DELIMITERS
[TO] [<AusdrZ1> [, <AusdrZ2>]]

Textmischsymbole bestimmen.

SET TOPIC TO [<AusdrZ> | <AusdrL>]

Definiert ein Hilfethema.

SET TRBETWEEN ON|OFF

Aktiviert und deaktiviert
Unterbrechungspunkte im Trace-
Fenster.

SET TYPEAHEAD TO <AusdrN>

Anzahl von Zeichen, die im
Tastaturpuffer abgelegt werden können,
bestimmen.

SET UDFPARMS TO VALUE |
REFERENCE

Prozedur-Parameter als Wert oder
Referenz übergeben.

SET UNIQUE ON | OFF

Datensätze mit identischen
Indexeinträgen in einer Indexdatei
zulassen oder ausschließen.

SET VIEW ON | OFF

Umgebungs-Dialog öffnen.

SET WINDOW OF MEMO TO
<Fenstername>

Fenster für Memofeld-Editor zuweisen.

SET(<AusdrZ> [, 1])

Ermittelt den Status eines SET-Befehls.

SHOW GET <Var>

```
[, <AusdrN1> [PROMPT
<AusdrZ>]]
[ENABLE | DISABLE]
LEVEL <AusdrN2>]
[COLOR <Farbpaarliste> | COLOR
SCHEME <AusdrN3>]
```

GET-Objekt erneut anzeigen.

SHOW GETS
```
[ENABLE | DISABLE]
[LEVEL <AusdrN1>]
[OFF | ONLY]
[WINDOW <Fenstername>]
[COLOR <Farbpaarliste> | COLOR
SCHEME <AusdrN2>]
```

Zeigt alle GET-Objekte erneut an.

SHOW MENU <Menü_name1> [,
```
<Menü_name2> ] | ALL
[PAD <Block_name>]
[SAVE]
```

Eine definierte Menüleiste anzeigen.

SHOW OBJECT <AusdrN1>
```
[ENABLE | DISABLE]
[LEVEL <AusdrN2>]
[PROMPT <AusdrZ>]
[COLOR <Farbpaarliste> | COLOR
SCHEME <AusdrN3>]
```

Zeigt ein GET-Objekt erneut an.

SHOW POPUP <Popup_name1> [,
```
<Popup_name2> ] | ALL
[SAVE]
```

Definiertes Popup-Menü anzeigen.

SHOW WINDOW <Fenstername1>[,
```
<Fenstername2> ] | ALL
[IN [WINDOW] <FensternameN> | IN
SCREEN]
[TOP | BOTTOM | SAME]
[SAVE]
```

Ein definiertes Fenster anzeigen.

SIGN(<AusdrN>)

Ermittelt das Vorzeichen eines
numerischen Ausdrucks.

SIN(<AusdrN>)

Berechnet den Sinus eines numerischen
Ausdrucks.

SIZE POPUP <Popup_name> TO
<AusdrN1>, <AusdrN2>

| BY <AusdrN3>, <AusdrN4>

Größe eines definierten Popup-Menüs
ändern.

SKIP [<AusdrN1>]
[IN <AusdrN2> | <AusdrZ>]

Bewegt den Datensatzzeiger einer
Datentabelle.

SKPBAR(<AusdrZ>, <AusdrN>)

Prüft, ob eine Popup-Optionen aktiviert
oder deaktiviert ist.

SKPPAD(<AusdrZ1>, <AusdrZ2>)

Prüft, ob Menüblock aktiviert.

SORT TO <Datei> ON <Feld1> [/A] [/D]
```
[/C]
[, <Feld2> [/A] [/D] [/C]  ]
[ASCENDING | DESCENDING]
[<Bereich>] [FOR <AusdrL1>]
[WHILE <AusdrL2>]
[FIELDS <Feld_liste>]
[NOOPTIMIZE]
```

Sortiert eine Datentabelle.

SOUNDEX(<AusdrZ>)

Verwandelt einen Zeichenausdruck in
einen phonetischen Ausdruck.

SPACE(<AusdrN>)

Gibt einen Zeichenstrings zurück, der
nur Leerstellen enthält.

SQRT(<AusdrN>)

Ermittelt die Quadratwurzel.

SROWS()

Ermittelt die auf dem Bildschirm
verfügbare Zeilenzahl.

STORE <Ausdr> TO <Spei_var_liste> |
<Array>
<Spei_var> | <Array> = <Ausdr>

Speichert Daten in einer Variablen oder
einem Array.

STR(<AusdrN1> [, <AusdrN2> [,
<AusdrN3>]])

Verwandelt einen numerischen
Ausdruck in eine Zeichenkette.

**STRTRAN(<AusdrZ1>, <AusdrZ2> [,
    <AusdrZ3>] [, <AusdrN1>] [,
    <AusdrN2>])**

Sucht und ersetzt Zeichen in einer
Zeichenkette mit anderen Zeichen.

**STUFF(<AusdrZ1>, <AusdrN1>,
    <AusdrN2>, <AusdrZ2>)**

Ersetzt einen Abschnitt einer
Zeichenketten mit einer anderen
Zeichenkette

**SUBSTR(<AusdrZ>, <AusdrN1> [,
    <AusdrN2>])**

Gibt eine Anzahl Zeichen aus einem
Zeichenausdruck zurück.

**SUM [<Ausdr_liste>]
    [<Bereich>] [FOR <AusdrL1>]
    [WHILE <AusdrL2>]
    [TO <Spei_var_liste> | TO ARRAY
    <Array>]
    [NOOPTIMIZE]**

Berechnet die Summe über ein
numerisches Feld.

SUSPEND

Unterbricht die Programmausführung.

SYS(0)

Ermittelt im Netzwerk
Maschinennummer und
Maschinenname als Zeichenstring.

SYS(1)

Erzeugt das aktuelle Systemdatum im
julianischen Format.

SYS(2)

Ermittelt die seit Mitternacht
verstrichenen Sekunden
(Zeichenstring).

SYS(3)

Berechnet einen eindeutigen zulässigen
Dateinamen.

SYS(5)

Ermittelt das Standardlaufwerk.

SYS(6)

Ermittelt den aktuellen Ausgabekanal
(PRINT).

SYS(7 [, <AusdrN>])

Ermittelt den Namen der aktuellen
FORMAT-Datei.

SYS(9)

Ermittelt die FoxPro-Seriennummer.

SYS(10, <AusdrN>)

Ermittelt aus numerischer Tageszahl
das Datum als Zeichenkette.

SYS(11, <AusdrD> | <AusdrZ>)

Verwandelt einen Datumsausdruck
oder einen Zeichenstring in eine
julianische Tageszahl.

SYS(13)

Ermittelt den Status des Druckers.

**SYS(14, <AusdrN1> [, <AusdrN2 |
    <AusdrZ>])**

Ermittelt den Indexausdruck einer
geöffneten .IDX- oder die Ausdrücke in
zusammengesetzten

.CDX-Indexdateien.

SYS(15, <AusdrZ1>, <AusdrZ2>)

Verwandelt diakritische Zeichen in
Ausdrücken in die jeweiligen
Normalzeichen.

SYS(16 [,<AusdrN>])

Ermittelt den Namen des gerade
ausgeführten Programms.

SYS(17)

Ermittelt den verwendeten Prozessor.

SYS(18)

Ermittelt das aktuelle GET-Objekt
(Variable, Arrayelement oder Feld).

SYS(21)

Ermittelt die Nummer des Hauptindizes
im aktuell gewählten Arbeitsbereich .

SYS(22 [, <AusdrN>])

Ermittelt den Namen des Hauptindizes.

SYS(23)

Ermittelt den EMS-Speicher in 16 k
Segmenten.

SYS(24)

Ermittelt den in der CONFIG.FPW
gesetzten maximalen Wert für EMS-
Speicher.

SYS(100)

Ermittelt die SET CONSOLE-
Einstellung.

SYS(101)

Ermittelt die SET DEVICE-Einstellung
(SCREEN | PRINTER).

SYS(102)

Ermittelt die PRINTER-Einstellung
(ON | OFF).

SYS(103)

Ermittelt die Einstellung von TALK.

SYS(1001)

Ermittelt den für den Fox-
Speichermanager verfügbaren
Arbeitsspeicher, einschließlich des High
Memory zwischen

640 k und 1 MB.

SYS(1016)

Ermittelt den von benutzerdefinierten
Objekten belegten Speicherplatz.

SYS(2000, <AusdrZ> [, 1])

Ermittelt den Namen der ersten Datei,
die der Maske <AusdrZ> entspricht,
wenn das optionale Argument nicht
angegeben wird.

Mit der Angabe des dritten Arguments
[1] wird der Name der nächsten
passenden Datei ermittelt.

SYS(2001, <AusdrZ> [, 1])

Ermittelt den aktuellen Status
verschiedener SET ON | OFF und SET
TO Befehle.

SYS(2002 [, 1])

Schaltet den Cursor ein (SYS(2002))
oder aus (SYS(2002, 1)).

SYS(2003)

Ermittelt den Namen des aktuellen
Verzeichnisses auf dem
Standardlaufwerk.

SYS(2004)

Ermittelt das FoxPro-Startverzeichnis.

SYS(2005)

Ermittelt den Namen der aktiven
Ressourcedatei.

SYS(2006)

Ermittelt den Typ der Grafikkarte.

SYS(2007, <AusdrZ>)

Ermittelt eine Prüfsumme für eine
Zeichenkette.

SYS(2010)

Ermittelt die Dateieinstellung (FILES)
in der CONFIG.SYS (in der Windows-
Version immer = 255).

SYS(2011)

Ermittelt den Status der Satz- oder
Dateisperre des aktuellen Bereichs.

SYS(2012,[<AusdrN>|<AusdrZ>])

Ermittelt die Einstellung für die
Blockgröße von Memo-Feldern.

SYS(2013)

Ermittelt die Namen der System-
Menüleiste, der Menüblöcke, der
System-Popups und der Optionen und
gibt diese in einer Zeichenkette zurück.

SYS(2014,<AusdrZ1>[,<AusdrZ2>])

Ermittelt den kürzesten Pfad zwischen
einer Datei und dem aktuellen
Verzeichnis oder den kürzesten Pfad

zwischen einer Datei und dem angegebenen Verzeichnis.

SYS(2015)

Ermittelt einen eindeutigen Prozedurnamen aus 10 Zeichen.

SYS(2016)

Ermittelt den Fensternamen, der beim letzten SHOW GETS WINDOW-Befehl angegeben wurde.

SYS(2017)

Löscht den Bildschirm und zeigt das FoxPro-Startbild an.

SYS(2018)

Stellt weitere Informationen über die Art eines Fehlers zur Verfügung.

SYS(2019)

Ermittelt Namen und Pfad der FoxPro-Konfigurationsdatei CONFIG.FPW.

SYS(2020)

Ermittelt die Größe des Default-Laufwerkes.

SYS(2021, <AusdrN1> [, <AusdrN2> | <AusdrZ>])

Ermittelt den Filterausdruck einer offenen IDX-Indexdatei oder den Filterausdruck für Schlüsselwörter von CDX-Indexdateien.

SYS(2022 [, <laufw>])

Ermittelt die Clustergröße des aktuellen Laufwerks in Byte.

SYS(2023)

Ermittelt das Verzeichnis, in dem FoxPro seine temporären Dateien ablegt.

TAG([<.cdx Datei>,] <AusdrN1> [, <AusdrN2> | <AusdrZ>])

Ermittelt den TAG-Namen eines Indizes oder den Namen einer IDX-Datei.

TAN(<AusdrN>)

Berechnet den Tangens eines numerischen Ausdrucks.

TARGET(<AusdrN1> [, <AusdrN2> | <AusdrZ>])

Ermittelt den Alias einer Datentabelle, die das Ziel einer Verknüpfung mit SET RELATION ist.

TEXT
```
 <Textzeilen>
ENDTEXT
```

Gibt Textzeilen aus.

TXTWIDTH(<expC1>[, <expC2>, <expN>[, <expC3>]])

Ermittelt die Breite eines Zeichenausdrucks.

TIME([<AusdrN>])

Ermittelt die aktuelle Systemzeit.

TOTAL TO <Datei> ON <Ausdr> FIELDS <Feldliste>] <Bereich>] [FOR <AusdrL1>] WHILE <AusdrL2>] NOOPTIMIZE]

Berechnet die Summen numerischer Felder.

TRANSFORM(<Ausdr>, <AusdrZ>)

Formatiert Zeichen oder numerische Ausdrücke ohne SAY.

TRIM(<AusdrZ>)

Entfernt nachfolgende Leerzeichen aus Zeichenstrings.

TYPE <Datei1> [TO PRINTER | TO FILE <Datei2>] [NUMBER]

Zeigt den Inhalt einer ASCII-Datei an.

TYPE(<AusdrZ>)

Ermittelt den Datentyp eines Ausdrucks.

UNLOCK [IN <AusdrN> | <AusdrZ> | ALL]

Hebt Satz- und Dateisperren auf.

UPDATE ON <Schlüsselfeld> FROM
<AusdrN> | <AusdrZ>
REPLACE <Feld1> WITH <Ausdr1>
[, <Feld2> WITH <Ausdr2>]
[RANDOM]

Aktuallisiert eine Datentabelle mit den
Daten einer anderen Tabelle.

UPDATED()

Prüft, ob während des letzten READs
Daten geändert wurden.

UPPER(<AusdrZ>**)**

Verwandelt die Zeichen eines Strings in
Großbuchstaben.

USE [<Datei> | ?]
[IN <Arbeitsbereich>]
[AGAIN]
[INDEX <Index_datei_liste> | ?
[ORDER [<AusdrN> |
<.idx_index_datei>| [TAG]
<Schlüsselname> [OF
<.cdx_datei>]
[ASCENDING | DESCENDING]]]]
[ALIAS <Alias>]
[EXCLUSIVE]
[NOUPDATE]

Öffnet eine Datentabelle.

USED([<AusdrN> | <AusdrZ>]**)**

Prüft, ob eine Datentabelle bereits
geöffnet ist.

VAL(<AusdrZ>**)**

Verwandelt Zahlen in einem Zeichenausdruck in einen numerischen
Ausdruck.

VARREAD()

Ermittelt den Namen des aktuellen
Feldes oder Objekts.

VERSION()

Ermittelt die FoxPro-Versionsnummer.

WAIT
[<AusdrZ>]
[TO <Spei_var>]
[WINDOW [NOWAIT]]
[TIMEOUT <AusdrN>]

Wartet auf Tastatureingabe.

WBORDER([<Fenstername>]**)**

Ermittelt, ob ein Fenster einen Rand
hat.

WCHILD([<Fenstername>] [<AusdrN>] **)**

Ermittelt die Anzahl und Namen von
Kind-Fenstern.

WCOLS([<Fenstername>]**)**

Gibt die Spaltenposition des aktiven
Fensters zurück.

WEXIST(<Fenstername>**)**

Prüft, ob das angegebene Fenster
definiert wurde.

WLAST (**[<Fenstername>]**)

Prüft, ob das genannte Fenster vor dem
aktuellen aktiv war.

WLCOL (**[<Fenstername>]**)

Ermittelt die Bildschirmspaltenposition
eines Fensters.

WLROW([<Fenstername>]**)**

Ermittelt die Bildschirmzeilenposition
eines Fensters.

WMAXIMUM([<Fenstername>]**)**

Ermittelt, ob das genannte Fenster
maximiert ist.

WMINIMUM([<Fenstername>]**)**

Ermittelt, ob das betreffende Fenster
minimiert ist.

WOUTPUT([<Fenstername>]**)**

Prüft, ob das betreffende Fenster das
aktuelle Ausgabefenster ist oder
ermittelt das Ausgabefenster.

WPARENT([<Fenstername>]**)**

Ermittelt den Namens eines Eltern-
Fensters.

WREAD([<Fenstername>]**)**

Ermittelt, ob das bezeichnete Fenster in
das aktuelle READ einbezogen ist.

WROWS([<Fenstername>])
> Ermittelt die Anzahl der Zeilen eines
> Fensters.

WTITLE([<Fenstername>])
> Ermittelt den Fenstertitel.

WVISIBLE(<Fenstername>)
> Ermittelt, ob das bezeichnete Fenster
> aktiviert wurde und nicht verdeckt ist.

YEAR(<AusdrD>)
> Ermittelt die Jahreszahl aus einem
> Datumsausdruck.

ZAP
> Entfernt alle Sätze aus der Datentabelle.

ZOOM WINDOW <Fenstername> MIN I MAX I
NORM
> [AT <Zeile1, Spalte1> I FROM
> <Zeile1, Spalte1>
> [SIZE <Zeile2, Spalte2> I TO
> <Zeile2, Spalte2>]]
> Verändert die Größe eines Fensters.

Anhang B

Tabellen

Tabelle B.1: ON KEY LABEL - Tastenbezeichnungen

Tasten/Tastenkombination	Bezeichnung
←	LEFTARROW
→	RIGHTARROW
↑	UPARROW
↓	DNARROW
Pos1	HOME
Ende	END
Bild↑	PGUP
Bild↓	PGDN
Entf	DEL
←	BACKSPACE
Leer	SPACEBAR
Einfg	INS
⇤	TAB
⇧+⇤	BACKTAB
⏎	ENTER
F1 bis F12	F1, F2, F3 ...
Strg+F1 bis Strg+F12	Ctrl+F1, Ctrl+F2 ...
⇧+F1 bis ⇧+F12	Shift+F1, Shift+F2 ...
Alt+F1 bis Alt+F12	Alt+F1, Alt+F2, Alt+F3 ...
Alt+0 bis Alt+9	Alt+0, Alt+1, Alt+2 ...
Alt+A bis Alt+Z	Alt+A, Alt+B, Alt+C ...
Strg+←	Ctrl+LEFTARROW
Strg+→	Ctrl+RIGHTARROW
Strg+Pos1	Ctrl+HOME
Strg+Ende	Ctrl+END
Strg+Bild↑	Ctrl+PGUP
Strg+Bild↓	Ctrl+PGDN
Strg+A bis Strg+Z	Ctrl+A, Ctrl+B, Ctrl+C ...
Rechte Maustaste	RIGHTMOUSE
Linke Maustaste	LEFTMOUSE
Maus	MOUSE
Esc	ESC

Tabelle B.2: READKEY()-Werte

	ohne Änderung	nach Änderung
[←]	0	256
[←]		
[Strg]+[H]		
[Strg]+[S]		
[→]	1	257
[Strg]+[L]		
[Pos1]	2	258
[Ende]	3	259
[Strg]+[F]		
[↑]	4	260
[⇧]+[⇄]		
[↓]	5	261
[⇄]		
[Strg]+[↵]		
[Strg]+[I]		
[Strg]+[J]		
[Bild↑]	6	262
[Bild↓]	7	263
[Strg]+[C]		
[Strg]+[←]	8	264
[Strg]+[Q]	12	268
[Esc]		
[Strg]+[Ende]	-	270
[Strg]+[W]		
[↵]	15	271
[Strg]+[→]		
[Strg]+[M]		
Timeout	20	276
[Strg]+[Pos1]	33	289
[Strg]+[ ]]		
[Strg]+[Bild↑]	34	290
[Strg]+[_]		
[Strg]+[Bild↓]	35	291
[Strg]+[^]		
[F1]	36	292

Tabelle B.3: INKEY()-Werte

	Alleine	mit ⇧	mit Strg	mit Alt
F1	28	84	94	104
F2	-1	85	95	105
F3	-2	86	96	106
F4	-3	87	97	107
F5	-4	88	98	108
F6	-5	89	99	109
F7	-6	90	100	110
F8	-7	91	101	111
F9	-8	92	102	112
F10	-9	93	103	113
F11	133	136	137	139
F12	134	136	138	140
1	49	33		120
2	50	64	33	121
3	51	35		122
4	52	36		123
5	53	37		124
6	54	94	30	125
7	55	38		126
8	56	42		127
9	57	40		128
0	48	41		19
A	97	65	1	30
B	98	66	2	48
C	99	67	3	46
D	100	68	4	32
E	101	69	5	18
F	102	70	6	33
G	103	71	7	34
H	104	72	127	35
I	105	73	9	23
J	106	74	10	36
K	107	75	11	37
L	108	76	12	38
M	109	77	13	50
N	110	78	14	49
O	111	79	15	24
P	112	80	16	25

Q	113	81	17	16
R	114	82	18	19
S	115	83	19	31
T	116	84	20	20
U	117	85	21	22
V	118	86	22	47
W	119	87	23	17
X	120	88	24	45
Y	121	89	25	21
Z	122	90	26	44
Einfg	22	22	146	162
Pos1	1	1	29	151
Entf	7	7	147	163
Ende	6	6	23	159
Bild↑	18	18	31	153
Bild↓	3	3	30	161
↑	5	5	141	152
↓	24	24	145	160
→	4	4	2	157
←	19	19	26	155
Esc	27	27	27	1
↵	13	13	10	28
⌫	127	127	127	14
⇄	9	15	148	165

Tabelle B.4: FUNCTION-Codes

A	Nur alphabetische Zeichen
B	Numerische Daten links ausrichten
D	Das aktuelle SET DATE Format verwenden.
E	Englisches Datumsformat
I	Text zentrieren
J	Text rechts justieren
K	Das ganze Feld selektieren
L	Führende Nullen anzeigen
M<Liste>	Auswahlliste bestimmen
R	Formatschablone im Editierbereich anzeigen
S<n>	Die Anzeigenbreite auf n Zeichen setzen

T	Führende und nachfolgende Leerzeichen entfernen
Z	Numerische Felder leer anzeigen
!	Zeichen in Großbuchstaben umwandeln
^	Numerische Werte mit wissenschaftlicher Notation darstellen
$	Daten im Währungsformat anzeigen

Tabelle B.5: PICTURE-Schablonenzeichen

A	Nur alphabetische Zeichen
L	Nur logische Werte
N	Nur Buchstaben und Zahlen
X	Alle Zeichen
Y	Nur Y, y, N und n als logische Werte; Werte werden in Großbuchstaben konvertiert
9	Akzeptiert nur Zahlen in Zeichenfeldern
#	Akzeptiert Zahlen, Leerzeichen und Buchstaben
!	Verwandelt Klein- in Großbuchstaben
$	Zeigt das mit SET bestimmte Währungssymbol an
*	Sternchen vor numerischen Werten anzeigen
.	Bestimmt die Position des Dezimalzeichens
,	Trennnt Tausenderstellen vor dem Dezimalzeichen

Tabelle B.6: Systemvariablen

Die folgende Liste der FoxPro-Systemvariablen zeigt den Typ und die von
FoxPro voreingestellten Werte.

Name	Typ	Default-Wert
_ALIGNMENT	C	LEFT
_BEAUTIFY	C	BEAUTIFY.APP
_BOX	L	.T.
_CALCMEM	N	0.0
_CALCVALUE	N	0.0
_CLIPTEXT	C	Null string
_CUROBJ	N	0
_DBLCLICK	N	0.5
_DIARYDATE	D	Current date
_DOS	L	.T. in FoxPro for MS-DOS
_FOXDOC	C	FOXDOC.EXE
_FOXGRAPH	C	FOXGRAPH.EXE
_GENMENU	C	GENMENU.PRG
_GENPD	C	GENPD.APP
_GENXTAB	C	GENXTAB.PRG
_GENSCRN	C	GENSCRN.PRG
_INDENT	N	0
_LMARGIN	N	0
_MAC	L	.T. in FoxPro for Macintosh
_MLINE	N	0
_PADVANCE	C	FORMFEED
_PAGENO	N	1
_PBPAGE	N	1
_PCOLNO	N	Current column
_PCOPIES	N	1
_PDRIVER	C	Null string
_PDSETUP	C	Null string
_PECODE	C	Null string
_PEJECT	C	BEFORE
_PEPAGE	N	32767
_PLENGTH	N	66
_PLINENO	N	0
_PLOFFSET	N	0
_PPITCH	C	DEFAULT
_PQUALITY	L	.F.
_PRETEXT	C	Null string
_PSCODE	C	Null string
_PSPACING	N	1
_PWAIT	L	.F.
_RMARGIN	N	80
_STARTUP	C	STARTUP.APP
_TABS	C	Null string
_TALLY	N	0
_TEXT	C	-1

```
_THROTTLE       N    0
_TRANSPORT      C    TRANSPORT.PRG
_UNIX           L    .T. in FoxPro für Unix
_WINDOWS        L    .T. in FoxPro für Windows
_WRAP           L    .F.
```

Die Optionen des FoxPro-Menüs

Die Menüzeile

Datei	_MSM_FILE
Bearbeiten	_MSM_EDIT
Datenbank	_MSM_DATA
Satz	_MSM_RECRD
Programm	_MSM_PROG
Text	_MSM_TEXT
Fenster	_MSM_WINDO
?	_MSM_SYSTM

Das Untermenü *Datei*

Menü Datei	_MFILE
Neu...	_MFI_NEW
Öffnen...	_MFI_OPEN
Schließen	_MFI_CLOSE
Alle schließen	_MFI_CLALL
1. Separator	_MFI_SP100
Speichern	_MFI_SAVE
Speichern unter...	_MFI_SAVAS
Letzte Fassung	_MFI_REVRT
2. Separator	_MFI_SP200
Druckereinrichtung...	_MFI_SETUP
Drucken...	_MFI_PRINT
3. Separator	_MFI_SP300
Beenden	_MFI_QUIT

Das Untermenü *Bearbeiten*

Menü Bearbeiten	_MEDIT
Rückgängig	_MED_UNDO
Wiederholen	_MED_REDO
1. Separator	_MED_SP100
Ausschneiden	_MED_CUT
Kopieren	_MED_COPY
Einfügen	_MED_PASTE
Inhalt einfügen...	_MED_PSTLK
Löschen	_MED_CLEAR
2. Separator	_MED_SP200
Objekt einfügen...	_MED_INSOB
Objekt...	_MED_OBJ
Verknüpfung ändern...	_MED_LINK
Verknüpfung aufheben	_MED_CVTST
3. Separator	_MED_SP300
Alles markieren	_MED_SLCTA
4. Separator	_MED_SP400
Gehe zu Zeile...	_MED_GOTO
Suchen...	_MED_FIND
Weitersuchen	_MED_FINDA
Ersetzen und weitersuchen	_MED_REPL
Alles ersetzen	_MED_REPLA
5. Separator	_MED_SP500
Einstellungen...	_MED_PREF

Das Untermenü *Datenbank*

Menü Databank	_MDATA
Einrichten..	_MDA_SETUP
Datenblatt	_MDA_BROW
1. Separator	_MDA_SP100
Anfügen aus...	_MDA_APPND
Kopieren nach...	_MDA_COPY
Sortieren...	_MDA_SORT
Zusammenfassen...	_MDA_TOTAL
2. Separator	_MDA_SP200
Durchschnitt...	_MDA_AVG
Anzahl...	_MDA_COUNT

Summe...	_MDA_SUM
Berechnen...	_MDA_CALC
Bericht...	_MDA_REPRT
Etikett...	_MDA_LABEL
3. Separator	_MDA_SP300
Komprimieren	_MDA_PACK
Neu indizieren	_MDA_RINDX

Das Untermenü *Satz*

Menü Satz	_MRECORD
Anfügen	_MRC_APPND
Ändern	_MRC_CHNGE
1. Separator	_MRC_SP100
Gehe zu Zeile...	_MRC_GOTO
Suchen...	_MRC_LOCAT
Weitersuchen	_MRC_CONT
Schnell suchen...	_MRC_SEEK
2. Separator	_MRC_SP200
Ersetzen...	_MRC_REPL
Löschen...	_MRC_DELET
Löschen rückgängig...	_MRC_RECAL

Das Untermenü *Programm*

Menü Programm	_MPROG
Ausführen...	_MPR_DO
Abbrechen	_MPR_CANCL
Wiederaufnehmen	_MPR_RESUM
1. Separator	_MPR_SP100
Debug	_MWI_DEBUG
Trace	_MWI_TRACE
2. Separator	_MPR_SP200
Kompilieren...	_MPR_COMPL
Generieren...	_MPR_GENER
Makros...	_MST_MACRO
3. Separator	_MPR_SP300
Format...	_MPR_BEAUT
FoxDoc	_MPR_DOCUM

Das Untermenü *Fenster*

Menü Fenster	_MWINDOW
Ausblenden	_MWI_HIDE
Alle ausblenden	_MWI_HIDEA
Alle einblenden	_MWI_SHOWA
Löschen	_MWI_CLEAR
Nächstes Fenster	_MWI_ROTAT
1. Separator	_MWI_SP100
Befehl	_MWI_CMD
Umgebung	_MWI_VIEW

Das Untermenü *?* (Hilfe)

Menü Hilfe	_MSYSTEM
Inhalt	_MST_HELP
Suchen...	_MST_HPSCH
Hilfe benutzen...	_MST_HPHOW
1. Separator	_MST_SP100
FoxPro-Info...	_MST_ABOUT
2. Separator	_MST_SP200
Rechner	_MST_CALCU
Kalender	_MST_DIARY
Dateimanager	_MST_FILER
Puzzle	_MST_PUZZL

Anhang C

Die Diskette

Die Diskette enthält drei Unterverzeichnisse und die Datei *LIESMICH.DOC* im Wurzelverzeichnis.

Die Datei *LIESMICH.DOC*

Der Prozeß der Herstellung eines Buches läßt für die Diskette etwas mehr Zeit. Das macht es möglich, daß Änderungen an einzelnen Programmbeispielen, die nicht mehr im Buch berücksichtigt werden konnten, dennoch auf der beiliegenden Diskette enthalten sind. Solche Änderungen sowie weitere Hinweise zu den Beispielen haben wir in der Datei LIESMICH.DOC dokumentiert.

Das Verzeichnis \SAMPLE

Dieses Verzeichnis enthält alle mit einem Namen versehenen Quellcodebeispiele und die Tabellen *Adressen* und *Kontakte*. Die Dateien tragen in der Regel den Namen *Sample* mit einer angehängten zweistelligen Ziffer.

Beispiel: *Sample04.prg*

Diese Programmbeispiele werden an den entsprechenden Stellen des Buches besprochen.

Das Verzeichnis \FUNKTION

Im Verzeichnis \FUNKTION finden Sie mehrere Benutzerdefinierte Funktionen (BDFs), die Ihnen als Beispiel für wiederverwendbare Module und als Grundstock zu einer selbsterstellten Funktions-Bibliothek dienen können.

Die erforderlichen Parameter und der Rückgabewert der Funktionen werden im jeweiligen Programmkopf dokumentiert. Alle Funktionen sind als einzelne Programmdateien ausgelegt, so daß das Befehlswort PROCEDURE, mit dem FoxPro normalerweise eine Prozedur einleitet, entfällt. Der Name der Funktion ist der jeweilige Dateiname. Wollen Sie die BDFs in eigene Quellcodedateien kopieren, müssen Sie an den Anfang der Prozedur das Befehlswort PROCEDURE und den Prozedurnamen schreiben. Als Prozedurnamen sollten Sie den Dateinamen verwenden.

Beispiel:

```
PROCEDURE ja_nein
```

Das Verzeichnis \BMGR

Dieses Verzeichnis enthält unsere Beispielanwendung: den Business-Manager. Da wir einen Teil der Funktionen aus dem Verzeichnis \FUNKTION benutzen und wir Ihnen und uns den Ärger mit verschiedenen Verzeichnissen ersparen wollten, haben wir die benötigten Funktionen auch in dieses Verzeichnis kopiert. Für die Tabellen *Adressen* und *Kontakte,* die als Basis des Business-Managers dienen, gilt dies ebenfalls. Auch diese Dateien sind daher, nebst zugehörigen Index- und Memofelddateien, redundant enthalten.

Die Installation

Eine besondere Installationsprozedur ist nicht erforderlich. Wir schlagen jedoch vor, daß Sie den Inhalt des jeweiligen Unterverzeichnisses der Diskette in gleichnamige Unterverzeichnisse auf Ihrer Festplatte kopieren. Zwar können Sie alle Dateien auch in ein Verzeichnis kopieren, für Übungszwecke wäre aber eine Separierung nach Muster der Diskette sinnvoll.

Mit dem FoxPro-Befehl

```
SET DEFAULT TO <Verzeichnis>
```

wechseln Sie in das entsprechende Verzeichnis. Haben Sie beispielsweise das Verzeichnis /BMGR auf dem Laufwerk C: eingerichtet, lautet der Befehl:

```
SET DEFAULT TO c:\bmgr
```

Den Business-Manager starten Sie dann mit dem Befehl:

```
DO bmgr
```

Sachwortverzeichnis

L

Labelgenerator, 87
Labels erzeugen, 87
Leerzeichen entfernen, 270
lokale Variablen, 112
LOOKUP, 140
LOOP, 254; 256
Löschmarkierung, 51
LOWER, 273
LTRIM, 149; 270

M

Makro aufzeichnen, 89
Makro-Dialog, 89
Makros aufzeichnen, 88
Masken-Layout, 191
Masterindex, 133
Mehrfach-Selektion, 249
Mehrfachindizes, 146
Mehrtabellen-Abfragen, 83
Memo, 260
Memofeld, 44
Memofelder , suchen in, 297
Memofelder editieren, 90
Menüs, 337
Menüstrukturen, 337
Merkmale, 97
MODIFY MEMO, 90; 295
MODIFY WINDOW, 15
Multiuser, 17
Mutationsanomalien, 100

N

NOAPPEND, 284
NODELETE, 284
NOEDIT, 284
NOLINK-Klausel, 280
NOMENU, 284
Normalisierung, 100

O

OLE, 14

P

Parameterliste, 110
PARAMETERS(), 122
Parameterübergabe, 111; 112
PARTITION, 279

PICTURE-Schablonen, 206; 216
Planung eines Datenbanksystems, 93
Popup-Menü, 227
Popup-Menüs, 338
PRIVATE, 112
PROCEDURE, 111
Programmdatei, 115
Prozedurdateien, 114
Prozeduren aufrufen, 111
Prozedurkonzept, 109
Prozedurnamen, 110
PUBLIC, 112
Pulldown-Menüs, 338

R

RANGE, 217
READ, 223
READ BORDER, 220
READ, modal, 237
Redundanzen, 94
REINDEX, 133
reindizieren, 156
Relation, 98
Relational Query by Example, 83
RELEASE WINDOW, 192
Repetition, 249
Reportkopf, 76
RESTORE FROM, 296
RESTORE MACROS, 296
RESTORE WINDOW, 296
RGB-Farben, 13; 323
RQBE, 37; 83
RTRIM, 270
Rückgabewert, 118

S

SAVE MACROS, 296
SAVE TO, 296
SAVE WINDOW, 296
SCAN / ENDSCAN, 257
SCATTER, 214
Schaltflächen, 224
Schleife, 249
Schleife abbrechen, 255
Schleifenkopf, 256
Schlüsselbegriff, 127
Schriftart, 40
Schriftausprägung, 40
SEEK, 128
SEEK(), 139
Seiteneffekte, 112; 314
Seitenkopf, 73
SELECT, 83

Quattro Pro für Windows

Grundlagen – Beispiele – Referenz

von Bernd Kretschmer

1993. XIV, 615 Seiten mit Diskette. Gebunden.
ISBN 3-528-05293-7

Inhalt: Arbeitsblätter erstellen, gestalten bearbeiten – Datenaustausch mit anderen Anwendungen – Präsentations- und Businessgrafik – Arbeiten mit Makros – Zugriff auf Datenbanken – „Was wäre wenn"-Analysen – Finanzmathematische und statistische Funktionen.

Das Buch bietet eine gründliche und systematische Einführung in das Tabellenkalkulationsprogramm Quattro Pro für Windows. Schritt für Schritt werden anhand von praxisgerechten Fallbeispielen die wichtigsten Funktionen der Software veranschaulicht und die entsprechenden Musterlösungen präsentiert. Zahlreiche Übungspassagen vertiefen den vermittelten Stoff und sollen darüber hinaus den Leser anregen, eigene Modelle und Arbeitsblätter zu entwerfen. Neben einer „Menülandkarte" und einem umfangreichen Glossar enthält das Buch auch zahlreiche Hinweise zu anderen Spreadsheets, die insbesondere für Quattro Pro-Anwender von Interesse sind, die bereits mit anderen Tabellenkalkulationen gearbeitet haben.

Verlag Vieweg · Postfach 58 29 · 65048 Wiesbaden

Windows Power-Programmierung

System- und Anwendungsprogrammierung unter Windows mit
Borland Pascal 7.0 und Turbo Pascal für Windows

von Michael Schumann

*1993. XII, 378 Seiten mit Diskette. Gebunden.
ISBN 3-528-05316-X*

Inhalt: Windows Entwicklungswerkzeuge – Ressourcen effizient nutzen (Menüs und Menü-Beschleuniger, Custom Controls, Dialoge) – Dialogboxen – Dynamic Link Libraries (DLL) – Hintergrundprogramme – Multimedia – Novell Netzwerk-Tips – Windows-Interna.

Dieses Buch beginnt dort, wo Einsteigerbücher in der Regel aufhören. Es eröffnet dem Leser die gesamte Palette der professionellen Programmiermethoden unter Windows. Sowohl auf der Anwendungsebene als auch im Bereich der Windows-internen Funktionen erhält der Leser profundes Entwicklungs-Know-how. Alle Programme, einschließlich der im Buch vorgestellten Dynamic Link Libraries (DLL) wurden mit der professionellen Entwicklungsumgebung Borland Pascal 7.0 entworfen. Der heutigen Bedeutung angemessen, geht das Buch auch auf den Bereich Multimedia und die programmtechnische Ansteuerung entsprechender Peripheriegeräte ein. Durch die Vielzahl direkt einsetzbarer Programmcodes sowie die Fülle echter Insider-Informationen behält das Buch seinen Wert als Arbeits- und Nachschlagewerk.

Verlag Vieweg · Postfach 58 29 · 65048 Wiesbaden